O MITO DO INSTINTO MATERNO

CHELSEA CONABOY

O mito do instinto materno

Como a neurociência está reescrevendo a história da parentalidade

Tradução
Laura Teixeira Motta

Copyright © 2022 by Chelsea Conaboy
Todos os direitos reservados.
Publicado mediante acordo com Henry Holt and Company, Nova York.

Grafia atualizada segundo o Acordo Ortográfico da Língua Portuguesa de 1990, que entrou em vigor no Brasil em 2009.

Título original
Mother Brain: How Neuroscience is Rewriting the Story of Parenthood

Capa
Luciana Facchini

Imagem de capa
Flora, de Laura Gorski, 2023, terra e folha sobre papel, 42 × 30 cm.

Preparação
Lígia Azevedo

Índice remissivo
Maria Cláudia Carvalho Mattos

Revisão
Ana Maria Barbosa
Clara Diament

Dados Internacionais de Catalogação na Publicação (CIP)
(Câmara Brasileira do Livro, SP, Brasil)

Conaboy, Chelsea
    O mito do instinto materno : Como a neurociência está reescrevendo a história da parentalidade / Chelsea Conaboy ; tradução Laura Teixeira Motta. — 1ª ed. — São Paulo : Companhia das Letras, 2024.

Título original: Mother Brain: How Neuroscience is Rewriting the Story of Parenthood
ISBN 978-85-359-3688-9

1. Maternidade 2. Neurociência 3. Parentalidade I. Título.

24-201416   CDD-306.8743

Índice para catálogo sistemático:
1. Maternidade : Relacionamento familiar : Sociologia   306.8743

Cibele Maria Dias – Bibliotecária – CRB-8/9427

Todos os direitos desta edição reservados à
EDITORA SCHWARCZ S.A.
Rua Bandeira Paulista, 702, cj. 32
04532-002 — São Paulo — SP
Telefone: (11) 3707-3500
www.companhiadasletras.com.br
www.blogdacompanhia.com.br
facebook.com/companhiadasletras
instagram.com/companhiadasletras
twitter.com/cialetras

Para os meus meninos

Sumário

Prefácio 9

1. A virada de chave 17
2. A construção de um instinto materno 48
3. Atenção, por favor 83
4. O bebê e eu, ligação direta 128
5. Árvore genealógica imemorial 170
6. Propensos a cuidar 208
7. Comece onde você está 247
8. No espelho 302
9. Entre nós 333

Agradecimentos 369
Notas 373
Índice remissivo 449

Prefácio

O que significa tornar-se mãe?
Sem dúvida a experiência de cada pessoa é única. O que lhe dá forma são as circunstâncias, que podem variar de infinitos modos, desde o princípio, dependendo se a gravidez foi planejada ou não, se foi ardentemente desejada ou se a notícia caiu como uma bomba, se conta ou não com a participação de um companheiro ou uma companheira, se começou com um doador, com auxílio ou sem dificuldade. Mas a maioria de nós enxerga a parentalidade, e a maternidade em particular, como algo hiperpessoal. A mãe é sacrossanta, é o amor encarnado. A maternidade é preciosa demais para ser analisada minuciosamente, para ser dissecada. Então, nós a examinamos por vias indiretas. Celebramos o poder transformador de um filho — "Ter um bebê muda tudo", segundo a Johnson & Johnson —, sem explicitar claramente o que é que de fato muda.

Para muitas mulheres, essa pergunta parece perigosa. Dar uma resposta direta exigiria reconhecer exatamente *como* somos transformadas pela maternidade, alteradas em relação à pessoa que um dia fomos, distintas de quem não tem filhos. Diferentes dos homens. Diferente, nesse contexto, muitas vezes significa menos. Esquecidas. Exaustas. Acabadas. Tolhidas pela própria biologia, perpetuamente à beira da delinquência moral e com certeza menos interessantes. Melhor não pensar no assunto.

Nas cerca de quarenta semanas da gestação — muitas mais se levarmos em conta os meses passados tentando conceber ou sofrendo com abortos espontâneos —, a pessoa que espera um filho é bombardeada por informações sobre o que a gravidez significa para o corpo, os seios, os quadris, a cintura, a função cardíaca, o assoalho pélvico, a libido. Somos soterradas de instruções sobre o que o nosso comportamento significará para a criança, como as escolhas que fizermos podem afetar o desenvolvimento de seu corpo e de sua saúde física e mental por toda a vida. Mas sobre nós mesmas aprendemos pouquíssimo. E menos ainda sobre nossos companheiros. Entre todas as informações que adquirimos no período que antecede a maternidade, o que aprendemos sobre como a parentalidade nos muda, sobre como a maternidade muda nossa vida interior? O que significa *tornar-se* mãe?

Para casais não binários, pais ou companheiros do mesmo sexo, a pergunta — o que significa tornar-se mãe ou pai? — pode não ser devidamente reconhecida, com suas histórias tratadas como meras notas de rodapé de uma narrativa "mais verdadeira" sobre a transição para a parentalidade, aquela que é claramente materna. A ciência nos deu um modo totalmente novo de responder a essas perguntas e até de formular essas questões.

Na primeira vez que tentei, quatro meses após o parto, tinha voltado havia pouco da licença-maternidade e estava sentada em uma saleta sem janelas na redação do jornal onde trabalhava. Tinha acabado de extrair míseros 60 ml de leite materno que, com mais duas viagens da minha mesa de trabalho na redação até esse cubículo — dotado de mesa, cadeira e uma mensagem de "não entrar" rabiscada na porta sem fechadura —, comporiam apenas uma das duas mamadeiras de que eu precisava para alimentar meu bebê na creche no dia seguinte. Eu tinha reunião com repórteres e prazos para administrar, e o relógio se arrastava interminavelmente na direção do minuto exato em que eu precisaria sair da redação para buscar o bebê na creche. Porém, por mais desesperada que eu estivesse para ter mais tempo no meu dia e menos afazeres na minha lista, eu também estava desesperada por informações. Queria entender aquilo que estava vivendo como uma mãe ansiosa de primeira viagem. Com certeza havia muito mais coisas acontecendo no meu cérebro e no meu corpo do que tudo o que eu tinha aprendido nos meses de leitura e de aulas que supostamente me preparariam para aquele momento. Então desliguei o *arrr-irrr-arrr-irrr* da bombinha, despejei o leite em uma bolsinha térmica, abri o laptop e liguei para Peter Schmidt.

Schmidt estuda a influência de hormônios e do estado reprodutivo sobre o humor e a saúde mental das pessoas desde mais ou menos 1986 — quando médicos misóginos acreditavam que os transtornos de humor pós-parto eram provas de que o sistema reprodutor das mulheres as incapacitava, as feministas receavam (não sem razão) que os pesquisadores do sexo masculino rotulassem como patológicos os processos biológicos normais das mulheres e os pares cientistas de Schmidt constatavam essas condições como "leves problemas de qualidade de vida" em vez de uma verdadeira questão de saúde pública. Quando conversei com Schmidt em julho de 2015, essas barreiras para estudar o cérebro parental estavam começando a desaparecer, e ele já era chefe de endocrinologia comportamental no Instituto Nacional de Saúde Mental dos Estados Unidos.

Schmidt foi a primeira pessoa que ouvi descrever a fase inicial da maternidade como uma etapa de desenvolvimento distinta, com efeitos duradouros, na qual se acredita que cada um dos sistemas do corpo regula o comportamento social e emocional e as respostas imunes que "passam por mudanças drásticas". Schmidt confirmou aquilo que eu estava sentindo: que o modo como falamos sobre as experiências pós-parto é muito limitado. Foi necessário bastante empenho para provar que a depressão pós-parto era um assunto de interesse geral. O desafio seguinte, ele disse, foi ampliar a compreensão do quanto uma pessoa mudava com a chegada de um filho e o que estava em jogo no processo.

Isso foi revelador para mim, embora, para ser franca, eu mal entendesse o que ele estava querendo dizer. Este livro é o resultado do meu esforço nesse sentido. Entrevistei dezenas de pesquisadores e quase o mesmo número de pessoas com filhos, mergulhei profundamente nos estudos sobre o cérebro parental humano e na literatura basilar sobre animais e fiz uma análise crítica das histórias que nos contam sobre a parentalidade e como elas surgiram.

Pensei que iria escrever um ensaio sobre minha percepção da maternidade como uma fase do desenvolvimento e sobre como as gestantes merecem entender melhor o que pode lhes acontecer no pós-parto. Fiz isso, mas também acabei sendo fisgada. Quanto mais eu aprendia, mais ampla parecia essa ciência, capaz de mudar não só nossas experiências individuais como também nosso modo de enxergar a parentalidade de modo geral e nossa maneira de falar sobre o assunto e tantos outros aspectos que ela envolve — sexo e gênero, trabalho, equidade na ciência, programas e políticas sociais, o tempo dedicado aos nossos filhos e o tempo que passamos longe deles.

Este é um livro sobre o cérebro parental, mas você precisa saber que não sou "especialista em parentalidade" (seja lá o que isso signifique) nem neurocientista. Os conhecimentos que trago nestas páginas têm dupla origem. Primeiro, sou uma jornalista com quase duas décadas de experiência em traduzir para os leitores temas complicados, com enfoque específico na área da saúde. Segundo, sou especialista em prover cuidados parentais a dois filhos específicos com necessidades específicas junto com meu marido específico em nosso tempo e lugar específicos. Procurei compreender a ciência no contexto da minha vida como mãe, na esperança de que aquilo que eu aprendesse viesse a ser importante também para outras pessoas.

Desde que entrevistei Schmidt sentada naquele cubículo de lactação, ao longo dos anos o número de estudos de neuroimagem sobre o cérebro parental aumentou de forma significativa, assim como o exame cuidadoso das tecnologias e dos métodos de análise usados nesses estudos — em particular os relacionados a imagens de ressonância magnética funcional, ou RMf — também evoluiu. Atenta a essas questões, procurei destacar descobertas que se sustentam em mais de uma disciplina ou que foram replicadas, bem como ser transparente nos pontos em que os estudos são inconsistentes ou conflitantes.

A ciência não é estática. Por muito tempo o cérebro parental foi negligenciado como um tema digno de estudo. Vale a pena explorarmos a história que ela nos conta hoje. Na verdade, os estudos estão apenas começando. As conclusões aqui descritas vão mudar — já estão mudando — e ainda vão produzir novas questões. Procurei indicar a direção a que essas investigações podem nos levar.

Por enquanto, a imensa maioria desses estudos concentra-se em mulheres cisgênero heterossexuais que são mães gestacionais. Isso também está se transformando, porém de maneira lenta. Quando escrevo sobre trabalhos específicos, acato a descrição dos participantes do estudo feita pelos autores. Nos demais casos, uso uma linguagem inclusiva para me referir à pessoa com filho, para ser mais precisa. Homens transgênero e pessoas não binárias que não se identificam como mães dão à luz, e seus cérebros também modificam durante a gravidez e no pós-parto. E é importante salientar que não são apenas as pessoas que dão à luz que passam por profundas transformações neurobiológicas, mas todos os que dedicam intensamente seu tempo e energia cuidando de uma criança.

"Cérebro materno" não é sinônimo de cérebro de mulher nem de cérebro de parturiente. Pelo contrário, é o cérebro "adquirido através do cuidado",[1] conforme a filósofa feminista Sara Ruddick poderia ter dito. É aquele que se ocupa da prática da maternação, que sustenta a vida,[2] uma prática "mais antiga do que o feminismo", como escreveu Alexis Pauline Gumbs em *Revolutionary Mothering: Love on the Front Lines* [Maternação revolucionária: Amor nas linhas de frente]. "É mais antigo e mais futurístico do que a categoria 'mulher'." A *capacidade* para esse tipo de conexão é uma característica fundamental da nossa espécie — e de outras — que todos possuem. O que define a parentalidade na prática é o desenvolvimento dessa conexão. Este livro explora os mecanismos neurobiológicos e a experiência vivida que tornam isso possível.

Para quem espera ou teve um filho há pouco tempo: se você tiver qualquer tipo de dificuldade, por favor procure ajuda. O cérebro passa por uma mudança colossal durante a gravidez e o início da parentalidade. Dificuldades são comuns, e é normal precisar de assistência. Busque a ajuda de um médico na sua região. (Postpartum Support International: www.postpartum.net/brasil)

Por fim, este livro não traz recomendações sobre como cuidar de seu filho nem sobre que tipo de mãe ou pai você deve ser. Pode não responder a nenhuma das perguntas recorrentes em seu histórico de busca do Google sobre sono, creche ou como fazer seu pequeno calçar os sapatos sem perder a paciência. Espero que os dados científicos aqui expostos ajudem você, como me ajudaram, a compreender que tipo de mãe ou pai você é e está se tornando. Não nascemos programados para essa tarefa — precisamos nos desenvolver. Como e por que isso ocorre e o que isso significa para nossa vida hoje e no longo prazo?

Devemos examinar essas questões com todas as informações à nossa disposição. Devemos isso a nós mesmos e uns aos outros.

1. A virada de chave

Ano após ano, todo começo de primavera aparecia um ninho aconchegado em uma guirlanda na porta da frente da casa onde eu morava quando criança. A mãe, um passarinho da espécie tordo-americano, parecia não se importar que eu a espiasse do outro lado da vidraça, a poucos centímetros de distância. Pelo menos era o que eu pensava. Afinal de contas, ela sempre voltava. E eu ficava contente. Ela era um prodígio, incansável na sua faina de ajeitar raminho por raminho em camadas de barro e por fim de grama fina para criar um espaço seguro onde acomodar seus lindos e frágeis ovos azuis. Sua devoção aos filhotes desgrenhados de boca escancarada parecia completa. Ela era alerta e vigilante, paciente e abnegada. Sabia exatamente o que fazer para cuidar deles, protegê-los, como devem fazer as mães.

Assim eu imaginava. Porque essa é a história, contada ao longo do tempo e das gerações, transmitida em fábulas e mitos até se tornar parte de como medimos o mundo à nossa volta, como vemos a nós mesmos. Nós somos a dedicada mãe passarinho, a história nos diz, guiadas por um instinto materno aperfeiçoado no decorrer das eras até se tornar algo sólido e certo, como um mármore rubro e liso oculto sob um peito emplumado. Construímos o ninho. Cuidamos. Defendemos. Naturalmente.[1]

E então algo acontece. Temos um bebê. E percebemos que aquele enredo encantador, que parecia tão verdadeiro e belo, é conversa fiada. Defeituoso. Ou então nós é que somos.

Para muitas pessoas, o instinto materno não surge, ou pelo menos não como esperávamos. Cuidar de um recém-nascido não nos parece algo inato. Não há uma chave que vira quando engravidamos ou assim que o bebê chega. Na maioria das vezes não questionamos a narrativa — aquela de que devemos saber exatamente o que fazer e como nos sentir. Aquela que não leva em conta que a parentalidade requer todo um conjunto de habilidades práticas, as quais talvez já tenhamos ou não. Aquela que omite os fatos e as circunstâncias da nossa vida individual antes e depois da gravidez e diz que faremos uma transição suave (exceto por alguma privação de sono) de uma pessoa empenhada em, acima de tudo, garantir a nossa própria sobrevivência, para alguém que agora também é inteiramente responsável por uma criatura pequena e não verbal dependente de nós para todas as suas necessidades. Em vez disso, nós nos questionamos.

Foi o que Emily Vincent fez.

Perto do fim da primeira gravidez, ela tinha certeza de que não iria querer todas as doze semanas de licença-maternidade. Amava o trabalho de enfermeira pediátrica. Achava que na oitava semana já estaria com saudade dos colegas e dos pacientes e que se sentiria solitária com todo aquele tempo em casa. E então o bebê Will chegou, e ela não conseguia se imaginar separada dele. Oito semanas se passaram e Emily ainda não queria voltar a trabalhar em tempo integral, e talvez nem mesmo depois das doze semanas da licença. Preocupava-se com a creche. Ele estaria seguro lá? Seria alimentado nos intervalos certos? Será que o deixariam chorando por muito tempo? Será que ele ficaria bem fora do casulo de proteção e do cuidado que ela e o marido haviam tecido para ele, com amor, sim, mas também com urgência e ansiedade? Essas são preocupações comuns para quem acaba de ter um filho. Mas para Emily pareciam ser sintoma de algo maior. Seu trabalho tinha sido sua identidade. E essa identidade estava em crise.

E não era só o trabalho de Emily. O problema também era Dawn, o bebê de *Trainspotting: Sem limites*, cuja imagem específica vivia aparecendo na cabeça dela, apesar de já fazer no mínimo uma década que ela tinha assistido ao filme. Se você também viu, sabe do que estou falando, embora Emily tenha me recomendado não assistir. Ela não queria que aquela imagem morasse na minha cabeça como morava na dela. (Em vez disso, assista *Bao*, ela disse — "com lenço de papel" —, como se fosse um antídoto, referindo-se ao curta-metragem da Pixar, vencedor do Oscar, que traz um menino como um bolinho rechonchudo, filho de uma mãe superprotetora, mas amorosa.)

Dawn e Will não tinham nada em comum além de serem bebês e, naturalmente, vulneráveis às suas circunstâncias. O bebê fictício Dawn morrera em Edimburgo, negligenciado pelos adultos, que estavam perdidos no abismo do vício em heroína. Will é cuidado com todo o amor em Cincinnati por pais que contam com recursos para se dedicarem à sua criação. Ainda assim, a imagem de Dawn imóvel no berço surgia na mente de Emily quando ela via o filho tirando uma soneca durante o dia ou quando, na cama de madrugada, depois de amamentá-lo, dizia sem parar: "Ele está bem. Ele está no berço. Ele está bem" — um mantra de verdade contra seu pior temor. Emily não conseguia explicar.

"Eu me sentia muito boba por ficar tão abalada com uma cena de filme", Emily me contou quando Will estava com quase seis meses. "Me sentia boba porque de repente não queria voltar a trabalhar em tempo integral." Tinha medo daquela sensação, ela explicou, do que significava em relação à sua capacidade de ser uma boa mãe e a seu senso de identidade.

Alice Owolabi Mitchell também se questionara. Ela tinha se preparado para diversas possibilidades que pudessem ocorrer quando a filha nascesse. Sabia muito bem que, sendo uma mulher negra nos Estados Unidos, tinha um risco bem maior do que uma grávida branca de sofrer complicações, inclusive fatais, durante a gestação e no pós-parto. Sua mãe tinha morrido de ataque cardíaco duas semanas após dar à luz um filho quando Alice era adolescente. O menino agora tinha catorze anos e estava sendo criado por ela e por seu marido. Carregar a história de sua mãe, além da própria história, era um peso muito grande. Durante a gravidez, Alice começou a fazer terapia e pediu ajuda a um grupo de doulas. Planejou entrar para um grupo diverso de mães na vizinha Boston e para outro mais perto de sua casa, em Quincy.

E então Everly nasceu prematura, cerca de um mês antes do previsto. Alice não teve a chance de concluir os preparativos para sua licença do trabalho de professora do quinto ano, nem de se despedir dos alunos. Sentia que não tinha conseguido mudar completamente sua disposição de espírito para se concentrar na chegada do bebê. Dias depois de Everly nascer, começaram a ser implementados nos Estados Unidos os protocolos de confinamento em resposta à pandemia do coronavírus. O seu leite demorou para descer, e ela e Everly tiveram dificuldade para acertar a pega. Alice receava que Everly não se alimentasse o suficiente, que seu estresse prejudicasse a produção de leite, tinha medo da infinidade de ameaças que a pandemia representava para sua família. Os grupos de apoio presenciais foram cancelados. Com a maioria dos consultórios médicos fechados, seis semanas se passaram — depois sete e oito — sem que ela pudesse ir à consulta ginecológica de rotina do pós-parto.

Naquelas primeiras semanas, uma preocupação pareceu dominar todas as outras: por que ela não se sentia vinculada ao bebê? Achava que seria inundada por ternura quando Everly nascesse. Pensava que ia se apaixonar à primeira vista com tamanha intensidade que isso a sustentaria naqueles desorientadores primeiros dias e a faria esquecer a dor de sua própria recuperação e até lhe permitiria atravessar bem o tumulto da pandemia. "Eu previ uma virada de chave automática, e isso não aconteceu", ela me disse. Perguntava a si mesma: "Será que já sou uma mãe descuidada por não sentir isso?".

Minha experiência nos primeiros dias de maternidade diferiu nos detalhes, mas me identifico com grande parte das histórias de Alice, Emily e tantas outras que ouvi de pessoas com filhos recém-nascidos. As expectativas que criamos sobre nós não correspondem à realidade. Nos dias e semanas após o nascimento do meu filho mais velho, Hartley, senti alegria e deslumbramento. Mas não sentia nenhum tipo de calma natural, não tinha nenhuma certeza ou clareza de pensamentos e ações. O que eu sentia era uma espécie de perturbação, um movimento desconhecido e constante. Cada um de nós atravessou o portal do parto e percebeu, com espanto, que a topografia do mapa que nos deram para que nos orientássemos em território desconhecido não se parecia quase nada com o que encontramos. Esperávamos terra firme, mas nos deparamos com água e não tínhamos âncora.

Nas primeiras semanas e meses como mãe, a preocupação tornou-se para mim uma espécie de zumbido constante na mente, sempre lá. Com a preocupação, vinha a culpa. E com a culpa, a solidão. Não me sentia como a mãe que meu filho merecia ou como a mulher naturalmente protetora que tanto me disseram que eu seria. A órbita da minha vida encolhera e agora abrangia pouco mais do que a poltrona onde eu amamentava o bebê e o quarto com o berço ao lado da nossa cama. Sentir-me sufocada até nisso gerava uma sensação de fracasso.

Nada disso — a natureza monopolizadora, a desolação que acompanhava o deleite — era como eu tinha imaginado. Amigos próximos que tinham filhos pequenos me garantiram que os primeiros meses seriam difíceis, que as coisas iriam melhorar quando o bebê começasse a dormir mais durante a noite, mas nunca falaram sobre aquilo que eu sentia e não sabia definir bem, uma espécie de desvinculação. Eu também não falava.

Depois de alguns meses e de a minha ansiedade ter se dissipado um pouco, a sensação de que eu tinha entrado em uma nova realidade desnorteante, na qual tudo ficava alguns graus fora do centro, permanecia acesa. De certos ângulos, era eletrizante. Reconhecia em mim um novo poder. Ia para a frente do espelho com meu filho no colo, maravilhada com nossos dois corpos, com o que eu tinha feito. Em outras ocasiões, quando aguardava na fila do mercado atrás de uma mãe com uma criança de um ano e pouco em seu carrinho, ou quando avistava alguém indo para o trabalho com uma daquelas bolsas feiosas de transportar a bombinha extratora de leite iguais à minha, eu me perguntava: Será que ela também se sente assim? Será que se acostumou com a mesma trilha sonora crescente e disparatada dos "e se?". (E se esse nariz fungando for começo de pneumonia? E se eu cair da escada com ele no colo? E se um dia meu filho engolir aquelas temíveis cápsulas de sabão para lavar roupas?) Será que elas se pegavam chorando incontrolavelmente ao ler sobre o naufrágio de um barco abarrotado de refugiados no Mediterrâneo, ou sobre o mais recente tiroteio em uma escola — notícias agora não apenas trágicas, mas viscerais, uma agonia para bebês de outras pessoas? Será que conheciam o estranho dilema entre sair correndo do chuveiro para confortar o filho que chora no quarto ao lado e pular pela janela do banheiro, desesperada por um momento só delas com a pessoa que um dia foram?

Eu temia que a resposta fosse não. Temia ser uma aberração, receava que o instinto materno supostamente fornecedor de equilíbrio no tumulto do início da parentalidade fosse defeituoso em mim. Ou pior, que alguma coisa lá no meu íntimo tivesse sido alterada. Tivesse se desprendido.

Os livros sobre gravidez e parentalidade pareciam abordar apenas por alto as questões que eu agora, sendo mãe, tinha. Encontrei uns vislumbres de algo diferente pela primeira vez em um exemplar usado de *Infants and Mothers: Differences in Development* [Bebês e mães: Diferenças no desenvolvimento], do famoso pediatra T. Berry Brazelton, publicado originalmente em 1969.[2] Brazelton escreveu que muitas mães enfrentam desafios emocionais e psicológicos nos primeiros momentos da maternidade, que essas dificuldades são normais e "talvez até sejam uma parte importante de sua capacidade de se tornar um tipo de pessoa diferente". Pouco depois, li um texto de outro autor sobre o cérebro materno e, sendo questionadora por natureza e jornalista da área de saúde por formação, resolvi consultar o estudo por conta própria.

Pensava com frequência nas palavras de Brazelton ao ler com atenção trabalhos documentando a mudança no volume da substância cinzenta no cérebro de uma mãe ou a "remodelação geral de sinapses e atividade neural" descrita em outro artigo especializado.[3] Meio século atrás, Brazelton intuiu o que hoje os pesquisadores estão estabelecendo por meio de neuroimagens e modelos animais: a parentalidade cria "um tipo de pessoa diferente".

Dar à luz um bebê não ativa simplesmente um circuito adormecido por muito tempo, marcado para o instinto materno e específico do cérebro de fêmeas. Pesquisadores que estudam a neurobiologia do cérebro de pessoas com filhos passaram a documentar os diversos modos como ter um bebê reorganiza o cérebro, alterando as alças de realimentação neurais que ditam como reagimos ao mundo que nos cerca, como interpretamos e respondemos a outras pessoas e como regulamos nossas próprias emoções. A chegada de um filho altera nosso cérebro nos aspectos funcional e estrutural de maneiras que moldam nossa saúde física e mental pelo resto da vida. Cientistas encontraram essa mudança significativa em gestantes, o grupo mais estudado, e hoje reconhecem que o início da maternidade constitui uma fase importante de desenvolvimento na vida. E começaram a mapear como, em todas as pessoas que se ocupam de cuidar de um filho, independentemente de seu caminho para a parentalidade, o cérebro é transformado pela intensidade dessa experiência e das mudanças hormonais que a acompanham. Em um sentido muito real, somos redefinidos pela parentalidade.

A maioria dos livros sobre gravidez e boa parte dos profissionais de saúde no mínimo mencionam por alto o fato de que os níveis hormonais sobem expressivamente durante a gestação e o parto e despencam logo em seguida. Quem dá à luz sai da maternidade com folhetos alertando com cuidado sobre o "baby blues", o período de mau humor e leve depressão que a maioria das pessoas atravessa nas primeiras semanas após o parto.[4] Mas é muito raro que nos digam sobre o que esses solavancos hormonais desencadeiam.

A explosão hormonal no período do parto atua como uma ordem urgente para remodelar o cérebro, sensibilizando-o para a criação de novas vias neurais destinadas num primeiro momento a motivar quem deu à luz — apesar da insegurança ou inexperiência — a atender as necessidades básicas do bebê naqueles frágeis primeiros dias e depois a preparar a pessoa para um período mais longo no qual aprenderá a cuidar do filho.[5] Bebês mudam como o clima e então, num átimo, crescem e se transformam em seres que andam e falam dotados de necessidades físicas e emocionais complexas. Quem teve um filho precisa ser capaz de mudar junto com ele. Seu cérebro se ajusta de acordo com essa necessidade, torna-se mais moldável, mais adaptável do que costumava ser, provavelmente mais do que em qualquer outra fase da vida adulta.

As mudanças fisiológicas são impressionantes. Por meio da tecnologia de imagem cerebral e de outras ferramentas, cientistas são capazes de detectar e de medir claramente mudanças na estrutura física do cérebro de mães de recém-nascidos. E descobriram que regiões essenciais para o trabalho da parentalidade, incluindo as que moldam nossa motivação, atenção e nossas respostas sociais, passam por significativas alterações de volume. Essas mudanças estruturais são complexas. Algumas regiões parecem aumentar e diminuir de tamanho conforme o cérebro responde à natureza altamente mutável no início da parentalidade, em especial durante a gravidez e nos primeiros meses com o recém-nascido, em um processo que ao que tudo indica representa uma sintonização fina do cérebro para as demandas da parentalidade.[6]

Estudos identificaram no cérebro de quem dá à luz um padrão comum de atividade que se reforça com o tempo — um sistema de circuitos relacionado ao cuidado que é ativado quando a pessoa ouve gravações do choro de seu bebê, por exemplo, ou quando responde a imagens ou vídeos do filho sorrindo ou sofrendo. A impressão desse sistema de circuitos está presente mesmo quando a mãe está deitada em um aparelho de RMf, sem fazer nada especificamente, com a mente livre para divagar.[7] Cuidar de um bebê muda o que os estudiosos chamam de arquitetura funcional do cérebro, a estrutura na qual se move a atividade cerebral. De forma significativa, essas mudanças permanecem não por semanas ou meses depois do nascimento do bebê, mas talvez até por décadas, por toda a vida da pessoa, muito depois do que julgamos serem os anos de criação de filhos.[8]

Levando tudo isso em consideração, as pesquisas sugerem que a remodelação do cérebro parental vai além do que uma reacomodação da mobília para dar lugar a mais um papel numa vida atarefada. A entrada na parentalidade move paredes de sustentação. Modifica a planta baixa. Altera o modo como entra luz nos ambientes.

Conforme fui aprendendo sobre o assunto, minhas preocupações pareceram amainar um pouco. Ter um bebê muda o cérebro. Não só para aquelas pessoas, uma em cada cinco, que passam a sofrer de transtorno de humor ou de ansiedade perinatal, mas para *todas* as que têm um filho. *Todas*. Eu estava à deriva na minha nova condição de mãe de recém-nascido, e isso me ancorou. O tumulto que eu sentia podia ser normal, uma parte intrínseca da reorientação do cérebro para a parentalidade. Isso desencadeou uma profusão de novas questões. O que mais eu não sabia? Como exatamente o cérebro muda e o que essas mudanças podem significar para minha vida? E: por que eu não soube disso antes?

A história que encontrei na ciência decididamente não descrevia uma mulher dotada da mágica do amor maternal, que responde a todas as necessidades do bebê por reflexo, aceita o sacrifício exigido dela sem questionar e recorre a um manancial da sabedoria materna quando precisa. Essa narrativa — ficou claro para mim — era tão representativa da maternidade recém-adquirida quanto as histórias de príncipe encantado da Disney são representativas do namoro e do casamento na vida real.

Por outro lado, a ciência nos diz que, quando o filho chega, somos inundados. Sufocados por estímulos vindos do nosso corpo em mudança e da nossa rotina alterada; dos fluxos hormonais da gravidez, do parto e da amamentação, e dos nossos bebês, com seu cheirinho de recém-nascido, seus dedinhos minúsculos, seus arrulhos e suas necessidades incessantes. Em certo sentido, é desumano sermos completamente engolfados por tudo isso, e em múltiplas frentes, como uma pedra à beira do mar, surrada por ondas, marés, sol e vento. Alguns estudiosos se referem a essa situação como a complexidade ambiental do início da parentalidade.[9] Todos os novos dados que nosso cérebro precisa processar, subitamente e de uma só vez, parecem desorientadores e aflitivos. Mas têm sua razão de ser.

Essa inundação de estímulos nos impele a cuidar do recém-nascido em seu estado mais vulnerável, pois o amor por um filho não é automático nem absoluto. Em certo sentido, o cérebro atua para manter o bebê vivo até que nosso coração o alcance. Ele nos transforma em cuidadores protetores e até mesmo obsessivos, quando muitos de nós não têm nenhuma habilidade para cuidar de crianças. Se isso fosse tudo, o cérebro parental já seria digno de admiração reverente. Mas é apenas o começo.

Cientistas começaram a investigar como a reorganização neural causada pela parentalidade afeta o comportamento da pessoa, seu modo de ser no mundo, sua vida como um todo. Pergunte a qualquer estudioso do assunto o que ele sabe até o momento, e ele provavelmente responderá "pouquíssimo". Esse trabalho está só começando. Mas as descobertas até então e as questões que elas suscitam já são bastante significativas. Para mim, estudá-las foi como ver meu reflexo em uma vitrine de loja numa calçada movimentada — uma chance de me reconhecer.

Através de pesquisas com mulheres, foi constatado que a chegada da maternidade parece alterar o modo como elas interpretam pistas sociais e emocionais e respondem a elas — não só as pistas vindas do bebê, mas também do cônjuge e de outros adultos.[10] A maternidade pode mudar a capacidade da mãe de regular suas próprias emoções, ajudá-la a manter — relativamente — a calma na presença de um bebê esperneando (ou de uma criança pequena e teimosa, ou de um adolescente temperamental) e planejar uma resposta.[11] Embora muitas pessoas sofram uma perda de memória real mas quase sempre temporária durante a gravidez e no pós-parto, descobriu-se que, em certos contextos, a maternidade intensifica a função executiva, afetando a capacidade da pessoa de formular estratégias e transferir sua atenção para mais de uma tarefa.[12] Os resultados ainda são um tanto confusos; alguns poucos estudos sugerem que a maternidade pode inclusive proteger a cognição em uma fase mais avançada da vida.[13]

As questões em destaque nessa área são urgentes e básicas, o que chega a ser frustrante. A parentalidade tem sido negligenciada pela ciência, vista mais pelo viés da moralidade e de leis da natureza imprecisas do que como assunto merecedor de investigação rigorosa. Por muito tempo, julgou-se que o comportamento materno humano, com exceção da gravidez e do ato da amamentação, era 100% determinado por fatores sociais e individuais, com pouca base fisiológica.[14] Mas a parentalidade abrange todas essas questões psicossociais e neurobiológicas, uma mudança no estilo de vida e uma mudança na pessoa em si.

Os estudiosos que lideram essa área hoje — em grande parte, mulheres — reconhecem esse dado e buscam respostas que podem ter efeitos bem abrangentes. Por que as mudanças cerebrais voltadas para transformar as pessoas que têm filho em cuidadoras motivadas também as tornam vulneráveis de modos que podem prejudicar esse objetivo? O que a história reprodutiva de uma pessoa, inclusive se ela não tiver tido filhos, significa para sua saúde no longo prazo? Como o vício, enquanto doença que altera o cérebro, interage com a entrada na parentalidade, que também altera o cérebro? Mudanças cerebrais relacionadas à gravidez modificam a eficácia de medicamentos antidepressivos no pós-parto? Como o trauma, em todas as suas formas, incluindo as experiências extremamente comuns de aborto espontâneo e do parto, afeta o desenvolvimento pós-parto de uma pessoa e sua saúde mental no decorrer do tempo? Piadas sobre *"mommy brain"* à parte, o que realmente acontece com a função cognitiva de uma pessoa depois que ela tem filhos? Como ficam sua criatividade e seu estado emocional? Como ter um filho afeta a vida da pessoa em outras esferas além de sua aptidão parental?

Ficou claro para mim que o cérebro parental é um tema essencial não só para quem está fazendo um curso pré-natal ou enfrentando as primeiras semanas em casa com um recém-nascido. É um assunto que avós e responsáveis por políticas públicas, profissionais de saúde e advogados, mães ou pais que trabalham fora e seus chefes também devem compreender, assim como qualquer pessoa que esteja pensando em ter filhos e procure informações, fora da mitologia, para ajudar em sua decisão. Tal conhecimento pode desempenhar um papel na mudança das normas de gênero em casa e no trabalho, na elaboração de políticas públicas que de fato apoiem os pais de crianças pequenas, na garantia dos direitos reprodutivos e no processo de repensar a relação entre a parentalidade e a sociedade. No mínimo, esse tema altera as histórias que contamos a nós mesmos sobre nossas experiências individuais de parentalidade e sobre o mundo à nossa volta, histórias que precisam desesperadamente ser reescritas. Histórias sobre a vida interior daquela mãe passarinho — ou sobre o meu esgotamento.

Isso expôs algo essencial que está claramente ausente na antiga narrativa sobre o instinto materno: o tempo. Tornar-se mãe ou pai é um processo. A menos que já tenhamos nos dedicado antes ao trabalho intensivo de cuidar de alguém vulnerável, nossa capacidade fundamental para a parentalidade não é preexistente. Ela cresce. Esse crescimento pode ser doloroso e poderoso. E duradouro. Fatores de todos os tipos determinam como ele vai ocorrer. Como nossas expectativas — aquelas a que nos aferramos, aquelas segundo as quais julgamos os outros — mudariam se pudéssemos enxergar essa verdade fundamental?

* * *

Na realidade, sabemos disso há um bom tempo. Muitas pessoas que passam por essa transição percebem o que está acontecendo. Feministas da área acadêmica vêm dizendo há gerações que grande parte do que nos falam sobre maternidade, em especial a noção de que o instinto materno é algo inato, universal e essencial à identidade feminina, é falsa. No começo dos anos 1960, um pesquisador da Universidade Rutgers formulou, junto com colegas, ideias baseadas em um trabalho sobre gatos domésticos e acrescentou provas a essa afirmação.

Jay S. Rosenblatt seguiu uma trajetória um tanto singular em sua carreira porque, durante um bom tempo, estudou a psicobiologia do comportamento materno em mamíferos em toda a sua complexidade ao mesmo tempo que atendia pacientes como psicanalista. Também era pintor, e durante a Segunda Guerra Mundial serviu pintando camuflagens — talvez um indício de sua habilidade para ver o que estava oculto.[15]

Por décadas, muitos de seus pares e a maioria de seus predecessores haviam observado o comportamento em mães de várias espécies — sua propensão a construir ninhos, alimentar e proteger a prole já na primeira cria — e viram que esses padrões eram tão uniformes, tão específicos das fêmeas, que só podiam ser características inatas desse sexo. O comportamento materno é "indisputavelmente inato", escreveu Frank A. Beach Jr., o fundador da área da endocrinologia comportamental, em 1937.[16] E essa noção prevalecia por toda parte. "Sem exceção, estudiosos do comportamento materno em ratos classificaram a atividade como inata", ele escreveu. Inata em contraposição a aprendida ou adquirida. Intrínseca.

Por algum tempo, os recém-nascidos foram vistos dessa perspectiva analogamente estática como seres que crescem e adquirem habilidades motoras mas não se desenvolvem sob nenhum aspecto social antes de passarem da fase de recém-nascidos. Os autores de um estudo de 1950 acompanharam o desenvolvimento de filhotes de cachorro e escreveram que sua capacidade de aprender nas primeiras semanas de vida "tem de ser extremamente limitada". A condição humana era bem similar, eles constataram. No começo de uma nova vida, ao que parecia, mãe e bebê agiam quase inteiramente por instinto.[17]

Instinto sempre foi uma coisa vagamente definida, em geral considerado um daqueles comportamentos que os membros de uma espécie apresentam, quase todos do mesmo modo, sem que lhes tenha sido ensinado; por exemplo, a migração sazonal de aves ou o papel muito específico de uma abelha na construção da colmeia. Muitos psicólogos que formularam uma teoria do instinto no fim do século XIX e começo do XX discordavam sobre o conceito e o funcionamento do instinto. No começo dos anos 1950, o etólogo australiano Konrad Lorenz e outros popularizaram a ideia de que padrões de comportamento típicos de uma espécie ocorrem graças a mecanismos hereditários e mecanicistas existentes no sistema nervoso central. Lorenz nos legou o célebre conceito de *imprinting*, pelo qual aves recém-nascidas de certas espécies apegam-se ao primeiro ser que veem, em geral a mãe, mas possivelmente também algum animal de outra espécie ou algum objeto animado que esteja em movimento. As observações de aves que se apegaram a Lorenz por um processo de *imprinting* constituíram a base de suas teorias sobre o instinto durante toda a vida, mas em especial sobre as ligações instintivas entre mães e bebês.

Lorenz acreditava que o comportamento instintivo era resultado de impulsos hereditários acumulados em áreas designadas do cérebro até que um animal deparasse com um estímulo específico que desencadeava a liberação de dada ação.[18] Em seu livro

The Nature and Nurture of Love: From Imprinting to Attachment in Cold War America [Natureza e criação do amor: Do *imprinting* ao apego nos Estados Unidos da Guerra Fria], a historiadora da ciência Marga Vicedo explica que Lorenz costumava usar uma metáfora de chave e fechadura para descrever um comportamento inato e os estímulos correspondentes que o liberavam. "A forma correspondente à chave é predeterminada", ele escreveu. Para Lorenz, o comportamento instintivo de mães e bebês era um sistema complexo de fechaduras desse tipo, um pesado chaveiro de desengates forjado em tempos remotos.

Muitos aspectos do trabalho e dos textos de Lorenz revelaram-se essenciais para o estudo do comportamento em várias espécies. Ele foi um de três etólogos laureados com o prêmio Nobel em 1973 por seu trabalho sobre *imprinting* e o tema mais amplo da moldagem genética do comportamento.[19] Alguns de seus pares consideraram a premiação inapropriada, pois Lorenz filiara-se ao Partido Nazista em 1938 — mais tarde ele declarou que se arrependeu dessa decisão — e usara suas teorias sobre o comportamento para corroborar a ideia de um estado racial e combater a propagação de "material humano inferior em termos sociais".[20] Apesar disso, ele é amplamente citado na literatura moderna sobre o cérebro parental por seu trabalho basilar a respeito de como os vínculos sociais se formam em biologia e em especial por sua teoria sobre como a fofura dos bebês desencadeia uma resposta poderosa no cérebro adulto.

Lorenz afirmou que os fatores determinantes da fofura do bebê — cabeça grande, bochechas gorduchas, movimentos desajeitados e um corpo como "uma bola de futebol americano semicheia" — liberam o movimento instintivo, mais acentuadamente em mulheres, de pegar o bebê no colo, como evidenciado pela reação amorosa de sua própria filha diante de uma boneca.[21] Estudos recentes e mais rigorosos corroboraram a ideia de que a fofura tem um efeito poderoso e mensurável sobre o cérebro humano, embora o enquadramento moderno do argumento seja um tanto diferente e menos baseado na ideia socializada de que bonecas são automaticamente para as meninas o que os bebês são para as mulheres. No entanto, a rigidez com que Lorenz definiu instinto — como algo separado do contexto ambiental ou da experiência da pessoa, embutido no indivíduo mais ou menos como um órgão — é profundamente danosa às mães. O trabalho de Lorenz fisgou a imaginação do público em geral. Lá estava ele, de torso nu em um lago, conversando com seus bebês gansos, acima da manchete "Mamãe gansa adotiva" em uma edição de 1955 da revista *Life*.[22] E ele conquistou seguidores entre os especialistas em desenvolvimento infantil, que viram suas teorias como uma validação para suas próprias ideias incipientes sobre a formação de vínculo e apego entre bebês humanos e suas mães.[23] Vicedo documentou o quanto Lorenz se tornou mais audacioso à medida que sua carreira progrediu, apesar — ou talvez em razão — da crítica crescente de seus colegas estudiosos do comportamento animal. Se antes ele dizia ser provável que o mesmo tipo de *imprinting* mecanicista que observava nos gansos ocorresse em crianças humanas, mais tarde afirmava isso como um fato, e um fato que, se desconsiderado, poderia significar a ruína da humanidade. As mães estavam passando pouco tempo com seus bebês, ele disse, perturbando assim "um comportamento social alicerçado geneticamente".[24] "Como resultado", ele declarou ao *New York Times* em 1977, "a capacidade de criar laços pessoais está se atrofiando", e a violência e o crime aumentam nas sociedades humanas.[25] Para Lorenz, as mães têm de agir de acordo com seu instinto herdado — ou podem pôr a espécie em perigo.

Os cientistas agora descartam uma influência unilateral da genética sobre o comportamento. Nossa compreensão do cérebro

— como uma rede complexa de reações moldada também por nossas experiências vividas e nossos ambientes físicos e sociais — não admite mais a ideia simplista da energia acumulada em um centro neural específico à espera de um gatilho predeterminado. No entanto, ainda permanece grande parte da noção de Lorenz sobre um instinto materno fixo.

Muitas pessoas que estão esperando um filho acham que sentirão uma onda avassaladora de afeto nos primeiros momentos com seu recém-nascido, que porão os olhos no rosto do bebê e isso desencadeará nelas o tipo de amor automático e arrebatador que há tanto tempo lhes garantem estar reservado. E muitos de nós ficam perplexos com o que pode vir em vez de tudo isso. Choque ou tristeza. Ambivalência. Amor somado a medo. Alegria somada a apreensão. Se algo der errado durante a gravidez ou no começo da vida da criança, se houver complicações ou se outros fatores estressores — por exemplo, problemas no relacionamento, dificuldades financeiras, uma pandemia global — alterarem nossa experiência pós-parto de modos que não prevíamos, talvez receemos já ter fracassado. A voz de Lorenz ecoa em cada debate íntimo dilacerante sobre como equilibrar os cuidados com o filho e a carreira. Também se faz presente quando tentamos em vão acalmar um recém-nascido que chora naquelas desorientadoras horas da madrugada e nos perguntamos o que há de errado conosco, com o bebê ou com nosso vínculo. Por que será que a chave e a fechadura não combinam?

Jay Rosenblatt viu as coisas de outra maneira. Foi influenciado pelo especialista em psicologia animal T. C. Schneirla, que rejeitou as ideias de Lorenz sobre inatismo e instinto. Para Schneirla, o desenvolvimento de um indivíduo, mesmo nas fases iniciais da vida, é gerido não só pelo que alguns veem como a maturação física determinada pelos genes, mas também pela experiência geral desse indivíduo, no mais amplo dos sentidos.[26] O desenvolvimento, Schneirla afirmou, ocorre em uma progressão na qual uma fase da vida influencia a fase seguinte, de modo que os efeitos de todos os tipos de estímulo, incluindo os fatores genéticos e os ambientais, sejam "indissociavelmente fundidos". Hoje essa noção é considerada fundamental — a complexidade do ambiente influencia a expressão genética, portanto um conjunto de genes específico (genótipo) pode resultar em características e comportamentos (fenótipo) diversos, dependendo do contexto.

Para que uma teoria assim se sustentasse, teria de ser verdade que até mamíferos com apenas alguns dias de vida poderiam, de fato, responder de modo significativo ao seu ambiente. Junto com um colega, Rosenblatt e Schneirla estudaram o comportamento de gatinhos recém-nascidos, documentando seus padrões normais e eficientes de amamentação e desmame.[27] Depois fizeram um experimento isolando alguns dos gatinhos de sua ninhada por janelas de tempo determinadas, removendo-os para um cercado com uma mãe artificial e uma incubadeira com uma plataforma felpuda onde eles podiam sugar leite. Os que foram isolados na primeira semana de vida ajustaram-se facilmente ao aleitamento na incubadeira, mas quando foram devolvidos à ninhada tiveram dificuldade para se orientar no corpo da mãe até encontrar os mamilos. Os gatinhos que foram isolados com alguns dias a mais de vida conseguiram localizar mais prontamente a mãe, porém precisavam tatear com o focinho todo o corpo da gata, incluindo a face, em busca da fonte de leite. Os que foram isolados depois de terem passado cerca de cinco semanas com a ninhada tiveram outro tipo de dificuldade para se ajustarem ao retornar.

Enquanto eles estiveram ausentes, a mãe gata passou a se mover mais, e os irmãos de ninhada começaram a ter mais iniciativa na hora de mamar. Os gatinhos que voltaram tiveram muita dificuldade para acompanhar os outros. Não tinham estado presentes para se ajustar conforme mudavam os hábitos da ninhada. Enquanto ficaram isolados, os gatinhos perderam a oportunidade de aprender a mamar com um grupo e em uma gata viva e ronronante, cujo padrão da pelagem, odores e incentivos sutis os guiariam. Não puderam se desenvolver do modo usual, em uma progressão e em resposta ao ambiente, acompanhando seus irmãos.

O trabalho de Rosenblatt com os gatinhos fundamentou também suas noções sobre as mães animais: elas não eram uma estaca fincada no chão orbitada por um bebê em crescimento, e sim um organismo que se desenvolve concomitantemente ao seu bebê. Em 1958, Rosenblatt passou a trabalhar no Instituto de Comportamento Animal da Universidade Rutgers, fundado por Daniel Lehrman. Alguns anos antes, quando Lorenz ganhava seguidores entre o público leigo nos Estados Unidos, Lehrman havia publicado uma análise incisiva na qual tachava de "patentemente rasas" muitas das conclusões que Lorenz extraíra sobre o comportamento humano.[28] Rosenblatt e Lehrman conceberam uma série de estudos com ratos em laboratório que delineariam uma teoria sobre a natureza do comportamento das mães bastante diferente da proposta por Lorenz.

Antes da primeira gravidez, as ratas de laboratório em geral mostram aversão a filhotes. Mas, assim que uma rata tem sua primeira cria, seu comportamento muda depressa. Ela passa a agir de modos que *são* típicos de toda a espécie. Constrói um ninho. Lambe os filhotes e se agacha por cima deles para permitir que mamem. Quando encontra algum fora do ninho, leva-o de volta. A rata pode fazer todas essas coisas imediatamente depois que a cria nasce. Mas Rosenblatt e Lehrman descobriram que, se removessem os filhotes do ninho logo após o nascimento, esses comportamentos logo desapareciam. Mesmo se mais tarde dessem às ratas filhotes adotivos para cuidar, a maioria não era capaz de fazê-lo.²⁹ Os hormônios e as mudanças fisiológicas da gravidez e do parto impelem o surgimento do comportamento materno, mas para que ele seja mantido "é necessária a presença dos filhotes", escreveram Rosenblatt e Lerhman em 1963, em um capítulo que se tornou um marco das publicações nessa área.³⁰ Em outras palavras, o parto iniciava o processo. Mas, para que elas se desenvolvessem plenamente como mães, era preciso interagir com os filhotes. Era preciso ter tempo.

Rosenblatt e Lehrman documentaram em seguida, de vários modos, como o comportamento de mães e filhotes não era fixo, e sim flexível. O desenvolvimento de um ocorria em resposta às necessidades e ao comportamento do outro. Retirar filhotes do ninho em determinados momentos do período pós-parto ou trocar os filhotes de uma rata por filhotes adotivos de uma idade diferente alterava o comportamento dela. Ao contrário, quando filhotes mais velhos eram deixados aos cuidados de uma rata que acabara de dar cria, a mãe adotiva dava mais atenção aos ratinhos do que eles normalmente receberiam, e o desenvolvimento deles desacelerava. Rosenblatt e Lehrman constataram que uma mãe rata não era uma fechadura rígida na qual uma chave girava. Ela também crescia e mudava.

Em 1967, Rosenblatt publicou conclusões que abalaram ainda mais as ideias populares sobre a maternidade.³¹ Por acaso, ele e seus colegas do Instituto de Comportamento Animal descobriram que ratas virgens começavam a cuidar de filhotes se fossem expostas a uma ninhada.³² Após dez dias ou mais com os bebês, quase todas as virgens que eles estudaram começaram a construir ninhos e até a se agachar como se fossem amamentar, embora não produzissem leite. Ratos machos fizeram o mesmo, ainda que, fora do laboratório, normalmente não cuidem de filhotes. Se passassem algum tempo com os filhotes, os machos começavam a lambê-los, a trazê-los de volta para o ninho e a se agachar como que para amamentá-los quase com a mesma frequência que as fêmeas virgens.

Certamente os hormônios que afetam as ratas mães quando têm uma ninhada pareciam acelerar o desenvolvimento do comportamento materno. Mas os mesmos comportamentos podiam surgir na ausência desses hormônios e independentemente do sexo do indivíduo. "Portanto", Rosenblatt concluiu, "comportamento materno é uma característica básica dos ratos."[33] Não apenas das fêmeas. De todos os ratos. Rosenblatt descobriu que a compulsão de cuidar dos jovens, ampará-los e protegê-los era uma característica básica da espécie como um todo.

Pais humanos e pais ratos de laboratório não são iguais. Seus cérebros têm em comum uma arquitetura mamífera e os componentes básicos, porém diferem de muitos modos.[34] O córtex cerebral humano é todo pregueado de um modo muito complexo, enquanto o do rato é liso, por exemplo. Roedores dependem sobretudo do olfato e têm um bulbo olfatório enorme, enquanto nos humanos essa parte é consideravelmente pequena. O comportamento materno nos ratos de laboratório ocorre em um padrão bem previsível, no qual lamber é uma faceta proeminente, e cessa de modo súbito por volta de quatro semanas após o parto. Ratas podem ter muitas gestações e ninhadas em um ano. Nos humanos, o comportamento materno estende-se por vários anos ou com frequência por décadas e às vezes envolve cuidar simultaneamente de vários filhos de idades diferentes que podem ter necessidades muito distintas. A parentalidade humana destaca-se por sua variabilidade entre famílias e entre as gerações, influenciada por inúmeros fatores sociais, políticos e econômicos. Estabelecer correlações diretas entre as descobertas de Rosenblatt nos seus ratos de laboratório e o comportamento humano seria repetir o despropósito de Lorenz de maneira simplista.

Apesar disso, os princípios básicos que Rosenblatt e seus colegas propuseram pela primeira vez no começo dos anos 1960 e desenvolveram nos anos seguintes continuaram a ser acatados como válidos ao longo de décadas de estudos e para várias espécies mamíferas, a tal ponto que hoje muitos consideram Rosenblatt o "pai dos estudos sobre maternação" por seu trabalho pioneiro e por sua habilidade como mentor.[35] Quase todo texto importante sobre o cérebro parental humano escrito nos últimos trinta anos inclui como autor algum aluno de Rosenblatt ou algum aluno de um aluno dele. Esses trabalhos corroboram a ideia de que todas as mães mamíferas passam por mudanças fisiológicas muito similares durante a gravidez, o trabalho de parto, o parto e a lactação, e de que os hormônios que impelem essas mudanças também direcionam o cérebro de modo que as mães se tornem hiperatentas aos seus bebês, os quais vêm ao mundo com composição genética e senso de iniciativa próprios.[36]

E então o bebê assume o comando, torna-se um estímulo poderoso que impulsiona uma reorganização impressionante e duradoura no cérebro da mãe para ajudá-la a equilibrar as necessidades do filho com as dela própria, inclusive enquanto essas necessidades mudam de forma constante. O bebê e quem o deu à luz desenvolvem-se lado a lado em um nível neural, não só em resposta aos genes e ao ambiente, mas também em resposta um ao outro, cada nova fase pautada na anterior, em um processo que não termina na sexta semana pós-parto ou quando o bebê é desmamado ou começa a andar ou entra para a escola. É um processo contínuo. Esse tipo de crescimento, intenso no início e recíproco, talvez não se pareça com nada que a mãe tenha experimentado antes, ou pelo menos não desde que ela estava do outro lado do processo. E não ocorre só com mães.

Seguindo os passos de Rosenblatt, hoje estudiosos esclarecem que na verdade o "comportamento materno" é uma característica básica humana, e não exclusivamente materna. Estudos sobre homens que são pais, incluindo pais não biológicos em casais do mesmo sexo, constataram que o cérebro de homens que cuidam de seus filhos de forma regular muda de modo espantosamente similar ao das mães gestacionais.[37] Essas mudanças são mais claras em regiões cerebrais associadas à maneira como os pais processam suas próprias emoções, interpretam sinais de outros e respondem a eles. Estudiosos suspeitam que mudanças parecidas ocorrem no cérebro de outros pais e mães não biológicos ou não gestacionais e provavelmente no de qualquer pessoa que se dedique a cuidar de forma intensa.

Decerto as coisas acontecem de outra maneira para pais que não gestaram seus filhos, ao menos de início. Não houve gravidez. Não houve amamentação. Mas talvez eles também passem por uma mudança hormonal significativa ao se tornar pais, e os estudiosos acreditam que a mudança, aliada aos cuidados com o bebê na prática — à exposição —, impele a criação de um sistema de circuitos universal do ato de cuidar que traz implicações profundas no modo como percebemos os vínculos familiares. Pais, de acordo com o cérebro, são definidos quase inteiramente pela atenção e pelos cuidados que provêm.

O trabalho pioneiro de Rosenblatt parece-me radical até hoje. Talvez porque grande parte dos estudos que me causaram assombro e alívio neste momento, o momento da minha própria maternidade, pode ter suas origens identificadas no trabalho que ele fez mais de seis décadas atrás. A obra de Rosenblatt rechaça com elegância a noção de um instinto materno mecanicista e as normas de gêneros construídas com base nessa mentira. Sugere que o início da parentalidade é propositalmente intenso e requer uma mudança fundamental e contínua. Esse processo pode ser perturbado por trauma, estresse ou outros obstáculos, mas talvez, diferente de um instinto rígido, possa ser reparado e redirecionado. Será que Rosenblatt, que morreu em 2014, pensava assim? Será que considerava seu trabalho radical? Feminista? Em certa medida, sim, de acordo com Alison Fleming, que defendeu seu doutorado em 1972, orientada por Rosenblatt, e dirigiu seu próprio laboratório na Universidade de Toronto em Mississauga por 25 anos. O trabalho de Rosenblatt sobre ratos machos foi publicado numa época em que ativistas do movimento de libertação das mulheres, incluindo alguns homens que desejavam uma paternidade mais ativa, exigiam uma revisão de normas culturais e políticas públicas que resultasse em maior igualdade de gênero na criação dos filhos.[38] Alguns apoiaram-se nos estudos de Rosenblatt para validar suas reivindicações: "Está vendo? Pais também podem ser cuidadores", Fleming me disse. Contudo, se a intenção de Rosenblatt tivesse algum viés político, seu objetivo estava voltado para seus pares.

Rosenblatt e Lehrman acreditavam que a visão lorenziana do instinto era "completamente equivocada". O comportamento não é "um padrão fixo de ação", Fleming afirmou. "Não é uma coisa mecanicista, que acontece de forma automática. Ele tem seu próprio desenvolvimento. Essa era uma questão política importante para Jay." E passou a ser uma questão importante também para Fleming.

Fleming tem uma vasta obra em constante expansão durante sua aposentadoria, com publicações de estudos em andamento junto com seus orientandos (também já ouvi chamarem Fleming de "mãe da maternação", portanto suponho que Rosenblatt seria, na verdade, o avô da área). Ela estudou as nuances do comportamento materno em ratas de laboratório lactantes e em mães humanas primíparas, rastreou o papel do cortisol e de outros hormônios e documentou correlações entre comportamento e mudanças em circuitos neurais. Quando Fleming comenta sobre o que motivou seu trabalho, ela menciona suas filhas.

A mãe dela trabalhou nas Nações Unidas e foi um modelo

poderoso de mulher intelectual e independente, não necessariamente de uma cuidadora. Fleming viveu separada dela durante grande parte da infância. Ela disse que quando engravidou de sua primeira filha, em 1975, não tinha expectativa com o amor à primeira vista. Não tivera um modelo para tal, explicou. E o amor à primeira vista não aconteceu. Porém, com o tempo, Fleming foi criando laços profundos com a filha, e declara ser "completamente obcecada" por ela e pela outra filha. "Acredito firmemente na experiência", Fleming me disse.

A experiência é importante. Esse é o contraponto a Lorenz. É claro que a biologia nos primeiros tempos de parentalidade também é importante, incluindo as flutuações hormonais da gravidez e do parto e os padrões de resposta típicos de cada espécie que surgem em seguida. Em 2015, Fleming e dois outros pesquisadores seniores escreveram uma comparação de estudos sobre o cérebro materno de humanos e mamíferos não humanos.[39] O comportamento humano é profundamente moldado pela linguagem e pela cultura, de modos que talvez classifiquem os humanos em uma posição única entre os mamíferos. Isso não significa que a base biológica da maternação é menos importante para os humanos, eles escreveram. Significa que o contexto completo da vida da pessoa — o ambiente físico no qual ela vive, suas relações com outras pessoas, as pressões e expectativas culturais que se impõem a ela, entre muitos outros fatores — tem uma influência mais forte sobre esses processos biológicos do que poderia ter sobre um rato. A experiência psicológica de ter um filho e a transformação neurobiológica que isso implica se conectam inseparavelmente, usando aqui a expressão de Schneirla. Se desvalorizarmos uma e ignorarmos a outra, como poderemos compreender a nós mesmos como pais, como pessoas?

Com sorte, quando somos lançadas para fora do velho roteiro sobre o instinto materno deparamos com alguém que pode nos ajudar a encontrar o caminho. Alice Owolabi Mitchell, por exemplo, confidenciou a uma amiga íntima que tinha dificuldade para se conectar com a pequena Everly, e a amiga lhe disse o que ela precisava ouvir: tudo bem. Cante para ela, sugeriu. Olhe nos seus olhos. Acaricie sua mão quando a amamentar. Em pouco tempo, Owolabi Mitchell disse, ela começou a sentir que Everly confiava nela. E isso lhe trouxe alegria onde antes só havia preocupação. "A gente está se conhecendo", ela comentou.

Escrever sobre o cérebro materno enquanto se está nas trincheiras do início da maternidade revelou-se uma tarefa difícil. Meus filhos tinham dois e quatro anos quando comecei a escrever este livro. Passei muitos dias sentada à mesa de trabalho escrevendo e reescrevendo apenas uma ou duas frases, cansada demais depois de uma noite de sono interrompido para conseguir me concentrar nos mecanismos da motivação materna, consciente demais do tempo passando até eu ser obrigada a acordar o caçula da soneca e sair correndo para buscar seu irmão na escola ou, depois que a pandemia do coronavírus eclodiu, perturbada demais com a desgraça iminente e os rugidos de dinossauro dos meninos do outro lado da porta do meu minúsculo escritório em casa. Às vezes perco a paciência com eles pela manhã e acabo aos prantos diante de um estudo sobre como o controle emocional da mãe molda o circuito cerebral que regula as emoções da criança.

Nos melhores dias, tenho a oportunidade de conversar com alguém como Jodi Pawluski, que estuda a neurobiologia da saúde mental materna na Universidade Rennes 1, na França. Ela estuda principalmente roedores, mas também apresenta o podcast *Mommy Brain Revisited*. Para mim fez todo o sentido quando, em 2020, ela começou a prestar serviços de aconselhamento a mães. Nossas muitas conversas por telefone e e-mail sobre variados aspectos que eu estivesse estudando naquele dia frequentemente me deixavam com a sensação de estar na terapia. Conversávamos sobre as expectativas da sociedade que pairam sobre os pais de recém-nascidos e o que a neurobiologia reflete sobre a verdadeira experiência da maternidade. "Tudo bem ter dias ruins", ela me dizia. Ou "você vai aprender conforme as coisas forem acontecendo". Em quase qualquer outro contexto, essas falas não teriam muita importância para mim — não passariam de frases de efeito simpáticas. Mas, vindas dela, era diferente. Pareciam verdadeiras.

Pawluski, Craig Kinsley e Kelly Lambert publicaram um artigo na edição de janeiro de 2016 da revista *Hormones and Behavior* na qual escreveram sobre as mães de um modo que eu nunca tinha visto.[40] O cérebro materno, explicaram, é "um prodígio de mudança direcionada" que molda a vida de uma mãe muito além da criação dos filhos. O cérebro ganha maior flexibilidade e se torna "mais complexo" graças ao "tsunami endócrino que acompanha a gravidez", às "experiências enriquecedoras" da própria maternidade e ao longo caminho da evolução. A gravidez, disseram os autores, marca "uma fase do desenvolvimento tão significativa quanto o desenvolvimento da sexualidade e a puberdade".

Epa!, eu me lembro de ter pensado na primeira vez em que li esta última frase. *Tão significativa quanto a puberdade?*

Hoje, pais e educadores compreendem muito mais sobre os adolescentes do que na época em que cresci numa família suburbana e conservadora de classe média, na qual a pressão para ser uma boa menina era grande e eu me sentia em uma daquelas brincadeiras de origami de predizer o futuro, me perguntando o que eu ia ser quando virasse adulta e temendo nunca chegar a me tornar aquela pessoa. Temos todo um cânone cultural de personagens adolescentes célebres por seguir seu desmazelado caminho até a maturidade ou por mascarar seu tumulto íntimo com revolta ou silêncio. Mas hoje a ciência do cérebro adolescente popularizou-

-se e está a serviço dos próprios adolescentes e dos adultos que cuidam deles.[41] Essa ciência fundamenta campanhas de saúde pública voltadas para a saúde mental e o combate às drogas. Pauta o movimento nacional que propõe postergar os horários escolares para que os adolescentes possam ter as horas de sono requeridas por seu cérebro em transformação. Em alguns lugares, está mudando o modo como diretores e orientadores pedagógicos pensam a respeito de disciplina e apoio a alunos com dificuldades. A ciência tornou-se uma espécie de mecanismo de ajuda para que pais e filhos atravessem o tumulto da adolescência, uma fase que, hoje sabemos, dura mais do que se supunha. Em outras palavras, vemos que se tornar adulto leva tempo.[42]

Por um longo período tratamos a convulsão hormonal da fase do parto como algo a ser suportado até que as coisas voltassem a se normalizar. Achamos que a pessoa que dá à luz deve simplesmente seguir em frente, continuando a ser o que sempre foi — e ainda por cima sentir-se realizada —, tudo isso enquanto seu corpo talvez pareça arruinado e seu cérebro sovado como massa de pão. Não dizemos aos adolescentes para suportarem a puberdade até que ela termine, como se isso fosse apenas uma tempestade passageira. Na verdade, muitas vezes fazemos o oposto. Quando agimos corretamente com eles, reconhecemos e celebramos os jovens adultos em que estão se transformando. Oferecemos orientação e compreensão em momentos difíceis. Criamos marcos de desenvolvimento nas escolas, nas atividades atléticas e nos templos religiosos, para dizer a eles: "Veja só como você está crescendo e mudando. Estamos orgulhosos!".

Para os pais de recém-nascidos não haverá retorno ao normal, mas frequentemente as mudanças profundas pelas quais passam não são reconhecidas. Quando Pawluski deu aquelas recomendações abrangentes e generosas sobre maternidade e a necessidade de dar um tempo a nós mesmas, não disse algo banal.

Ela ensinou o que sabia baseado em estudos. O período da chegada de um filho acarreta uma mudança gigantesca para o cérebro, é "um evento fundamental", como ela diz. Nas redes sociais e na cultura popular, estamos nos tornando mais hábeis para falar sobre a gama de emoções que essa fase desperta. Estamos saindo daquele terreno exclusivo da bem-aventurança. Isso é bom. "Porém", Pawluski explica, "às vezes, quando a pessoa consegue identificar o fato — veja só, meu cérebro muda *fisicamente*! —, isso pode ajudar não a arrumar uma desculpa, mas a dar mais importância ao que está sentindo."

O começo da parentalidade é uma fase de desenvolvimento que requer tempo. No entanto, aquela ideia de fechadura e chave — de que toda mulher é uma mãe à espera de um bebê — ainda ocupa o cerne das nossas convicções culturais sobre a parentalidade. Como veremos no próximo capítulo, essa é uma crença dogmática, ainda que a ciência tenha mostrado que se trata de uma noção ultrapassada. Antiquada. Desmentida. Sete décadas de pesquisa sugerem um novo modo de enxergar as coisas, uma perspectiva que reconheça a turbulência do começo da parentalidade e celebre esse estágio como um período rico em potencial. Repitam comigo: "Veja só como você está crescendo e mudando. Estamos orgulhosos!".

Em julho de 2018, um artigo que escrevi sobre a ciência do cérebro materno e minha transição para a condição de mãe foi publicado em uma edição dominical do *Boston Globe*.[43] Muitas leitoras me escreveram para dizer que a matéria as ajudou a compreender o que haviam sentido durante o pós-parto e depois disso. Entre elas estava Emily Vincent, enfermeira pediátrica e mãe de recém-nascido. Sua cunhada mandara uma reprodução do meu artigo, publicado na revista *The Week*, com a pergunta: já viu isso? Emily me contou depois que ter lido o artigo a ajudou a perceber que sua preocupação com a volta ao trabalho não era uma reação exagerada e irracional. Tampouco era descabida a recorrência com que a imagem do bebê de *Trainspotting* lhe vinha à mente. Tudo isso fazia parte de uma resposta fisiológica e tinha um propósito. "Não sou tonta nem louca por ter essas emoções", ela disse. "É importante que elas sejam digeridas e postas em seu devido lugar, mas eu não precisava me envergonhar por senti-las."

Will foi matriculado na creche. Emily voltou ao trabalho, com um horário ligeiramente reduzido, em um emprego que demonstrava um novo nível de compreensão em relação aos pais, sobretudo aqueles que se sentiam esmagados pela preocupação; isso foi possível em parte graças à recém-adquirida intensidade de foco que ganhara ao administrar sua vida em casa. Nem sempre era fácil, mas compreender como seu cérebro estava se adaptando para ajudá-la a continuar a cuidar de si mesma enquanto cuidava de seu precioso bebê causou a ela um sentimento de orgulho. Emily pôde reconhecer mais plenamente como estava mudando. Pôde ver quem estava se tornando.

2. A construção de um instinto materno

Na mesma época em que Mimi Niles tornou-se mãe, uma mulher que morava no andar de cima de seu prédio na cidade de Nova York teve gêmeos. Às vezes as duas se encontravam no saguão ou na calçada, e Niles perguntava à vizinha como ela estava se saindo. "Maravilhosamente bem", Niles se lembra de ouvi-la dizer. "Estou muito feliz."

Niles ficava perplexa. Ela mesma estava muito longe de se sentir maravilhosa. Dormia pouco e chorava bastante. Tinha dificuldade de entender as necessidades de sua filha. Dera à luz em casa, com a ajuda de uma parteira. Amamentava, fazia cama compartilhada e carregava a bebê no sling sempre que possível. Crescera em uma família hindu que aceitava a dor e a dificuldade como partes essenciais da vida, e sua mãe sempre lhe contava histórias sobre seus tempos como parteira na Índia, antes de emigrar com o marido para Nova York. Niles estava se preparando para se tornar parteira também. O fato de aquele início como mãe lhe parecer tão árduo era para ela ao mesmo tempo surpreendente e irritante. Ela imaginava que seria diferente.

Aquela animação toda da vizinha devia ser só fachada, Niles pensava. Como poderia ser verdade? "Não tem como, é uma experiência terrível", dizia a si mesma. É claro que não era só terrível. Mas, naquele período e mais tarde, Niles sentia que não havia lugar para aquela parte da experiência — a tremenda dificuldade — na construção social da condição de mãe. Quando os filhos de Niles eram adolescentes, ela já havia cuidado de parturientes no Centro Médico Woodhull, no Brooklyn, por mais de uma década. Doutorou-se em enfermagem e começou a estudar a autonomia das parturientes e como o trabalho das parteiras podia auxiliar comunidades marginalizadas. Niles me disse que considera o parto e o início da parentalidade transformadores — uma fase difícil e poderosa, uma chance de contemplar a plena capacidade do nosso corpo e dos nossos relacionamentos. É isso que ela diz às grávidas, sejam pacientes ou amigas. Mas Niles também sabe que muitas vezes a transformação é limitada por expectativas culturais, pelo foco na capacidade da mãe de fazer o filho dormir, mantê-lo satisfeito e tranquilo, manter a boa aparência enquanto faz isso e ainda por cima se sentir "maravilhosa". De ter um "bebê bonzinho" e fazer tudo isso com independência, dentro dos limites de seu núcleo familiar.

"Será que tem um homem atrás da cortina, tipo em *O mágico de Oz*?", Niles se indagava. "Porque não parece verdade. E eu penso nisso o tempo todo."

Em certo sentido, tem mesmo um homem atrás da cortina. Muitos, na verdade.

Charles Darwin, por exemplo, não foi o primeiro nem o último homem atrás da cortina quando se trata desse assunto, mas foi um líder da matilha. Ele sofreu forte influência das mães em sua vida — pela ausência de sua própria mãe, que morreu quando ele tinha oito anos, e pela presença constante em sua vida adulta de sua esposa e mãe de seus dez filhos, Emma, que ele considerava uma fonte de solidez e que lhe deu um empurrão crítico para publicar sua obra fundamental, *A origem das espécies*, em 1859.[1] Por isso, é difícil imaginar por que Darwin deu tão pouca atenção às mães na hora de situá-las em sua teoria científica e entre os seres sociais que estudou.

A teoria da evolução mudou o modo como o mundo enxergava a natureza humana e os gêneros. Darwin investigou como a seleção sexual molda o futuro de uma espécie, mas em grande medida desconsiderou o papel dos pais depois que sua escolha do parceiro para acasalamento dá frutos. Em sua obra revolucionária, ele codificou ideias antiquíssimas sobre a inferioridade das mulheres, baseadas em seu papel essencial como geradoras da vida e seu inquestionável sacrifício pessoal. "Quão forte não deve ser o sentimento de satisfação íntima que impele uma ave, tão ativa, a chocar dia após dia os seus ovos", Darwin escreveu em *A origem do homem e a seleção sexual*.[2] Esqueça a fome que ela sente ou a angústia que pode sobrevir quando tem mais bocas para alimentar e novos predadores para rechaçar. Ignore a sensação de definhamento quando as asas roçam o corpo, devido à sua interminável imobilidade.

Na longa história da idealização da maternidade, a noção de que a abnegação e a ternura que os bebês requerem de seus cuidadores é arraigada na *biologia* das mulheres, e só das mulheres, é relativamente moderna. Foi fabricada por homens para sustentar uma imagem daquilo que uma mãe deveria ser, desviando nossa atenção daquilo que ela é e chamando isso de ciência. Hoje podemos compreender de modo mais abrangente o que é preciso para criar um filho e quem é capaz de fazer isso, mas o legado do instinto materno como um fato científico está por toda parte. Consolidou-se apesar dos esforços das feministas para desmascará-lo desde o momento em que entrou no discurso público. E continua a moldar a ideologia política e pessoal sobre o que uma mãe faz e como ela se sente — o que ela *deve* fazer e como *deve* se sentir. Essas ideias também ditam como devem se sentir todos os demais envolvidos na criação de filhos, incluindo pais que não são mães gestacionais, e moldam as motivações daqueles que formulam as políticas públicas que afetam jovens famílias.

Muitos de nós aceitam que o instinto materno é ultrapassado nos detalhes, mas que é difícil descartá-lo absolutamente. Podemos observar evidências disso no amor intenso que as mães têm pelos filhos ou nos impulsos que elas sentem de preparar o ninho quando se aproxima a hora da chegada do bebê. Gerações após gerações, mães cuidaram de bebês. Alguma coisa as impele a fazer isso. Se não é um instinto inerente nas mulheres, então o que é? Instinto materno traz certo conforto. Traz promessas de amor e paz, de amor à primeira vista, da certeza de uma ordem natural em face do desconhecido. Até a ideia de que esse impulso inato pode tolher uma mulher deixando-a desatenta e esquecida com o proverbial "*mommy brain*" parece incomodamente verdadeira.

Era para o instinto materno funcionar assim — usar as emoções complicadas das próprias mulheres sobre si mesmas e seus filhos e seu lugar na sociedade para constrangê-las a se encaixar num certo molde. Um caso clássico de desinformação. Uma ideia que contém a ilusão de plausibilidade é repetida sem ser contestada inúmeras vezes, apesar de evidências contrárias, até que a crença vem por reflexo. Para compreendermos o quanto precisamos reescrever a história do que significa tornar-se mãe, o quanto é fundamental e necessário esse estudo do cérebro parental, importa saber como acabamos presos ao velho modo de contar essa história — as velhas narrativas que são profundamente equivocadas — com base não na ciência, mas na crença.

Pode parecer que as mães têm sido valorizadas desde que os humanos vêm fazendo bebês — elas são a rainha do lar, o coração emocional da família, aquelas que fazem bolo de chocolate. Mas nem sempre foi assim. Durante a maior parte da história registrada, o status social das mães foi elevado e rebaixado conforme a ferramenta — cassetete ou troféu — que as pessoas no comando escolhem para influenciar a labuta das mulheres. Em algumas sociedades, as mães ficam presas em casa e são indesejadas em espaços públicos e na política, enquanto em outras partes são consideradas as representantes do que a natureza humana tem de melhor. Em *The Myths of Motherhood: How Culture Reinvents the Good Mother* [Os mitos da maternidade: Como a cultura reinventa a boa mãe], a psicóloga Shari Thurer documentou como o útero tem sido ora celebrado como fonte de fertilidade e rejuvenescimento, ora reduzido a mero receptáculo para o filho do pai e considerado a raiz da histeria. A amamentação é representada ora como fonte do poder feminino, ora como uma tarefa que, podendo pagar, é melhor relegar a uma ama de leite escolhida e remunerada pelo pai da criança a fim de que a mãe possa retornar à plena fertilidade ou aos seus compromissos sociais. O amor materno em si é visto como sufocante e danoso, ou como puro e santo.

As noções cristãs modernas sobre a maternidade foram moldadas por duas mulheres. Eva, a primeira mulher, feita de uma costela de Adão, que comeu do fruto proibido e com isso causou o sofrimento de todos os humanos que vieram depois.[3] E a Virgem Maria, que inadvertidamente protagonizou um grande milagre e se tornou o símbolo mais virtuoso da maternidade — com sua vida íntima e suas ações inteiramente consumidas pela glória de seu amor materno. Fui criada no catolicismo, e com frequência me pergunto como as coisas — a fé propriamente dita, a dinâmica de poder na minha família, a história do mundo — talvez fossem diferentes se a Virgem Maria tivesse recebido espaço para apresentar seu próprio ponto de vista na Bíblia.

Para muitas mulheres, a Virgem Maria é fonte de consolo, uma mentora da maternidade. Contudo, a história de Maria combinada à de Eva — deusa inatingível e servidão perpétua — criou um modelo moral para a maternidade que se revelou sufocante e implacável. Pressupôs que as mulheres são propriedade do marido e lhes negou direitos básicos. Permitiu que fossem castigadas ou chamadas de bruxas se não pudessem produzir filhos ou sujeitou-as a uma vida inteira de gravidez e aleitamento caso pudessem parir. Conectou o destino das mulheres, nesta vida e no além-mundo, à sua capacidade reprodutiva e ao grau em que elas correspondem a um ideal impossível.

No entanto, ao longo do tempo e em variadas culturas, o status das mães na sociedade religiosa não foi totalmente autolimitante. Desde a antiga Israel até as primeiras colônias na América inglesa, as mulheres consideraram suas dificuldades na gravidez e na criação dos filhos um destino ordenado por Deus.[4] Só que ainda não imperava a noção da identidade materna como algo tão singular, tão estreito. O lar era a sede da produção econômica e um local de atividade política, educacional e religiosa. Como zeladoras desse lar, as mulheres tinham uma vida que ia além dos deveres maternos.

Entre as mulheres brancas da América colonial, as mães tinham filhos demais e corriam inúmeros riscos de morte por doença ou falta de alimento para se concentrarem intensamente em cuidar de um filho específico.[5] "Maternação significava ter uma responsabilidade generalizada por um grupo de jovens, e não se devotar a uns poucos", escreveu Laurel Thatcher Ulrich, historiadora laureada com o prêmio Pulitzer, em seu livro *Good Wives: Image and Reality in the Lives of Women in Northern New England, 1650-1750* [Boas esposas: Imagem e realidade na vida das mulheres do norte da Nova Inglaterra]. A maternação era "extensiva, e não intensiva". E havia outras tarefas importantes a serem cumpridas, como fazer pão, queijo e cerveja, cuidar da horta, manter o fogo para cozinhar e aquecer a casa, supervisionar os empregados e cuidar dos vizinhos em momentos de crise ou quando nascia um bebê. Mães aconselhavam seus maridos em questões políticas e participavam de trabalhos vistos como masculinos, como "substitutas do marido" ou como representantes deles nos negócios, e tudo isso, Ulrich escreveu, dava a elas um poder que passou despercebido a muitos historiadores.

Obviamente, a história da maternidade não é linear. Enquanto as "substitutas do marido" mantinham o fogo aceso, outras mulheres que viviam nas terras que se tornariam mais tarde os Estados Unidos viam a moralidade imposta à sua experiência da maternidade de modos muito diferentes.

Entre os povos indígenas da América do Norte, o papel das mães era tão diverso que uma simples explicação aqui não comporta, mas podemos dizer que muitas vezes se caracterizava por poder e valorização, sendo o corpo materno considerado sinônimo da criação (uma reverência que já foi comum em sociedades humanas primitivas de todo o mundo).[6] Muitos povos indígenas não tinham uma visão rígida ou categórica sobre gênero, para começar — e muitos até hoje não têm —, e por isso os papéis de gênero costumavam ser mais flexíveis e igualmente valorizados. Alguns estudavam as mães em seu meio para escolher os homens que se tornariam seus chefes, como escreveu a especialista em assuntos indígenas Kim Anderson em seu ensaio "Giving Life to the People" [Dando a vida ao povo]. Quando colonizadores brancos cristãos queriam eliminar ou assimilar povos indígenas, seu alvo era a família. As crianças eram tiradas do lar e mandadas para internatos que ensinavam tarefas domésticas para as meninas e agricultura e comércio para os meninos — e grande parte desse processo, incluindo a remoção forçada da família, ficava a cargo de mulheres brancas.[7] Muitas dessas crianças nunca retornaram.[8] Mulheres foram destituídas de seu papel de líderes espirituais. As cerimônias tradicionais em honra à maternidade foram para a clandestinidade. "Deus Pai" tomou o lugar da "mãe criadora", Anderson escreveu.

Mulheres negras escravizadas nas colônias e nos primeiros tempos de Estados Unidos não se livravam da brutalidade da escravidão quando se tornavam mães.[9] Em vez disso, a violência aumentava, pois elas frequentemente davam à luz filhos de seus escravizadores e estupradores e viam as crianças serem vendidas para outros senhores ou forçadas a trabalhar ao lado delas sob o temor do açoite. Essas mulheres eram tratadas e vendidas como "reprodutoras", e era assim que os escravocratas se referiam a elas. Isso ocorreu sobretudo durante e após os anos 1820, quando a produção algodoeira do Sul se difundiu para o Oeste, em parte para alimentar a crescente indústria têxtil da Nova Inglaterra. O Congresso já proibira a participação dos Estados Unidos no tráfico internacional de escravos, de forma que as mulheres escravizadas eram o único modo de aumentar a força de trabalho cativa. A mulher cuja fecundidade estivesse comprovada — pela maternidade — era muito mais valorizada nos leilões. No entanto, em seus alojamentos, as mães também eram as criadoras da vida doméstica, muitas vezes em igualdade com os homens, conforme escreveu Angela Davis em *Mulheres, raça e classe*. Opondo-se a "um ambiente criado para convertê-los em uma horda sub-humana de unidades de força de trabalho", nas palavras de Davis, elas formavam famílias estendidas, mantinham tradições e tramavam rebeliões.

A partir de fins do século XVIII e por todo o XIX, dois grandes acontecimentos mudaram o ideal da maternidade entre os brancos nos Estados Unidos e na Europa de modos que teriam impactos abrangentes para todas as mães. Darwin ensejou um desses eventos. Mas primeiro veio a Revolução Industrial. Ela modificou a natureza do lar e, com isso, alterou drasticamente o papel da mulher em casa.[10] A economia industrial deslocou pessoas da lide agrícola para as fábricas. Separou o trabalho do lar, a vida pública da vida privada. O lar não era mais um local de produção econômica, e sim de consumo. Tornou-se sagrado, "o lugar onde mora o coração" e, em sua manifestação ideal, o lócus de intimidade, paz, espontaneidade e devoção inabalável a pessoas e princípios externos ao próprio indivíduo", escreveu Thurer.[11] A importância de um lugar assim aumentou à medida que o capitalismo concentrou o trabalho e a política na competição individual e criou uma escada que o self-made man devia ascender.[12] A família era vista como um contraponto a esse interesse próprio, "o único lugar onde prevaleciam a interdependência, a reciprocidade sem calculismo e a doação, a arena onde as pessoas aprendiam a contrabalançar a ambição pública ou a competição com a consideração pessoal pelos outros", escreveu a historiadora Stephanie Coontz em *The Way We Never Were: American Families and the Nostalgia Trap* [Como nunca fomos: Famílias americanas e a armadilha da nostalgia]. As mulheres eram as guardiãs daquele lugar de refúgio contra tudo o que pudesse estar errado no mundo lá fora. Seu imperativo moral foi inflado enquanto seu papel na sociedade encolhia.

    O Iluminismo e a ciência com viés de gênero que ele desencadeou já haviam assentado os alicerces para essa separação das esferas.[13] Pouco tempo antes, as crianças haviam passado a ser reconhecidas como tais em vez de simplesmente como versões em miniatura de adultos, e eram ricas em bondade potencial em vez de pecado original. Requeriam amor e cuidados, para os quais as mulheres eram consideradas naturalmente apropriadas. Homens e mulheres eram diferentes. As mulheres eram fonte de moralidade e estabilidade, relacionadas a ciclos previsíveis de fertilidade, e a maternidade era o cerne de sua existência. Desviar-se desse papel era considerado uma subversão da natureza.[14] E assim os homens saíam para trabalhar a fim de comprar os bens que outrora eram obtidos por permuta ou produzidos lado a lado com as esposas. E as mulheres ficavam em casa.

Só que, evidentemente, muitas não ficaram. Atraídas por remunerações confiáveis e pela chance de sustentar a família, inúmeras mulheres jovens e solteiras foram trabalhar nas cidades conforme se multiplicaram as fábricas. Mulheres casadas também foram, embora sua participação na força de trabalho seja com frequência menosprezada ou desconsiderada pelos historiadores. Um exame atento de dados censitários da Inglaterra constatou que entre cerca de um terço e metade do total das mulheres trabalhadoras em Londres no final do século XIX era casada ou viúva, dependendo do distrito, e porcentagens similares foram encontradas em cidades periféricas.[15]

Separadamente, a economista Claudia Goldin analisou as tendências da mão de obra em sete cidades sulistas dos Estados Unidos que estavam crescendo depressa depois da abolição oficial da escravidão e constatou que mais de um terço das mulheres negras casadas participava da força de trabalho em 1880 — aproximadamente o quíntuplo da porcentagem de mulheres brancas casadas em situação análoga.[16] Mães negras com filhos pequenos também tinham maior probabilidade de trabalhar fora, mesmo quando comparadas a mães brancas em situação econômica similar. Goldin atribuiu essa diferença a vários aspectos, entre eles o fato de que, para mulheres negras, receber salários não era algo vergonhoso, e sim necessário, uma segurança contra todos os tipos de incerteza que as mulheres brancas não enfrentavam, incluindo discriminação habitacional e discriminação no local de trabalho contra os homens de suas famílias, muitas vezes ainda mais intensa do que a que elas mesmas sofriam.

A noção vitoriana de que a mulher devia ser o "anjo da casa" não era a realidade de muitas delas.[17] Nem em Londres nem em outros lugares do mundo. Nos Estados Unidos, durante grande parte do século XIX, famílias de classe média puderam dedicar mais tempo à criação de filhos porque tinham condições de contratar empregados, em geral imigrantes jovens, como Coontz escreveu.[18] Para cada família "que protegia a esposa e o filho no círculo familiar, portanto, havia uma moça irlandesa ou alemã lavando o chão daquela casa de classe média, um rapaz galês minerando carvão para manter os alimentos feitos ali aquecidos, uma moça negra lavando as roupas da família, uma mãe e uma criança negras colhendo algodão para tecer suas roupas e uma filha de judeus ou italianos labutando quase sem descanso em uma oficina de costura para fazer vestidos 'de senhoras' ou flores artificiais a serem comprados por eles".

Mas para as mães trabalhadoras esse ideal irrealista acarretou consequências profundas e duradouras. Serviu de pretexto para seus patrões — e outros tantos olhares julgadores — julgá-las inferiores.[19] Amy Westervelt analisou assim em seu livro *Forget "Having It All": How America Messed Up Motherhood — And How to Fix It* [Esqueça o "ter tudo": Como os Estados Unidos deturparam a maternidade — e como consertar isso]: "Os empregadores em geral eram homens brancos de classe média ou alta que achavam que todas as mulheres eram casadas e sustentadas pelo marido, portanto podiam receber remuneração menor, já que sua renda era meramente suplementar, e que as mulheres que trabalhavam mesmo tendo filhos em casa eram inferiores, um pressuposto reforçado pelo racismo e pela xenofobia quando elas não eram brancas ou eram imigrantes (e a maioria era)".

Muitos homens claramente não queriam que as mulheres

trabalhassem.²⁰ Abominavam a subversão das normas patriarcais em seus lares. Além disso, a mão de obra barata das mulheres significava competição. Algumas fábricas operavam durante longos turnos com força de trabalho feminina em condições perigosas e com remuneração ínfima. Na virada do século XX, ativistas dos direitos trabalhistas militaram por uma lista de leis destinadas a melhorar as condições dessas trabalhadoras; algumas dessas leis citavam explicitamente a necessidade de proteger as mães atuais ou futuras. Contudo, Westervelt observou, essas leis "protetoras" também tiveram o efeito de tornar as mulheres menos interessantes para os empregadores, mais caras e mais complicadas. Elas foram postas à margem do mercado de trabalho justamente quando sindicatos se empenhavam pela instituição do "salário-família" — suficiente para sustentar esposa e filhos em casa — como o padrão da classe trabalhadora para os homens brancos sindicalizados.

Acorrentar as mulheres em casa é um interesse de longa data do Estado, com o objetivo de fornecer os braços necessários à construção da nação, a controlar a demografia de raça, classe e fé e a suprimir a oposição política.²¹ Em 1839, o poderoso reverendo Francis Close, da Inglaterra, criticou mulheres por se mobilizarem em apoio à reforma política e a direitos trabalhistas em sua paróquia. Disse que elas se aviltavam quando se tornavam agitadoras políticas: "A fonte de toda a sua influência na sociedade é a sua casa — o seu lar; é em meio aos seus filhos, no seio da sua família, e naquele pequeno círculo de amigos a quem vocês são mais chegadas que sua influência legítima deve ser exercida; é lá que vocês nasceram para brilhar".²²

Nas décadas seguintes à expulsão dos britânicos da América do Norte, os fundadores dos Estados Unidos empenharam-se na busca por um papel para as mulheres na nova nação.²³ Uma mulher tivera a audácia de escrever, em um ensaio publicado em 1801 sob o nome "Defensora das mulheres", que devia ser concedida às mulheres a plena cidadania, com representação na Igreja e no governo. Em vez disso, eles recomendavam às "mães republicanas" brancas que educassem seus filhos na virtude cívica e assim moldassem o futuro da nação. Para algumas mulheres, essa nova incumbência pareceu uma melhora em seu status político, muito embora tornasse ainda mais altos os muros da domesticidade que as cercavam. Os efeitos desse paradoxo, escreveu a historiadora Linda Kerber, perdurariam até boa parte do século XX. E adentrariam o XXI.[24]

O instinto materno cresceu como uma crença em diferenças determinadas por Deus entre homens e mulheres, em seus temperamentos e em seu propósito, para servirem à família e ao país. Logo a mesma mensagem sobre o verdadeiro lugar da mulher foi reformulada em função de um mundo que mudava: não como uma questão religiosa, e sim como uma verdade corroborada pela ciência.

A teoria da evolução questionou ideias tradicionais sobre gênero de modos drásticos, dos quais o maior e mais óbvio foi desacreditar Adão e Eva como o molde a partir do qual todos somos feitos. Certos líderes religiosos responderam à ameaça promovendo um "cristianismo muscular" com ênfase no Gênesis. Outros adotaram a ideia de que a evolução era uma espécie de complemento da Bíblia, mais uma evidência da dominância humana e do progresso rumo à perfeição. Aí estava uma ideia interessante para a elite branca, escreveu a historiadora Kimberly Hamlin em *From Eve to Evolution: Darwin, Science, and Women's Rights in Gilded America* [De Eva à evolução: Darwin, ciência e direitos das mulheres na Era de Ouro americana].[25] Foi vista como prova de que seu lugar no topo justificava-se não apenas pela fé, mas também pela lei natural.

Na verdade, Darwin não estava tentando desbancar a noção bíblica de que os homens dominam as mulheres por direito. Muito pelo contrário. Ele apenas mudou o enfoque da fé para a biologia. Para Darwin, era justamente o poderoso instinto materno das mulheres que as tornava intelectualmente inferiores aos homens.[26] As mulheres são especializadas em cuidar de outros seres humanos, e os homens, em competir com eles, Darwin escreveu. Graças a esse fato básico, os homens alcançam a "eminência superior" em quase todas as coisas, desde o uso dos sentidos até a razão e a imaginação. Os darwinistas sociais serviram-se dessa ideia para justificar a continuidade da dominância masculina quando mais mulheres reivindicaram suas próprias identidades perante a lei.[27] Entre eles estava Herbert Spencer, um filósofo inglês que cunhou a expressão "sobrevivência dos mais aptos" e escreveu que gerar filhos mina a "força vital" das mulheres, embotando-as emocional e intelectualmente.[28]

Apesar disso, defensores dos direitos das mulheres enxergaram oportunidade na evolução, precisamente porque ela afastava o debate sobre gênero dos ancestrais bíblicos e do status da alma da pessoa e o direcionava para a biologia com enfoque na reprodução.[29] Isso trazia seus próprios desafios. A biologia reprodutiva de machos e fêmeas *é* diferente. Mas antes as mulheres que lutavam por uma posição mais igualitária na sociedade tinham de contrapor sua palavra à palavra de Deus. A evolução mudou as condições da luta. Agora elas tinham de provar que "diferente" não era sinônimo de "inferior". A ciência "ofereceu a promessa de objetividade", escreveu Hamlin.

Entre as feministas darwinistas pioneiras estava Antoinette Brown Blackwell, já acostumada a enfrentar as normas de gênero de sua época.[30] Ela se distinguira como oradora assídua em questões sobre a escravidão e os direitos das mulheres antes de ser ordenada na Igreja congregacional em 1853 — foi a primeira mulher pastora em uma denominação cristã tradicional nos Estados Unidos. Deixou a Igreja menos de um ano depois, em parte devido a uma crise de fé, e mais tarde ingressou na Igreja unitarista, mais liberal. Quando se casou, já com trinta anos, e começou a ter filhos — teria sete, dois dos quais morreriam ainda bebês —, Blackwell passou a gastar mais tempo escrevendo do que discursando. Os direitos das mulheres tornaram-se seu foco principal, sobretudo a ideia de que uma mulher podia ser mãe e ter uma vida pública produtiva.

Em 1875, Blackwell publicou *The Sexes throughout Nature* [Os sexos em toda a natureza] e se fez novamente uma pioneira. Essa foi a primeira análise crítica feminista da evolução publicada por uma mulher.[31] Não era a teoria da evolução que ela questionava, e sim sua interpretação. Blackwell criticou os grandes pensadores de seu tempo pela incapacidade de enxergar além de seu senso de superioridade masculina. Darwin simplesmente encontrara "um novo caminho para a velha conclusão" sobre a inferioridade das mulheres, ela escreveu.[32] Através do novo prisma da evolução, Blackwell analisou várias espécies e percebeu um sistema que "favorece a fêmea": os brotos mais fortes da natureza e suas borboletas mais bem alimentadas pertencem a esse sexo; suas aranhas fêmeas são grandes o suficiente para devorar vários dos seus pequenos machos; algumas de suas mães peixes poderiam parodiar a canção infantil que diz "tenho um maridinho do tamanho do meu polegar".[33] Obviamente os homens evolucionistas enxergavam as coisas de outro modo, Blackwell escreveu. De acordo com a sua experiência, "os homens veem com clareza e pensam com inteligência quando estão profundamente envolvidos, mas não quando não estão".[34]

A ciência seria a juíza, Blackwell acreditava, em especial a ciência feita por mulheres. Ela e suas colegas imaginavam um futuro no qual mulheres representariam a si mesmas no campo da ciência, recorrendo à sua própria experiência de vida para identificar as questões mais urgentes e avançar sua habilidade científica a fim de respondê-las.[35] Esse futuro não chegou. Pelo menos não durante a vida delas.

A ciência foi rapidamente posta fora do alcance das mulheres.[36] O estudo da biologia e da ciência em geral tornou-se profissionalizado, ditado por protocolos rigorosos e patrocinado por instituições nas quais em geral se negava o ingresso a mulheres. Para feministas de fins do século XIX, a evolução significara "libertação das histórias sobre mães virgens e sedutoras perversas", Hamlin escreveu. Ensejara a ideia de que o desenvolvimento humano ocorre por "um processo ordenado e conhecível", que pode ser revelado por meio de estudos meticulosos. Para os homens do establishment científico na virada do século, porém, muitas vezes a ciência foi um meio de afirmar o status quo.

Isso se evidenciou particularmente entre os homens que estavam formulando a teoria do instinto em fins do século XIX e começo do XX. Darwin havia sugerido que a seleção natural atua nos instintos da mesma forma como atua nas características físicas de uma espécie, com uma preferência por aqueles que garantem a sobrevivência. Por muito tempo julgara-se que os animais "inferiores" eram movidos sobretudo pelo instinto, e Darwin, ao derrubar o muro entre eles e os humanos, impulsionou o estudo sobre como instintos moldam comportamentos humanos.[37]

Conforme os psicólogos pioneiros exploravam a natureza dos instintos humanos, o número de coisas que podiam ser qualificadas como instinto parecia aumentar. Incluídos na lista que William James publicou em seus *Princípios de psicologia* em 1890 estavam instintos de limpeza, beligerância, ciúme e sexo, de caçar, construir, escalar e evitar homens e animais estranhos.[38] E havia o instinto do amor parental, "mais forte na mulher do que no homem" e capaz de alterá-la instantaneamente, transformá-la da pessoa que ela era na figura moldada na Virgem Maria que sua espécie requer que ela seja. "Desprezando todos os perigos, triunfando sobre todas as dificuldades, resistindo a todas as fadigas", James escreveu, "o amor da mulher aqui é invencivelmente superior a qualquer coisa que o homem pode demonstrar." William McDougall levou isso a um grau além em 1908, ao escrever que o instinto de proteger e acarinhar seus filhos — juntamente com a "emoção terna" necessária à tarefa — torna-se "a ocupação constante e absorvente da mãe, à qual ela devota todas as suas energias".[39] É um instinto mais forte do que todos os outros, ele escreveu, "inclusive do que o próprio medo".

Mas aparentemente o instinto materno não era tão forte quanto a educação da mulher. No mesmo livro, McDougall escreveu que, conforme aumenta a inteligência da pessoa, o instinto materno declina, a menos que isso seja combatido com "sanções sociais" impostas por instituições morais para desincentivar, por exemplo, o controle da natalidade, o divórcio e a erosão de papéis de gênero.[40] Essa era uma grande preocupação de McDougall, que viria a ser um declarado promotor da eugenia e escreveria um livro profundamente racista sobre o tema. Nas entrelinhas do seu texto sobre o instinto materno está a manutenção da supremacia branca.[41] McDougall escreveu que "essas famílias, raças e nações nas quais ele enfraquece são logo suplantadas por aquelas nas quais ele é forte".

Assim como Darwin teve suas Blackwells, McDougall teve suas refutadoras, mulheres que chamavam o instinto materno por aquilo que era: não uma teoria científica, mas um expediente social, uma forma de controlar o modo como elas pensavam e agiam.[42] Leta Hollingworth, uma psicóloga revolucionária (que também abraçou certas ideias eugenistas),[43] escreveu aos seus pares no *American Journal of Sociology* em 1916 que as mulheres eram compelidas a acreditar que seu uso mais elevado era como mães pelos mesmos meios que os soldados eram compelidos a ir para a guerra. Normas sociais idealizavam uma "mulher feminina" que se absorvia entusiasticamente em seus deveres maternos. Essa mulher era reverenciada nas artes, com galerias "abarrotadas de Madonas". As leis da época proibiam o desvio da norma limitando o controle de propriedade e dinheiro pelas mulheres, garantindo dessa forma que dependessem financeiramente do marido e proibindo a distribuição de informações sobre o controle da natalidade. E havia os muitos modos como as partes difíceis da maternidade eram ocultadas, transformadas em tabu. A taxa de mortalidade materna, na época sessenta vezes maior do que viria a ser no fim do século, raras vezes era divulgada, Hollingworth escreveu.[44] A monotonia do trabalho das mães dificilmente era mencionada. Mas as alegrias eram celebradas em todas as oportunidades.

Muitas mulheres da época de Hollingworth aceitavam a reverência pela maternidade — ou pelo menos o ideal de maternidade aceito pelos brancos — como um modo de elevar o status social das mulheres. Hollingworth declarou sem rodeios: "Não há evidências comprováveis de que existe nas mulheres um instinto materno de força e fervor tão imperioso que as empurre a voluntariamente buscar a dor, o perigo e o trabalho extenuante envolvidos em manter uma taxa de natalidade elevada". Ela sugeriu que os líderes políticos desistissem de "artifícios baratos" e dessem às mulheres uma compensação justa por suas contribuições para o "engrandecimento nacional". Uma mudança assim resultaria em ganhos sociais significativos, ela escreveu, "sempre pressupondo que a maior felicidade e utilidade das mulheres seriam, de modo geral, vistas como um ganho social".

É perturbador pensar no quanto os comentários de Hollingworth continuam pertinentes depois de todos esses anos, no quanto o mito do instinto materno parecia óbvio para algumas pessoas daquela época e no longo tempo em que ele persistiu e se tornou, talvez, ainda mais arraigado em nossas crenças sobre a família e sobre nós mesmos. A antropóloga Sarah Blaffer Hrdy fala das esperanças das feministas darwinistas como "o caminho não seguido".[45] Em vez de seguir por onde elas apontaram, nossa compreensão inicial da biologia da maternidade "tomou por base pressupostos patriarcais introduzidos por gerações anteriores de moralistas", ela escreveu em *Mãe natureza: Uma visão feminina da evolução — maternidade, filhos e seleção natural*.[46] "O que era essencialmente uma racionalização de desejo por parte deles foi aceito em substituição à observação objetiva." Essa racionalização de desejo teve consequências duradouras.

Hoje os cientistas reconhecem que o comportamento parental humano é variável demais para ser ditado por um instinto materno rígido. A ideia geral de instinto é problemática em muitos casos.[47] O que pode parecer totalmente inato representa, na verdade, a influência sutil sobre os genes do ambiente herdado, de aprendizado, experiência de vida e lições transmitidas, para o bem ou para o mal, ao longo das gerações. A ordem natural das coisas é muito menos ordenada. Em grande medida, a cultura popular abandonou aquela velha ciência da feminilidade que Blackwell reprochava. Sabemos que a maternidade não é dever nem destino, que uma mulher não é frustrada ou incompleta quando não tem filhos. No entanto, mesmo enquanto escrevo estas palavras, eu as questiono. Será que nós, coletivamente, acreditamos nisso?

Não importa se chamamos ou não o instinto materno por esse nome: sua influência está por toda parte. Essa ideia sobreviveu aos anos 1920 e 1930, quando uma geração de psicólogos defendeu a ideia de que os bebês podiam ser treinados, acreditando, nas palavras de Thurer, que "crianças são feitas, não nascidas" e que não se podia confiar nas mulheres para cumprir tal tarefa.[48]

Ela ressurgiu após a Segunda Guerra Mundial, quando as mães nos Estados Unidos viram desaparecer as oportunidades de trabalho e as subvenções federais para creches do tempo da guerra e ouviram, mais uma vez, que cabia a elas ser uma força estabilizadora, reafirmar a humanidade após os horrores da batalha. Em meados do século, um coro crescente de psicanalistas, psiquiatras e especialistas em desenvolvimento infantil declarou que o amor materno é tão importante para o desenvolvimento emocional da criança quanto as vitaminas para o seu desenvolvimento físico.[49]

O psicólogo britânico John Bowlby tomou por base o trabalho de Lorenz sobre o comportamento de *imprinting* em aves para escrever uma nova teoria sobre o vínculo mãe-filho que reformulou para melhor o nosso modo de pensar sobre a primeira infância, desconsiderando porém quase por completo o contexto mais amplo da vida familiar e as necessidades e o desenvolvimento das mães.[50] Agora, a poderosa chave para abrir as portas do desenvolvimento adequado da criança não era mais apenas o comportamento da mãe, mas o seu amor materno. A historiadora Marga Vicedo escreveu: "Antigamente uma mãe podia ativar ou refrear as capacidades dos filhos. Mães podiam equilibrar, controlar e educar seus filhos. Agora, segundo Bowlby, as crianças tinham uma necessidade universal, uniforme, de um tipo específico de amor materno, e os sentimentos da mãe determinam a mente dos filhos".

A obra de Bowlby foi popularizada por William e Martha Sears nos anos 1990 com o conceito de "criação com apego", visto por alguns como um processo intuitivo e natural e por outros como excessivamente prescritivo e extremo em suas demandas sobre as mães em detrimento de outros. Porém, muito antes disso, uma crença no instinto materno e no valor determinante do amor da mãe já vinha fornecendo munição a políticos conservadores "pró-família" por décadas. Essa crença revelou-se eficaz em bloquear muitas das iniciativas das feministas da segunda onda que lutaram por uma drástica reformulação dos papéis de gênero no lar e no trabalho — e não simplesmente por um status quo que permitisse às mulheres "ter tudo".[51] Bowlby disse ao *New York Times* em 1965 que os únicos interessados em questionar essa teoria de que uma criança sofre se for privada do amor materno eram comunistas e mulheres em carreiras qualificadas, e estas últimas "realmente negligenciam a família".[52]

Continuamos a travar uma árdua batalha até mesmo por modestas políticas de licença-maternidade e paternidade remuneradas nos Estados Unidos, e a disponibilidade universal de creches continua muito longe de ser uma realidade. O Comprehensive Child Development Act [Projeto de Lei para o Desenvolvimento Infantil Completo], de 1971, foi a última tentativa resoluta de estabelecer um sistema nacional de creches no país. O presidente vetou o projeto de lei dizendo que "enfraqueceria as famílias" e que o governo devia "consolidar a família em sua legítima posição como alicerce da nossa civilização".[53] Nessa afirmação estava implícita uma crença no lugar natural da mulher. Desde então, as famílias vêm sendo pesadamente oneradas pelo custo elevado das creches e pelas longas listas de espera para matricular os filhos em estabelecimentos certificados — um problema que se agravou quando a pandemia do coronavírus acarretou o fechamento ou a redução de um número imenso de creches. Os Estados Unidos nunca investiram em infraestrutura de creches com verdadeiro empenho, de um modo racional, pois as autoridades sempre viram o cuidado de crianças como um trabalho da mulher, determinado por sua biologia.

Pode ser difícil enxergar à frente. Em março de 2021, um grupo de democratas do Senado americano apresentou uma resolução recomendando um "Plano Marshall para as mães", com o objetivo de melhorar o acesso a opções de creche, licença-

-maternidade e assistência à saúde mental, reconhecendo o impacto negativo da pandemia sobre a vida profissional e a estabilidade financeira das mulheres, sobretudo as não brancas.[54] Apenas um dia antes, em Idaho, legisladores haviam recusado uma subvenção federal de 6 milhões de dólares para a educação infantil, e um deles declarou — com palavras das quais mais tarde disse ter se arrependido — que não apoiaria nada que tornasse "mais conveniente para as mães sair de casa e deixar outros criarem seu filho". É exatamente esse o sentimento que Pat Buchanan, comentarista de direita e assessor político, expressou a Nixon quando persuadiu o presidente a vetar aquele projeto de lei de 1971.[55] E o mesmo que continua a ser papagueado por quem se opõe a investimentos nacionais em políticas de apoio a jovens famílias. (No começo de 2022, o plano Build Back Better [Reconstruir Melhor], do presidente Biden, e seus quase 400 bilhões de dólares de investimento em creches de baixo custo e pré-escola universal continuava empacado no Senado.)[56]

A crença em um instinto materno também alimenta a oposição ao controle da natalidade e ao aborto — afinal, por que as mulheres deveriam limitar seu número de filhos se é da natureza delas ter prazer na maternidade, se cuidar de crianças é seu destino biológico essencial?[57] Essa crença divide os caminhos da parentalidade nas categorias "natural" e outros. Ela fomenta a indústria moderna do aconselhamento sobre criação de filhos, que costuma capitalizar a insegurança de pais quando se descobrem sentindo algo diferente daquilo que dizem os cartões comemorativos de maternidade vendidos em papelarias.[58] Ela mantém guerras culturais pelo modo "certo" de criar os filhos e pode fazer com que as mães se sintam um fracasso se, por exemplo, tiverem dificuldade de amamentar ou se o parto não acontecer conforme o planejado.

O instinto materno serve há tempos de pretexto para a discriminação contra famílias não constituídas por um homem e uma mulher com recursos financeiros suficientes. Sustenta ideias ultrapassadas sobre masculinidade que ensinam aos pais que eles são secundários — auxiliares, babás — e incentiva as mães a enxergar os homens dessa forma também. Prejudica os direitos e o reconhecimento de casais do mesmo sexo e de pais transgênero e não binários, que têm sua capacidade ou seu desejo de cuidar dos filhos questionados ou criminalizados. Cria uma hierarquia de cuidadores na qual a importância de quem deu à luz é imutável, independentemente das circunstâncias, além de muitas vezes diminuir o valor dos pais adotivos e de outros adultos amorosos na vida da criança.

O ideal da "boa mãe" nunca foi plenamente estendido às mulheres não brancas. Nem a mulheres pobres. Nem a qualquer pessoa com menor probabilidade de corresponder ao modelo do "anjo da casa" porque precisa ou prefere trabalhar fora. Ou porque acha importante que seus filhos sejam criados também por um círculo mais amplo de parentes e amigos. Ou, como escreveu Mikki Kendal em seu livro *Feminismo na periferia: Comentários das mulheres que o movimento feminista esqueceu,* porque a realidade de criar filhos em uma comunidade marginalizada requer que os pais não apenas ocupem o centro do seu lar, como também encarem as ameaças reais de deportação, fome, despejo, violência, brutalidade policial, escassez de verbas nas escolas e racismo sistêmico em todas as suas formas.[59]

A narrativa do anjo obscureceu inúmeras histórias sobre outros modos de cuidar dos filhos — modos de criar *e* lutar, de proteger a família *e* de construir uma comunidade. Isso vale especialmente para os Estados Unidos, onde o ideal da maternidade é central para a infraestrutura social. "A família tem lugar de honra no Sonho Americano — uma 'boa família' tem algo do status de uma carreira de sucesso, mas com o peso adicional da moralidade e da virtude", escreveu Mia Birdsong, estudiosa da família e comunidade, em

How We Show Up: Reclaiming Family, Friendship, and Community [Como comparecemos: Resgatando a família, a amizade e a comunidade].[60] "Pelos padrões americanos, a 'boa família' é nuclear e insular, composta de um homem e uma mulher casados legalmente criando filhos biológicos. Essa família é autossuficiente — e, como tal, funciona como uma unidade independente. É individualismo tóxico, mas sob a forma da unidade familiar."

Ao escorar um ideal alicerçado na maternidade dos brancos de boa situação financeira, o instinto materno continua sendo um indicador do valor econômico e político das mulheres, coletiva e individualmente. Prova disso é a atenção extrema ao número de filhos de Amy Coney Barrett — sete — durante sua confirmação no cargo de juíza da Suprema Corte dos Estados Unidos em 2020.[61] Os republicanos no Senado "fetichizaram" a maternidade de Barrett porque assim amorteciam os ataques dos democratas relacionados ao futuro de questões com que as mães supostamente deveriam se preocupar, como assistência médica acessível, escreveu Lyz Lenz na *Glamour* naquela época.[62] Era estratégico celebrar o fato de ter uma mãe do lado deles — sobretudo aquela. Lenz escreveu: "Os Estados Unidos há muito tempo louvam esse tipo específico de mãe: branca, bem-sucedida, que entra na igreja de mãos dadas com o marido, janta às seis da tarde com um círculo de filhos à mesa".

Alguns anos atrás, o editor executivo do jornal onde eu trabalhava perguntou para mim e para outras duas editoras seniores se as mulheres eram mais colaborativas no trabalho por sermos naturalmente mais cuidadosas. Na verdade, era mais uma afirmação do que uma dúvida. Depois eu me perguntei, com razão, se "colaborativa" para ele significava "disposta a contribuir com ideias sem receber os créditos por elas". De modos sutis e não tão sutis, o mito do instinto materno define o lugar das mulheres no trabalho. Tem o potencial de designar toda mulher como uma possível mãe e toda mãe como menos valiosa para o empregador assim que os filhos roubarem seu foco, seu tempo e até seu intelecto.

A disparidade de salários entre os gêneros é real, mas grande parte dela é atribuída à reprodução.[63] Mães ganham menos do que homens e do que mulheres sem filhos, não só nos anos subsequentes ao nascimento dos filhos, mas também ao longo do tempo — outra dinâmica exacerbada pela pandemia. Isso se aplica até a países com generosas licenças-maternidade remuneradas e outras políticas de apoio a novas famílias.[64] E esse não é um problema que as mulheres podem solucionar simplesmente trabalhando com mais afinco. Pesquisadores descobriram que mães vistas como altamente competentes e hipercomprometidas com seu trabalho podem ser julgadas justamente por essas qualidades e vistas como frias e egoístas — e ter um salário menor por isso.[65] Por sua vez, os homens, em especial os que já recebem salários elevados, ganham recompensas profissionais por sua paternidade.

Os hospitais onde nasce grande parte dos bebês na maioria das vezes têm uma equipe de profissionais de saúde dedicada e comprometida, mas essas pessoas também são parte de sistemas médicos existentes há muito tempo, cujas histórias são permeadas por racismo e machismo. Os profissionais da medicina gostam de pensar que sua área é objetiva e baseada unicamente na ciência e em evidências. "Isso não é verdade, sobretudo em saúde reprodutiva e sexual e em cuidados perinatais", Mimi Niles me disse. "Não é verdade."[66]

A ideia de que ao se tornar mãe a mulher está preparada para a tarefa contribui para a percepção de que o parto é um procedimento médico totalmente voltado para trazer à luz um bebê sadio. O fato de que a pessoa que dá à luz também passa por uma mudança biológica e psicológica fundamental é com frequência desconsiderado ou é reconhecido sem que se faça nada a respeito — às vezes com consequências trágicas. A taxa de mortalidade materna nos Estados Unidos é mais que o dobro da encontrada na maioria de outros países de alta renda: cerca de dezessete mortes maternas por 100 mil nascidos vivos em 2018.[67] Para mulheres negras, o risco de morrer durante a gravidez ou em até 48 dias após o parto é 2,5 vezes maior que o das mulheres brancas, e essa disparidade pode ser ainda mais elevada quando levamos em conta os óbitos que acontecem até um ano após o parto.

A causa parece ser uma colisão de alguns dos piores efeitos do racismo sistêmico, como a jornalista Nina Martin e colegas deixaram claro em sua importante série *Lost Mothers*, veiculada pelas organizações ProPublica/ NPR.[68] Antes da gravidez, pessoas negras sofrem um risco maior devido a condições de saúde já existentes, incluindo doença cardíaca e diabetes, que podem tornar uma gestação mais perigosa. Têm taxas de complicação mais altas durante e após a gravidez, incluindo pré-eclâmpsia, insuficiência cardíaca e depressão pós-parto. É menor a probabilidade de que tenham um convênio médico e maior de que o parto seja feito em hospitais que foram fundados ainda durante o regime de segregação racial e que até hoje continuam carentes de recursos e fornecem uma assistência de qualidade inferior. Deparam com a parcialidade de médicos que não reconhecem sua dor ou suas complicações mesmo quando elas as manifestam. E um status socioeconômico ou um grau de instrução mais elevados não parecem protegê-las desses riscos.

Há uma dupla ameaça nesses números — o risco propriamente dito e a negação da alegria. Niles me disse que muitas das pessoas que dão à luz vindas de comunidades marginalizadas, especialmente as que enfrentam riscos maiores de problemas como diabetes gestacional e pré-eclâmpsia, têm suas gestações tratadas de uma perspectiva patológica, com os profissionais de saúde e os especialistas em saúde pública tão concentrados no que pode dar errado com o bebê que a gravidez acaba trazendo uma forte sensação de culpa, com as parturientes não tendo a chance de entender sua própria transformação. "Isso deveria ser posto na sua frente, deveriam dizer 'isto é o que pode acontecer com você'", Niles comentou.

Normalizar os processos biológicos e psicológicos — e os sociais e culturais — da parentalidade recente é fundamental no trabalho das parteiras. Um atendimento por parteira pode ser feito com a mesma profissional cuidando da pessoa desde antes da gravidez até os primeiros dias com o recém-nascido, com a maior parte do atendimento feita em clínicas ou em domicílio, em vez de no hospital. Há evidências em várias partes do mundo de que a assistência por parteiras é eficaz e financeiramente acessível, possibilitando menos intervenções em gestações saudáveis e levando as parturientes a relatar uma sensação maior de controle e satisfação na experiência do parto.[69] Os Estados Unidos estão demorando a reinstituir o atendimento por parteiras como o padrão de assistência que existia antes da ascensão do campo profissionalizado da obstetrícia, que por muito tempo foi dominado por homens brancos (e hoje é dominado por mulheres brancas).[70]

A escassez de profissionais de assistência materna em geral e de parteiras em particular é um fator significativo na elevada taxa de mortalidade materna nos Estados Unidos, segundo um relatório de 2020 do Commonwealth Fund.[71] Em anos recentes, havia no país apenas quatro parteiras por mil nascidos vivos, enquanto na França essa razão era de trinta, na Noruega, de 53, e na Austrália, de 68. Nesses países, parteiras atendem famílias durante a gravidez e o parto, além de realizar o trabalho essencial de visitar as famílias após a chegada do bebê, reconhecendo o pós-parto como uma fase de necessidade. Na Alemanha, pessoas que dão à luz recebem visitas diárias de uma parteira — pagas pelo sistema nacional de saúde — durante os dez primeiros dias pós-parto e até dezesseis visitas nas semanas subsequentes.

Somem-se a tudo isso a colcha de retalhos que é o sistema de saúde nos Estados Unidos e o fato de que, em alguns estados, as pessoas podem perder o direito ao programa de saúde social Medicaid para famílias de baixa renda sessenta dias depois de ter um bebê, ficando sem acesso à assistência quando necessitam.[72] (O Build Back Act previa a obrigatoriedade da cobertura pelo Medicaid por até um ano após o parto.) Mesmo para quem tem um bom convênio médico, o padrão de assistência é uma visita do obstetra — uma! — em cerca de seis semanas após o parto. O American College of Obstetricians and Gynecologists defende uma abordagem mais holística e contínua de assistência pós-parto e salienta que uma visita única durante as seis semanas "pontua um período desprovido de apoio materno formal ou informal".[73]

Pais de recém-nascidos nos Estados Unidos são deixados quase totalmente por conta própria assim que saem do hospital. Muitos hospitais procuram incluir parteiras em suas equipes de saúde, mas ainda assim o parto é tipicamente "castrado" da experiência da parentalidade, diz Niles. Grupos de apoio e serviços domiciliares com frequência são vistos como um privilégio, e não uma necessidade. No Maine, onde moro, um programa que enviava enfermeiras da saúde pública à casa de pais de recém-nascidos foi dizimado sob o governo republicano de Paul LePage.[74] Foi um golpe especialmente duro para as comunidades rurais do estado e veio justamente durante a alta estratosférica do número de bebês e mães afetados pela crise dos opiáceos.

No trabalho de parto, o corpo em geral sabe o que fazer. Niles diz às parturientes que poderiam dar à luz até de cabeça para baixo ou sob anestesia geral e o corpo ainda assim seria capaz de fazer o que é necessário para parir o bebê. "Mas a parentalidade é muito diferente", ela arremata. "É muito, muito diferente."

Como, exatamente? O fantasma do instinto materno também está no modo como respondemos a essa pergunta, nas histórias que contamos uns aos outros e no que deixamos de contar. A poeta Hollie McNish capta a incredulidade das pessoas pós--parto nas páginas iniciais de seu livro de memórias em poesia e prosa, que são repletas de crueldades: "Ninguém me contou que a gente não pode usar papel higiênico/ Ninguém me contou que a gente sangra/ Ninguém me contou que talvez a gente precise de um lugar secreto/ onde possa gritar".[75] O segundo especial de Ali Wong para a Netflix, *Hard Knock Wife*, gravado depois do nascimento de sua primeira filha e quando um segundo bebê estava a caminho, é um hilariante manifesto da indignação dos despreparados com o trauma físico do parto e com as idiotices que dizem às mães trabalhadoras sobre a amamentação.[76] "Achei que seria aquela linda cerimônia de criação de laços, eu me sentindo sentada numa vitória-régia num prado, com coelhinhos brincando aos meus pés ao som da versão de 'Somewhere over the Rainbow' daquele havaiano gordo", ela diz. "Que nada! Amamentar é um ritual selvagem e só me lembra de que meu corpo agora é um refeitório. Não pertenço mais a mim mesma!"

Abundam nas redes sociais publicações de mães contando histórias sobre aborto espontâneo e infertilidade ou sobre a realidade de seu corpo no pós-parto, dos seus sentimentos a respeito de si mesmas, da ansiedade e monotonia da parentalidade. Muitas vezes a franqueza dessas manifestações contrasta com as fotos produzidas que ilustram essas publicações, como se fosse aceitável revelar a realidade se você ainda parecer bem, bonita à luz natural enquanto faz isso. No entanto, cada vez mais vêm aparecendo imagens brutas: estrias, cicatrizes de cesariana, lágrimas, refluxo, a realidade das bombinhas de leite, a falta de jeito ao amamentar, uma mão envolvendo os pezinhos de um bebê natimorto. Cada vez mais isso vem sendo feito por pessoas não binárias e transgênero que deram à luz. Muitas dessas publicações vêm junto com um reconhecimento direto do risco que cada pessoa corre ao revelar uma história não condizente com a visão idealizada da maternidade.

Em fevereiro de 2020, a empresa Frida, que vende produtos para mães de recém-nascidos e bebês, declarou que seu anúncio mostrando uma mãe puérpera tentando usar o banheiro foi proibido de ser veiculado durante as transmissões do Oscar por ser considerado "explícito demais".[77] O vídeo teve quase 4 milhões de visualizações nas duas primeiras semanas no YouTube. Minhas amigas e eu compartilhamos o link e nos espantamos com o quanto ele nos fez chorar. O anúncio em si é simples. Uma mulher acende um abajur, estende a mão para acalmar o recém-nascido que chora no berço ao lado da cama e então vai mancando dolorosamente para o banheiro. Usa o vaso sanitário com dificuldade e troca o absorvente pós-parto sustentado pela calcinha de malha fornecida no hospital. Não há um arco narrativo. É um instantâneo, e nos afeta porque aquilo *somos nós*. Conhecemos o cheiro do absorvente aromatizado com hamamélis, o jato de água morna para a limpeza do períneo, a agonia e o alívio, a intensidade bruta da dor física contra a névoa da privação de sono e da comoção emocional.

A diretora executiva da Frida contou ao *New York Times* que a Academia sugerira à empresa pensar em uma "representação mais amena, mais delicada do pós-parto".[78] Mas isso seria uma representação falsa, mais uma enganação. O anúncio funcionou porque refletimos que ninguém jamais nos vira ali no banheiro, sozinhas e à deriva, naquele momento em que começamos a perceber o quanto estamos longe da terra firme. Mas estamos lá na tela. Todas nós. Perdidas juntas.

Como tantas coisas sobre a parentalidade podem permanecer não ditas? Como tantas coisas ainda são consideradas indizíveis? Imagino toda essa situação como um cartaz colossal retratando uma imagem de mãe tipo Virgem Maria, descansando tranquila com seu bebê gorducho e contente. E imagino tudo isso — o anúncio da Frida, a ascensão das publicações confessionais nas redes sociais, Ali Wong gritando no palco sobre a necessidade da licença-maternidade para que as mães possam "esconder e curar seus corpos destruídos" — como pichações berrantes rabiscadas ao redor daquela imagem. Mesmo assim, a pintura ainda se destaca. Nos tornamos muito hábeis em questionar as partes dessa narrativa que nos parecem erradas. Mas não a substituímos. Ainda não.

A ciência do cérebro parental tem o potencial de abrir a cortina, expor velhos vieses e normas ultrapassadas, revelar como estão entremeados nas nossas definições individuais e sociais de mãe, pai ou família, e oferecer algo novo. Mas isso só é possível se nos empenharmos para impedir que essa nova ciência seja arruinada pelo velho modo de pensar. Só se a olharmos sem filtro.

Em 2019, um grupo de pesquisadores publicou um resultado muito específico sobre diferenças entre camundongos machos e fêmeas na distribuição de certos receptores de ocitocina relacionados ao estrogênio em uma parte da área pré-óptica medial, uma região do cérebro importante para o cuidado materno em mamíferos. Essa pesquisa foi divulgada com um comunicado à imprensa intitulado "Cientistas descobrem pista para o 'instinto materno'" — palavras que não constam no artigo propriamente dito.[79] Em um editorial de 2017, um pediatra da Holanda fez uma análise crítica de alguns textos sobre o cérebro materno e notavelmente concluiu: "A noção de um cérebro materno explica por que tantas mulheres brilhantes e ambiciosas, aptas a seguir uma carreira de prestígio, perdem o interesse na profissão depois do parto. Seus novos impulsos maternais conflitam com suas ambições originais, e para muitas mães o resultado será estresse e frustração".[80] Poderíamos argumentar que um sistema patriarcal opressor que não dá o apoio necessário aos pais de recém-nascidos explica por que mulheres brilhantes deixam o mercado de trabalho, muitas vezes com suas ambições intactas e agora marcadas por amargura.

A neurociência já vem sendo escalada em alguns casos para validar uma natureza materna fora de moda, mais ou menos como Darwin e outros reapresentaram a maternidade moral como algo científico. Em outros casos, é rejeitada por seu potencial para fazer justamente isso: por ser percebida como uma ameaça ao progresso das mulheres.

Quando Hrdy, antropóloga e primatóloga, começou sua pós-graduação na Universidade Harvard em 1970, os biólogos ainda se aferravam à noção de que todo o propósito das mães era "parir e nutrir bebês".[81] Essa crença vigorava com força especialmente no campo da primatologia, segundo Hrdy, "em que os animais estudados eram muito similares a nós" e as pessoas eram mais propensas a impor crenças a respeito deles. Hrdy logo se tornou parte da primeira geração de mulheres em sua área, muitas delas também mães de crianças pequenas, que repetidas vezes enfrentam questões impossíveis de serem respondidas pela teoria evolutiva que lhes fora ensinada.

Jeanne Altmann, ao lado do marido, Stuart, estudou babuínos no Quênia e reconheceu neles "mães de carreira dupla".[82] As mães babuínos passam três quartos do dia fazendo o que ela chamou de "ganhar a vida": andam com seu grupo até as áreas onde se alimentam, escavam bulbos e caules para comer enquanto evitam predadores e atendem as necessidades de seus bebês. Altmann queria saber como elas administravam o tempo. Como seu status social mudava com a maternidade? Como a história reprodutiva afetava a vida delas no longo prazo? Enquanto isso, a antropóloga Barbara Smuts queria descobrir o propósito das amizades duradouras que surgem entre babuínos machos e fêmeas, e às vezes entre machos adultos e filhotes que não são seus filhos (Altmann chamou esses machos de "padrinhos").[83] Smuts indagou: "O que aqueles lutadores grandalhões e implacáveis estavam fazendo no 'domínio feminino', parecendo meio deslocados com minúsculos filhotes aconchegados no colo?".

Hrdy também começou a fazer perguntas provocativas sobre os langures, um tipo de macaco que se alimenta de folhas, e sobre os machos dessa espécie, que às vezes matam filhotes em aparente "conluio" com as mães, que depois se acasalam com esses machos.[84] Que papel esses incidentes de infanticídio poderiam ter para promover a sobrevivência de uma espécie? E, analisando várias espécies do mundo animal, o que dizer daquelas nas quais são as mães que matam ou, mais comumente, que abandonam a cria sob pressão de escassez de alimentos ou de predação a fim de que possam ficar livres para se acasalar mais uma vez?

A fêmea, na concepção de Darwin, em geral é sexualmente passiva; escolhe entre os machos que competem por sua atenção e, fora isso, pouco influi no destino de sua espécie.[85] Mas, quase um século depois do chamado de Blackwell à ação, o trabalho dessas mulheres e de muitas outras fez parecer uma tremenda tolice a ideia de que a biologia materna torna uma fêmea "recatada", totalmente altruísta ou inerentemente inferior.

Surgiu aos poucos uma nova concepção de mães primatas que, em certo sentido, tramam em função do êxito evolutivo e dependem da ajuda de outros para alcançá-lo.[86] As mães, Hrdy escreveu, são "planejadoras estratégicas e tomadoras de decisão, oportunistas e negociadoras, manipuladoras e aliadas tanto quanto cuidadoras". O comportamento sexual e materno das fêmeas varia entre as espécies e no âmbito de cada espécie, moldado por demandas concorrentes. O cuidado materno — sem falar no amor materno — não é automático. Nesse esquema, os bebês precisam se tornar agentes de sua própria sobrevivência, compelir os pais a cuidar deles.

Se o trabalho de Rosenblatt abriu uma fresta e permitiu a pesquisadores olhar de um novo ângulo a transformação biológica que acontece no início da parentalidade e os modos como o bebê e quem cuida dele agem em relação um ao outro, o trabalho de biólogos especialistas em evolução da época de Hrdy escancarou a porta. "Ter mais mulheres nos estudos evolutivos mudou a ciência", Hrdy me disse. "Não que fizéssemos ciência de um modo diferente. É que partíamos de pressupostos diferentes."

Mas o trabalho dessas primatólogas, especialmente Hrdy, também enfureceu algumas pensadoras feministas. Dez anos depois de Hrdy ter publicado *Mãe natureza*, seu livro de 1999 sobre a biologia e o comportamento de mães e bebês, ela o complementou com um livro sobre os papéis de membros da família estendida e outros cuidadores na criação dos jovens ao longo da história evolutiva. A escritora e filósofa francesa Élisabeth Badinter classificou como "repulsivo" o determinismo que viu na obra de Hrdy. Em 2010, Badinter publicou *The Conflict: How Modern Motherhood Undermines the Status of Women* [O conflito: Como a maternidade moderna prejudica o status das mulheres], em que questiona a ascensão da criação com apego e sua promoção da "volta ao modelo tradicional" em detrimento da identidade da mulher.[87] Ela apresenta vários bons argumentos sobre as lacunas na lógica requerida para sustentar o instinto materno como uma ferramenta de controle social. E desaprova os evolucionistas que estudam primatas e veem neles pistas sobre as mães humanas.

Badinter não quis ser entrevistada para este livro, mas por e-mail ela me disse que, a seu ver, pode haver lugar para a neurobiologia no estudo da maternidade, porém apenas como um fator secundário às influências sociais.[88] Em seu livro, ela escreveu que a ligação entre humano e primata é fraca. O contexto do ambiente, a pressão social e a experiência psicológica individual da mãe têm mais influência do que "a débil voz da 'mãe natureza'", ela escreveu.[89] "Assim que trazemos a natureza para a discussão, não há saída", ela declarou à revista *Le Nouvel Observateur* em 2010.[90]

Entendo a posição de Badinter. A história natural da maternidade muitas vezes revelou-se uma prisão. O instinto materno, modificando aqui a metáfora de Lorenz, tem sido a impenetrável fechadura na porta. Mas acontece que tornar-se mãe *é* um evento biológico importantíssimo, com raízes na história evolutiva. Quem tem um filho recém-nascido de fato passa por uma drástica mudança neurobiológica, e essa mudança é particularmente intensa em quem gera a criança. Deixar de reconhecer isso é uma armadilha, mesmo se fosse apenas pelo fato de abrir um espaço que pode ser preenchido por aquelas velhas ideias.

A transição para a parentalidade baseia-se na flexibilidade inerente do cérebro, moldada por hormônios e pela experiência, influenciada pela codificação herdada da nossa espécie e pelas singularidades dos nossos bebês recém-chegados. Ela é um processo — uma comoção no curto prazo e uma mudança contínua e duradoura. Irresistível e proposital. Nos primeiros meses, como o próximo capítulo deixa claro, ela pode ser moldada tanto pela preocupação como pelo amor. Quando você está passando por ela, a voz da natureza pode soar como muitas coisas, mas com certeza não é débil.

O que acontece quando analisamos essa nova ciência da parentalidade com pleno conhecimento sobre como a velha ciência foi manipulada? E se a examinarmos com a urgência e a consciência da bagagem cultural que trazemos para a tarefa?

Que história contaremos então?

3. Atenção, por favor

Pouco depois de tirar licença para pilotar um drone, meu marido, Yoon, levou sua câmera aérea para um teste sobrevoando Scarborough Marsh. Durante todo o verão, turistas remam em magotes de caiaques de cores vivas por mais de 1200 hectares nos canais estreitos nesse pântano de água salgada. Às vezes fazemos uma caminhada em família por lá, seguindo uma trilha aberta sobre um leito de ferrovia que corta em linha reta as curvas suaves da paisagem. Mais frequentemente contornamos a área de carro e vemos seus ciclos confiáveis mudarem do verde das folhas novas na primavera para os brancos e cinza do inverno, marcando a passagem inexorável do tempo. É uma parte bem conhecida do lugar onde moramos. Mas as imagens que Yoon registrou naquele dia fizeram parecer que era nova.

Do alto dava para ver que os grandes tapetes de grama não são uniformes e ininterruptos, e sim variegados. As folhas formam aglomerados que se encontram em grandes redemoinhos e em camadas, circundando pequenos lagos e traçando as curvas de riachos. Manchas de cor destacam montículos de grama ou valetas onde a água secou e o sol encrespou o sal remanescente. A água torna-se o céu, o reflexo de nuvens brancas aparece através de longas lâminas estreitas por entre a grama fofa. Desse ponto de observação, em cima é embaixo. Espaço e tempo parecem indistintos. O grande se compõe de muitos pequenos.

    Era nisso que eu pensava do lado de fora de uma sala de RMF na Escola de Medicina de Yale em fevereiro de 2020 enquanto um técnico captava imagens do cérebro de uma jovem mãe deitada no interior do equipamento. Um ímã potente puxava os prótons de hidrogênio de seu corpo, alinhava-os e os liberava, criando sinais de rádio que a máquina traduzia em imagens preto e branco de seu cérebro, movendo-se em seções transversais sequenciais na tela do técnico. As curvas em *stop motion* de substâncias cinzenta e branca no seu cérebro me lembravam a passagem da topografia naquela paisagem pantanosa perto de casa — as estruturas internas aparentemente mais amorfas do cérebro correspondendo aos vastos tapetes de grama, incrivelmente complexas e interconectadas quando as examinamos do jeito certo. A metáfora não é perfeita. Mas é útil.

    Um pântano flui sem parar. Água movimenta perpetuamente sais e sedimentos, transportando solo das margens em um trecho ou depositando solo em outro. Quando há uma tempestade, a mudança é grande. Água nova vinda das cabeceiras inunda o pântano. Ou uma ressaca traz ondas do mar para a terra firme, onde elas podem literalmente dobrar pedaços do pântano uns sobre os outros ou varrer para longe nacos da ribanceira. O afluxo de água por um dos lados pode mudar a salinidade de trechos inteiros, causando a morte de algumas plantas depois que a tempestade passa e permitindo que outras plantas vinguem. Uma tempestade forte é uma espécie de solavanco no ecossistema, marcando o começo de uma nova época à medida que nutrientes são redistribuídos e a água forma novas vias. Os manguezais são defendidos pelos estudiosos do clima — e cada vez mais pelo povo que vive em suas imediações — por sua capacidade de absorver a água de cheias. O potencial de destruição e crescimento é inerente à adaptabilidade da paisagem.

O cérebro também é assim.[1] Em cada pessoa, ele está sempre em mudança, adaptando-se às circunstâncias da vida, impelindo o comportamento e reagindo aos resultados. Por muito tempo se pensou que o cérebro fosse um "órgão não renovável", no qual as coisas permanecem mais ou menos fixas depois que a pessoa chega à idade adulta e as células só podem ser perdidas, em contraste com a pele ou com o sangue, que têm suas células em constante renovação. Hoje, os cientistas sabem que as coisas acontecem de outro modo no cérebro, mas que ele tem uma capacidade notável e vitalícia de mudar e se ajustar, e até de criar algo que não existia antes ou de compensar o que foi perdido.

Nossa vida consciente e subconsciente compõe-se de sinais transmitidos através das estruturas físicas do cérebro, de neurônio para neurônio, entre cerca dos 86 bilhões que estão sempre conversando.[2] Esses neurônios alteram sua forma e sua função, mudam o número de conexões que cada um faz com outros neurônios, a intensidade ou a natureza dessas conexões e as vias ao longo das quais eles enviam suas mensagens. Um neurônio é composto de dendritos ramificados em um extremo, que recebem sinais de outros neurônios e os transmitem ao longo do axônio, uma estrutura que se assemelha a um cabo, até os chamados terminais axônicos, feixes de estruturas ramificadas que produzem as substâncias químicas certas para transmitir essas mensagens aos neurônios seguintes através do espaço entre eles, chamado de sinapse.[3]

Cada parte desse processo é sujeita a mudança.[4] Os axônios são revestidos por uma substância lipídica, a mielina, que agiliza a transmissão e pode ser perdida ou regenerar-se. Os dendritos podem encolher e ser podados ou podem se tornar mais fortes e mais complicados. Formam-se novas sinapses. Outras são eliminadas. E mudanças constantes nas substâncias neuroquímicas que transportam sinais através da sinapse — ou inibem sua transmissão — alteram a intensidade e a função dessas sinapses instantaneamente e ao longo do tempo. Em algumas partes do cérebro adulto são criados neurônios totalmente novos, algo que até pouco tempo atrás os cientistas pensavam ser impossível (embora ainda restem muitas questões sobre o grau e o propósito da neurogênese em humanos).[5]

E há ainda o fato de que a organização geral do cérebro dá margem a mudanças. A atividade neural organiza-se em torno de centros críticos no cérebro para maximizar a eficiência na comunicação. Mas ela também é difusa, no sentido de que movimentos ou percepções repetidos podem envolver um conjunto diferente de neurônios a cada vez que são executados. A neurocientista Lisa Feldman Barrett compara a complexidade do cérebro ao tráfego aéreo: certos aeroportos servem como eixos e outros dirigem principalmente o tráfego local a fim de maximizar recursos e opções, com numerosos modos de ir, por exemplo, de Boston ao Cairo.[6]

A constituição do cérebro, desde sua arquitetura geral até o tamanho e a função de cada neurônio, é moldada pela experiência da pessoa. O cérebro é plástico. É anatomicamente flexível. Pode ser modificado pelo aprendizado, quando uma pessoa se muda para um lugar novo ou adquire um hobby, por exemplo. Mas a remodelação do cérebro também ocorre em um nível mais subconsciente, impulsionada pelos estímulos a que a pessoa é exposta e por mudanças hormonais. Pela progressão de sua vida. O sistema de circuitos do cérebro lembra de certo modo as raízes em um manguezal e o sistema ecológico que as sustenta, entrelaçados em um sistema complexo e em constante transformação, adaptável por natureza.

Estudiosos dizem que a gravidez e o parto são como uma espécie de tempestade para o cérebro. A elevação de níveis hormonais, em especial nas semanas e dias que antecedem o parto, é impressionante.[7] Os níveis de progesterona podem chegar a quinze vezes o encontrado no pico do ciclo menstrual regular e despencar subitamente no início do trabalho de parto. O aumento de certos estrogênios é ainda mais drástico: o nível de estradiol torna-se nada menos do que trezentas vezes maior quando se aproxima o fim da gestação. O desenvolvimento de um órgão totalmente novo, a placenta, introduz no corpo hormônios novos até então não experimentados. E o nível de ocitocina eleva-se tremendamente ao aproximar-se do parto, acompanhado por um aumento da prolactina, e em geral permanece alto no pós-parto. Quase todos os mamíferos apresentam um padrão similar de flutuações hormonais, embora difiram no ritmo dos altos e baixos hormonais.

A educação pré-natal costuma mencionar essas elevações da perspectiva do que elas significam para manter a gestação e auxiliar os mecanismos do parto.[8] Aprendemos, por exemplo, que o estrogênio ajuda a aumentar o tamanho do útero e a intensificar o fornecimento geral de sangue para sustentar o corpo em mudança e nutrir um novo corpo. Podemos imaginar a progesterona como um hormônio que leva ao espessamento do revestimento uterino e suaviza as coisas em outras partes, promovendo o crescimento do tecido mamário, e, junto com a relaxina, afrouxa ligamentos para ajudar o corpo a se expandir e a ser capaz de dar passagem a um bebê grande por um canal de parto pequeno. Aprendemos que a prolactina é um hormônio para a produção de leite. E provavelmente lemos sobre o papel da ocitocina nas contrações uterinas, na descida do leite e no sentimento de apego quando o bebê chega.

Com certeza isso é muito mais do que minha mãe aprendeu sobre os mecanismos do seu corpo quando começou a ter filhos no início dos anos 1970. Mas essas mudanças específicas da gravidez, ocorridas em sua maioria do pescoço para baixo, são apenas parte do quadro. As enormes flutuações hormonais que vêm junto com um filho, provavelmente mais extremas do que em qualquer outro momento da vida da pessoa, também afetam o cérebro, agindo como neurotransmissores ou regulando a produção de outras substâncias neuroquímicas que alteram o modo como os neurônios se conectam, originando uma cascata de efeitos que ocorrem ao longo do tempo e são duradouros. Elas são uma espécie de frente climática que passa e deixa em seu rastro uma paisagem ainda em mudança. Em um sentido rigorosamente metafórico, amaciam o cérebro para que ele possa ser moldado em algo diferente. No sentido literal, elas o tornam mais plástico e mais responsivo ao mundo à sua volta, que agora inclui um bebê.

Ratos de laboratório estão revelando um quadro claro sobre como a explosão hormonal da gravidez e do parto atua no cérebro. Estrogênio e progesterona fazem um trabalho combinado, com a ocitocina e a prolactina — nenhum hormônio isoladamente é capaz disso —, para direcionar a sensibilidade da rata mãe a sinais percebidos em sua cria, gerando o que Alison Fleming e seus colegas Joseph Lonstein e Frédéric Lévy chamam de "um estado de máxima responsividade".[9] Essa responsividade começa a aumentar antes mesmo que os filhotes nasçam, e o impulso anterior da rata de evitar os bebês de sua espécie é substituído pela atração por eles. Poderíamos dizer que os hormônios ligam a atenção do cérebro, sintonizando a rata mãe para captar os sinais específicos que sua cria transmite e impelindo-a a responder a eles ajustando seu comportamento.

E então os bebês ligam a máquina.[10] Segundo modelos animais em mamíferos, as mães podem ter todos os hormônios necessários fornecidos pela gravidez e pelo parto, mas sem informações sensoriais recebidas dos bebês não desenvolvem comportamentos maternos encontrados em geral em mães gestacionais. Uma fêmea de camundongo primípara tem de ser capaz de sentir o cheiro de seus filhotes. Caso seu bulbo olfatório seja extraído, ela talvez não construa um ninho e tenha menor probabilidade de amamentar a cria. Em ovelhas com sua primeira cria ocorre algo similar — sem sentir o cheiro de seus filhotes, elas não cuidam bem deles. Por sua vez, fêmeas de camundongo e ovelhas que já têm experiência em cuidar de filhotes — e em sentir o cheiro deles — saem-se muito bem com crias subsequentes após terem seu sentido do olfato anulado. (A experiência importa.) Pistas tácteis parecem ser do mesmo modo importantes, se não até mais, em ratos de laboratório. Ratas mães precisam estar perto de seus filhotes. Precisam lambê-los, movê-los com a boca e com o focinho, a fim de adquirirem a motivação para cuidar deles e amamentá-los.

Essa convergência de sensitividade induzida por hormônios e aguçamento sensorial induzido pelo bebê impele uma reorientação do cérebro na direção do cuidar. O sistema de circuitos envolvido na parentalidade é complexo e multidirecional. Mas estudos animais nos anos 1970[11] — e muitos outros desde então — indicaram que a área pré-óptica medial, designada pela sigla MPOA, é um centro de atividade fundamental. Poderíamos imaginar a MPOA como um receptor.[12] Essa parte minúscula do hipotálamo contém receptores para todos os hormônios importantes para a reprodução, e o número deles geralmente aumenta no final da gravidez e no começo do período pós-parto. A MPOA também recebe todo tipo de dados sensoriais — o que significa muita entrada de informação vinda dos bebês. Supõe-se que a MPOA atua como um *hub*, um centro de atividade neural, crucial no sistema de circuitos da parentalidade, captando uma quantidade imensa de informações relacionadas ao bebê e enviando mensagens organizadas em ações e inibições.[13] A neurobiologia da parentalidade, nas várias espécies, é uma cuidadosa mistura de coisas que devem ser feitas e coisas que não devem ser feitas. *Pegue aquele filhote aflito e traga-o para o ninho. Não o coma.* Como você pode ver, é um equilíbrio difícil.

Alguns anos atrás, foi descoberta uma informação fundamental sobre *como* a MPOA traduz todo esse ruído em sinais para o resto do cérebro.[14] Um grupo de pesquisadores da Universidade Harvard chefiado pela neurocientista Catherine Dulac descobriu que um subgrupo de neurônios nessa área do cérebro era essencial para o comportamento da parentalidade em camundongos — fêmeas ou machos. Esses neurônios produzem galanina, um neuropeptídeo. Os neuropeptídeos são similares aos neurotransmissores no aspecto de transportar mensagens de neurônio para neurônio, mas os peptídeos são especialmente potentes e seus sinais têm longo alcance.[15] Os estudiosos descobriram que camundongos cujos neurônios associados à síntese de galanina são desativados — por modificação genética e injeção de uma toxina — têm redução drástica em comportamentos de parentalidade. Em contraste com as ratas, as fêmeas de camundongo cuidam de forma espontânea de camundongos bebês quando deparam com eles. Mas as virgens que perderam mais de metade dos seus neurônios associados à síntese de galanina não têm esse comportamento. Elas se tornam agressivas. As mães camundongo não vão buscar a cria fora do ninho. Os camundongos machos que antes apresentavam comportamentos parentais perdem esse padrão. Essa descoberta ofereceu uma janela promissora para o cérebro parental, "um precioso ponto de entrada", nas palavras dos pesquisadores.

Para começar, acrescentou nuances à história da MPOA. Ao

menos no início do período pós-parto, um dano nessa área do cérebro de modo geral ou nos neurônios associados à síntese de galanina especificamente torna os camundongos muito menos propensos a fazer coisas que seus filhotes precisam que eles façam.[16] Ao contrário, injetar estrogênio na MPOA ou ativar biologicamente esses neurônios agiliza o início de comportamentos de cuidado, tanto em roedores fêmeas como em machos. Neurônios associados à síntese de galanina estar presentes e ser significativos na MPOA tanto em camundongos fêmeas como em machos contribuem para a ideia de que todos os membros de uma espécie podem possuir um sistema de circuitos parental essencial no cérebro, que pode ser ativado de modos diferentes em circunstâncias fisiologicamente diversas.

Essas descobertas deram ao grupo de Dulac a relevante oportunidade de acompanhar a galanina.[17] Foi o que os pesquisadores fizeram, e por esse trabalho Dulac recebeu em 2021 o Breakthrough Prize in Life Sciences, um prêmio de 3 milhões de dólares instituído pelo empreendedor digital Yuri Milner e sua esposa, Julia Milner, e financiado por alguns dos maiores nomes em ciência e tecnologia.[18]

Os pesquisadores descobriram que, em machos e fêmeas, os neurônios associados à síntese de galanina da MPOA enviam sinais para cerca de vinte áreas do cérebro, muitas das quais já sabemos ser importantes para o comportamento protetor. Todos os neurônios associados à síntese de galanina na MPOA estão ativos quando um camundongo executa comportamentos parentais, mas os pesquisadores descobriram que subconjuntos de neurônios formam pools que influenciam componentes específicos da parentalidade. Os pesquisadores tentaram ativar pools individuais de galanina e constataram que os neurônios que projetam sinais para a substância periaquedutal mesencefálica aumentam os cuidados com a limpeza dos filhotes, por exemplo. A ativação de um pool que se projeta para a área tegmental ventral aumenta no camundongo o ímpeto de escalar uma barreira para estar perto dos filhotes. Projeções para a amígdala medial não afetam interações com filhotes, mas influenciam interações com outros camundongos adultos, aparentemente tornando desinteressante para o camundongo tudo o que não tenha relação com filhotes.

O trabalho do laboratório de Dulac que levou à descoberta dessa "arquitetura modular" da MPOA é um exemplo eloquente do quanto os pesquisadores podem aprender manipulando o comportamento e a fisiologia de roedores de modos precisos e literalmente pondo o cérebro desses animais no microscópio.[19] Eles podem injetar vírus de herpes ou raiva no cérebro de roedores como uma ferramenta para rastrear circuitos neurais. Podem remover ovários de ratas, onde são produzidos estrogênio e progesterona, para testar o que acontece quando elas ficam sem esses hormônios. Podem usar drogas bloqueadoras de receptores para impedir que neurotransmissores atuem como de costume. Podem lesionar áreas do cérebro ou remover o bulbo olfatório, anestesiar a boca ou os mamilos da rata para ver quais componentes do comportamento materno são prejudicados em consequência disso. Podem estressar uma roedora grávida, ou separar uma mãe dos filhotes e testar os efeitos no longo prazo. Podem "sacrificar" mães camundongos em momentos específicos da gravidez ou do pós-parto e congelar fatias de tecido para análise.

Já em humanos, criar esse quadro de causa e efeito é muito mais difícil. Para começar, a parentalidade humana é bem mais complexa e menos previsível que a dos ratos, especialmente no contexto controlado de um laboratório. O comportamento materno humano é mais difícil de medir. Mães ratas e mães humanas têm muitas funções básicas em comum, é verdade.[20] Elas alimentam seus bebês e cuidam deles. Precisam fornecer a eles interação suficiente para que cresçam e se desenvolvam. Notam as necessidades dos bebês e respondem a elas. Mas o comportamento parental humano é influenciado pela cultura e pela linguagem, pelo estilo de vida e pelo contexto sociopolítico, pela história individual e familiar e pela genética, que é muito mais diversa do que em ratos criados para servir à ciência. (Roedores silvestres também são muito mais complexos e variáveis que os de laboratório.) Além disso, há que levar em consideração outras pessoas. Cônjuges e parceiros, avós, outros adultos e crianças na casa que podem ser ou não parentes biológicos, e até vizinhos, professores e amigos — todos eles podem influenciar a entrada de uma pessoa na parentalidade e a entrada de seu filho no mundo.

Há também o fato de que os pesquisadores não podem, por boas razões, fazer com pais e recém-nascidos humanos o mesmo tipo de manipulação que fazem em animais de laboratório. (Alguns dirão que esse tipo de manipulação não deve ser feito com nenhum animal, uma discussão digna de outro livro.) Em humanos, os pesquisadores usam técnicas diferentes. Medem e observam os comportamentos dos pais e suas interações com os filhos, em casa ou no laboratório, durante interações normais ou tarefas designadas. Coletam informações que os próprios pais relatam sobre como se sentem e o que fazem. Avaliam níveis hormonais na corrente sanguínea ao longo da gestação e no pós-parto. Analisam diagnósticos clínicos e gravidade de sintomas. E cada vez mais, nestas duas últimas décadas, usam tecnologia para avaliar o que acontece no cérebro parental, sobretudo durante tarefas que são relacionadas a comportamentos parentais ou que imitam esses comportamentos. Quando têm sorte, tempo e verba, podem coletar imagens dos cérebros dos pais várias vezes ao longo de meses ou anos e ver as mudanças de estrutura, atividade ou conectividade. Mesmo nesses casos, sempre contrabalançam seus resultados com a realidade da parentalidade humana e as circunstâncias mutáveis da vida de uma pessoa.

Quando meu filho participava das atividades do jardim de infância de forma remota, na época da pandemia, muitas vezes teve de fazer uma tarefa que consistia em assistir a um vídeo breve e ordenar uma série de imagens em cartões que apareciam na tela do iPad segundo a sequência em que ocorriam no filme. A história do cérebro parental em roedores é um tanto análoga a esse vídeo, e a história do cérebro materno humano se parece mais com aqueles cartões. Cada grupo de pesquisadores trabalha, por meio de alguma combinação de mensurações e sempre subsidiados pelo que aprenderam com animais de laboratório, para captar um instantâneo da história humana, identificar onde ele se encaixa na sequência e por que é importante. Por fim, pode ser que consigam cartões suficientes para contar uma história. Eles acrescentam outros cartões o tempo todo, completam detalhes e, o mais das vezes, confirmam o quanto o cérebro parental se conservou, nas várias espécies estudadas, no decorrer da história evolutiva. Estão começando a enxergar o enredo da parentalidade humana e compreender a escala e o escopo do drama.

A mãe no aparelho de RMf foi rápida.[21] Enquanto ela estava deitada na máquina, Madison Bunderson, pesquisadora associada e pós-graduanda do Centro de Estudo da Criança em Yale, deu-lhe várias tarefas. Primeiro a mãe via as palavras "ganha" ou "perde" aparecerem de relance à sua frente. Se o comando fosse "ganha", Bunderson instruiu, ela devia apertar um botão com o dedo indicador assim que visse uma caixa branca aparecer na tela. Se fosse "perde", apertar o botão com o dedo médio. Se fizesse essa tarefa com rapidez suficiente e obedecendo à regra, a mãe poderia ganhar dinheiro ou evitar perder dinheiro de seu pote de ganhos. Esse é um teste comum em neurociência, chamado tarefa de atraso de incentivo monetário, concebida para avaliar como o cérebro processa recompensas.

O computador com o qual Bunderson controlava a tarefa estava sincronizado com as varreduras do cérebro, para que os pesquisadores pudessem acompanhar com precisão a atividade cerebral conforme a pessoa respondia. E o teste foi calibrado de acordo com a pessoa testada, isto é, a velocidade com que a mãe tinha de responder para ganhar foi ajustada conforme a rapidez que ela demonstrara em testes anteriores, quando havia praticado sentada diante de um computador. A finalidade era que a mãe ganhasse um pouco e perdesse um pouco, para que os pesquisadores pudessem avaliar não só como seu cérebro respondia à recompensa propriamente dita — o dinheiro, neste caso —, mas também como respondia à expectativa da recompensa e ao impulso de obtê-la. E, então, em vez de dinheiro, a recompensa passou a ser um bebê. E não um bebê qualquer, mas sua linda filhinha.

A mãe havia levado a filha durante uma visita anterior ao laboratório, para que os pesquisadores pudessem observar e avaliar como as duas brincavam juntas e medir a sensitividade da mãe ao comportamento da filha. Eles também tiraram fotos da bebê, muitas fotos, em todos os estados emocionais. Dessa vez, na tarefa dentro do aparelho de RMf, "ganha" era correlacionado a rostos felizes ou tranquilos e "perde" a rostos tristes. A caixa branca aparecia e, se a mãe fosse rápida o suficiente, ganhava uma imagem de sua filha feliz ou evitava ver a menina com a boca aberta de quem grita ou com um beicinho de choro. Após quase todos os testes, o que apareceu na tela foi uma bebê sorridente de bochechas rosadas. "Ela é muito boa nisso", comentou Bunderson.

A pesquisadora-chefe Helena Rutherford e seus colegas planejaram analisar os dados para ver como os circuitos neurais da mãe respondiam, examinando as imagens do cérebro como um todo e especificamente as do *nucleus accumbens*, que supostamente é ativo durante a sensação de expectativa de recompensa e quando uma pessoa se empenha por um objetivo, e as de partes dos lobos frontais do cérebro recrutadas no processamento do ganho de recompensas e no prazer que elas geram. Foi constatado que, em testes usando dinheiro, o cérebro responde em seu impulso para obter o dinheiro de modo diverso daquele como responde quando recebe a recompensa propriamente dita. Os pesquisadores queriam ver se acontecia o mesmo no contexto da parentalidade. Essa mãe fazia parte de um grupo de mães e pais, metade dos quais era fumante, que seriam incluídos no estudo.

Estudos anteriores haviam concluído que o vício geralmente reduz no cérebro a resposta de recompensa ao dinheiro. O grupo de Rutherford queria saber se esse mesmo efeito estava presente quando pais com dependência de uma substância, no caso, a nicotina, processavam recompensas relacionadas ao bebê, com o objetivo de usar essa informação para formular programas de apoio a pais. Mas nessa pesquisa há algo implícito que é pertinente a todos os pais, fumantes ou não — uma pergunta, na verdade.

O que nos compele a cuidar de crianças?

Talvez a resposta seja óbvia: amor. É uma alegria amar uma criança e ser amado por ela. Essa é a recompensa. Só que talvez não seja tão simples, como mostra a pesquisa de Rutherford. Certamente um bebê causa prazer — o deleite de ver sua filhinha com cara de anjo aparecer na tela ou em pessoa. No entanto, há algo mais: o impulso de fazer essa criança feliz ou de impedir que fique triste. Uma compulsão por mantê-la bem, segura, crescendo e desabrochando. Um ímpeto de olhar para ela, de ouvi-la e agir em seu benefício. Mecanismos neurobiológicos atuam para moldar esse impulso porque a realidade é que, da perspectiva evolutiva, só amor não basta. O amor não é universalmente infalível nem automático. Sabemos disso analisando extremos e médias.

Uma verdade dolorosa é que, ao longo de toda a história e

diferentes sociedades, o infanticídio tem feito parte da parentalidade humana. Sua prevalência aumenta e diminui conforme a pobreza, a capacidade de controlar a própria reprodução e as normas sociais. Por exemplo, geração após geração, muitos milhares de bebês em cidades europeias foram deixados em asilos de órfãos com taxas de sobrevivência sabidamente abissais.[22] Em Florença, onde o registro histórico é especialmente claro, a taxa de crianças batizadas que foram abandonadas nunca esteve abaixo de 12% nos séculos XVI e XVII, escreveu Sarah Blaffer Hrdy em *Mãe natureza*. Nos anos 1840, 43% das crianças batizadas naquela cidade foram abandonadas. As taxas de infanticídio na Europa em geral caíram com o aumento da contracepção no século XIX.[23] Nas palavras de Sandra Newmann, "paramos de matar nossos bebês quando começamos a ter menos deles".

É claro que o controle da natalidade — ainda muito longe de ser universalmente acessível — nunca foi um elixir capaz de assegurar que toda mãe seja devotada nem de garantir que toda criança esteja segura e seja bem cuidada. Nos Estados Unidos de hoje, centenas de milhares de crianças por ano sofrem negligência ou maus-tratos. Cuidar de crianças vulneráveis sempre foi um ato que pesa na balança contra muitos outros fatores, entre eles a capacidade dos pais e da família de lidar com estresse, pobreza, opressão, doença mental, vício ou outros aspectos da vida que não se alinham com os melhores interesses do bebê, tudo isso ponderado com o grau de apoio social de que a pessoa dispõe para mitigar esses fatores.[24] Pais não se comprometem automaticamente a cuidar de todo bebê que nasce. "O cuidado tem de ser desentranhado com esforço, reforçado, mantido", Hrdy escreveu. "O próprio cuidado tem de ser cuidado."[25]

E há a verdade muito comum, mas pouco reconhecida, de que, para muitas pessoas com um recém-nascido para cuidar, o parto do bebê não é acompanhado de uma onda de amor, ou vem acompanhado de ondas igualmente poderosas de medo ou apreensão. Estudos sobre o estado de espírito de mães primíparas por ocasião do parto frequentemente relatam sentimentos de culpa pelo súbito peso da responsabilidade que sentiram em vez da pura afeição prevista. Um estudo revelou que, de 112 mães entrevistadas uma semana depois de haverem tido seu primeiro filho, 40% declararam que a primeira vez em que seguraram seu bebê o que sentiram foi "indiferença".[26] Tenho minhas dúvidas sobre esse termo e não sei se o que as entrevistadas mencionaram não seria, mais do que um desinteresse pelo filho, uma espécie de choque gelado quando esperavam calor. O sentimento de afeição veio para essas mães, como ocorre com a maioria das pessoas que dão à luz, com o tempo. Ainda assim, quando vem, a própria afeição pode ser desnorteante. As demandas do bebê são imensas e ininterruptas, e o desejo de atendê-las pode ser tão grande quanto a angústia da perspectiva de falhar.

Na verdade, é absolutamente normal sentir uma mistura de tudo isso. Em um artigo de 2005 no qual argumentavam que a fase inicial da maternidade pode levar a um despertar espiritual, as psicólogas Aurélie Athan e Lisa Miller escreveram que emoções conflitantes são "naturais e propositais".[27] De fato, a ambivalência é "a característica que define esse processo de transição". A psicoterapeuta Rozsika Parker escreveu um livro inteiro sobre o balanceamento entre ódio e amor na maternidade, no qual a balança pende de modo diferente para cada pessoa.[28] "A mãe precisa conhecer a si mesma, admitir os sentimentos diversos, contraditórios e muitas vezes avassaladores evocados pela maternidade", ela disse ao *Guardian* em 2006.[29] "Só quando você aceita que às vezes é uma mãe ruim consegue ser uma mãe boa." E em 1949 o psicanalista Donald Winnicott apresentou uma célebre enumeração de dezoito razões pelas quais uma mãe odeia o filho — "até um menino" — desde o nascimento.[30] A verdade no que ele diz é contundente, mesmo quando o tom me faz rir. "O bebê não é produzido por mágica", Winnicott escreveu. "O bebê é um perigo para o corpo da mãe na gravidez e no parto. [...] Ele é impiedoso, trata a mãe como lixo, uma criada não remunerada, uma escrava. [...] Depois de uma manhã horrível com ele, ela sai e ele sorri para um estranho que comenta 'que gracinha!'. E se ela falhar com ele no início, sabe que ele se vingará para sempre."

Ter um filho tem seus custos, financeiros, é claro, mas também custos para o bem-estar e os recursos físicos gerais da pessoa. Quando cuidamos de um recém-nascido, ainda mais naquelas semanas antes que ele sorria ou seja capaz de dirigir o olhar, antes daquelas vagas indicações de reciprocidade social, os custos são especialmente altos. Quem tem um recém-nascido para cuidar paga com seu sono, seu tempo, atenção e equilíbrio emocional. Paga com sua energia, com o que gasta alimentando, embalando e acalmando, suportando dias que parecem durar semanas e madrugadas solitárias nas quais o tempo desaparece por completo. E há também o necessário investimento interno, uma reorientação de recursos necessária para equilibrar seus próprios processos fisiológicos a fim de ser a mediadora dos fatores que moldam esses processos para o bebê: alimento, repouso, segurança. Não é pouco.

O cérebro parental torna possível o amor por nossos filhos, e esse amor pode ser grande, generoso e vitalício. Mas ele desabrocha com o tempo, e um bebê não pode esperar para ser cuidado. Por isso, logo de início o cérebro parental não se apoia totalmente no amor, ou pelo menos não na versão que talvez conheçamos. Sua primeira missão é chamar — e reter — a atenção da mãe ou do pai. "Nós sempre pensamos sobre o prazer da parentalidade", Rutherford me disse, "e nem sempre pensamos no impulso ou na motivação da parentalidade."

Quando Rutherford diz "nós", refere-se aos pais e à sociedade. Mas os pesquisadores pensam bastante sobre motivação. Rutherford chefia o Laboratório Antes e Depois do Bebê, do Centro de Estudo da Criança em Yale, onde se pesquisa a transição para a parentalidade. O nome do laboratório reconhece prontamente que existem um "antes do bebê" e um "depois do bebê" que não são iguais. Quando pesquisadores falam sobre o "depois", frequentemente começam com todos os modos como os bebês desencadeiam esse impulso em quem cuida deles.

Bebês ligam a máquina em humanos também. Eles são estímulos inerentemente poderosos para todos os adultos, sem dúvida com variações de pessoa para pessoa. E, embora seja comum pensar que as mulheres respondem mais intensamente a bebês — por causa do instinto materno, você sabe —, estudos não corroboram 100% essa noção.

Esse é o aspecto do trabalho de Konrad Lorenz mais desenvolvido nos estudos modernos sobre a parentalidade. Lorenz escreveu sobre o *Kindchenschema*, a constituição do rosto dos bebês que compele um adulto a agir em benefício da criança. É o poder da fofura, sendo "fofura" aqui um termo técnico mas que poderia aplicar-se quase igualmente ao seu Memoji, ao seu gatinho ou ao seu sobrinho de bochechas gorduchas. A fofura é um conjunto mensurável de características que em certa medida os bebês de todas as espécies mamíferas têm em comum, incluindo cabeça e olhos proporcionalmente grandes, queixo pequeno e bochechas arredondadas.[31] Essas características, com frequência cooptadas por ilustradores e especialistas em marketing, desencadeiam reações particularmente intensas no cérebro adulto e dão aos bebês a melhor chance de conseguirem os cuidados de que precisam para sobreviver.

Pesquisadores muitas vezes constatam que homens e mulheres respondem de modo similar a rostos fofos de bebês. Em um estudo, foi pedido a adultos sem filhos que classificassem um grupo de bebês segundo a fofura.[32] As mulheres do grupo deram aos bebês notas mais altas quando classificaram conscientemente os rostos. Mas os homens e as mulheres apresentaram um grau de esforço igual em uma tarefa de apertar botões para continuarem a ver rostos fofos de bebês, em comparação com rostos de adultos de "atratividade média". Separadamente, constatou-se que rostos fofos de bebês, mas não rostos de adultos, desencadeiam um surto muito rápido de atividade no córtex orbitofrontal medial, uma parte do cérebro importante na detecção e resposta a estímulos positivos ou gratificantes.[33] Pelo menos em um estudo pequeno — com apenas doze participantes — esses resultados valeram para homens e mulheres, com e sem filhos.

Hoje cientistas entendem que o poder do *Kindchenschema* abrange muito mais do que a aparência de um bebê. Ele inclui todos os outros canais sensoriais por meio dos quais os bebês se anunciam e exigem a atenção de seus cuidadores. Pais costumam ser muito bons em identificar os *seus* recém-nascidos com base no cheiro ou no som do choro, ou em identificar seu bebê numa fileira de fotografias de recém-nascidos depois de apenas algumas horas juntos.[34] Em algumas medidas, as respostas das mães são mais fortes. Em outras, mães e pais têm a mesma pontuação.

Recentemente, pesquisadores começaram a investigar mais a fundo como o cérebro da pessoa que tem um bebê responde no pós-parto ao rosto, aos arrulhos ou ao que alguns chamam de "sirene biológica" do choro de seu bebê, sabendo que o desenvolvimento de um bebê depende da capacidade dos adultos em sua vida de interpretar esses sinais e lhes fornecer o alimento, o conforto ou o estímulo ao desenvolvimento — incluindo brincar e conversar — de que ele precisa.

Em estudo após estudo, pais olham para imagens de seus

bebês ou de outros bebês, ou ouvem gravações do choro de seu precioso filho ou de um bebê estranho, ou são convidados a participar de alguma tarefa mais ativa envolvendo esses sinais, como no estudo de Rutherford. Eles fazem isso dentro de um aparelho de RMf ou enquanto estão conectados a eletrodos que medem atividade nas camadas mais externas do cérebro, ou sentados com a cabeça dentro de uma enorme máquina cônica que mede os campos magnéticos gerados pela atividade cerebral. Às vezes pesquisadores estudam como um grupo de pais muda com o passar do tempo. Às vezes os comparam com indivíduos sem filhos.[35] Na grande maioria dos casos, estudam apenas mulheres cisgênero e heterossexuais que gestaram seus bebês, embora isso esteja começando a mudar.

Na verdade, os sinais de bebês usados nesses estudos são péssimos substitutos para a coisa real. Uma gravação de choro de bebê não pode captar na íntegra o modo como pais reagem quando seu bebê chora com o corpo todo e eles não apenas o ouvem, mas também sentem seu peito vibrar junto ao seu. E que dizer daquele tipo específico de deleite que sentimos ao ver, pela primeira vez, o que poderia ser o esboço de um sorriso deliberado formar-se no rosto do nosso bebê, ou quando arrulhamos para ele e somos recompensados com um inconfundível sorrisão de boca aberta? E quando uma lactante sai para passear com um bebê dormindo no colo e o bebê começa a se mexer? Ela sabe o que está para acontecer, aqueles primeiros gorgolejos quando a mãozinha fechada encontra a boca e, logo, o choro. O bebê está com fome. Uma máquina de laboratório pode realmente captar o impulso do corpo inteiro para encontrar um banco no parque ou voltar para casa a tempo de amamentar? Pode documentar a onda de alívio quando a mãe atende essa necessidade? Não. Mas o que esses testes fazem é registrar a impressão digital dessas respostas da vida real, a forma do sulco que elas gravaram nos circuitos do cérebro.

Esses estudos encontraram repetidamente uma intensificação de atividade e conectividade ao longo de duas redes inter-relacionadas envolvidas no processamento de sinais de bebês e na atribuição de significados a esses sinais — a rede de recompensa e a rede de saliência estimuladas pela dopamina —, as duas redes mais associadas a um "estado de máxima responsividade" na pessoa que deu à luz.[36]

O sistema de recompensa faz mais do que seu nome indica, na verdade. Nesse contexto às vezes é chamado de sistema de motivação materna — um termo mais apropriado, embora esteja envolvido no comportamento motivado geral e não só nas mães. Entre os principais hubs está a área tegmental ventral, no mesencéfalo, que envia sinais por meio do neurotransmissor dopamina ao *nucleus accumbens* já mencionado. Ambos também são conectados à amígdala, ao córtex pré-frontal medial e ao hipocampo, entre outras regiões essenciais para as respostas em forma de comportamento de cuidado.

Em modelos animais de maternação, a MPOA — o receptor — é um ponto de partida importante para essa rede. Nos humanos, a MPOA é frequentemente desconsiderada. Por muito tempo se pensou que, como o córtex humano é cerca de mil vezes maior que o de um rato, teria de influir mais no comportamento materno humano do que a MPOA, tão minúscula que é difícil de medir.[37] Pesquisadores me disseram que não sabem de fato se a atividade limitada e variável que captam nessa área durante varreduras do cérebro é ou não um indicador de que a MPOA está menos envolvida em impulsionar a motivação humana ou se há muita coisa acontecendo por lá que não pode ser vista. Há alguns indícios de que se trata do segundo caso.[38] Como suas projeções conduzem ao complexo córtex pré-frontal, a MPOA parece ser um importante gerador de cuidados motivados em humanos também.

Esse sistema motivacional funciona movido pela dopamina

e regulado pela ocitocina. A dopamina frequentemente é apresentada como o hormônio do "bem-estar", associado ao prazer que as pessoas sentem com o sexo, ao barato dos corredores ou ao cheirinho de biscoito assando no forno. Esse termo é quase sempre impróprio, mas não quer sair de cena. Cientistas pensavam que a dopamina só respondia a estímulos de recompensa, mas estudos de animais ao longo de várias décadas constataram que ela também responde a estímulos negativos.[39] Na verdade, a dopamina é uma jogadora. Ela vê o que há na mesa — o ambiente da pessoa — e ajuda o cérebro a fazer predições constantes sobre como as coisas acontecerão. Com base nos ganhos ou perdas, quando as coisas vão melhor ou pior do que o previsto, ela impele sinais para o sistema de circuitos que dirige a ação, a emoção e o aprendizado.

Um conjunto fascinante de estudos do laboratório de Alison Fleming descobriu que a preparação hormonal da gravidez diminui o nível basal da dopamina nas ratas mães.[40] Com isso, o pico de dopamina que as mães recebem ao interagir com os filhotes é mais extremo e mais significativo. Os filhotes tornam-se um "sinal descontínuo", Fleming me explicou. A recompensa é maior, agilizando o início do comportamento materno que os filhotes requerem.

A ocitocina influencia a produção da dopamina. Esse neuropeptídeo, que é liberado no cérebro da parturiente durante o trabalho de parto e em *todos* os pais quando interagem afetuosamente com seus bebês, estimula a produção de dopamina na área tegmental ventral. Em modelos animais e em humanos, inúmeras vezes a ocitocina mostrou-se importante na parentalidade.[41] Ratas mães com mais projeções de ocitocina para a área tegmental ventral apresentam níveis mais elevados de cuidados maternos, e supõe-se que o trabalho da ocitocina no sistema de recompensa é essencial para mudar de repulsiva para atrativa a sensação provocada pelo odor de filhotes.⁴² Em um estudo com uma amostra muito pequena — apenas doze mães foram testadas, algumas semanas após o parto —, pesquisadores descobriram que, quando ouviam seu bebê chorar, as mães que haviam tido parto vaginal demonstravam maior atividade neural em regiões do cérebro relacionadas a recompensa e motivação, incluindo a amígdala, do que as mães que haviam passado por cesariana.⁴³ Os autores do estudo cogitaram a possibilidade de que essa diferença tenha relação com a "estimulação vaginocervical" e a súbita onda de ocitocina que é específica do parto vaginal.

Pesquisadores ainda tentam decifrar o funcionamento exato da via dopaminérgica, mas aqui o principal para quem tem um recém-nascido é a responsividade. Bons jogadores fazem ajustes rapidamente quando mudam as circunstâncias da mesa. A dopamina contribui para a flexibilidade do comportamento humano e pode até conduzir boa parte da plasticidade que ocorre quando a pessoa atravessa esse período de erros constantes de predição.⁴⁴

A rede de saliência tem um papel acentuadamente análogo na regulação da responsividade, embora no contexto da parentalidade ela seja frequentemente associada à vigilância e à detecção de ameaças, a serviço do objetivo fundamental de manter seguro um bebê vulnerável.⁴⁵ A rede de saliência inclui a amígdala e estruturas corticais importantes, entre as quais o córtex cingulado anterior e o córtex insular anterior, que respondem a sinais do bebê em mulheres sadias no pós-parto. Supõe-se que ela tem um papel essencial em separar o joio do trigo na avalanche de informações que o cérebro recebe, particularmente em um ambiente social complexo. Ela direciona a atenção e a memória de trabalho para os eventos ou estímulos que são os mais essenciais à regulação das funções básicas do corpo — ou *dos corpos,* no caso da pessoa que cuida e da criança — e à facilitação de respostas rápidas do sistema motor. É fácil ver por que isso é importante no cuidado dos bebês, essas mangueiras de incêndio jorrando necessidades que requerem atenção e ação rápida.

A amígdala talvez seja a parte do cérebro mais estudada no contexto do comportamento materno humano. Você pode conhecê-la como o centro das reações de luta e fuga. Por muito tempo, ela foi considerada o detector de medo do cérebro. Hoje é mais frequentemente chamada de "detector de saliência". Uma criadora de importância. Ela serve como mediadora e instigadora de sistemas que detectam sinais do bebê, interpretam seu estado emocional e direcionam respostas apropriadas. E parece mesmo dar um status preferencial a sinais de aflição. Em quem cuida do bebê, a amígdala e áreas interligadas envolvidas no processamento de emoção são ativadas mais pelo seu choro do que pelo riso.[46] Notavelmente, o inverso ocorre com pessoas sem filhos, nas quais a ativação mais forte é pelo riso.

Um estudo de 2019 investigou a conectividade no "estado de repouso" entre a amígdala e outras regiões cerebrais.[47] Nesse caso, os pesquisadores não deram às participantes — 47 mães primíparas, com bebês entre algumas semanas e quase dez meses de vida — nenhuma tarefa para executar. Em vez disso, examinaram o nível de oxigênio no sangue em todo o cérebro enquanto elas descansavam dentro do aparelho de varredura. Cientistas acreditam que esse método pode revelar a conectividade intrínseca ou basal do cérebro — não só como os neurônios disparam em resposta a um estímulo específico, mas como estão preparados para disparar mesmo antes de haver uma tarefa na mente. Isso mostra a arquitetura funcional do cérebro — não apenas como o trem do metrô se desloca, mas como os túneis são construídos.

Os pesquisadores constataram que quanto mais experiente era a mãe — quanto mais meses se haviam passado após o parto —, mais suas amígdalas direita e esquerda eram conectadas a regiões importantes do cérebro enquanto ela se encontrava naquele estado de repouso. E mães com mais conectividade entre a amígdala e o *nucleus accumbens* eram mais capazes de desempenhar bem o que os pesquisadores chamam de "estruturação materna", que envolve interpretar os interesses do bebê e direcioná-los sem estressar o pequeno. Essencialmente, prestar atenção e responder de maneira ponderada.

Esses resultados acrescentam evidências da importância, à medida que a parentalidade avança, da recompensa e da saliência e da influência de uma sobre a outra, segundo Alex Dufford, o pesquisador principal desse artigo. "Aí você olha para o bebê e isso causa uma inundação de dopamina. Você fica muito interessada — nossa, que bebê mais fofo", Dufford disse. "E então começa com os comportamentos maternos, meio que sem saber o que fazer, talvez, e há uma alça de retroalimentação: o bebê responde positivamente quando faço isso. Pode responder negativamente quando faço aquilo." Motivação e saliência dirigem o aprendizado, ele explicou.

Os pesquisadores nomeiam e categorizam essas redes, mas elas não funcionam separadamente. Sobrepõem-se umas às outras e aos circuitos envolvidos na interpretação de estados emocionais de outros e na regulação de estados emocionais, tomada de decisão e direcionamento da atenção da própria pessoa. Estudos recentes com humanos descobriram que a conectividade na rede de saliência depende da função da dopamina e de seu papel na atribuição de valor a estímulos.[48] Outras regiões do cérebro também influenciam essas redes e interagem com elas, ajudando a marcar os sinais do bebê como importantes mesmo antes que a pessoa esteja consciente deles.[49] Entre essas regiões estão o córtex orbitofrontal, que é muito rápido e às vezes é incluído como parte da rede de saliência; uma área do mesencéfalo chamada substância periaquedutal mesencefálica, que também é rápida na detecção de sons do bebê; e o cerebelo, cujo papel exato na parentalidade ainda é relativamente desconhecido.

Os bebês precisam que seus cuidadores respondam depressa. Temos de confortá-los e atender suas necessidades básicas, mesmo quando não sabemos do que exatamente estão precisando. Eles também precisam que encontremos deleite e voltemos em busca de mais. Por isso vêm com olhos grandes e pulmões possantes — para atingir diretamente nosso cérebro.

Um tema importante em estudos sobre transtornos de humor e ansiedade perinatais é o que acontece quando as mudanças normativas que são parte da adaptação à parentalidade recente não ocorrem ou sofrem anomalias.[50] Estudos identificaram repetidas vezes respostas enfraquecidas em partes cruciais das redes de motivação e saliência em mães com depressão pós-parto, embora um grupo de pesquisadores tenha informado aumento de responsividade na amígdala a certos estímulos. Esses resultados divergentes provavelmente se devem, ao menos em parte, a termos ainda muito o que aprender sobre a heterogeneidade dos transtornos de humor e ansiedade perinatais. Também remetem à ideia de que o ajuste neurobiológico à parentalidade depende de uma espécie de sintonização certa, com margem para variabilidade. Um equilíbrio entre prazer e impulso, deleite e ameaça, reação subconsciente rápida e tomada de decisão depois de refletir.

De todas as numerosas diferenças entre a parentalidade humana e a dos roedores, talvez a mais importante seja que os pais humanos não dependem tanto de hormônios para iniciar a tarefa. Bebês podem ser cuidados por qualquer pessoa que escolha fazer isso. Mas quem faz essa escolha também passa por uma transição para um cérebro parental, impelido — exatamente como pessoas que passam pela gestação e como os ratos machos e as ratas virgens que se tornam parentais em virtude da exposição — por mudanças hormonais e pela experiência.

Pesquisadores da Universidade Bar-Ilan em Israel e seus colegas encontraram maior ativação da amígdala em mães que têm a responsabilidade primária pelo cuidado do bebê do que em pais que são cuidadores secundários.[51] Mas isso não se aplica a homens que são cuidadores primários. Neles, a ativação da amígdala foi comparável com a das mães, e a amígdala apresentou conectividade funcional particularmente forte com uma região chamada sulco temporal superior. De fato, considerando o total dos pais do sexo masculino participantes do estudo, quanto mais tempo um homem passou cuidando de seu filho, maior a conexão entre essas duas regiões cerebrais, que supostamente facilita a detecção de sinais sociais. Podemos imaginar que essa detecção talvez seja particularmente importante para uma mãe cujos sistemas de alerta não tenham sido preparados pela gravidez de maneira intensa.

Há muito mais a dizer sobre os homens que são pais e as pessoas que não vivenciam a gestação, mas no momento basta sabermos que existe mais de um caminho para um cérebro parental responsivo. E, para entender isso, voltemos à ocitocina e ao parto vaginal. Grávidas ouvem muito sobre a importância do parto vaginal, da amamentação e de como dar ao bebê o melhor começo possível no mundo. O corpo durante o parto sempre será para mim um assombro, e escrevi um artigo sobre meus desafios e alegrias na amamentação.[52] Parto e lactação, e particularmente o grau de trauma ou apoio que uma pessoa vivencia durante esses processos, afetam a experiência pós-parto e o cérebro parental. Contudo, nenhum desses fatores é rigorosamente definidor do desenvolvimento da pessoa em sua parentalidade.

Você se lembra daquela diferença na atividade neural entre mães que tiveram parto vaginal e mães que foram submetidas a cesariana? Desapareceu.[53] Pesquisadores não encontraram diferença funcional significativa nos circuitos cerebrais entre os dois grupos no terceiro ou quarto mês pós-parto. Esses mesmos pesquisadores encontraram uma disparidade acentuadamente análoga na atividade cerebral entre mães que amamentavam e mães que alimentavam os bebês apenas com mamadeira no primeiro mês pós-parto, porém não foram publicados dados sobre o que acontece com essa diferença.[54] Repetindo: esses estudos são muito pequenos, por isso é dificílimo saber como seus resultados se aplicariam em se tratando de uma população inteira. Um estudo distinto que examinou mudanças estruturais no cérebro materno não encontrou diferenças mensuráveis segundo o tipo de parto ou de aleitamento, embora também nesse caso os tamanhos de amostra tenham sido pequenos.[55]

Quando se trata desses fatores tão carregados de peso moral para as grávidas e puérperas, estudos com amostra pequena são quase tudo o que temos para avaliar o impacto sobre o desenvolvimento do cérebro parental. Torço para que instituições financiadoras de estudos sobre o cérebro parental se interessem mais pelo problema. Por ora, repito apenas: pelo que sabemos, *não existe um modo certo* de obter o estado flexível e responsivo que um bebê e quem cuida dele requerem.

Talvez a coisa mais importante que podemos dar a nossos filhos é atenção total. Ouvir, cheirar, observar. Interagir com eles. Hormônios assentam os alicerces, mas é essa interação que, em última análise, define as conexões no cérebro da mãe ou do pai segundo os modos necessários para cuidar dessa criança específica.

No fim de 2019, eu estava a caminho para almoçar com minha irmã e assistirmos a um filme — *Adoráveis mulheres* — quando uma entrevista que eu estava ouvindo no rádio me deixou fascinada.[56] Mandei uma mensagem de texto para minha irmã avisando que me atrasaria alguns minutos e fiquei no carro, já estacionado ao lado do parquímetro, para terminar de ouvir Wendy Wood, especialista em psicologia da formação de hábito, falar com o apresentador Shankar Vedantam, autor do livro *The Hidden Brain*

[O cérebro oculto], sobre a razão de tantas pessoas terem dificuldade para cumprir suas resoluções de Ano-Novo. Wood explicou que os hábitos são forjados não pela força de vontade, nem pela atitude resoluta que muitas pessoas adotam diante da tarefa. Eles requerem uma mudança lenta em processos subconscientes através da associação de sinais específicos com recompensas específicas. Esses processos são impulsionados em grande medida pela dopamina, por meio de seu papel de detectar recompensas e codificá-las segundo os sinais do ambiente que as possibilitaram. Em geral, bons hábitos são adquiridos não tanto graças ao controle dos nossos pensamentos ou comportamentos propriamente ditos, mas através de mudanças nos sinais do nosso ambiente, ela explicou. Grandes acontecimentos na vida, como uma mudança de casa ou um casamento, alteram muitos sinais de uma vez, criando o que os cientistas chamam de descontinuidade de hábito. "Eles abalam tudo", escreveu Wood em seu livro *Bons hábitos, maus hábitos: Um método científico para promover mudanças positivas e duradouras*, e, "por um momento, todos os nossos comportamentos — habituais ou não — ficam no ar, à espera de que os direcionemos."

A fase inicial da parentalidade constitui uma grande perturbação, mas também vem com um minúsculo controlador de tráfego aéreo que nos dá sinais poderosos e precisos sobre como aterrissar esses hábitos. Comecei a pensar nesses primeiros meses como um período de rápida reforma de hábitos. Faz todo sentido que o processo seja penoso e desnorteante. Formar um único hábito já é difícil. Mas há alguma coisa na parentalidade que faz dela uma forma fundamentalmente distinta de descontinuidade.

Ter um bebê não requer apenas uma grande onda de mudança de hábito. Lança a pessoa que cuida dele em uma mudança perpétua. Bebês requerem que formemos depressa muitos novos hábitos e que os mudemos também com rapidez. Precisam que nos tornemos competentes *e* que permaneçamos acentuadamente responsivos à medida que eles crescem. Necessitam de cuidados eficientes e consistentes, mas que sejam flexíveis. É uma exigência e tanto. Isso requer uma espécie de prontidão que pode ser inédita para seus cuidadores.

Muitos estudiosos da motivação falam em respostas "apetitivas" e "consumatórias"; as primeiras consistem em comportamentos de desejo ou procura, e as segundas, em ações tomadas para alcançar esse objetivo, para obter a saciedade. Há cerca de uma década, Mariana Pereira e uma colega organizaram um seminário para pesquisadores falarem sobre suas investigações da motivação materna e para decidirem uma disputa. Alguns dos pesquisadores usaram essa distinção — apetitivo versus consumatório — para falar sobre motivação materna, e outros não. Era um aspecto técnico, uma discussão entre especialistas, mas por fim eles chegaram a um consenso que, na minha opinião, tem importância real para o resto de nós.[57]

O impulso que uma pessoa sente de olhar o celular, de comer um pacote de batata chips ou até de usar determinada droga é saciado assim que esses objetivos são atingidos. O impulso pode voltar logo depois, portanto existe um ciclo entre o desejo e a saciedade. Mas a motivação materna é diferente. Ela é um complexo *estado do ser* que é mantido "sem declínio, por longos períodos, contanto que os estímulos apropriados sejam fornecidos", escreveram participantes do seminário. Os objetivos dessa motivação podem mudar ou até permanecer em uma prontidão passiva — amamentar, fazer arrotar, brincar, trocar, acalmar, verificar, fazer uma lista de tarefas, tomar chá, amamentar de novo. A motivação permanece. Ela nunca é saciada de fato, Pereira me disse, talvez porque o impulso não seja o de satisfazer a si mesmo, e sim ao bebê, e as necessidades do bebê mudam perpetuamente. "A energia envolvida em permanecer sempre a postos, sempre de prontidão, é fascinante", ela disse.

Vejamos o exemplo de S5, a rata mãe que não conseguia parar.[58] Ela fez parte de um estudo publicado em 1969 no qual ratas prenhes foram treinadas a acionar uma pequena alavanca próxima das caixas onde estavam seus ninhos para receberem uma pelota de ração que descia por uma calha curta. Um dia, depois de dar cria, S5 acionou a alavanca e recebeu sua quantidade usual de ração: seis acionamentos e seis pelotas. Depois ela acionou a alavanca novamente, e um filhote desceu pela calha: era dela.

Imagine sua surpresa, o instante de alegria por encontrar sua cria, e então o terror. O que o filhote estava fazendo ali na calha, frio e sozinho? O corpo dela respondeu mesmo antes que essa questão se formasse. Ela carregou o filhote por cerca de um metro até a segurança do ninho e voltou para a alavanca. Acionou de novo e recebeu outro filhote. Ela continuou nesse processo — acionar, filhote, acionar, filhote — até que todas as suas seis crias estavam no ninho. E então retornou à alavanca.

S5 provavelmente tivera aversão a filhotes antes de ser mãe. Agora sentia atração por eles, indiscriminadamente. Ratas cuidam de qualquer filhote, não apenas dos seus. Por isso, S5 continuou a acionar a alavanca e a receber filhotes que não eram seus, e levou todos aqueles minúsculos ratinhos adotivos para seu ninho. Um bebê, depois outro e outro e outro, até que formaram um rio de bebês, uma torrente de necessidades. Por três horas a rata mãe trabalhou; pegou um total de 684 filhotes, a um ritmo furioso de um a cada quinze segundos, e percorreu mais de seiscentos metros com filhotes na boca, e essa mesma distância nos retornos à calha em busca de mais. Dizer que nunca se cansou seria mentira. Certamente ficou exausta pela tarefa hercúlea. Os experimentadores desistiram primeiro, cansados de abastecer a calha com filhotes.

S5 teve o "melhor desempenho" nesse estudo, mas as quatro outras ratas mães testadas mostraram motivação equivalente: todas acionaram a alavanca para receber centenas de filhotes. Em 1999, um grupo de pesquisadores do laboratório de Alison Fleming ampliou os resultados com um estudo que se revelou fundamental para a compreensão de como os ajustes do cérebro ao valor específico dos filhotes poderiam ser um poderoso estímulo de recompensa e reforço, e para a compreensão do papel da MPOA e da amígdala nesse processo.[59] "Pense bem", Pereira me disse. "Se você acionasse a alavanca e recebesse seu filho, depois tornasse a pressionar e recebesse seu filho... você não pararia de acionar a alavanca."

Nas semanas seguintes ao nascimento do meu filho, eu me senti possuída pela preocupação.

Meu marido e eu tínhamos mudado para nossa primeira casa apenas algumas semanas antes do período previsto para o nascimento de Hartley. A cozinha ainda estava em reforma e as caixas da mudança ficavam lá, no meio da poeira da construção. Então descobrimos que a pintura das paredes e dos armários tinha níveis elevados de chumbo, um problema que não fora averiguado ou resolvido nem por nós nem pela empreiteira. Ficamos sabendo que havia tinta com chumbo nas portas da casa e no piso do alpendre dos fundos. E nos peitoris das janelas, dos lados de dentro e de fora. Aquela era a casa onde nosso filho ia começar a vida. De repente, ficamos com a sensação de que se tratava de uma zona de risco. Por telefone, comentei aos prantos com minha irmã: "Já comecei a errar com ele".

Quando faltavam cerca de duas semanas para a data prevista, minha pressão arterial subiu e foi preciso induzir o parto. Hartley nasceu pequeno, com menos de 2,7 quilos, um tiquinho de gente muito cabeludo e com olhos bem separados. Fiquei deslumbrada com ele. E com medo.

Em uma entrevista em março de 2020, Chelsea Clinton falou sobre o amor "em nível de explosão celular" que sentiu quando sua filha nasceu e da ânsia protetora que veio junto.[60] Ela se lembra de que comentou, depois do parto, aludindo a um programa do History Channel que ela e o marido tinham visto nos últimos dias de gravidez: "Se os vikings viessem saquear este hospital, eu me levantaria para defender meu filho recém-nascido". Ele olhou para ela e respondeu: "Que ideia é essa? Nós estamos em Manhattan!".

Pois eu não duvido que Clinton enfrentasse vikings. Para mim, porém, não havia saqueadores externos. A ameaça estava muito mais próxima: e se *eu* fizer escolhas erradas? E se *eu* não for capaz de alimentar ou proteger meu filho? E se *eu* errar?

Naqueles primeiros dias e semanas em casa, desperdicei horas preciosas debruçada sobre o berço de Hartley para ver se ele ainda respirava. Desconsiderei as inúmeras recomendações que tinham me dado sobre dormir quando o bebê dormisse. Em vez disso, eu buscava no Google como saber se o recém-nascido estava se alimentando o suficiente, ou como interpretar os esquemas de cores do cocô. Li sobre possíveis toxinas em lenços umedecidos, em brinquedos, nos alimentos que eu consumia e que se tornavam o alimento que ele consumia, no ar à nossa volta e na água encanada de casa. Sem falar no chumbo da tinta. Tratava-se de um risco real, mas administrável. Só que, na minha mente, assumia proporções caricaturescas. Eu limpava e limpava os pisos, mas ainda imaginava uma nuvem de pó tóxico nos seguindo enquanto eu carregava o meu bebê, tão pequenino e frágil, de um cômodo para outro.

Exteriormente, eu estava indo bem. Com a ajuda do meu marido e de parentes, eu comia direito, tomava banho o suficiente e vez ou outra saía para andar e respirar o ar frio do fim do inverno no Maine, embora deixar a casa com Hartley por algum tempo me fizesse suar como numa sauna. Eu atendia telefonemas do jornal mesmo estando de licença do meu cargo de editora. Escrevia agradecimentos, e sem atraso, pelos presentes que recebíamos. Comecei a pesquisar sobre empresas que trabalhavam com redução de teores de chumbo. Hartley crescia constantemente, embora às vezes passasse tardes inteiras mamando com grande frequência.

Seis semanas após o nascimento, a obstetra fez uma avaliação para ver se eu tinha depressão pós-parto. Ela notou que minhas respostas ao questionário convencional eram um tanto mistas, embora minha pontuação estivesse dentro da normalidade. Ela perguntou se eu tinha pensamentos envolvendo causar danos a mim mesma ou ao meu filho, e quando respondi que não, seguiu em frente. Mas a ansiedade tornara-se uma companheira fiel. Era uma estática sem descanso em minha mente. Uma torrente de necessidades.

Eu me preocupava com a preocupação. Receava que ela estivesse eclipsando todas as coisas que eu deveria sentir, como aconchego e contentamento. Gratidão. Presença. Eu me preocupava porque já me sentira assim antes.

Na infância, sofri com sintomas do tipo obsessivo-compulsivo. Lavava as mãos até racharem de tão secas. Os números assumiram uma importância descabida. E fiquei obcecada com a segurança da minha família. Eu vivia com uma estática incessante de preocupação, desde o momento em que tocava repetidamente no interruptor do banheiro pela manhã até a hora em que contava os passos até a porta do quarto e de lá até a cama à noite. Um belo dia, resolvi que estava farta daquilo e que começaria a pegar em maçanetas de porta sem lavar as mãos em seguida, para provar a mim mesma que nada de mau aconteceria, que o destino das pessoas que eu amava não era de algum modo controlado pelo funcionamento minucioso da minha mente. Pouco a pouco, formulei o que hoje percebo ser uma espécie de terapia de exposição autodirigida, embora na época eu não conhecesse esse termo. Descobri um modo de administrar meus pensamentos infundados. O que senti após o nascimento de Hartley não me era estranho. E isso me inquietava muito. Agora o destino do meu filho realmente estava nas minhas mãos. Dependia da competência da minha mente e das minhas ações. Minha índole obsessiva estava de volta. A maternidade fez com que eu me sentisse assim de novo, pensei, e serei mãe pelo resto da vida. Seria ansiosa assim para sempre? Meu bebê sofrerá por isso?

Reflito agora sobre aquele período da perspectiva de alguém que passou a fazer terapia regularmente e percebo que poderia ter sido beneficiada por apoio profissional já na época. Gostaria de ter procurado ajuda mais cedo. Mas há outra coisa que também teria ajudado e que por fim ajudou: saber que pelo menos parte da preocupação que eu sentia no início da maternidade era normal.

Há mais de sessenta anos, o pediatra e psicanalista Donald Winnicott designou o período após o nascimento do filho, quando a mulher se torna intensamente concentrada no bebê, como um estado de "preocupação materna primária". Ele caracterizou como um período de sensitividade exacerbada a fase que vai desde o término da gravidez até algumas semanas após o nascimento. Talvez as mulheres que Winnicott observou também se mostrassem obcecadas pelos padrões de alimentação e sono do bebê ou se recusassem a ficar separadas dele. Talvez se preocupassem com sua competência como mães mas relutassem em permitir que outros ajudassem, ou talvez se declarassem culpadas quando seus pensamentos se afastavam do bebê mesmo que por apenas alguns momentos.

Para Winnicott, essa sensitividade não era um efeito colateral a ser suportado, e sim uma necessidade do trabalho do cuidado e o caminho pelo qual uma pessoa se torna capaz de responder adequadamente às necessidades complexas do recém-nascido.[61] Winnicott escreveu que essa preocupação era a tal ponto extrema que "seria uma doença não fosse o fato da gravidez". Chamou-a de "doença normal", condizente com um "estado dissociado" ou uma "fuga" e "não lembrada facilmente pelas mães depois de terem se recuperado dela".

Sem dúvida há mais do que uma pitada de pensamento patriarcal na análise de Winnicott. Mulheres com uma "forte identificação masculina" — suponho que ele se referia a ambições ou interesses desvinculados da vida doméstica — podem ter dificuldade para atingir esse estado de sensitividade, Winnicott disse, e grande parte das aflições das crianças e da família é levada para elas. Apesar disso, achei suas palavras curiosamente reconfortantes. Pesquisadores do Centro de Estudo da Criança em Yale acharam-nas prescientes.

James Leckman já era bem conhecido como pesquisador da síndrome de Tourette e do transtorno obsessivo-compulsivo quando, nos anos 1990, a pesquisadora pós-doutoranda Ruth Feldman — hoje também uma neurocientista de renome — apresentou-o à ideia da preocupação de Winnicott. Leckman recordou como fora quando sua filha nascera em 1974, o fervor com que ele e a esposa se dedicaram a preparar seu apartamento para a chegada do bebê. Ele repintou os cômodos e subiu três andares carregando madeira para construir o berço. Sua esposa pediu que ele afastasse a geladeira da parede para limpar embaixo. Tudo tinha de estar perfeito.

Leckman achou possível que a absorção que ele sentira e que tantos outros pais relatam poderia ser similar ao transtorno obsessivo-compulsivo em seus sintomas e talvez até no substrato neural que sustenta esses pensamentos e comportamentos. Com

Feldman e outros colegas, ele decidiu medir o grau e a natureza da absorção em pais. Em 1999, o grupo publicou uma análise de uma série de entrevistas com 41 pares de mães e pais, feitas perto do final da gravidez, algumas semanas após o nascimento do bebê e depois de aproximadamente três meses.[62] As perguntas relacionavam-se aos comportamentos, estados de espírito e estados emocionais dos pais.

Eles constataram que quase universalmente os pais se preocupavam com os filhos. Mas o impressionante foi o grau de preocupação em todos. Duas semanas após o parto, as mães *em média* relataram pensar no bebê por cerca de catorze horas diárias. Os pais, metade disso. Mais de três quartos do total de mães e pais relataram a necessidade de verificar se estava tudo bem com o bebê mesmo sabendo de antemão que estava, e alguns faziam isso compulsivamente. Mães e pais contaram que se preocupavam frequentemente com a possibilidade de deixar o bebê cair, ou de que ele fosse atacado pelo animal de estimação da família, ou de que por negligência o bebê se machucasse ou adoecesse. Pior: e se eles perdessem o controle, especialmente em seu estado de esgotamento, e batessem nele ou o chacoalhassem?

Não é raro pesquisadores que estudam a parentalidade avaliarem os participantes de seus estudos em busca de sinais de depressão e ansiedade, ainda que seu estudo não se relacione explicitamente com esses sintomas, e descobrirem que uma grande maioria[63] apresenta níveis subclínicos de um desses transtornos ou de ambos e que um grupo menor se enquadra nos critérios diagnósticos. Rutherford me disse que é raro uma mãe não reconhecer nenhum sintoma de ansiedade. Isso traz dificuldade para os pesquisadores quando tentam desvendar o que esses sintomas significam em um contexto de parentalidade para determinar quando são verdadeiramente adaptativos e quando são problemáticos, considerando o quanto são comuns.

"Pais são assediados por preocupações com seu recém-nascido, com a segurança do ambiente doméstico, com sua própria saúde e bem-estar e com sua adequação fundamental como pais", escreveram Leckman e seus colegas no artigo de 1999.[64] "As preocupações com o bebê têm um conteúdo característico que é comum às várias famílias."

Mia Edidin ouve sobre essas preocupações, em certa medida, da maioria dos pais com quem trabalha. Ela é assistente social e diretora clínica da Perinatal Support Washington, uma ONG no estado de Washington que oferece terapia e serviço de apoio telefônico a pais com dificuldades para que possam conversar com outros pais. Edidin elaborou uma breve lista de problemas que surgem para quase todas as famílias. Um deles é o Big One, o terrível terremoto que algum dia acontecerá na zona de subducção de Cascadia. Esse é um risco que os habitantes do Noroeste do Pacífico correm diariamente. Mas, para os pais de recém-nascidos, é um risco real e presente. Eles pensam: "Eu ameaço a segurança deste ser com quem tenho uma ligação tão intricada que chega a doer", Edidin explica. E para quem tem um recém-nascido, a sensação de pôr seu filho em perigo "é a pior de todas".

Edidin tenta ajudar os pais a identificar pensamentos ansiosos sobre o bem-estar de seu bebê que podem ser irracionais. Quando a entrevistei para uma matéria publicada no *Boston Globe* em maio de 2020, ela me disse que a pandemia do coronavírus dificultou essa tarefa.[65] O mundo inteiro entrou em estado de vigilância. Mas ainda era possível. "Podemos usar os dados que temos bem à nossa frente", Edidin falou. "A mãe de um recém-nascido, independentemente da covid, pode olhar para o bebê para determinar se está tudo bem com ele."

Essa estratégia também é mencionada por Leckman e seus coautores. Estar fisicamente perto do bebê, mesmo se os pensamentos preocupantes persistirem, pode amenizar a ansiedade.

"Com a criança no colo, os pais podem dissipar as preocupações, ao menos por um momento, verificando se o bebê está bem ou agindo de algum outro modo para se certificar de que ele está em segurança", eles escreveram. Os pesquisadores concluíram que pais de recém-nascidos apresentam um "estado mental alterado" que tem seu valor porque os impulsiona em sua transição para a parentalidade — mas que também os deixa mais vulneráveis a doenças mentais.

Com efeito, muitas pessoas que dão à luz são acometidas por transtornos de humor ou ansiedade. A parcela comumente citada nos Estados Unidos é de uma em cada cinco mães, embora seja difícil avaliar com precisão, considerando a inadequação dos cuidados pós-parto, o estigma que ainda paira sobre a depressão pós-parto e o fato de que os transtornos de ansiedade ou de estresse pós-traumático relacionados ao parto em geral são menos reconhecidos ou menos frequentemente avaliados pelos profissionais de saúde.

Nas circunstâncias atuais, depressão pós-parto é um diagnóstico lamentavelmente inespecífico. Um pesquisador me disse que esse é um termo "lata de lixo", uma categoria diagnóstica na qual são jogados muitos transtornos pós-parto mal compreendidos ou interpretados de maneira equivocada. Segundo Leckman, é provável que parte dos transtornos pós-parto ocorra quando essa sensibilidade na parentalidade, conservada evolutivamente, sai dos trilhos. "Sendo o cérebro organizado e construído como é, há também uma vulnerabilidade, a possibilidade de ir longe demais por esse caminho", ele disse. "Ainda há muita coisa que não sabemos nem compreendemos. Temos palavras que usamos para designar essas realidades, mas palavras têm suas limitações."

As semanas em que pessoas que dão à luz costumam apresentar a preocupação parental mais intensa — quando até mesmo transpor a soleira da porta passa a ser um ato traiçoeiro, porque o bebê pode trombar com o batente — coincidem com o período no qual os pesquisadores documentaram ativação de circuitos cerebrais que, em essência, amplificam o bebê. Nesse sentido, a motivação parental parece ser deliberadamente distorcida pela preocupação. As lentes da atenção parental fixam-se na criança bem quando a ameaça em potencial dos objetos que atravessam esse plano parece aumentar. O resultado pode dar uma sensação de um truque cruel ou de um superpoder às vezes opressivo e desnorteante.

Com o tempo, o ato de cuidar de um bebê torna-se uma espécie de terapia de exposição. Você leva seu bebê ao mundo lá fora — para fazer compras no mercado, para um fim de semana prolongado com a família ou por fim ao território selvagem dos alimentos sólidos — e ele fica bem. Você fica bem. E faz de novo. Nesse meio-tempo, há também o deleite, que aumenta, enquanto a preocupação, esperamos, diminui. Idealmente, as águas começam a se acalmar. Você percebe que a dor e o prazer têm a mesma fonte, e talvez negocie até aceitar mais dor em troca de mais prazer.

Para a maioria das pessoas que têm um bebê, a intensa preocupação das primeiras semanas começa a diminuir por volta do quarto mês pós-parto, quando elas relatam um aumento nos pensamentos positivos, inclusive sobre sua capacidade de cuidar de um bebê que agora sabe sorrir e arrulhar para elas.[66] E geralmente relatam menos obsessão e preocupação quando vem o segundo filho. Não só sentem que têm uma compreensão mais clara, consciente, do que podem esperar, embora isso seja um fator, mas a neurobiologia de cuidar de filhos subsequentes é outra.

Para começar, supõe-se que justamente quando a experiência da parentalidade está mudando para algo mais agradável a atividade neural de quem tem o bebê também está mudando — da amígdala e de outras regiões envolvidas em sentimentos de alarme e vigilância para áreas envolvidas na regulação das emoções, incluindo o córtex pré-frontal medial.[67] Pereira, que hoje trabalha na Universidade de Massachusetts, e Joan Morrell descobriram que, em ratas mães, as respostas maternas tornam-se "mais distribuídas" no cérebro à medida que o pós-parto avança, com envolvimento de mais regiões cerebrais.[68] Entre outras mudanças, o objetivo da MPOA parece modificar-se com o tempo. Ou melhor, o objetivo permanece o mesmo: fazer a mãe responder de modo flexível. Mas os meios são diferentes. Em vez de ser a organizadora e distribuidora intensa de sinais do recém-nascido para circuitos motivacionais, a MPOA torna-se uma espécie de bloqueador, inibindo a expressão excessiva de comportamento materno para que a mãe pode ser responsiva ao que os filhotes necessitam conforme ficam mais velhos, incluindo mais independência e um ambiente de aprendizado diferente à medida que eles crescem.

Além disso, tanto em roedores como em humanos, as mudanças no cérebro parental perduram. Em um par de estudos, Rutherford e colegas de Yale usaram um eletroencefalograma, ou EEG, para medir a atividade elétrica específica no córtex, que supostamente indica processamento da atenção, em 59 mulheres enquanto viam rostos de bebês.[69] Elas foram testadas dois meses e depois sete meses pós-parto. Aproximadamente metade delas tivera gestações anteriores. Comparadas com as mães primíparas, as mais experientes apresentaram atividade com amplitude média menor ao verem os rostos de bebês, o que, segundo os pesquisadores, poderia ser interpretado como um processamento mais eficiente ou menos intensamente reativo.

Rutherford disse que muitos participantes de seus estudos mencionam grande preocupação quando têm o primeiro filho e uma boa diferença quando vem o segundo. Ela acha útil explicar-lhes que isso é um reflexo da reorganização neural pela qual passaram ao cuidar do primogênito. "Supomos que a primeira experiência da parentalidade é importantíssima porque assenta os alicerces do nosso modo de pensar quando temos o segundo filho e dali para a frente também", ela disse.

Meu marido e eu tivemos sorte quando Hartley nasceu em 2015. O dr. Steven Blumenthal, um pediatra veterano e muito benquisto, estava de plantão no hospital. Quando ele chegou para examinar pela primeira vez meu filhinho, meu corpo zuniu de ansiedade. O dr. Blumenthal manuseou Hartley com muita perícia, naturalmente, e ouviu nossas preocupações: eu estava com dificuldade para amamentar, o bebê não parecia ser capaz de sugar tanto quando devia e meu leite não descera. Além disso, Hartley era muito pequeno. O dr. Blumenthal rolou nosso bebê de uma palma da mão para a outra, com toda a delicadeza, e o observou por todos os ângulos. Fez uma pausa e olhou para nós, sorrindo. "Nada do que vocês possam dizer me fará sentir alguma preocupação com este bebê", ele falou. Vezes sem conta nos meses seguintes ouvi sua voz na minha cabeça e me forcei a ter fé em que ele tinha razão.

O dr. Blumenthal aposentou-se em 2017, logo depois que nasceu nosso segundo filho, Ashley. Ainda ouvi sua voz. E dessa vez acreditei nele.

Seria um truque muito cruel se a fase inicial da parentalidade deixasse a pessoa à mercê da torrente de estímulos vindos do bebê sem oferecer algum modo de controlar o fluxo. Felizmente — para quem tem o filho, para o bebê e para o futuro da nossa espécie, que depende da disposição das pessoas para procriar —, existe um lado positivo em toda a hipersensibilidade dessas semanas iniciais.

O choro do bebê impele a pessoa que cuida dele a agir, e regiões corticais respondem para ajudar a situar esse choro em um contexto. Estudos revelaram mudanças estruturais e funcionais em partes do cérebro materno envolvidas na autorregulação: o córtex pré-frontal e o córtex cingulado, onde os pesquisadores documentaram mudanças duradouras no volume da substância cinzenta e respostas intensificadas aos sinais do bebê.[70] Rutherford e seus colegas aventaram que o modo como o cérebro regula as emoções no pós-parto pode diferir em relação a qualquer outro período da vida, devido às intensas demandas emocionais e ao fato de que o bebê é praticamente incapaz de se autorregular. Rutherford imagina a pessoa que cuida do bebê como o "córtex pré-frontal externo" do filho. Ele chora porque tem fome, e a mãe ou o pai a alimenta, faz arrotar e o ajuda a sentir-se novamente regulado. O bebê chora porque está cansado, e a pessoa o envolve no cobertor e o embala no colo até ele se acalmar. Pode ser preciso muita energia para fazer tudo isso enquanto se suprime a própria exaustão, frustração ou preocupação. E, segundo Rutherford, de início as pessoas não costumam ser muito boas nisso. Pode começar como uma espécie de percepção, um lembrete: *Eu sou capaz. Respire fundo.* Com o tempo, porém, a capacidade de se autorregular enquanto presta atenção e atende as necessidades do bebê pode tornar-se mais habitual.

Quero deixar claro: isso não significa que uma pessoa com um bebê para cuidar nunca deve se perturbar ou sentir que ela própria está desregulada. Na verdade, é uma questão de construir uma capacidade de lidar com suas próprias emoções enquanto cuida de outro ser frequentemente bastante desregulado. E isso pode ser importante para a vida dessa pessoa no longo prazo. Ajudar um bebê a regular suas emoções é diferente de ajudar uma criança em idade escolar ou um adolescente. Mas fazer isso pode requerer as mesmas habilidades, Rutherford disse. "É preciso desenvolver essas habilidades", ela me explicou, para criar "uma capacidade vitalícia de ser capaz de aprimorá-las e esculpi-las de modos diferentes."

Em seus textos sobre dependência de drogas e parentalidade, Rutherford explica que não seria possível lidar realmente com a natureza do uso de drogas ou recaída na pessoa que tem um bebê sem reconhecer a fase da vida que ela adentrou, uma fase que a diferencia de quem não tem um bebê em "níveis comportamentais, cognitivos e neurobiológicos". Compreender e tratar transtornos de humor e ansiedade no pós-parto também depende desse conhecimento. E o mesmo vale para entender o que a parentalidade significa para a vida de uma pessoa e seu sentido do self. Rutherford me disse que frequentemente depara com reações negativas à ideia de que a pessoa com um bebê é diferente, às vezes quando solicita financiamento para seu trabalho e mais comumente quando conversa, por exemplo, com colegas de fora da sua área que manifestam descrença. "A parentalidade é uma grande mudança na vida", ela disse, "quer você admita ou não."

Conheci Rutherford em seus dias "antes": faltavam uns quatro meses para sua filha Amelia nascer. E naquelas difíceis primeiras semanas pós-parto, particularmente por estar separada por um oceano de sua família na Inglaterra e distanciada de apoio social local por causa da pandemia, Ruth refletiu sobre novos enfoques para seu trabalho. Como captar em laboratório as mudanças específicas na qualidade do sono, e não só na quantidade, advindas da parentalidade e analisar como isso afeta o cérebro? E quanto à mudança de temperamento do bebê? Ela também aprendeu com o prazer da parentalidade, com o ímpeto de interagir com Amelia quando ela acordava de manhã, com a alegria que sentia quando brincavam juntas e com o reforço que isso trazia.

A reorganização neural da gravidez e do pós-parto é voltada, em grande medida, para ajudar no desenvolvimento desse ímpeto. "Não tem de ser sempre um caso de amor nascente", Rutherford disse. "Mas o bebê precisa se alimentar, ou precisa de colo, e ser capaz de lhe oferecer isso é suficiente. E qualquer coisa além disso será sensacional." Talvez fazer o suficiente — dar colo, ouvir e responder — *seja* amor.

A grande poeta Mary Oliver nos exortou a levar as crianças para a floresta e "colocá-las no rio" para plantar nelas o amor pela natureza.[71] "A atenção é o começo da devoção", ela escreveu. Isso também vale para a parentalidade. Atenção é a primeira tarefa. Antes de qualquer outra coisa. O surto de hormônios durante a gravidez e o parto e o poder persuasivo dos bebês asseguram que forneçamos isso. Somos fisgados, e assim nossos bebês podem trabalhar como os mestres manipuladores que são, armados com sorrisos, arrulhos e bochechas fofas. O que acontece em seguida é uma espécie de entrelaçamento. Nosso sentido do self cresce. Estende-se para incluir mais do que havia antes.

Se eu pudesse voltar e mudar uma coisa na minha transição para a parentalidade seria isto: eu faria do sentimento de Oliver o meu lema. *Atenção é o começo da devoção.* Emoldure essas palavras. Pendure acima do berço.

4. O bebê e eu, ligação direta

Elizabeth percebia quando sua filha estava passando por dificuldades.[1] A boca de Claire começava a tremer ligeiramente. O ar no quarto da UTI neonatal parecia mudar enquanto a respiração congestionada do bebê se aquietava. Elizabeth sabia que a filha estava prestes a "ter um acesso". Dali a instantes, alarmes disparavam quando os batimentos cardíacos ou o nível de oxigênio no sangue de Claire despencavam abruptamente, às vezes em um grau ameaçador, e alguém da equipe médica chegava correndo para aspirar as vias respiratórias da bebê ou estabilizá-la de algum outro modo.

Claire passara por uma cesariana de emergência em um hospital de Boston, por volta de um mês depois que um ultrassom de rotina detectara excesso de líquido amniótico. O volume do líquido aumentou, e a bolsa de Elizabeth rompeu-se quando ela se virou na cama numa manhã de domingo, com 33 semanas e quatro dias de gestação — cedo, mas não *demais*. Elizabeth animou-se com isso. Mas logo ficou claro que sua bebê não era apenas prematura.

Apareciam com frequência bolhas ou espuma em volta da boca de Claire, e a equipe médica suspeitou que ela tivesse dificuldade para engolir — Elizabeth lembrava-se de que um médico mencionara isso como uma possível causa do excesso de líquido amniótico. Mas ninguém foi capaz de chegar a um diagnóstico claro, nem mesmo de dizer se aquela dificuldade para engolir era um problema fisiológico isolado ou parte de algum problema de desenvolvimento mais abrangente. "Desde cedo pontos de interrogação desse tipo giravam em torno dela", Elizabeth me disse. A incerteza era apavorante. Paralisante, na verdade. Elizabeth receava falar com a equipe da UTI neonatal sobre um possível diagnóstico ou tratamento e receber uma resposta medonha. Andava pelos corredores do hospital de cabeça baixa, com medo de encará-los. Passava longas horas no hospital, ela própria ainda em recuperação de uma cirurgia de grande porte, depois voltava para casa, jantava mingau de aveia, deitava-se para dormir e se levantava às duas da manhã, alerta e preocupada, no escuro.

Sua irmã logo veio de Nova York para dar apoio moral. Leve uma almofada de amamentação para o hospital e um celular, ela aconselhou Elizabeth. Crie um espaço seu. Segure a bebê no colo. "Ela é *sua*", Elizabeth se lembra de ouvir a irmã dizer. As duas faziam intervalos, saíam do hospital para comer pizza, para caminhar. Elizabeth começou a tomar antidepressivos.

A situação mudou, não de uma vez e não uniformemente. Claire ficaria seis meses internada, passando por três UTIs e um hospital de reabilitação enquanto a equipe médica tentava chegar a um diagnóstico e prover os cuidados e a terapia de que ela precisava para poder ir para casa. Elizabeth, de licença do seu trabalho de professora, embrulhava seu almoço, pegava algo para ler — geralmente memórias de alguma celebridade, nada muito pesado — e passava horas e horas com sua filhinha no colo. Sua filhinha querida. Frequentemente ela ou o marido ficavam com

Claire durante grande parte da noite. Outras famílias tinham alta, seus bebês alcançavam os parâmetros de desenvolvimento esperados e pareciam "consertados", Elizabeth disse. Novas famílias chegavam. Claire permanecia. Mas o tempo que sua família passava naqueles hospitais começou a ser menos apavorante.

Às vezes Elizabeth alertava um enfermeiro ou médico de que um acesso estava para começar mesmo antes de soarem os alarmes. Depois que a equipe médica estabilizava Claire, alguém se virava para Elizabeth com um olhar admirado por aquela predição correta. Por ser mais rápida do que os monitores. Mais sensível. Mais intuitiva. "Bom trabalho, mãe", diziam.

Elizabeth *era* mais. Mais do que todas aquelas coisas que as máquinas eram. Estava mais sintonizada com seu bebê do que ela própria sabia na época. Mas aquilo não provinha de alguma ligação mística entre mãe e filha, ela me disse enfaticamente, não era uma conexão que se mantivera intacta desde o útero e se estendia para um berço que apitava na UTI. Ela tinha certeza. "Não é uma relação divina a nossa", Elizabeth comentou. "Ou talvez seja divina, mas se deve ao fato de eu ter gastado horas nisso." Vendo os comportamentos padronizados e as particularidades de sua filha, ela disse. Interpretando e respondendo a eles. Sendo ela própria mudada por seu bebê.

Os bebês capturam a atenção dos adultos em sua vida e então a usam. Em um nível fundamental, moldam esses adultos em pais. Transformam-nos em pessoas que direcionarão os recursos do seu cérebro e do seu corpo para atender as necessidades do cérebro e do corpo de outra pessoa — necessidades que podem variar muito de um bebê para outro, de um dia para outro. Isso requer conhecimento. A pessoa tem de ser capaz de identificar as necessidades do filho antes que ele seja capaz de pedir mais uma guloseima, discutir os altos e baixos de seu dia na escola, avisar que precisa de meias ou manter contato visual — e mesmo se o desenvolvimento dele limitar sua capacidade de fazer qualquer uma dessas coisas. Quem cuida de um filho baseia-se intensamente nas redes cerebrais envolvidas na percepção e na resposta ao estado mental de outra pessoa, redes que são modificadas ao longo da gravidez e durante o trabalho do cuidado.

Donald Winnicott, o psicanalista que descreveu a "preocupação materna primária", supôs que a hipersensibilidade inicial experimentada pela mãe de um recém-nascido permite a ela "sentir-se no lugar do bebê".[2] Desde então, pesquisadores descobriram que o cérebro parental muda de modos adequados precisamente a esse propósito. Os circuitos envolvidos na cognição social — como lemos, interpretamos e respondemos a sinais das pessoas à nossa volta e das que estão em um contexto social mais amplo — parecem se fortalecer e se tornar acentuadamente responsivos ao dilúvio de sinais que um bebê fornece. Pesquisadores teorizaram que isso resulta de uma espécie de encadeamento neurobiológico, uma associação do nosso corpo ao corpo do bebê — independentemente de termos ou não gerado essa criança — e que essa ligação pode ser o alicerce da afiliação humana.

A conexão entre a pessoa e seu filho é frequentemente descrita como algo que acontece em determinada sequência, com uma sensação particular, e quase sempre com uma ênfase suprema na díade mãe-bebê, excluindo todos os outros. É uma proximidade e um conhecimento total, uma ligação alicerçada em preservar o que é natural ou primordial. Uma magia esquecida. Não duvido que algumas mães tenham essa sensação. Mas nunca me pareceu que essa ideia representasse fielmente a natureza da família ou dessa fase da vida, que é repleta de guinadas inesperadas e de dias, meses ou anos difíceis. Que se caracteriza tanto pela conexão como pela desconexão — o abismo intransponível entre a vida interior de uma pessoa e a de outra. O cérebro parental, e não apenas o cérebro materno, é responsável por tudo isso.

Através de sua flexibilidade inerente, ele expande a capacidade de nos estendermos além de nós mesmos, de nos aproximarmos do outro lado, pelo menos um pouco mais

Para pais como Elizabeth e seu marido, conectar-se ao recém-nascido traz dificuldades especiais. Claire não foi para casa depois do parto. Elizabeth não teve a chance de amamentar. E Claire passava seus dias ligada a monitores e a uma sonda de alimentação. Há também o fato de que os bebês nascidos prematuros costumam ser muito menos capazes de enviar aqueles sinais mais comuns em outros recém-nascidos, por meio de arrulhos ou choro, de agarrar ou de virar a cabeça, ou de adquirir até mesmo padrões um tanto reconhecíveis de alimentação e sono.

Alguns anos atrás, um grupo de pesquisadores na Itália analisou o cérebro de dez mães de bebês nascidos muito prematuramente, todos antes de 32 semanas ou com peso inferior a 1,5 kg.[3] Eles mapearam o cérebro das mães enquanto elas viam imagens de seus bebês e de um bebê desconhecido, em estados de felicidade ou angústia ou com expressões neutras. Os pesquisadores compararam as imagens dessas varreduras do cérebro com as de mães de bebês nascidos a termo e encontraram diferenças nítidas nos padrões de atividade cerebral entre os dois grupos. O estudo era pequeno e limitado pelo fato de que os bebês prematuros eram todos relativamente sadios, sem outras complicações clínicas. Apesar disso, as conclusões foram fascinantes.

Em ambos os grupos de mães, as imagens mostraram respostas mais intensas a seus próprios filhos do que ao do bebê estranho, mas as mães dos prematuros apresentaram ativação ainda maior em áreas relacionadas ao processamento de emoção e à cognição social. Nesse grupo, os pesquisadores encontraram atividade intensificada no giro frontal inferior, uma região do córtex pré-frontal que se acredita estar envolvida na decodificação de expressões faciais ou de sinais socialmente relevantes. Isso ocorreu quando esse grupo olhou para todos os bebês, mas em especial quando as mães viram seus próprios filhos e ainda mais ao verem imagens de seu bebê aflito. As mães da UTI neonatal também apresentaram maior atividade no giro supramarginal esquerdo ao verem seus bebês, independentemente da expressão. Essa é uma parte do lobo parietal que já foi associada à percepção de rostos e choro de bebês.[4] As mães de prematuros respondiam às suas condições de parentalidade efetivamente se esforçando mais para interpretar os sinais limitados do recém-nascido vulnerável, "para responder com êxito às necessidades do bebê e promover sua sobrevivência", concluíram os pesquisadores.

Essas descobertas são indicadores daquilo que os chefes de UTIs neonatais do mundo todo reconheceram recentemente. Mesmo na UTI, onde os bebês estão cercados por profissionais que dedicam a vida a compreender aquelas pessoas minúsculas e cuidar delas, os pais são fundamentais. Trinta anos atrás, os bebês na UTI neonatal costumavam ser mantidos em uma sala grande, e os pais podiam visitá-los em horários limitados. Com o tempo, os horários de visita foram ampliados e por fim eliminados, com os pais passando a ser vistos de outra perspectiva. "Eles não são visitantes", disse a dra. Carmina Erdei, que cuidou de Claire e é neonatologista e pediatra-chefe da Unidade de Crescimento e Desenvolvimento da UTI neonatal do Brigham and Women's Hospital. "Eles são pais. São cuidadores. São a família. São as pessoas mais importantes da vida do bebê nessa fase."

Os hospitais estão concebendo o papel dos pais de um novo modo. Em um modelo, chamado Cuidado Integrado com a Família, os pais tornam-se membros ativos e presentes da equipe do bebê na UTI.[5] Participam de rondas diárias com a equipe, ministram eles mesmos as medicações orais, monitoram e registram em gráficos o progresso do bebê e conversam sobre o que veem com a equipe de enfermagem. Recebem instrução dos enfermeiros sobre como dar banho, vestir e posicionar o bebê e participam de sessões educativas sobre desenvolvimento infantil, parentalidade e administração do estresse. Um estudo grande comparou esse modelo com os cuidados convencionais em UTI neonatal em 26 hospitais de Canadá, Austrália e Nova Zelândia e constatou que os bebês cujos pais participaram intimamente de seus cuidados apresentaram ganho de peso significativo dia após dia. Depois de três semanas, esses pais também tiveram pontuações melhores em medições de estresse e ansiedade.

Instituir um modelo assim, que requer a presença dos pais na UTI por no mínimo seis horas diárias, é complicado nos Estados Unidos, Erdei comentou. Em contraste com os três países incluídos no estudo mencionado acima, os Estados Unidos não têm nenhum programa nacional de licença remunerada para pais de recém-nascidos. Muitas pessoas precisam voltar ao trabalho enquanto seu filho está na UTI porque não foram dispensadas ou porque seu emprego concede uma licença tão breve que é preciso reservá-la para quando o bebê tiver alta. Ainda assim, o hospital Brigham e muitos outros estão descobrindo modos de envolver cada vez mais as famílias nos cuidados do recém-nascido.

Na UTI neonatal do Brigham, os pais são incentivados a liderar a verificação diária com a equipe que cuida de seu bebê — uma tarefa que, em outros lugares, está a cargo de um residente ou de outro clínico em treinamento, Erdei explicou. Muitos bebês ficam em quartos individuais, com poltronas reclináveis para os pais que puderem passar a noite com eles. E a equipe da UTI neonatal trabalha em conjunto com uma equipe de profissionais de saúde mental perinatal para fornecer a ajuda necessária a pais com problemas de trauma e estresse por terem um bebê prematuro, para que possam dedicar-se ao seu próprio desenvolvimento como pais, ela disse.

"A ideia é de que a mãe e o pai são e devem mesmo ser os

principais cuidadores do bebê e as pessoas que o conhecem melhor", Erdei disse. "Esses pais frequentemente são capazes de entender os sinais [do bebê] e responder melhor do que qualquer profissional de saúde, por melhor que sejamos."

Quando Elizabeth e seu marido levaram Claire para casa pela primeira vez, em janeiro de 2020, não tinham diagnóstico. Falei com eles quase um ano mais tarde e continuavam não tendo. Aos dezenove meses, Claire era uma menininha alegre e progredia na terapia, mas não engatinhava, não falava e não se alimentava pela boca. Se a filha tivesse nascido a termo e saudável, Elizabeth desconfia que ela própria teria sido o tipo de mãe que lê sobre criação, observa atentamente o desenvolvimento de sua bebê e o compara com o previsto para uma criança típica. Talvez tivesse feito treinamento do sono em algum momento. Agora nenhum desses conselhos genéricos parece importante para ela e sua família, segundo disse.

"Continuo a *não* buscar na internet parâmetros de desenvolvimento e recursos para estimular a criança, porque sei que essa não é a trajetória dela", Elizabeth contou. "Agora eu sei disso, mas demorei um pouco a entender. [...] Talvez minha filha não seja capaz de andar e eu sim, e essa será uma diferença profunda entre nós; não posso mudar isso, mas posso aceitar. E isso a ajudará."

A lista de preocupações de Elizabeth, presentes e futuras, é longa. Porém, segundo ela, há certa liberdade em reconhecer quem sua filha é e quais poderão ser as suas dificuldades, em já ter iniciado um processo que é inerente à parentalidade, um processo de lidar conscientemente com a ideia de que sua filha é uma pessoa separada cuja vida está atrelada à dela, mas cuja trajetória, em muitos aspectos importantes, está fora de seu controle. Trata-se de um processo que Elizabeth observou em outras mães suas amigas enquanto os filhos enfrentam dificuldades na escola, passam por perturbações emocionais ou atravessam a adolescência.

Claire tinha apenas doze horas de vida quando Elizabeth soube que ela seria diferente da bebê que imaginava. Desde esse momento, a parentalidade de Elizabeth tem sido voltada a encontrar Claire onde ela está.

O cérebro tem uma característica central que parece cristalizar-se na parentalidade: ele é preditivo. Sinto isso visceralmente quando se trata da segurança física dos meus dois filhos arteiros. No meio de uma conversa com uma amiga no parquinho, eu me viro, quase sem interromper o que estou dizendo, e apanho meu pequeno de dois anos em pleno ar quando ele salta de uma plataforma alta demais. Ou, quando os dois se engalfinham na sala, transformados em filhotes de leão e hiena, sinto meus músculos se prepararem para intervir no momento em que estão prestes a exagerar na vida da selva.

Essa não é uma característica exclusiva da parentalidade. O cérebro é estruturado para fazer predições. Em 1988, o neurobiólogo Peter Sterling e o epidemiologista Joseph Eyer delinearam seu conceito de alostase ou "estabilidade através da mudança": o cérebro prediz as demandas que serão feitas ao corpo, regula seus vários órgãos e sistemas de modo a atendê-las e então usa o êxito ou o fracasso para ajustar-se a futuras predições.[6] Nosso corpo possui recursos limitados, mas precisa responder eficientemente às circunstâncias sempre mutáveis da nossa vida (e à natureza sempre em evolução da nossa espécie — de todas as espécies), por isso depende dessa faculdade. Mas o conceito de alostase foi um desafio à ideia dominante da homeostase, que há muito tempo supõe que os órgãos de uma pessoa são controlados em um âmbito mais ou menos local, por meio de alças de retroalimentação negativas que corrigem erros para manter-se dentro de parâmetros determinados de funcionamento ótimo. O objetivo da homeostase é a constância, não a mudança.

Sterling sempre foi um ativista e explicou em seu livro *What Is Health? Allostasis and the Evolution of Human Design* [O que é saúde? Alostase e a evolução do design humano] como suas ideias sobre a alostase derivaram, em parte, de seu próprio conflito interno entre usar seu tempo no laboratório estudando neuroanatomia ou nas ruas em prol da justiça social e de campanhas contra a guerra.[7] Quando entrou para o corpo docente da Universidade da Pensilvânia, seus colegas, incluindo Eyer, incentivaram-no a procurar assuntos que abrangessem todos os seus interesses. Sterling notara uma prevalência maior de acidentes vasculares cerebrais (AVC) na área pobre e de maioria negra de Cleveland onde ele fazia suas campanhas quando estava na Universidade Western Reserve. Os livros didáticos diziam que o AVC e a hipertensão crônica subjacente eram causados por ingestão excessiva de sal e pela intolerância hereditária do indivíduo ao sal — escolhas erradas e genes ruins. "Nenhum papel para o cérebro; nenhum papel para o racismo", Sterling escreveu.

O modelo dominante de medicina media a pressão arterial da pessoa, classificava valores elevados como "impróprios" e determinava um tratamento, em geral um medicamento ou uma combinação de medicamentos, para trazer aqueles valores de volta à faixa de normalidade. A alostase sugere que a pressão arterial alta pode ser resultado da pobreza ou do racismo sistêmico e que o estresse crônico que essas circunstâncias induzem é uma resposta perfeitamente "apropriada", embora não saudável.[8] O tratamento poderia incluir incentivos ao indivíduo para reduzir o estresse com repouso, lazer ou exercícios e mudança na sociedade.

Este último objetivo é difícil, e a alostase é uma ideia um tanto controversa. Alguns dizem que não precisamos de um novo conceito porque a noção moderna de homeostase evoluiu e agora inclui o papel regulador do cérebro. Outros propuseram seus próprios modelos, reformulando ou entrelaçando os outros dois. Independentemente do nome que usamos, a ideia de que nosso cérebro ajusta-se constantemente tentando fazer melhores predições no futuro mudou — ou deveria mudar — o modo como vemos a saúde.[9] Deu aos estudiosos um vislumbre melhor de como fatores ambientais e sistêmicos, em especial o estresse de traumas ou da pobreza na primeira infância, podem afetar a saúde da pessoa por toda a vida, por exemplo.[10] E tem muito a dizer sobre a parentalidade.

Sterling escreveu que o cérebro mantém uma espécie de "lista de compras" de necessidades básicas que se atualiza constantemente — água, sal, glicose, regulação da temperatura etc.[11] A pessoa é impelida a atender essas necessidades por um sistema de recompensa e punição. A punição é a ansiedade decorrente da expectativa de ter essas necessidades atendidas, e nesse quesito a amígdala detectora de saliência tem um papel fundamental. O incentivo é a liberação de dopamina no *nucleus accumbens* e no córtex pré-frontal quando essa necessidade é atendida. O equilíbrio entre as duas coisas, ansiedade (ou esforço) e prazer (ou satisfação) — e às vezes o desequilíbrio entre elas —, permite que o cérebro aprenda com a experiência e ajuste suas predições no futuro.

A neurocientista Lisa Feldman Barrett compara a alostase com um "orçamento do corpo".[12] Todos os organismos têm recursos limitados que podem esgotar-se rapidamente, e sua renovação pode requerer alimento e sono. A disponibilidade desses recursos nem sempre é garantida (como bem sabem os pais de recém-nascidos). Assim, até os organismos unicelulares fazem predições para determinar se dada atividade vale os recursos que ela requer. Em seres mais complexos, o cérebro evoluiu como o "centro de comando" para esses cálculos. O cérebro humano evoluiu de modo a fazer predições não apenas sobre as necessidades internas do corpo, mas também sobre as nossas necessidades em relação a membros da espécie social à qual pertencemos. "O orçamento do nosso corpo é como milhares de contas financeiras em uma gigantesca empresa multinacional, e possuímos um cérebro à altura da tarefa", escreveu Barrett em *Sete lições e meia sobre o cérebro*. "E todo o orçamento do nosso corpo é feito em um mundo imensamente complicado, que se torna ainda mais desafiador pela existência de outros cérebros dentro de corpos com quem o compartilhamos."

Estamos à altura da tarefa. Isso é animador. Mas a fase inicial da parentalidade — estendendo aqui a metáfora da multinacional — é um período de comoção. É uma aquisição de grande porte, finalizada antes que qualquer um tenha visto os livros da empresa-alvo. Os bebês chegam como entidades em grande medida desconhecidas. Seus recursos — os sons e odores indutores de prazer, as enormes bolas de gude com cílios longos que nos olham inquisitivas — tornam-se nossos recursos. As necessidades deles tornam-se nossas.

Antes de engravidar pela primeira vez, a lista de compras do meu cérebro continha as necessidades básicas — alimento, água, abrigo e conexão —, e eu tinha uma rotina para atendê-las, um trajeto que percorria no mercado, uma ordem para conferir e riscar os itens da lista já adquiridos e uma ou outra tentação previsível de itens fora da lista que acabavam sendo postos no carrinho. Quando meu primeiro filho nasceu, as necessidades dele foram um tanto abruptamente para os primeiros lugares da minha lista. Todas as necessidades dele. Todas as minhas. Agora era como se eu estivesse empurrando desajeitadamente dois carrinhos de compras pelo corredor, um com uma roda meio solta e lotado de provisões, o outro com um bebê minúsculo numa cadeirinha, que não era capaz de fazer muita coisa além de fitar as luzes fluorescentes do teto do mercado passando lá no alto. Ainda assim, meu cérebro trabalhava para predizer as necessidades dele, impelido pelo puxa e empurra da ansiedade e recompensa, refinando essas predições por meio do aprendizado movido a dopamina. Os pais tornam-se os orquestradores da alostase em benefício do corpo de seu bebê enquanto também mantêm sua própria regulação. Mas como? Como o cérebro parental pode compreender as necessidades de um bebê, comunicadas por meio do que frequentemente parece ser uma linguagem até então não descoberta?

Todo mundo possui um sistema interno de predição, para avaliar as necessidades presentes e futuras do corpo e determinar quais recursos são requeridos para atendê-las. Uma vasta rede de regiões cerebrais coordena-se para sentir o estado interno da pessoa e o interpreta, um processo chamado de interocepção.[13] Isso é mais do que fazer um inventário do corpo físico. Supõe-se que o cérebro cria uma espécie de representação mental das sensações do corpo, atribui a elas conceitos de emoção e abstração e usa essa representação como um barômetro para predizer possíveis condições futuras baseadas em experiências passadas. Esse processo também proporciona um sentido do self no espaço e no tempo — separadamente e em relação a outras pessoas —, o que o neurocientista A. D. Craig designou como "a imagem fundamental do self físico como uma entidade que sente (senciente)".[14]

Barrett e seus colegas aventaram que esse processo de predição funciona através de um sistema distribuído no cérebro, composto da rede de saliência já mencionada no capítulo 3 e do que é conhecido como a rede-padrão. Juntas, essas redes formam o que os estudiosos chamam de "uma espinha dorsal de alta capacidade para integrar informações em todo o cérebro".[15]

Na rede-padrão temos outro caso de um sistema cerebral

que é mais do que seu nome anuncia.[16] Quando pesquisadores coletam imagens do cérebro de pessoas enquanto elas executam determinadas tarefas, muitas vezes também analisam o cérebro antes ou depois da execução como um controle no experimento, quando os sujeitos do teste estão essencialmente em repouso. Em meados dos anos 1990, pesquisadores notaram uma rede de regiões cerebrais que eram mais ativas em repouso e mostravam um declínio relativo de atividade assim que a pessoa iniciava uma tarefa. Para eles, isso representava o estado passivo basal do cérebro, ou modo-padrão. Por anos os estudiosos desconsideraram totalmente o estado de repouso do cérebro ou supuseram que ele tinha pouco valor para o controle do funcionamento do órgão. Era simplesmente o cérebro em repouso, devaneando, à deriva. Em 2001, um grupo de pesquisadores da Universidade de Washington no Missouri questionou essa ideia, salientando que regiões cerebrais que se mostravam mais ativas durante o repouso eram as mesmas associadas ao processamento referencial do self. Eles supuseram que a rede-padrão era essencial para o modo como o cérebro constrói a narrativa do "self multifacetado".

A rede-padrão — com hubs geralmente no córtex pré-frontal medial, lóbulo parietal inferior, pré-cúneo e córtex cingulado posterior — não é um sistema-padrão que pouco faz.[17] Ela tem um papel fundamental na nossa vida interior, no modo como evocamos memórias sobre nós mesmos e as usamos para construir uma autobiografia contínua, resolver problemas (inclusive dilemas morais) e simular resultados alternativos e necessidades futuras.[18] Uma característica fundamental do modo-padrão é que a compreensão do self anda de mãos dadas com a compreensão dos outros. Muitas vezes se mostrou que a rede-padrão abrange a "teoria da mente" e a mentalização: nossa capacidade de perceber as crenças, emoções e estados mentais de outra pessoa. Um artigo basilar qualificou sua função como um "'simulador da vida' — um conjunto de subsistemas interagentes que podem usar experiências passadas para explorar e predizer cenários e eventos sociais".[19] Estudos indicam que essa rede muda na parentalidade.

Vários estudos associam a maternidade a alteração na atividade de componentes da rede-padrão ou de regiões sobrepostas que, muitos supõem, sustentam a mentalização.[20] Em um desses estudos, pediu-se a mães e não mães que executassem uma tarefa orientada para um objetivo (contar sílabas) que tipicamente se esperaria desativar a rede-padrão, enquanto elas ouviam um bebê chorar e outros sons emocionais. Nas mães — mas não nas outras mulheres —, hubs dessa rede permaneceram parcialmente ativos durante a tarefa. Pesquisadores sugeriram que isso talvez reflita uma redistribuição de recursos cognitivos das mães para o choro do bebê e outros sons como sinais socialmente salientes e potencialmente relevantes. Essas descobertas talvez façam sentido para qualquer mãe ou pai que já se apressou para terminar um trabalho antes do fim da soneca: essa pessoa está dedicada à tarefa *e* totalmente consciente dos sons de um bebê que começa a se mexer. Outros estudos compararam mães sofrendo de depressão pós-parto a mães sem esse transtorno e encontraram diferenças na conectividade em estado de repouso de modos que supostamente ressaltam a importância dessas regiões cerebrais para uma adaptação saudável à parentalidade.[21]

Em um estudo notável, pesquisadores na Espanha e na Holanda examinaram a anatomia do cérebro de mulheres antes de engravidarem, após o parto e dois anos mais tarde.[22] Depois da gravidez, essas mulheres apresentaram perda significativa de volume de substância cinzenta abrangendo a linha média do cérebro, incluindo córtex frontal medial, pré-cúneo e córtex cingulado posterior. Supõe-se que, nesse caso, a perda representa uma sintonização adaptativa e que as mudanças coincidem de forma significativa com a rede associada à teoria da mente. O grupo de pesquisadores fez um estudo complementar com um subconjunto dessas mulheres e constatou que a maioria das mudanças persistiu no mínimo por seis anos após o parto. Vale a pena dedicar mais tempo a esses estudos, e faremos isso no próximo capítulo. Por enquanto, basta saber que ter um bebê parece reestruturar partes do cérebro envolvidas no processamento de interações sociais e no nosso senso de individualidade em um contexto social, e que muitas dessas mudanças talvez sejam permanentes.

O conjunto de evidências para homens que são pais é menor, mas ainda assim pesquisadores descobriram que regiões cerebrais envolvidas na mentalização se ativam quando pais são expostos a sinais de bebês.[23] Entre essas regiões está o sulco temporal superior, que já mencionamos no capítulo 3 por sua ativação em pais que são cuidadores primários e secundários — uma região cerebral implicada na cognição social e nas predições. Quando pesquisadores analisaram o cérebro de pais e não pais enquanto viam imagens de crianças (que não eram seus filhos), encontraram várias diferenças em regiões relacionadas à interpretação de sinais emocionais e estados mentais de outras pessoas.[24] As áreas de ativação mais intensa em pais alinhavam-se aos hubs da rede-padrão, e os pesquisadores notaram que pais podem achar até mesmo o rosto de crianças desconhecidas "mais relevante" do que os não pais, porque fazem associação com seu próprio filho.

Se essas redes sociais e autorreferenciais do cérebro são mudadas pela gravidez e pela parentalidade, então o que isso significa para o sentido de self dos pais — como experimentamos nossa vida interior inseridos no mundo à nossa volta? Os estudos até o presente estão longe de responder a essa pergunta. Na verdade, não se trata de uma questão que a ciência um dia chegará a solucionar totalmente para nós em um nível individual. Ainda assim, é fascinante refletir sobre ela.

Winnie Orchard, pesquisadora residente na Austrália cujo

trabalho também investiga os efeitos estruturais da parentalidade no longo prazo, disse-me que, a seu ver, as mudanças na rede-padrão refletem o modo como uma pessoa "estende um pouco mais a si mesma" na parentalidade para abranger o filho. Nos devaneios e ruminações, no trabalho da interocepção, na captura do nosso self interior e nas histórias que construímos com base nessas informações e usamos para predizer o que virá pela frente, nossos filhos tornam-se os personagens principais dessa narrativa, e nossos planos para o futuro também são deles.

É o tipo de coisa que transforma poetas em cientistas: "Bem-vinda ao fim de estar sozinha na minha mente", Brandi Carlile canta no começo da belíssima e tocante balada que compôs em 2017 para sua filha Evangeline e para ela mesma como mãe de uma recém-nascida. "Amarrada a outra e preocupada sem parar. Sempre soube a melodia, mas nunca a ouvi rimar."*

Faz sentido que uma rede cerebral tão importante para a interpretação do estado interno do nosso corpo seja mudada pela vinda de um bebê. Afinal de contas, durante as cerca de quarenta semanas de gestação, o bebê é literalmente parte da pessoa que o gera — e em muitos aspectos continua a ser. O corpo da parturiente torna-se um corpo que carregou um filho dentro de si. Em sua incrível capacidade de lactação e como resultado das mudanças hormonais e metabólicas que isso requer. Em sua mudança de peso e forma. Em músculos abdominais separados ou em um assoalho pélvico alterado. No trauma e na cura da gravidez e do parto sobrepostos ao trauma e à cura da vida anterior. Na experiência muito comum dos

---

* No original, "*Welcome to the end of being alone inside your mind./ Tethered to another and you're worried all the time. You always knew the melody but you never heard it rhyme*". (N. T.)

chutes-fantasmas, que muitas pessoas dizem sentir anos depois da gravidez.[25] Ou nas células fetais que atravessam a placenta e podem fixar residência permanente no corpo da genitora — e nos corpos das que tiveram um aborto espontâneo ou não —, inclusive no cérebro, um fenômeno insuficientemente compreendido conhecido como microquimerismo.[26]

Fora do útero, os bebês moldam o orçamento corporal de seus cuidadores. Alteram drasticamente os hábitos de dormir, comer e exercitar-se. Dominam as horas de vigília, reformulam a vida social da família, requerem contato físico quase constante e mudam a existência subconsciente de seus cuidadores no mundo a tal ponto que adultos se descobrem balançando o corpo devagarinho como se embalassem um bebê mesmo quando estão sozinhos em pé na fila do mercado. Como concluiu um grupo de pesquisadores, a fronteira entre o eu e o outro é "permeável como o cordão umbilical" durante a gestação.[27] Após o nascimento, os bebês requerem tanto dos pais que essa linha fica "ainda mais indistinta, estendendo o entrelaçamento que ocorre no útero para a esfera do cotidiano". Os bebês dependem disso. Dependem dos pais para cuidarem deles, ajudá-los a sobreviver e se desenvolver, é claro. E dependem de seus cuidadores para lhes mostrar como ser um humano em meio a outros humanos, como ser parte de uma espécie social.[28]

Pode parecer um objetivo nobre, divino até. Mas o vínculo mãe-bebê é o mais comum e o mais duradouro dos vínculos sociais em todas as espécies mamíferas. O comportamento materno é o "o mais primordial sistema de cuidado" entre os mamíferos, escreveram Michael Numan e Larry Young, cujo trabalho tem sido fundamental para compreender a neurociência da parentalidade em outros animais e descobrir as partes mais relevantes para os humanos.[29] Os circuitos neurais envolvidos no comportamento materno provavelmente forneceram o "andaime neural" que sustentou a construção de outros vínculos, incluindo aqueles entre pares reprodutivos e das estruturas de parentesco mais abrangentes. A motivação materna, eles escreveram, talvez tenha sido o alicerce evolutivo da empatia, do altruísmo, da confiança e da cooperação — tantas das características pelas quais definimos a natureza humana.

Poderíamos pensar que o fato de que o recém-nascido é totalmente dependente dos pais constitui uma limitação que possibilitou que o cérebro primata crescesse e a pélvis mudasse de forma para que os humanos andassem sobre duas pernas. Mas essa vulnerabilidade também foi uma oportunidade. Criou uma dinâmica na qual a arquitetura básica do cérebro do bebê se desenvolve quando ele já está no mundo, fora do útero, vivendo lado a lado com no mínimo mais um ser humano. O desenvolvimento cerebral que ocorre nesse contexto sustenta a complexa rede de relacionamentos que se estende por toda a vida da pessoa. As necessidades físicas básicas do bebê têm de ser atendidas. Os pais têm de atendê-las ajustando as suas. O cérebro humano permite isso fazendo o bebê e quem cuida dele dependentes um do outro.

Para explicar essa corregulação foram propostos diversos modelos. Ruth Feldman, titular da cátedra Simms-Mann de neurociência do desenvolvimento social no Centro Interdisciplinar em Herzliya, Israel, designa o processo como "sincronia biocomportamental".[30] Um par mãe-bebê coordena respostas biológicas (batimentos cardíacos, níveis de ocitocina e atividade neural) enquanto mantém uma correspondência entre comportamentos (olhar, toque afetuoso e vocalizações). Pense na silenciosa euforia quando um bebê de barriguinha cheia adormece no colo da mãe ou do pai. Ou na troca rítmica de reações quando brincam de cobrir e descobrir o rosto ("Cadê a mamãe? Achou!"). Os cérebros da mãe ou do pai e do bebê sintonizam-se, em especial durante momentos de interação social.[31]

Quando nos conectamos com amigos, parceiros amorosos e colegas, e até quando nos vemos como membros de um time ou como parte de uma nação — em momentos que frequentemente são menos silenciosos, mas também eufóricos —, "damos novo uso ao maquinário básico" estabelecido na conexão entre mãe ou pai e bebê, Feldman escreveu.[32] Pelo papel que o cérebro parental tem na sobrevivência da espécie e por sua capacidade de ensinar a sociabilidade que é parte essencial da natureza humana, ela o considera "uma expressão suprema da evolução humana".[33]

A neurobióloga Shir Atzil e colegas, incluindo Barrett, relacionam essa conexão à alostase.[34] Há inúmeros modos como pais cuidam de seu recém-nascido e regulam seu orçamento corporal. Eles o alimentam. Preocupam-se com o número de camadas de roupas no inverno e com a proteção correta contra o sol no verão. Acalentam, cantam, aquietam e acariciam seu rosto para acalmá--lo. O bebê tem uma necessidade e aprende que, seja ela qual for, um cuidador está ali, diz Atzil, que chefia o Laboratório de Neurociência da Vinculação na Universidade Hebraica de Jerusalém. Esse ciclo repete-se vezes sem conta, o dia inteiro e durante a noite. Quando o bebê está com uma semana de vida, Atzil me disse, "ele já teve centenas de testes e aprendeu que mamãe é igual a recompensa. Papai é igual a recompensa. Humano é igual a recompensa".

Os circuitos cerebrais que sustentam a alostase e o processamento social no bebê — a rede de saliência e a rede-padrão, mais as supervias de informação que as conectam — ainda estão em desenvolvimento acentuado. Demoram anos para desenvolver-se, e durante esse tempo as interações com os adultos que cuidam dele preparam seu cérebro para compreender que outros humanos são essenciais para que suas necessidades sejam atendidas. Os humanos não nascem com um "cérebro social" predeterminado, supõem os pesquisadores, "mas se adaptam biologicamente para se tornarem sociais como resultado da dependência da alostase".

Essa ideia ressalta de dois modos importantes e fascinantes o quanto a parentalidade é flexível. Primeiro, se a afiliação social é essencialmente uma habilidade que o bebê adquire através dos pais — e do contexto social mais amplo à sua volta —, então a parentalidade é uma ferramenta evolutiva poderosa para transferir o conhecimento cultural e os comportamentos de que necessitamos para viver bem em dada comunidade ou nicho social, em um processo muito mais rápido do que a seleção natural possibilitaria. E, ao que parece, o papel da mãe ou do pai nesse caso pode ser desempenhado por qualquer adulto capaz de atender as necessidades do bebê de maneira amorosa. (Vale a pena mencionar que esse modelo de dependência social não se limita aos mamíferos. As aves, em sua maioria, são sociais, e seus filhotes não podem sobreviver sem mãe ou pai empenhados. Eles formam várias estruturas de cuidados, frequentemente envolvendo mãe e pai e às vezes outros adultos, por meio das quais comportamentos sociais complexos são transmitidos.)

E há um aspecto fundamental da alostase que é fundamental também na parentalidade: ela é vida ou morte. Não serve essencialmente para regular as emoções ou a ativação fisiológica e emocional da pessoa. Sua função é regular a fisiologia básica, Atzil me explicou. Que mãe ou pai de recém-nascido não sente o peso dessa verdade em suas primeiras horas e dias em casa com o filho? "É isso", Atzil disse. "É uma experiência incrível. Você tem de cuidar desse recém-nascido. Tem de estar superatento. Tem de estar supermotivado. Tem de prestar atenção, e assim você se torna um cuidador. Esses circuitos neurais são fortalecidos."

Em 2017, Atzil e Barrett publicaram um artigo com um grupo de pesquisadores trazendo mais esclarecimentos sobre o sistema de circuitos nas mães humanas.[35] Usando um equipamento de imageamento cerebral que combina RMf e tomografia por emissão de pósitrons (PET), elas estudaram o cérebro de dezenove mulheres enquanto estas assistiam a vídeos de seus próprios filhos e de crianças desconhecidas. As mulheres tinham filhos com idades variando entre quatro meses e dois anos, e nenhuma estava amamentando. Com a ajuda de um rastreador injetado no braço da mãe para ligar receptores de dopamina não ocupados no cérebro, as pesquisadoras puderam comparar as respostas das mães ao verem os bebês, medidas nos níveis de dopamina. Simultaneamente, usaram RMf para examinar a conectividade entre regiões do cérebro que compõem a chamada rede da amígdala medial, incluindo hubs no *nucleus accumbens*, hipotálamo, córtex pré-frontal medial e córtex cingulado posterior. Também observaram as mulheres em suas casas e codificaram o grau em que elas respondiam a sinais dos bebês com interação social baseada em vocalizações e no comportamento mais geral.

O estudo revelou que as mães que apresentavam comportamentos mais sincrônicos, isto é, que eram mais sensíveis e responsivas aos sinais do bebê, tinham maior resposta de dopamina ao seu bebê do que aos outros. As mães com menos sincronia tinham uma resposta de dopamina mais forte aos bebês desconhecidos. As mães mais sincrônicas também mostraram conectividade intrínseca mais forte na rede da amígdala medial. A conectividade de rede e a dopamina também estavam ligadas — as mães com conectividade mais forte também apresentaram maior nível de dopamina em hubs importantes da rede quando viam seu próprio filho. Os pesquisadores concluíram que, como haviam sugerido os estudos com animais, a formação do vínculo materno em humanos depende de respostas de dopamina, particularmente nessa rede importante para o processamento social.

A rede da amígdala medial é como uma ponte de múltiplos vãos entre a detecção de saliência e a mentalização. Atzil explicou-me que essa rede, assim como a dopamina que atua sobre ela, parece ser essencial para o modo como o cérebro processa todos os sinais sociais e alostáticos urgentes e vincula ideias sobre *eu* e *outro* — aquelas ideias abstratas que formam a base para futuras predições.

Assim como bebês criam modelos mentais das pessoas que cuidam deles, pais criam modelos preditivos de seu bebê. Têm de fazer isso, porque cuidar de um bebê requer muita energia. "Quando estamos com fome, nosso cérebro recebe do corpo um aviso de que estamos com fome. Quando o bebê está com fome, não temos um receptor em nosso corpo que sinalize isso", disse Atzil. "Precisamos estar bem atentos, intensamente imersos nos sinais muito sutis do bebê, para perceber que ele está prestes a sentir fome." E em geral os pais não esperam até o bebê gritar para alimentá-lo. Em vez disso, aprendem com os sinais que ele transmite e constroem um conceito que os ajuda a predizer a fome; assim podem até mesmo despertar antes que o bebê emita um som sequer, porque sabem que está chegando a hora. Esse modelo é construído a partir de sistemas cerebrais que processam a ansiedade e a recompensa, nossa percepção de nós mesmos no decorrer do tempo e nossa percepção dos outros.

Atzil e seus colegas fizeram outra descoberta interessante relatada nesse mesmo artigo. Coletaram sangue das mães para medir a ocitocina na circulação, ou periférica, e constataram que o nível de ocitocina estava inversamente relacionado à conectividade da rede e a respostas de dopamina. Conectividade mais forte na rede da amígdala medial relacionava-se a *menor* nível de ocitocina em circulação. A ocitocina periférica é usada como um substituto pouco preciso para a ocitocina central secretada no cérebro, embora em humanos não haja uma ligação clara entre as duas. Os cientistas ainda não contam com nenhum modo de estudar minuciosamente a atividade do neuropeptídeo no cérebro. Ainda estão tentando descobrir exatamente onde[36] residem os receptores de ocitocina; embora tenham feito grandes progressos em anos recentes, não dispõem de técnicas minimamente invasivas necessárias para rastreá-la. Essa descoberta sugere que a atividade cerebral relacionada à formação de vínculo independe de um maior nível de ocitocina no plasma. Na verdade, é o contrário. Já ouvimos muitas vezes a história sobre a natureza poderosíssima da ocitocina, o "hormônio do amor" — como ela se derrama sobre quem dá à luz nos momentos que se seguem ao nascimento do filho e durante a amamentação para fazer com que ambos se apaixonem, ou sobre como inunda o companheiro na primeira vez em que segura o filho. Essa história "não é verdadeira", Aziz me disse. "Não funciona assim." Não estou dizendo que a ocitocina não tem papel crucial. Ela tem. Estimula as contrações e promove o parto. Facilita a descida do leite. A ocitocina é um impulsionador do sistema dopaminérgico que molda a motivação materna humana.[37] Picos mais fortes de ocitocina em circulação foram correlacionados a comportamento mais afetuoso em mães e a interações mais estimuladoras em pais. Níveis basais mais elevados de ocitocina plasmática foram associados a maior ativação do *nucleus accumbens* e a comportamento mais sincrônico entre mãe e bebê. Mas é a natureza linear ou até mística dessa história — a ideia de que uma inundação de ocitocina atua como um passe de mágica para consolidar o vínculo mãe-bebê — que é problemática ou, nas palavras de Atzil, "uma simplificação equivocada".

Para começar, o nível basal de ocitocina plasmática em geral não difere entre quem dá peito e quem dá mamadeira. Nem entre homens e mulheres. A ocitocina não é o hormônio do amor.[38] Nem sequer parece ser explicitamente "pró-social". Por exemplo, em humanos ela pode ter um papel no processamento de sinais de medo em contextos sociais, enquanto em roedores está associada a agressão materna contra intrusos.[39] Ela vem sendo vista cada vez mais de uma perspectiva mais abrangente, como um agente regulador que facilita a sobrevivência e a adaptação por meio da flexibilidade.

A ocitocina participa de vários tipos de processos que mantêm o corpo humano funcionando com eficiência, inclusive nos sistemas cardiovascular e intestinal. Seu papel no metabolismo da energia parece ter raízes muito antigas, anteriores à evolução dos vertebrados. Os pesquisadores em psiquiatria biológica Daniel Quintana e Adam Guastella aventaram que a ocitocina evoluiu de modo a ter um papel central no aprendizado e em respostas comportamentais para melhorar a predição e a gestão das necessidades energéticas do corpo.[40] O papel da ocitocina não está relacionado apenas ao amor ou à formação de vínculo. Seu papel mais importante é na alostase. De fato, escrevem Quintana e Guastella, ela deveria ser chamada de "hormônio alostático".

Essa descoberta de Atzil e seus colegas indica que ainda temos muito o que aprender sobre o papel alostático da ocitocina no contexto da formação de vínculo. O que está claro é que a vinculação não ocorre de imediato, nem por meio de um único mecanismo. Ela é contínua e também recíproca.

E tem de ser. Os humanos são impressionantemente diversos. E, embora os bebês continuem a se desenvolver no colo de seus cuidadores, também chegam com sua própria constituição genética, seu temperamento e necessidades distintas. Como indica o estudo das mães na UTI neonatal, o cérebro parental parece ajustar-se para predizer e atender essas necessidades — as necessidades do nosso bebê específico.

Em um estudo separado, pesquisadores da Cidade do México investigaram como grupos de mães processavam rostos de bebês.[41] Mapearam o cérebro de mães cujos filhos estavam se desenvolvendo tipicamente e o de mães de crianças autistas. Os filhos eram mais velhos — estavam na educação infantil ou nos primeiros anos do ensino fundamental —, por isso as mães viram bebês que não eram os seus. Apesar disso, os pesquisadores encontraram o que chamaram de "especialização neural adaptativa" nas mães de filhos com autismo, com uma resposta cortical lateralizada (atividade mais forte do lado direito, associado ao processamento de emoção) que era mais pronunciada quanto mais sensível e responsiva ao próprio filho a mãe se mostrava. Os pesquisadores não conseguiram descobrir se essa diferença era inata à biologia da mãe ou se resultava de sua experiência de parentalidade. Porém, novamente, aventaram que ter um filho com necessidades particulares, neste caso uma diferença de desenvolvimento que pode afetar o processamento social e a comunicação da criança, talvez tenha impelido o cérebro a responder de modo diferente, a identificar e reagir melhor às emoções da criança.

Estudos com animais poderiam trazer algumas pistas sobre como o cérebro parental ajusta-se desse modo. A neurocientista comportamental Mariana Pereira e seus colegas da Universidade de Massachussetts, que fizeram descobertas importantes sobre a flexibilidade do cérebro materno em ratos e as mudanças na função da área pré-óptica medial, ou MPOA, agora estão investigando mais a fundo *como* as ratas mães se ajustam. Lembremos que a MPOA atua como uma espécie de receptor, captando muitos estímulos dos filhotes e iniciando uma resposta. Em um estudo ainda não publicado até o momento em que escrevo este livro (e, portanto, ainda não analisado por pareceristas), as pesquisadoras desativaram a MPOA em ratas mães experientes, depois apresentaram a elas filhotes com necessidades diversas. Alguns eram filhotes bem cuidados, recém-nascidos ou ligeiramente mais velhos. Outros tinham sido separados dos cuidados maternos por um dia e meio para se tornarem extremamente necessitados. As mães cuidaram de todos os filhotes. Porém, em comparação com uma resposta típica de uma rata mãe dotada de MPOA funcional, elas não lamberam nem limparam no mesmo grau os filhotes necessitados e passaram menos tempo em contato com eles de modo geral, apesar dos sinais urgentes de que necessitavam de calor, alimento e atenção.[42] Em outras palavras, elas não foram capazes de perceber eficientemente as necessidades dos filhotes e de fazer os ajustes correspondentes.

Em seguida, as pesquisadoras planejaram apresentar filhotes necessitados e não necessitados a ratas mães experientes e então mapear as diferenças específicas na resposta da MPOA e suas projeções para outras regiões cerebrais importantes. Essa é a ciência básica do cérebro parental, mas poderia ter aplicações no mundo real.

Quando são dados filhotes com necessidades variadas a ratas mães que foram criadas para terem qualidades similares à depressão, elas dificilmente fazem seus cuidados corresponderem às necessidades dos filhotes. Pereira disse que o objetivo fundamental dessa pesquisa é ter uma ideia de qual é o melhor modo de dar apoio a pais com dificuldades — por exemplo, criar medicamentos que promovam a sensibilidade parental em quem tem depressão pós-parto ou fazer intervenções promissoras como programas de meditação mais voltados para o cuidado parental. Isso é importantíssimo e vale a pena, e pessoalmente me interesso por saber mais sobre como o cérebro parental ajusta-se a bebês para quem não existe um modelo de fábrica, ou às dinâmicas mutáveis de uma família em crescimento na qual cada filho chega com suas peculiaridades e necessidades próprias. "Essa é a beleza do cérebro parental: ele tem de permanecer muito receptivo e flexível para que possamos ver de fato nossos filhos", Pereira me disse.

Os pesquisadores têm um longo caminho a percorrer para compreenderem a interação entre os cérebros da mãe ou do pai e do bebê, sem falar nos irmãos e outros membros da família. Há quem peça mais estudos sobre a natureza transacional do cérebro, estudos que incluam o exame de interações entre mãe ou pai e filho em tempo real.⁴³ Há limitações para esse tipo de investigação em humanos, porque é difícil estudar de modo seguro o cérebro de bebês; além disso, a vinculação provavelmente tem início quando o filho ainda é um feto no útero. Mas as questões que cientistas procuram responder sem dúvida os levarão nessa direção: examinar mãe ou pai e filho ao mesmo tempo. Na realidade, não é possível desenredar ambos.

Antes de engravidar, eu gostava muito de nadar. Nunca fui boa nadadora, mas cresci passando os verões em um lago no norte do Maine, dando braçadas ou flutuando na superfície e vendo as nuvens passarem devagar acima da crista de floresta nas margens. No inverno, eu me deitava no tapete da sala de casa, a centenas de quilômetros daquele lago, e me imaginava lá, visualizava minhas mãos impelindo meu corpo na água gelada, pálidos remos que atravessavam camadas de céu refletido e abismo escuro. Na água, eu podia me perder na ausência de peso, no tudo.

Quando engravidei, perdi a vontade de nadar. Achava que porque a água era fria e meu corpo estava mudando — agora tinha um corpo dentro do meu e precisava de mais sangue para mantê-lo quente. Na fase em que Hartley começou a andar, a água ainda não me atraía. Quando meus meninos estavam com três e cinco anos, nadei um pouco partindo do desembarcadouro, procurando aquela chance de perder a mim mesma. Não consegui, e sabia o porquê. Parte de mim estava amarrada à terra firme, onde meus dois filhos, de sunga e boias fluorescentes, me chamavam para ir pegá-los quando pulassem.

Acho linda essa parte do estudo do cérebro parental — o entrelaçamento. E também aterradora e problemática. Aterradora em razão do muito que está em jogo quando somos responsáveis pelo desenvolvimento de outro ser humano. Problemática devido ao longo histórico de culpar as mães por tudo o que pode dar errado na trajetória da vida humana. E também ao modo como a ligação da mãe com seu filho é frequentemente vista como determinada e absoluta.

As mães há muito tempo são vistas como o eixo em torno do qual gira o futuro do filho, sendo os problemas de desenvolvimento dele considerados consequência direta dos pecados dela. Séculos de lendas, superstições e opinião popular impulsionaram a ideia de que a vida interior de uma grávida — seus desejos e medos, grandes e pequenos — podiam manifestar-se no corpo e no cérebro da futura criança. Entre as coisas contra as quais o médico e instrutor de parteiras John Maubray alertou em 1724 estavam raiva, arrebatamento, "perturbações da mente" e pensamentos sérios.[44] No fim do século XIX, essas ideias haviam se consolidado em uma teoria das "impressões maternas". As transgressões de uma mãe eram consideradas causas diretas de epilepsia, cegueira, incapacidade intelectual, doença mental e delinquência, entre outros males. Por sua vez, crianças-prodígio também eram associadas à influência pré-natal da mãe, à sua dedicação e pureza mental.

Em seu livro de 1897 sobre o tema, C. J. Bayer escreveu que, se uma mãe visitasse um asilo de cegos e sentisse compaixão, isso poderia cegar seu filho.[45] Se ela adquirisse aversão por determinados alimentos, prejudicaria a aquisição do gosto por eles no filho. Qualquer desejo de não estar grávida produziria um "cérebro assassino". Mães são os "únicos árbitros" do destino de seu filho, Bayer escreveu. "Sendo boa a árvore, o fruto será, terá de ser, bom."

Enviei a amigas uma mensagem com trechos do texto de Bayer: *Olha só o absurdo! Ele tem ideia de quantos pequenos assassinos existiriam se sua teoria fosse verdadeira?* Hoje isso é engraçado. Ou seria, se não se tratasse de um precursor da culpa materna que tantas de nós ainda carregam.[46]

Muitos profissionais de saúde na época de Bayer já criticavam essas afirmações, em especial quando o estudo da embriologia avançou. Um deles, em pronunciamento para a Sociedade Obstétrica de Boston no ano anterior ao da publicação do livro de Bayer, disse não haver "prova de que impressões maternas possam ter qualquer efeito sobre o embrião em desenvolvimento".[47] Mais tarde, o United States Children's Bureau publicaria um folheto para mães de recém-nascidos refutando oficialmente essa ideia.[48] No entanto, estavam em gestação — na medicina e nas famílias americanas — ideias que, de certo modo, afirmavam a premissa básica de Bayer: boas mães produzem bons filhos. Mães ruins produzem filhos ruins.

A área do desenvolvimento infantil estava começando a florescer, impulsionada em parte pelas observações de Charles Darwin sobre o desenvolvimento de seu filho, que foram publicadas em 1877, e por diários similares impressos mais ou menos nessa época. Ganhou força entre mães um movimento para observarem o crescimento de seus filhos e, em sociedades de estudos infantis, compartilharem com outras mulheres o que aprendiam.[49] Muitas viam-se como parceiras dos psicólogos de seu tempo, mas seus esforços eram eclipsados e descartados pelo trabalho de especialistas do sexo masculino. Um deles, James Sully,[50] escreveu em 1881 que o instinto materno de uma mulher — mas não a paternidade de um homem — tornava-a "inapta" para o estudo científico de crianças porque a incapacitava para a análise objetiva. (Sully parece ter recuado ligeiramente dessa posição, e mais tarde pediu a pais que o ajudassem em sua coleta de dados, mas não está claro se queria que mães o fizessem.)[51] As mulheres eram amplamente excluídas dessa área, e os homens cujo trabalho forneceria a medida do êxito delas como mães desprezavam sua perspectiva.

Líderes da área do desenvolvimento infantil fariam depois um progresso notável que moldaria a educação, a saúde pública, a parentalidade e os modos fundamentais como encaramos a infância. Porém, conforme mapearam os "marcos" do desenvolvimento de uma criança típica, também estabeleceram "poderosos nódulos de ansiedade nas mães", nas palavras da escritora Sarah Menkedick.[52] "De repente havia um protótipico bebê 'normal' que atingia todos aqueles alvos, um excepcional que os superava e um disfuncional ou danificado que deixava de atingir um ou vários", ela escreveu em *Ordinary Insanity: Fear and the Silent Crisis of Motherhood in America* [Insanidade ordinária: Medo e a crise silenciosa da maternidade nos Estados Unidos].

Essas medidas assumiram uma importância exagerada para gerações de mulheres a quem se dizia que o bem-estar de seus filhos exigia que elas se educassem a respeito das mais recentes descobertas científicas e obedecessem aos ditames dos profissionais de saúde. A prática da maternação foi alterada: antes aprendida com outras mães e com a experiência, passou a ser ditada por médicos e outros especialistas em saúde. Rima Apple documentou a ascensão da maternidade científica e sua persistência no livro *Perfect Motherhood: Science and Childrearing in America* [Maternidade perfeita: Ciência e criação de filhos nos Estados Unidos].[53] Durante grande parte do século XX, dizia-se explicitamente às mães que fizessem como o médico mandava, senão poriam em risco o bem-estar de seus filhos. Os médicos eram reis, considerados os educadores das mães e salvadores das crianças, uma noção promovida por organizações de médicos que acumulavam poder rapidamente. Por sua vez, Apple escreveu, na primeira metade do século, uma época em que os avanços na medicina e na saúde pública reduziam as taxas de mortalidade de bebês e crianças pequenas, as mães também ansiavam por acatar as recomendações dos médicos. A economia global mudava depressa. A probabilidade de viver longe da família estendida era maior do que em gerações passadas. E o tamanho da família diminuía. A preciosidade relativa de cada filho parecia aumentar, e era menor a probabilidade de mulheres haverem tido experiência cuidando de irmãos menores para aplicá-la assim que se tornassem mães. Grande parte das recomendações formais sobre parentalidade que as mulheres recebiam na primeira parte do século XX parece hoje uma paródia de si mesmas.⁵⁴ Em seu livro de 1928 *Psychological Care of Infant and Child* [Cuidados psicológicos do bebê e da criança], John B. Watson seguiu uma linha similar à de Bayer e supôs que as mães tinham responsabilidade quase total sobre como seus filhos se saíam na vida. Os humanos são condicionados; portanto, nesse contexto, o amor e o afeto da mãe são um "instrumento perigoso" que promove o "invalidismo". O melhor era deixar o bebê num quintal cercado durante grande parte do dia, sem companhia, mas com uma caixa de areia e pequenos buracos por onde ele pudesse entrar e sair de quatro. "Faça isso a partir do momento em que ele nascer", escreveu Watson. Apesar de críticas de alguns pares e do fato de que qualquer pessoa que já tenha criado filhos pudesse apontar os erros de seu raciocínio, o livro de Watson vendeu milhares de exemplares nos primeiros meses da publicação⁵⁵ e moldou os ideais de parentalidade por toda a década de 1930.⁵⁶ Mais uma vez, é engraçado. Só que não.

Não admira que as primeiras palavras do clássico livro do dr. Benjamin Spock, *Meu filho, meu tesouro: Como criar seus filhos com bom senso e carinho,* lançado em 1946, parecessem um sopro de ar fresco para tantas mulheres: "Confie em você". Spock ofereceu um enfoque mais brando e, segundo Apple, ele e seus pares mudaram a maré.⁵⁷ A maternidade científica ainda prevalecia, mas agora as mães tinham permissão para usar o cérebro. Podiam ponderar os conselhos dos especialistas — e ainda eram muitos — e então tomar a decisão por conta própria.

No entanto, mesmo nessa bem-vinda reavaliação de Spock, a mãe era medida por sua capacidade de completar as numerosas tarefas necessárias da parentalidade, e agora também pelo grau de realização que sentia ao fazer isso. Spock e os arquitetos da indústria moderna do aconselhamento para pais que cresceu à imagem dele construíram a ideia de uma "boa" mãe como aquela que é incansável, altruísta, sempre empática e presente, que com pouca ajuda aceita confiante seu papel como único árbitro do bem-estar de seu filho, segundo a psicóloga e feminista Shari Thurer. A indústria do "como criar seu bebê" explodiu, e a pilha de recomendações para as mães não parou de crescer. Os conselheiros as lembravam de que elas possuíam o enorme poder de promover ou destruir a saúde mental de seus filhos.[58] "Embora assegurassem a mãe sobre sua capacidade natural para cumprir suas tarefas, pareciam palavras vazias, como as que um técnico usa quando aconselha aos jogadores antes de uma partida importante a não ficarem nervosos", Thurer escreveu em *The Myths of Motherhood*. "Talvez o objetivo fosse reduzir a tensão, mas o efeito foi criar um grau de ansiedade e culpa nas mães sem precedentes na história."

O tacanho pensamento "se/então" das teorias de Bayer persiste. Está no modo como pensamos sobre o aleitamento, por exemplo: algo de importância suprema e incondicional para o desenvolvimento materno e a saúde da criança mesmo quando sua causalidade exata para esses resultados não pode ser separada de outros fatores neurobiológicos e comportamentos parentais nem da segurança financeira e do grau de instrução da família ou de outras medidas de apoio.

Está na ideia da criação com apego, filosofia sobre parentalidade baseada na obra de John Bowlby que ganhou imensa popularidade nos anos 1990, promovida por William e Martha Sears. Enfoques da criação com apego continuam sendo comuns, embora frequentemente sejam discutidos em termos mais imprecisos, como uma parentalidade natural, e promovidos por especialistas ou influenciadores digitais. Há uma profusão de textos sobre a versão da criação com apego defendida pelos Sears e sobre se ela restringe ou empodera as mães, se a cultura da parentalidade que cresceu em torno dela é fiel ou não à filosofia proposta pelos Sears.[59] Acredito que cada família deve escolher o estilo de parentalidade mais adequado ao seu caso. O aspecto de que quero tratar aqui são os resultados prometidos.

Na página 4 de *The Attachment Parenting Book: A Commonsense Guide to Understanding and Nurturing Your Baby* [O livro da criação com apego: Um guia sensato para compreender e criar seu bebê], publicado em 2001, os Sears delineiam essa filosofia em um gráfico simples.[60] Enumeram os elementos essenciais da criação com apego: crie o vínculo no nascimento, amamente no peito, carregue o bebê junto ao corpo, faça cama compartilhada, leve a sério o choro do bebê, equilibre e estabeleça limites e "tome cuidado com treinamentos". Pratique essas recomendações, escreveram os Sears, e aumente a probabilidade de seu filho crescer correspondendo aos adjetivos listados nas colunas A e C: apto, admirável, afetuoso e autoconfiante; carinhoso, comunicativo, cordial e curioso. Boas mães produzem bons filhos.

Às vezes, quando leio obras sobre parentalidade, começo a sentir o que sinto ao olhar para essas colunas: náusea. Os pesquisadores categorizam as pessoas ou animais estudados segundo o modo como cuidam dos filhos ou o grau de patologia que demonstram. As mães são classificadas em seguramente apegadas ou inseguramente apegadas. São ansiosas ou bem adaptadas. Sincrônicas ou intrusivas. Deprimidas ou sadias. Com frequência, essas categorizações baseiam-se em breves observações da mãe e do bebê, apenas alguns minutos por vez. O apego às vezes é codificado depois de uma observação de como o bebê responde quando sua mãe deixa a sala e retorna. Às vezes essas famílias são acompanhadas no decorrer do tempo, e suas categorizações iniciais são comparadas ao desenvolvimento do filho mesmo anos depois. Essas categorias costumam ser importantes para os mecanismos das pesquisas, para avaliar diferenças na atividade neural ou conectividade cerebral e para caracterizar respostas do cérebro que se correlacionem com comportamento parental adaptativo ou desadaptativo. São importantes porque os cuidados parentais amorosos e atentos realmente influenciam a saúde e o futuro do recém-nascido.

Contudo, muitas vezes leio esses textos e penso: mas e na vida real? As observações dos pesquisadores podem levar em conta se bebê e mãe dormiram o suficiente na noite anterior ou se estão com fome? Se um bebê é cuidado frequentemente por outros adultos amorosos, por exemplo, o outro membro do casal, parentes ou funcionários de creche, será que isso muda o modo como ele responde à breve ausência da mãe? E quanto às diferenças individuais na expressão do comportamento, da emoção ou da atenção? E quanto às mães ou bebês neurodivergentes, ou às diferenças no contexto cultural em que eles vivem?

Os pesquisadores caracterizam uma díade mãe-bebê, mas o bebê existe em uma família com pai, irmãos, vizinhos, avós, professores e funcionários de creche. Ele existe em um mundo frequentemente assíncrono, no qual pobreza e mudança climática são intrusivas. Uma pandemia global é intrusiva. Racismo é intrusivo. Familiares podem ser intrusivos. Como podemos nos manter sincronizados — sensíveis e apropriadamente responsivos — apesar de tudo? E por acaso qualquer um de nós se encaixa em uma só categoria de maneira consistente, durante toda a vida dos filhos, ao longo de fases difíceis do desenvolvimento, ao longo de uma manhã? E quanto à constante gangorra de demandas em uma família com mais de um filho, em que são raros os momentos nos quais as necessidades de todos são atendidas ao mesmo tempo?

Sei que meus filhos são profundamente ligados a mim e ao meu marido, assim como eu a eles. Mas em muitos dias sinto a frustração daquelas necessidades concorrentes em meu peito, como se a linha da água fosse subir e me afogar. Às vezes grito ou choro, ou sinto uma espécie de paralisia caracterizada não pelo desligamento, mas pela ligação em excesso, uma incapacidade de parar de me afligir. Depois de uma manhã particularmente difícil, me sentei à mesa de trabalho e li um artigo de 2011 escrito por Atzil em coautoria sobre como variações naturais no cérebro e no comportamento maternos "moldam por toda a vida a capacidade do bebê para a regulação do estresse e a afiliação social".[61] O artigo delineia diferenças em ativações do cérebro entre mães cujo comportamento foi codificado como sincrônico e mães com comportamento codificado como intrusivo, isto é, que demonstravam comportamento de parentalidade exagerado. "A parentalidade bem adaptada parece ser [sustentada] por mecanismos motivacionais relacionados a recompensa, organização temporal e hormônios de afiliação, enquanto a parentalidade ansiosa provavelmente é mediada por mecanismos relacionados ao estresse e a maior desorganização neural", diz o texto. Senti um aperto no peito.

Meses depois, entrevistei Atzil. Ela me falou sobre seus três filhos e sobre como teve um em cada fase de sua carreira depois de formada: o primeiro quando fazia mestrado, o segundo durante o doutorado e o terceiro no pós-doutorado. Em cada fase, ela coletou dados de mães enquanto segurava um bebê no colo, disse. Quando contei sobre como iniciei este projeto, sobre a preocupação que senti durante minha transição para a parentalidade e minha necessidade de entendê-la, Atzil contou que sua história era parecida. "Foi muito difícil", comentou. "Bem assim como você descreveu. Muita ansiedade. Esmagador. Muito diferente da minha fantasia sobre a maternidade." E ela, que tinha estado a caminho de estudar neuroimunologia, acabou cativada pela neurociência da parentalidade.

Conversamos durante algum tempo sobre o sistema de circuitos materno e a natureza da alostase, e ela disse algo que para mim soou como uma revelação: os processos biológicos, inclusive os que moldam o comportamento parental, não são binários. Eles existem em um espectro, sem separações categóricas. "Um apego seguro ou um apego não seguro — é impossível encontrar algum processo neural que possa diferenciar essas categorias", ela explicou. "Você pode pensar num contínuo em que o comportamento muito complexo da mãe interage com o comportamento muito complexo do bebê."

Atzil antes acreditava que a sincronia era o objetivo da maternidade bem adaptada. Não é, me disse. Ela começou a mudar seu modo de escrever e de falar sobre o tema para refletir essa noção recém-adquirida e enfatizar os processos biológicos da alostase no apego. "O objetivo final é manter nossos bebês vivos", Atzil explicou. Para isso, a pessoa tem de ser atenta e responsiva às necessidades do seu bebê. A sincronia é uma ferramenta poderosa. A pessoa pode segurar o bebê bem perto de si e regular a temperatura dele. Pode falar e cantar para o bebê e regular seu humor. Mas há outras ferramentas também. Às vezes é de espaço que a pessoa precisa para regular a si mesma e se preparar melhor para ajudar seu filho. A alostase requer a ajuda de outras pessoas, incluindo membros da família e cuidadores confiáveis que também sejam capazes de prestar atenção e responder às necessidades do bebê — e que são essenciais, como veremos no próximo capítulo. Um pesquisador me disse que a assincronia talvez seja uma parte importante da regulação dos bebês, pois a sensação de não estar bem também fornece informações importantes sobre como o mundo funciona. Nem sempre a vida corresponde às nossas predições.

O processo todo é plástico, Atzil disse. É por isso que uma mãe ou um pai adotivo e uma criança podem criar um vínculo muito forte, que auxilia na alostase do filho. É por isso que quem dá à luz uma criança e tem depressão pós-parto também é capaz de criar um filho sadio e formar uma ligação profunda. Também é por isso que as decisões que podem parecer tão importantes quando cuidamos de um bebê — por exemplo, continuar dando peito, fazer treinamento de sono — devem ser tomadas no contexto do que permitirá ao bebê e a quem cuida dele manterem seu bem-estar geral, sua alostase mútua. Essa plasticidade é a qualidade que permite o desenvolvimento de vínculos entre as crianças e as pessoas que cuidam delas em uma grande variedade de contextos culturais e estruturas familiares, sob muitas filosofias de parentalidade distintas.

O sistema de circuitos do processamento social é importante para a parentalidade, mas não dedicado a ela. As regiões cerebrais que ajudam mães ou pais a captar e interpretar os sinais de seu filho e responder a eles são as mesmas usadas para captar e interpretar informações sociais e emocionais de outras pessoas em sua vida e no mundo à sua volta e responder a elas. Supondo que esse sistema de circuitos é refinado ou fortalecido no contexto da parentalidade, em que, então, isso influencia o modo como o usamos no resto da vida?

"Isso significa que, depois de termos um bebê, nos tornamos especialistas em captar os sinais de alostase em outras pessoas e também nos tornamos sensíveis e responsivos a eles?", Atzil especula. "Acho que sim." Ela não testou essa suposição, e não encontrei nenhum estudo que faça exatamente isso. Porém, Atzil disse, o intenso processamento social que a parentalidade requer poderia resultar logicamente em um aprimoramento dos mecanismos sociais que sustentam as conexões que fazemos com outras pessoas. O cérebro parental é bem seletivo. A motivação da mãe ou do pai relaciona-se ao modo como respondem ao *seu* filho, e não a todas as crianças em todos os lugares. Por isso, qualquer tipo de aprimoramento social talvez também seja seletivo, afetando nossos laços mais próximos, mais íntimos. Mas é interessante pensar na parentalidade como uma espécie de treinamento social que nos dá habilidades capazes de melhorar com o uso.

De fato, existe uma linha de pesquisa sobre o cérebro parental que compara a parentalidade com o treinamento musical, no sentido de que se acumula com o tempo.[62] Os efeitos são cumulativos. Tocar música requer muitas das coisas necessárias à parentalidade: grande atenção e interpretação de sinais não verbais, raciocínio de alto nível e intenso controle motor, sincronização com os demais executantes de modo que a música não apenas se apresente como um todo, mas também capte o contexto emocional que cada músico, com seu cérebro separado, quer que ela tenha. As apresentações que as plateias ouvem resultam com muita frequência de toda uma vida de prática e de habilidade cultivada no decorrer do tempo.

Em um artigo fundamental, um grupo de pesquisadores, trabalhando principalmente na Dinamarca e no Reino Unido, testou como o cérebro de mães primíparas respondia ao som do choro de bebês desconhecidos; constataram que regiões cerebrais cruciais, incluindo o córtex orbitofrontal e a amígdala, eram ativadas com mais intensidade quanto mais tempo fizesse que a pessoa era mãe e quanto mais velho fosse o bebê.[63] Isso faz sentido, escreveram os pesquisadores. Nos primeiros meses de vida, um bebê chora por cerca de 121 minutos diários. Com o passar dos dias, as mães acumulam experiência em ouvir e reagir, e isso muda suas respostas neurais, "assim como o treinamento musical molda as respostas a estímulos musicais". (Os mesmos pesquisadores publicaram um trabalho revelando que, em pais deprimidos, um treinamento musical prévio protegeu sua habilidade de interpretar sons de aflição dos bebês.)[64]

Isso me fez pensar em músicos profissionais que têm filhos,

e me perguntei se a experiência dessas pessoas no campo de treinamento da parentalidade recente seria diferente do que é para o resto de nós. Será que elas encontravam paralelos entre sua mente musical e sua mente parental em desenvolvimento? Entre sua arte e seu bebê? Um conhecido apresentou-me a Aoife O'Donovan e Eric Jacobsen, e eu, um tanto encabulada, enviei essas perguntas a eles por e-mail. Ambos demonstraram interesse, o que considerei um sinal de que meu modo de pensar não era totalmente despropositado. Assim, agendamos uma conversa. O'Donovan e Jacobsen são casados e têm uma filha, Ivy Jo, que estava com três anos quando conversamos e era fã da música de Sergei Prokofief para o balé *Romeu e Julieta*. Os pais de Ivy são músicos de grande talento, com carreiras bem diferentes entre si.

Violoncelista e maestro, Jacobsen é diretor musical da Orquestra Filarmônica de Orlando, portanto seu trabalho envolve liderar dezenas de músicos vindos de várias partes do mundo. A sincronia é um desafio especial na música orquestral, ele disse, pois muitas pessoas e muitos fatores interagem. "Quando você sente que está em colaboração, quando está realmente sincronizado com alguém, ambos estão seguindo pelo mesmo caminho", ele comentou. "Mas é claro que se trata de um processo de liderar e seguir. Como as aves no céu. O que as mantém juntas?" Ele disse que às vezes, como pai, tem uma noção bem clara de que seu papel é análogo ao do regente. Por exemplo, quando Ivy Jo tem um acesso de birra, será que ajuda tentar interagir com ela e fazê-la rir ou é melhor dar-lhe espaço?

A prática da sincronia no palco é diferente para O'Donovan. Ela é cantora e compositora, e faz parte do trio folk I'm With Her, com Sarah Jarosz e Sara Watkins. A série radiofônica *Tiny Desk*, da NPR, mencionou acertadamente que essas três mulheres cantam como se fossem irmãs e tocassem juntas a vida toda. Quando Ivy Jo tinha oito semanas, O'Donovan levou-a junto em uma turnê da banda. Watkins também tinha um bebê, e uma babá ajudou a cuidar de ambos. As duas mães acordavam quando qualquer um dos bebês despertava, cada qual em seu berço de viagem no ônibus, e se espantavam porque o choro não parecia incomodar mais ninguém naquele espaço exíguo.

No palco, O'Donovan e suas companheiras de banda observam umas às outras atentamente. Movem-se juntas. Respiram juntas. Podemos ver isso acontecendo, vê-las decolar, ponta de asa com ponta de asa. O'Donavan contou-me sobre um momento em que o trio estava em Tanglewood, no condado de Berkshire, oeste de Massachusetts.[65] Elas estavam tocando e cantando uma antiga música gospel, "Don't You Hear Jerusalem Moan", e no final suas vozes passaram a cantar em cânone, uma sobreposta a outra. Os instrumentos silenciaram e, por fim, a letra das partes das três se encontrou novamente — *"and my soul's set free..."* e, num momento projetado para eletrizar, as cordas retornaram. Quando elas deixaram o palco, O'Donovan recordou, Jarosz voltou-se para as outras e disse: "Foi como se a Terra inteira rachasse quando cantamos aquela nota".

É um momento tão intenso precisamente graças ao modo como as cantoras propositalmente parecem desencontradas e então se reúnem de novo, O'Donovan explicou. "É o que sempre estamos tentando fazer: chegar àquele ponto", ela disse. "Mesmo quando estou tocando sozinha, é preciso fluidez na mão direita e na mão esquerda, na voz e no instrumento." Há um empenho pela habilidade de sair "do caminho" da música e voltar a ele, saber onde está. "Isso é algo inquestionavelmente aplicável à parentalidade e mesmo a todos os relacionamentos", O'Donovan rematou. "Às vezes nossos caminhos divergem, mas o objetivo é estar consciente de onde a outra pessoa está e ser capaz de... saber que nos encontraremos de novo."

Reflito sobre o que O'Donovan disse e o que aprendi com

Atzil e decido que, talvez no lugar de uma única filosofia da parentalidade, adotarei uma espécie de mascote. Li inúmeras vezes para meus filhos *Onde vivem os monstros*, de Maurice Sendak. É um favorito lá em casa, como em tantas outras.[66] O protagonista da história, Max, faz arte e por isso é mandado para a cama sem jantar e então transportado "dia e noite e durante semanas" a um mundo imaginário no qual ele se torna rei dos monstros. Meus meninos são atraídos pela roupa de lobo de Max, pelos olhos amarelos dos monstros que ele encontra e pelos estranhos pés humanos de um deles, que fora isso tem a aparência de um touro. Eu me demoro na última página, vazia com exceção de quatro palavras sobre o jantar que a mãe de Max, afinal de contas, deixou para ele: "e ainda estava quente".

A mãe de Max não é vista. Mas posso senti-la. Os meus Max estão agora com seis e quatro anos, e têm mania de pular de cima dos móveis, movendo-se pelo mundo meio que dentro das histórias que inventam e que quase sempre envolvem monstros com seus terríveis dentes rangendo. Nunca mandei meus meninos com fome para a cama, mas conheço o sentimento de raiva que vai subindo e acaba por aflorar no fim de um longo dia. Posso sentir como esse sentimento se esvai na mãe e desnuda a constante ternura que está sempre lá, por seu pequeno no andar de cima, cheio de energia e ainda vestido de lobo. Quase posso vê-la testar a temperatura da sopa — ainda quente —, cortar uma fatia de bolo e levar uma bandeja para o quarto do filho. Ela afasta os cabelos do filho da testa e remove o capuz para que ele não fique suado.

Isso é o que importa, acho. Conhecer a fome deles. Cuidar do seu corpo. Abrandar seu espírito. O trabalho está em tentar alcançar, não em chegar do outro lado ou em fechar o abismo. Está em saber que *podemos* nos encontrar naquele espaço intermediário impossível e sentir o mundo inteiro abaixo de nós se esvair.

5. Árvore genealógica imemorial

Minha tia-avó e meu tio-avô tiveram doze filhos em treze anos, sem gêmeos. Quando criança, diante desses números, eu sentia imensa admiração e uma pontinha de inveja. Ali estava um esforço sobre-humano, que resultara em uma família reverenciada pela minha não tanto por seu tamanho, mas por seu amor e intelecto. Meu tio-avô era juiz federal e sua esposa era a matriarca amorosa de uma família que permaneceu unida, era fértil em advogados e profissionais de saúde e ultrapassou as quatro dezenas de netos. Depois que tive meus dois meninos, esses números passaram a representar uma impossibilidade matemática.

Como ela fez? Doze gestações já é algo difícil de compreender. Mas e quanto ao café da manhã para doze? Ou a missa de domingo? E a hora do banho? E o processo de desfralde, o material escolar, o trabalho para cuidar de machucados grandes e pequenos? E a roupa para lavar, os aniversários, a tarefa de guiar os filhos para que um dia tenham filhos? Assim como eu, tia Marion só tinha duas mãos. E não sei como se virou com uma ninhada seis vezes maior que a minha.

A resposta, obviamente, é que ela teve ajuda — do marido devotado, de membros da família estendida, de filhos mais velhos que cuidaram de irmãos mais novos e provavelmente de pessoas contratadas ou favores trocados com outras famílias da numerosa comunidade de católicos irlandeses na qual ela tinha raízes profundas.

Bebês e pais crescem lado a lado, e seus circuitos sociais mudam respondendo um ao outro; poderíamos interpretar esse fato como uma confirmação da importância absoluta do vínculo mãe-bebê. Não se pode deduzir daí que o lugar de um bebê é no colo da mãe e, portanto, o lugar da mãe é junto com o bebê? Essa lógica tem um problema fundamental, que ganha nítido relevo na matemática básica da maternidade de tia Marion e que existe hoje para praticamente toda mãe ou todo pai que conheço e que trabalha arduamente para se sustentar e criar os filhos: a atenção da mãe ou do pai é dividida. Isso sempre ocorreu, em toda a evolução humana. Talvez seja até inerente à nossa natureza.

Os bebês mamíferos nascem quase totalmente incapazes, por isso tornam-se muito hábeis em conquistar os adultos dos quais sua sobrevivência depende. Como vimos, sua aparência fofa e seus chamados de sirene são estímulos poderosos que ativam e alteram circuitos impulsionadores de motivação, responsividade e sentido de self. *Não desvie o olhar,* eles dizem. *Cuide de nós. Nossa sobrevivência é a sua sobrevivência.*

Na maioria dos mamíferos, mas com certeza não em todos, os bebês atrelam-se totalmente aos adultos que os geraram. Entre os primatas não humanos, em cerca de 20% das espécies os adultos ajudam uma mãe segurando ou às vezes fornecendo alimento ao seu bebê.[1] Porém, com exceção de alguns macacos especialmente cooperativos, essa ajuda representa um apoio direto relativamente pequeno à sobrevivência do bebê. O cuidado materno predomina.

Por volta de 2 milhões de anos atrás, no começo do Pleistoceno ou talvez antes, humanos ancestrais divergiram de seus parentes primatas em um aspecto importante.[2] Eles começaram a ter bebês a intervalos mais curtos, e as mães engravidavam novamente anos antes que o filho anterior fosse capaz de alimentar-se ou proteger-se por conta própria. Em consequência, escreveu a antropóloga Kristen Hawkes, "os bebês humanos não contam com a dedicação integral da mãe como um direito inato".[3] Esses bebês dependeram da ajuda de outros adultos. Era preciso. Não poderiam ter sobrevivido sem isso. Ou talvez tenha sido o contrário. As mães humanas ancestrais não poderiam haver tido bebês a intervalos tão curtos — de um modo que aumentou tremendamente seu êxito reprodutivo e tornou sua espécie dominante e a mais distintivamente social dentre todos os primatas do planeta — sem um apoio substancial na criação dos filhos.

Para os primeiros humanos, as mães eram importantíssimas.[4] E estavam longe de ser suficientes. A seleção natural favoreceu famílias nas quais os bebês eram bons em capturar a atenção de seus cuidadores e nas quais os adultos — não apenas as fêmeas, mas todos os adultos — caíam nessa armadilha. Muitos primatas são sociais, mas para alguns antropólogos renomados o que impeliu a evolução dos humanos até se tornarem seres tão cooperativos foi os bebês dependerem imensamente de outros adultos.

Essa dependência abriu a porta para o que E. O. Wilson chamou pela primeira vez de "cuidado aloparental" ("alo" do grego *állos*, para "outro").[5] Ela possibilitou a grande diversidade das estruturas familiares hoje existentes e impulsionou os padrões de mudanças neurobiológicas que os estudiosos do cérebro parental vão descobrindo à medida que vão montando as peças do que chamam de rede global de cuidados parentais.[6] Seus achados salientam os elementos neurobiológicos comuns em todos os pais — mães, pais e outros, genitores ou não.

Todos os humanos adultos possuem a capacidade de desenvolver-se como cuidadores. Todos os humanos adultos, não apenas os genitores, são fundamentalmente mudados pela parentalidade. Neste capítulo e no próximo, trataremos de pesquisas que destacam esse fato e estudam quantas dessas mudanças parecem ser duradouras, em parte porque esses comportamentos parentais podem no futuro beneficiar outras crianças, incluindo filhos posteriores, sobrinhos, vizinhos ou — muito importante — netos. E refletiremos sobre se essa nova perspectiva a respeito da longa história da parentalidade humana poderá mudar de maneira fundamental o modo como pensamos sobre as pessoas que atuam como pais e as categorias em que tentamos encaixá-las.

Não se trata de um "talento amador" de pais que decidem ser "donos de casa" — uma característica suplementar que a evolução deu aos homens com filhos para fazê-los sentir que a experiência de criá-los é relacionável a eles também. Também não é uma tentativa de inserir em uma nova verdade biológica as famílias que têm filhos nascidos com a ajuda de um doador ou de uma barriga de aluguel, ou as crianças criadas por pais do mesmo sexo, não binários ou adotivos. É verdade que hoje os humanos têm mecanismos para se reproduzirem que nunca estiveram disponíveis para nenhum outro ser na história do planeta. Mas não é nada recente essa capacidade dos adultos de participarem intensamente da criação de crianças que foram geradas por outro adulto, independente de a mãe biológica ser uma parceira ou parente biológica. Ela sempre existiu. Pode até ser a característica fundamental que distinguiu os humanos dos demais.

A afiliação — ou capacidade de estabelecer uma ligação profunda e duradoura com outra pessoa, de associar nossos estados internos com os dela, de predizer e planejar junto com ela, de compartilhar um estado de espírito ou compreender onde divergem nossas mentalidades — é fundamental para a sociedade humana. E talvez tenha raízes em tempos imemoriais na condição tremendamente necessitada de uma criança humana que de repente se tornou irmão mais velho — imagine ser o número onze numa família de doze filhos — e no empenho de alguém próximo em zelar por ela.

Repito tantas vezes esta ideia porque ela é importante: grande parte da noção popular sobre parentalidade e especialmente sobre a maternidade provém daquilo que consideramos "natural": nossa ideia sobre como as coisas *sempre* foram, por toda a história evolutiva, evidenciada hoje nos modos como o comportamento humano alinha-se com o de outros mamíferos. Contudo, muitas vezes nosso modo de ver as outras espécies, e a nossa, baseia-se em observações feitas por cientistas do sexo masculino do passado, que aplicaram seu julgamento moral no lugar da ciência e criaram um registro que é errôneo ou incompleto.

Naturalistas eminentes que escreveram por volta da virada do século xx documentaram o que viam como uma "psicologia distintiva" nas fêmeas de todas as espécies, uma psicologia que se estendia às mulheres e afirmava a maternidade como o papel essencial delas, conforme exposto pela historiadora da ciência Marion Thomas.[7] Vejam só o sacrifício da aranha-caranguejo, que gasta todos os seus recursos físicos para pôr e proteger seus ovos e depois "deixa-se morrer delicadamente", exemplificavam os naturalistas. Ou considerem o empenho incansável com que uma vespa fêmea nutre sua prole que nunca chegará a conhecê-la como mãe, do mesmo modo que mães humanas praticam "atos heroicos" de cuidar de filhos cuja afeição não é garantida. Mas e quanto aos muitos exemplos, em diversos táxons, de mães que comem ou abandonam sua cria ou simplesmente participam pouco nos cuidados da prole? E quanto ao relativamente pequeno mas diversificado grupo de espécies nas quais os machos participam intimamente da criação da prole ou até são os principais responsáveis por esse trabalho?

Também aqui podemos mencionar as repetidas representações de Konrad Lorenz como a figura materna de seus gansos, em especial quando ele conta e reconta a história de sua "filha gansa" Martina. Segundo a historiadora Marga Vicedo, essa caracterização facilitou para os psicólogos da época adotar o conceito de *imprinting* como base para a ligação mãe-filho.[8] E permitiu que Lorenz se apresentasse como especialista no assunto da formação de vínculo em humanos. No entanto, Lorenz sabia que, quando ocorreu o *imprinting* em seus gansos, aqueles animais não olharam para o rosto de um homem com cavanhaque branco e cachimbo na mão e pensaram: *Mamãe*.[9] Eles se associaram à espécie humana de um modo mais geral, e não a uma figura materna específica.

Houve ainda a análise de John Bowlby sobre o comportamento materno em quatro espécies de primata — chimpanzés, gorilas, babuínos e resos — quando ele formulou sua teoria do apego em humanos. Em seu livro basilar, lançado em 1969, Bowlby explicou que escolheu essas espécies por serem terrícolas, como os primeiros humanos, e porque havia na época amplos estudos de campo disponíveis sobre elas.[10] Acontece que essas espécies também se dedicam de maneira intensa aos cuidados maternos. As mães seguram as crias constantemente, e por meses a fio nunca as põem no chão. A antropóloga Sarah Blaffer Hrdy afirmou que talvez houvesse outro fator em jogo quando Bowlby selecionou esses primatas em vez de outros que não seguem o modelo de "cuidado e contato contínuos".[11] "Cada uma dessas espécies amolda-se a ideais ocidentais preconcebidos de como uma mãe *deve* cuidar de seu bebê", ela escreveu em *Mothers and Others: The Evolutionary Origins of Mutual Understanding* [Mães e outros: As origens evolutivas da compreensão mútua].

Bowlby encontrou respaldo em sociedades de caçadores-coletores modernos, nas quais as mães supostamente seguem um modelo similar de contato constante, com os bebês sempre no colo ou no sling.[12] "Só em sociedades humanas mais economicamente desenvolvidas, e sobretudo nas ocidentais, os bebês não ficam em contato com a mãe por muitas horas diárias e tampouco durante a noite", ele escreveu. Para Bowlby, o modo primata é o modo natural.

Acontece que isso não é tudo. Na natureza, é verdade que os bebês de grandes primatas não humanos são cuidados exclusivamente pela mãe. As mães chimpanzés não deixam seus bebês fora do seu alcance nos primeiros três meses e meio. Para os orangotangos, são no mínimo cinco meses. Mas entre os primatas em geral os hábitos de parentalidade são bem mais diversos.

Em muitas espécies, pais, irmãos mais velhos e outras fêmeas seguram o bebê para a mãe e às vezes fornecem alimento.[13] Nos sauás, uma espécie de macaco sul-americano, as mães seguram seus bebês para alimentá-los algumas vezes por dia, enquanto os pais ou outros filhos cuidam deles durante a *maior parte* do tempo. Entre os saguis e os micos — macacos do Novo Mundo cujos ancestrais separaram-se de macacos africanos por volta de 40 milhões de anos atrás — é comum a criação cooperativa com a participação de pais e outros adultos. Essas espécies reproduzem-se com rapidez, produzindo gêmeos e trigêmeos a intervalos curtos, e para Hrdy seu êxito reprodutivo é possibilitado pela ajuda que as mães recebem de outros membros da família. Esse é um recurso frequentemente indisponível para as grandes primatas não humanas, que em sua maioria deixam seu bando de origem e ingressam em um novo bando para encontrar um parceiro. Uma subfamília de macacos, os colobinos, demonstra com clareza a influência de aloparentes confiáveis — a "creche familiar", nas palavras de Hrdy. Entre os colobinos, as espécies nas quais as fêmeas deixam seus parentes para acasalar-se com membros de outro bando têm hábitos de cuidados exclusivamente maternos. Mas na maioria das espécies as fêmeas costumam permanecer próximas de seus pais e irmãos, e nesses casos os aloparentes têm um papel crucial. Hrdy escreveu que "não existe um único padrão universal de cuidado de filhotes entre os primatas". E os cuidados exclusivamente maternos parecem ser o "último recurso".

Em comunidades de caçadores-coletores modernos, o quadro tem muito mais nuances do que pensavam os psicólogos na época de Bowlby. Há muito tempo essas comunidades são consideradas uma janela que nos permite vislumbrar como funcionavam as sociedades humanas antes que ocorresse a transição para sociedades agrícolas em grande parte do planeta, por volta de 12 mil anos atrás.[14] Muitos pesquisadores procuram evidências de tradições alimentares, padrões reprodutivos e várias outras características dos humanos mais antigos que persistem em povos caçadores-coletores do nosso tempo. Mas é importante ressaltar que quase nenhum dos estudos sobre essas sociedades inclui uma voz nativa em pé de igualdade e, até um período relativamente recente, estudiosos raras vezes levavam em conta os modos como caçadores-coletores adaptavam-se com flexibilidade ao mundo moderno em diversos aspectos.

Um dos primeiros estudos sistemáticos sobre cuidados infantis em comunidades de caçadores-coletores modernos, publicado em 1972, concentrou-se no povo !Kung, da África do Sul, e descreveu como seus bebês raramente ficavam fora do colo de alguém e com grande frequência eram carregados nas costas pela mãe ou no sling.[15] Contudo, Hrdy salientou que análises posteriores fizeram uma distinção importante. Os bebês !Kung eram carregados quase continuamente, porém durante 25% do tempo quem os levava eram outras pessoas, e não a mãe. Entre os Hadza do norte da Tanzânia, os recém-nascidos são carregados por parentes e vizinhos por até 85% do tempo nos dias que sucedem o nascimento, o que, em certos aspectos, parece ideal para quem acaba de dar à luz e está se recuperando.

Obviamente, hoje no mundo inteiro os pais costumam deixar outras pessoas segurarem seus bebês, que às vezes passam de colo em colo, com os adultos ficando maravilhados com seus dedinhos minúsculos, tirando fotos e se perguntando com quem eles parecerão quando crescerem. E sabemos que, apesar da atual idealização das mães que se encaixam em uma espécie de modelo de contato e cuidados contínuos, esse estilo de criação de filhos de modo algum tem sido a realidade, exceto uma pequena minoria de povos ao longo de toda a história moderna. "As mães humanas são tão hipervigilantes" quanto as demais mães grandes primatas, Hrdy escreveu, "mas não tão hiperpossessivas."[16]

Por quê? Se os humanos são parentes muito mais próximos dos chimpanzés do que dos saguis, por que a parentalidade humana segue uma trajetória diferente da encontrada entre os demais grandes primatas? Uma resposta parece estar nos avós. Mais especificamente, nas avós.

Por muito tempo vigorou entre os antropólogos o pressuposto de que, nas famílias ancestrais, os homens caçavam e as mulheres coletavam alimentos e cuidavam das crianças. A caça que o pai trazia estava no centro da unidade familiar. Era a moeda de troca que mantinha o vínculo do casal. O compartilhamento habitual de alimentos no lar (ou em uma base temporária que servia de lar, no caso de povos nômades) constituía o alicerce da vida familiar. O macho caçador era adicionado aos grupos sociais compostos de mãe-filhos encontrados em outros grandes primatas. A hipótese da caça forneceu a narrativa da origem da família nuclear moderna.

No começo dos anos 1980, alguns pesquisadores que estudavam os povos Hadza e !Kung e também os coletores Aché do leste do Paraguai começaram a notar comportamentos que não condiziam com essa teoria. Quando homens caçavam, não traziam a presa para casa para dar à companheira e aos filhos.[17] Eles a partilhavam. Observações atentas da partilha de alimento entre os Aché revelaram que, para qualquer pessoa dessa comunidade, até três quartos das calorias diárias eram fornecidos por alguém não pertencente à sua família nuclear. Os homens hadza priorizavam a caça de grandes animais, embora suas taxas de êxito fossem bem baixas. A carne que traziam compunha uma parte importante da alimentação de sua comunidade, mas não era possível contar infalivelmente com sua obtenção, portanto a caça não bastava para suprir as necessidades diárias das parceiras e das crianças.

Os antropólogos Kristen Hawkes, James O'Connell e Nicholas Blurton Jones concluíram que esse tipo de partilha de alimentos não podia realmente ser considerado "esforço paterno".[18] Os homens, nesses casos, forneciam um bem público em troca de capital social, em benefício do grupo todo, do qual seus filhos eram apenas uma parte.

Hawkes e seus colegas começaram a investigar melhor as estratégias de coleta de alimento das mulheres e fizeram algumas observações notáveis. A mais destacada é a seguinte: entre os Hadza, as mulheres mais velhas, não mais em idade reprodutiva, eram *incomparavelmente* as coletoras mais produtivas.[19] As meninas mais velhas que ainda não tinham engravidado nenhuma vez coletavam por menos de três horas diárias, e as mulheres em idade reprodutiva coletavam por cerca de quatro horas e meia diárias. A média das mulheres mais velhas, por sua vez, superava sete horas e meia por dia. Elas trabalhavam mais ou menos no mesmo ritmo que as outras mulheres e com frequência faziam o trabalho mais árduo de todos, escavando tubérculos profundamente enterrados. Os pesquisadores perceberam que não só era errada a ideia de que os homens aprovisionavam suas respectivas famílias nucleares, mas também parecia haver fornecedores que ninguém na área ainda havia considerado: avós trabalhadoras.

Hawkes e seus colegas sintetizaram seu trabalho com observações que remontavam aos anos 1930 e 1950 e propuseram a "hipótese da avó", ligando a longevidade de avós ancestrais à saúde e ao desenvolvimento da prole de suas filhas.[20] As crianças hadza também eram coletoras vigorosas, porém não muito habilidosas na escavação de tubérculos profundamente enterrados que compunham parte importante da dieta básica do grupo. Quando crianças pequenas eram desmamadas, seu ganho de peso refletia os esforços da mãe na coleta de alimentos. Mas isso mudava quando essa mãe tinha outro bebê. Com um recém-nascido para cuidar, seus esforços na coleta despencavam. E, nesse caso, o ganho de peso das crianças mais velhas relacionava-se aos esforços de coleta de suas avós.

As grandes primatas não humanas param de se reproduzir mais ou menos na mesma idade que as mães humanas, porém não vivem por muito tempo depois de encerrada sua vida fértil. Se as avós humanas ancestrais envelhecessem um pouquinho mais devagar — isto é, se vivessem algum tempo além dos seus anos reprodutivos — talvez tivessem dado uma ajuda essencial às suas filhas na coleta de alimentos e nos cuidados com os netos dependentes. E isso teria deixado as filhas mais disponíveis para gerar outro bebê mais rapidamente.

Ter um bebê é dispendioso. Em geral se supõe que, comparando várias espécies, quanto maior e mais necessitado é o bebê, mais tempo demora para que sua mãe se recupere e se reproduza novamente. Entre os grandes primatas, Hrdy observa, os humanos são os que produzem os bebês maiores e de amadurecimento mais lento, e, no entanto, são os que se reproduzem mais depressa.[21]

Talvez isso aconteça porque, quando as mães humanas do passado remoto precisavam de ajuda, suas mães estavam lá.

Avós prestimosas, segundo a hipótese, davam aos seus descendentes uma probabilidade maior de sobreviver e transmitir à posteridade seus genes associados ao envelhecimento mais lento.[22] Assim, a seleção natural favoreceu avós mais longevas, e surgiu a menopausa. Modelos matemáticos revelaram que, mesmo se pouquíssimas mulheres ancestrais continuassem vivas depois da idade reprodutiva, essas "avós subsidiárias" poderiam aumentar o êxito de seus descendentes ao longo do tempo o suficiente para deixar uma grande marca sobre a população humana. A longevidade geral, em ambos os sexos, aumentaria significativamente e por fim levaria a populações como as encontradas em comunidades de caçadores-coletores modernos, nas quais um terço das mulheres adultas passa da idade reprodutiva.

Obviamente esse raciocínio permite inferir que tal trajetória também produziu homens mais longevos que permaneceram férteis na velhice. A razão entre homens em idade reprodutiva disponíveis e mulheres em idade reprodutiva aumentou. Mais homens significaram mais competição, o que pode ter fortalecido vínculos entre parceiros sexuais, pois os homens ancestrais — cuja capacidade de ler a mente dos outros e conectar-se com ela também estava crescendo — passaram a querer ligar-se a determinada mulher para não serem superados por rivais.

Também na história mais recente há boas evidências da importância das avós. Pesquisadores em Londres analisaram dados de estrutura familiar e mortalidade infantil em 45 artigos, representando populações de todo o planeta e ao longo dos últimos quatro séculos, principalmente povos sem acesso a métodos modernos de contracepção.[23] Em específico, eles examinaram as correlações entre a sobrevivência dos filhos e a sobrevivência dos parentes. De maneira quase universal, a sobrevivência das mães revelou-se ligada à dos filhos nos dois primeiros anos de vida. Mas o "efeito mãe" declinou ou até desapareceu por volta dos dois anos de idade, sugerindo que, quando uma mãe morria, outras pessoas cuidavam das crianças, com competência. Já os efeitos do pai sobre a mortalidade infantil foram muito menos consistentes e dependeram do contexto social. Mas em todos os casos a presença da avó materna revelou-se protetora.

Um estudo minucioso de registros eclesiásticos da Finlândia pré-industrial — de 1731 a 1895, uma época em que tuberculose, varíola, sarampo, diarreia e outras doenças infecciosas não identificadas representavam riscos especiais para crianças pequenas — concluiu que a proximidade da avó materna (mas não da avó paterna) aumentava significativamente as taxas de sobrevivência de crianças após o desmame, entre dois e cinco anos de idade.[24] Esse benefício diminuía assim que as avós se tornavam setuagenárias, talvez porque a partir de então suas próprias necessidades direcionassem recursos da família para elas em detrimento das crianças pequenas. E nos séculos XVII e XVIII, entre as primeiras famílias francesas que se estabeleceram no vale St. Lawrence, no Canadá, as mulheres que viviam perto da mãe começavam a ter filhos mais cedo e tinham mais filhos, com taxas de mortalidade mais baixas, do que suas irmãs que moravam mais longe.[25]

A hipótese da avó ainda está em debate. Aliás, alguns dos mesmos pesquisadores com quem Hawkes trabalhou no estudo de comunidades de caçadores-coletores discordam das conclusões dela. Críticos dizem que essa hipótese minimiza desnecessariamente as contribuições do pai nos cuidados e fornecimento de alimento e que o produto nutritivo da caça foi um fator essencial para permitir às mães reduzir seus próprios esforços de coleta de alimento e aumentar o ritmo da produção de bebês.[26] Talvez os humanos ancestrais não seguissem uma clara divisão do trabalho baseada nos sexos, e os pais talvez tivessem um papel significativo carregando e alimentando os pequenos, reduzindo as demandas de energia das mães e contribuindo para que os bebês pudessem ser desmamados mais cedo. Os homens "ajudantes", aqueles que não tinham filhos, talvez tenham sido ainda mais importantes do que as mulheres em idade pós-fértil no fornecimento de alimento para filhos de outros. Há quem argumente que a caça e o aprendizado intensivo de habilidades que ela requer foram o que impulsionou a longevidade humana e que não há evidências de que as avós tenham alguma vez se tornado os principais "arrimos de família".

No entanto, não é esta última suposição que Hawkes e seus colegas defendem. O produto da caça sem dúvida tinha importância nutricional. Mas o que as avós ofereciam, na verdade, era sua presença. Elas preenchiam as lacunas com gêneros alimentícios básicos dia após dia, quer os homens voltassem ou não trazendo carne. E, igualmente importante, mantinham os pequeninos e as crianças mais velhas ocupados enquanto a mãe cuidava de um recém-nascido, ensinando a eles como escavar os melhores tubérculos ou nutrindo os muitos caprichos da imaginação. As avós compreendiam a mente dos netos e lhes ensinavam o que se passava na mente delas próprias.

A verdade é que provavelmente todos os fatores mencionados acima moldaram a evolução humana em vários graus. Mas as contribuições confiáveis das avós indicam algo importante. Não é que uma família apoiada pela avó é a família humana padrão ou mesmo "o modo humano". É que as mães humanas não poderiam, e no mais das vezes não puderam, dar conta da tarefa sozinhas.

A família nuclear, subsidiada e glorificada durante boa parte do século xx e em especial nos Estados Unidos após a Segunda Guerra Mundial, talvez nunca tenha sido a unidade familiar básica.[27] Talvez as avós maternas tenham sido as auxiliares mais frequentemente disponíveis nas famílias humanas do passado remoto, e sua inclinação para ajudar talvez tenha levado a uma predisposição cada vez mais acentuada, nas gerações seguintes, a perceber as necessidades das crianças e atendê-las. Os aloparentes há muito tempo enquadram-se em várias condições: tios, avós, irmãos mais velhos, amigos íntimos. Independentemente de quem fica com o crédito ou por quê, está claro que a criação cooperativa das crianças teve papel essencial na evolução humana. "Sem aloparentes nunca teria existido uma espécie humana", escreveu Hrdy.

Reconheço que minha leitura dos trabalhos de Hawkes e Hrdy é tendenciosa. A hipótese das avós, para mim, *parece* correta. Talvez porque eu saiba o quanto é duro não ter uma avó por perto, não só para visitar nas festas, mas para apoiar meu marido e eu nos momentos íntimos do cotidiano de criar filhos. Talvez porque, quando leio a descrição de Hawkes sobre os possíveis padrões da preparação de alimentos dos povos ancestrais habitantes das savanas que acendiam o fogo e preparavam suas "fornadas mútuas", eu pense nas fornadas duplas de tortas substanciosas que preparei ao longo dos anos, metade para alimentar meus filhos e metade para dar a uma amiga com um recém-nascido em casa. Sem dúvida, quando leio o que Hrdy escreve sobre as origens da ambivalência materna, eu me reconheço.

Para Hrdy, essa ambivalência talvez derive da aloparentalidade.[28] Teria surgido quando mães ancestrais refletiram sobre questões como: "Será que devo pedir para minha mãe segurar o bebê enquanto quebro estas nozes?". Ou: "Devo levar o bebê comigo no longo caminho para coletar alimento ou é melhor deixá-lo com a tia?". Os pais humanos sempre se mostraram ao mesmo tempo protetores com relação aos seus bebês e dependentes do apoio de outros para criá-los, o que, naturalmente, gera tensão interna. Amor e ambivalência são partes da maternidade, Hrdy me disse. "São inerentes a ela."

A ambivalência materna não é um atoleiro onde as mulheres

de repente se viram presas quando entraram para a força de trabalho moderna nem uma nódoa na verdadeira natureza da maternidade introduzida por uma mulher relutante em cumprir seu destino biológico em sua plenitude. Poderíamos dizer que, justamente por terem de lidar com seu próprio tumulto emocional, as mães do passado moldaram o caminho da natureza humana. A trajetória descrita por Hawkes não requereu apenas uma avó disposta a ajudar, mas também uma mãe disposta a aceitar ajuda.

Hawkes procurou mostrar, com a neurocientista Barbara Finlay, que a hipótese da avó poderia explicar bem mais do que a duração da vida humana e a menopausa.[29] Nas várias espécies mamíferas, a longevidade invariavelmente está associada à duração do desenvolvimento na infância. Desenvolvimento mais longo é associado a um cérebro maior. O apoio das avós (e outros como elas) talvez tenha impulsionado um padrão na história da vida humana que não só permitiu aos cérebros aumentar de tamanho, mas também, pelo fato de bebês ancestrais serem desmamados mais cedo do que em outros primatas, assegurou que uma parcela maior de seu desenvolvimento cerebral ocorresse em um contexto supersocial. Hawkes e Finlay salientam especificamente a plasticidade dos sistemas cerebrais de motivação e recompensa e sugerem que, graças aos seus esforços para conectar-se com aloparentes, os bebês dos humanos ancestrais talvez tenham se desenvolvido de modo a ser particularmente responsivos a recompensas sociais.

Quando os bebês humanos ancestrais foram deixados aos cuidados de familiares e membros do grupo, precisaram desenvolver habilidades que, em certa medida, não eram necessárias aos bebês grandes primatas não humanos. Eles tiveram de dar duro para entender o que dizia o rosto das pessoas que os seguravam, determinar seus estados mentais e vocalizar de modos a atrair seu afeto e também a atenção de sua mãe. Esse esforço impeliu o desenvolvimento de "um novo tipo de grande primata, equipado com sistemas neurais sensibilizados de modo diferente, alerta desde tenra idade para as intenções dos outros", Hrdy escreveu.[30] A seleção natural favoreceu bebês capazes de monitorar e influenciar a mente dos outros — e favoreceu adultos que, independentemente de terem ou não gestado os bebês, fossem receptivos aos seus chamados. Hrdy me disse que os bebês começaram a trabalhar duro para conectar-se com adultos com uma simples mensagem em mente: *me escolha*.

Num dia de primavera, depois de pegar as crianças na escola, conversei com Meredith McCabe, cujo neto mais velho, Oscar, estava no jardim de infância com meu filho e cuja filha é uma amiga e colega jornalista. McCabe perguntou como estava indo meu livro e o que eu tinha aprendido até então, e eu recorri à minha fala-padrão sobre como as mudanças no cérebro parental são diferentes da narrativa que nos empurram sobre o *"mommy brain"* — as mudanças são flexíveis e adaptativas, uma preparação para os desafios de cuidar de filhos. E talvez para cuidar de netos, acrescentei. McCabe ficou em silêncio por um momento enquanto víamos os meninos colherem bolotas debaixo de carvalhos imensos, a neta encarapitada em seu quadril. O que mais a impressionava, ela disse, era o quanto se sentia ligada aos netos. McCabe não esperava isso.

Mais tarde, quando conversamos com mais detalhes sobre sua vida como mãe e avó, ela me contou que é uma pessoa muito preocupada e que sofreu dois abortos; por isso, concentrou-se tanto em ajudar a filha a chegar até o dia do parto que nem pensou muito sobre como seria ser avó. E então, por volta das duas da manhã, recebeu uma mensagem de texto de seu genro, na cidade de Nova York, avisando que o bebê estava a caminho.

McCabe dirigiu madrugada adentro do Maine até Nova York

— uma viagem cheia de ansiedade, sem notícias do hospital. Por fim, veio uma mensagem: Oscar chegou. "Só perguntei 'Ela está bem?'", McCabe contou. "Eu queria saber se minha filha estava bem." Estava, mas tinha sido um parto difícil. E Oscar passou alguns dias na UTI neonatal com hipoglicemia. Depois eles foram para casa sem mais problema, e McCabe pôde pegar o neto no colo — e maravilhar-se.

Ela tivera contato com recém-nascidos desde que sua filha viera ao mundo, obviamente, e sabia que bebês eram especiais; mas aquilo era diferente, McCabe disse. Era algo visceral. "Eu podia sentir internamente — alguma coisa, algum tipo de ligação me dominou de tal modo que era impossível não perceber", ela contou. "Não era só o bebê da minha filha, o bebê do meu genro, e não era meu bebê — era meu netinho."

As mudanças no cérebro parental parecem perdurar por muito tempo depois do pós-parto e dos anos reprodutivos da pessoa. Isso talvez ocorra porque a dependência das crianças humanas é longa. Afinal de contas, não faria sentido o cérebro de uma gestante mudar durante a gravidez e os meses pós-parto mas *voltar de repente* para sua forma pré-gravidez assim que a criança fosse desmamada ou ganhasse seu primeiro dente. É absurdo pensar que qualquer parte de nós (ventre, mamas ou cérebro) teria evoluído para fazer isso, e além de tudo seria um tremendo desperdício de energia. Porque o bebê continuará necessitando de mãe ou pai responsivos e solícitos por muitos anos. E depois dele e dos seus irmãos poderá haver outros.

É possível que essas mudanças permaneçam porque a sobrevivência as favorece. Elseline Hoekzema me disse que talvez, se os pais ainda "estiverem no modo cuidar, se esse modo ainda estiver ativado quando chegarem os netos", terão uma vantagem evolutiva — ou pelo menos tiveram nos primeiros tempos da espécie humana.

Hoekzema é neurocientista e diretora do recém-estabelecido Laboratório Hoekzema no Centro Médico da Universidade de Amsterdam. No doutorado ela estudou diferentes aspectos da neuroplasticidade em Barcelona, onde trabalhou com duas outras mulheres, Erika Barba-Müller e Susanna Carmona, que também estavam começando a pensar em tornar-se mães. Por curiosidade em saber o que a maternidade poderia significar para seu próprio cérebro, elas formularam um estudo para investigar a anatomia do órgão antes e depois da gravidez.

Recrutaram casais, homens e mulheres, que ainda não estavam grávidos mas esperavam ficar, e por fim conseguiram um grupo de estudo composto de 25 mães primíparas e grupos ligeiramente menores de homens que haviam tido seu primeiro filho e de homens e mulheres sem filhos. Esse processo levou mais de cinco anos, e enquanto isso as pesquisadoras tocaram outros projetos, que no caso de Hoekzema concentraram-se no cérebro de ratos idosos e transtornos de neurodesenvolvimento em humanos. No início, pelo menos, elas não contaram com financiamento para sua pesquisa do cérebro materno.

Quando seus resultados foram publicados pela primeira vez em 2016 na revista *Nature Neuroscience,* Hoekzema estava grávida do segundo filho e ficou assoberbada pelas centenas de pedidos de entrevistas que chegaram de jornalistas do mundo todo. Pela primeira vez, o grupo encontrara evidências de que a gravidez muda o cérebro de modos duradouros, não só naqueles meses iniciais de intensa privação de sono, mas por anos.

Comparando mapeamentos do cérebro antes e depois da gravidez, as pesquisadoras constataram redução significativa no volume da substância cinzenta no cérebro das mães de recém-nascidos, em particular em regiões envolvidas na cognição social.[31] As mudanças de volume eram distintas o suficiente para que um algoritmo pudesse diferenciar claramente as mulheres que tiveram e as que não tiveram filho.

As pesquisadoras também mediram as respostas neurais das mães de recém-nascidos ao verem fotos de bebês — delas e de outras — e constataram que várias áreas que apresentavam a atividade neural mais intensa quando as mulheres viam seu próprio bebê também haviam perdido o maior volume de substância cinzenta durante a gravidez. As pesquisadoras sugeriram que as perdas de volume representavam não um declínio de função naquelas regiões cerebrais, e sim "uma maturação ou especialização adicional" da rede envolvida na cognição social. Nas mães de recém-nascidos, uma alteração maior de volume também estava correlacionada a pontuações mais altas em um questionário destinado a medir o apego. E quando as pesquisadoras analisaram especificamente as mudanças no estriado ventral, que inclui o *nucleus accumbens* e faz parte da rede de recompensa, descobriram que as mulheres que tinham maior perda de volume também apresentavam resposta mais intensa nessa região cerebral às fotos de seu próprio bebê.[32] As autoras escreveram: "Nossas descobertas corroboram um reconhecimento preliminar do refinamento adaptativo de estruturas do cérebro social que beneficia a transição para a maternidade". (A análise inicial do grupo não encontrou alterações de volume no cérebro dos pais, mapeados antes e depois da gestação de seus filhos. Notavelmente, esse mapeamento não foi feito para os homens dois anos depois do parto. Uma análise posterior dos mesmos dados de antes e depois da gravidez da companheira encontrou reduções no volume e na espessura cortical no pré-cúneo dos pais, um hub da rede-padrão importante para a teoria da mente.)[33]

O mais interessante é que esses possíveis refinamentos nas mães parecem permanecer. Entre um número menor de mães que retornaram para um novo mapeamento cerebral dois anos depois do nascimento do filho, grande parte da redução de substância cinzenta perdurava. As pesquisadoras também fizeram o acompanhamento seis anos após o parto.³⁴ A maior parte das reduções de volume persistia, e mais uma vez se correlacionava com as pontuações do apego. "Essas descobertas indicam a possibilidade de que mudanças cerebrais induzidas pela gravidez sejam permanentes", escreveram as autoras.

À primeira vista, parece que as descobertas desse grupo contradizem diretamente os resultados de outro grupo que encontrou *aumentos* no volume de substância cinzenta em cérebros de mães entre o primeiro e o quarto mês pós-parto.³⁵ Acontece que os planejamentos desses estudos e em especial suas estruturas temporais são muito diferentes. O artigo resultante da investigação desse outro grupo, publicado em 2010 com autoria de Pilyoung Kim, James Swain e colegas do Centro de Estudo da Criança em Yale, concentrou-se nos meses pós-parto de um grupo misto composto de mães primíparas e mães experientes e não mediu os volumes pré-gravidez. Investigou a correlação entre aumentos em regiões do mesencéfalo e percepções positivas do bebê por sua mãe. Um estudo de 2020 encontrou resultados comparáveis ao analisar um pequeno grupo similar de mães no primeiro ou segundo dia pós-parto e na sexta semana pós-parto.³⁶ Hoekzema e Kim aventaram que a diferença em seus achados talvez se deva ao fato de que o cérebro não muda linearmente. O volume da substância cinzenta talvez diminua durante a gravidez e tenha alguma recuperação mais tarde, dependendo da região cerebral.³⁷

O grupo de Hoekzema constatou uma recuperação parcial do volume no hipocampo desde o mapeamento inicial no pós-parto até o mapeamento dois anos mais tarde. O hipocampo é uma parte acentuadamente plástica do cérebro, importante para o aprendizado e a memória. É também nessa estrutura que encontramos as melhores evidências de que ocorre neurogênese em humanos adultos, isto é, a criação de novos neurônios a partir de células-tronco neurais ou de descendentes de células-tronco chamadas células progenitoras — um processo que, segundo modelos animais, é afetado por mudanças hormonais. Constatou-se mais de uma vez que a proliferação de novas células no hipocampo se reduz no pós-parto em ratas mães, seja logo na primeira ninhada, seja na quinta.[38] Muitos pesquisadores interpretam isso como um custo para a mãe lactante, porque seu corpo e seu cérebro direcionam recursos energéticos para outras atividades. Em ratas mães, a proliferação de células hipocampais retorna mais ou menos na época do desmame. As perspectivas de se estudar se isso vale também para os humanos são complicadas por várias razões, embora muitos pesquisadores suponham que uma queda similar de produção poderia explicar sutis déficits em certos tipos de memória durante a gravidez e os primeiros meses pós-parto. (Trataremos desse assunto no capítulo 8.)

Para Hoekzema e seu grupo, é possível — embora ainda não esteja comprovado — que seus resultados reflitam um padrão similar em humanos: uma queda na criação de novos neurônios durante a gravidez e uma recuperação posterior. É improvável que as alterações cerebrais significativas que ocorrem durante a gravidez e o pós-parto sejam sempre inteiramente adaptativas, Hoekzema me disse. "Talvez haja um custo, que poderia ser uma perda de memória, uma suscetibilidade para sofrer transtornos de humor ou outras coisas", ela aventou.

É fácil tirar a conclusão precipitada de que uma perda de substância no cérebro tem de ser algo danoso, pois esses são os custos em que as pessoas mais frequentemente pensam — se é que pensam — quando o assunto é cérebro e parentalidade. Perda de memória foi o assunto mais mencionado quando Hoekzema e colegas começaram a divulgar seus resultados, ela disse. "As pessoas à nossa volta logo começaram a comentar: 'Nossa, perda de volume! Que horror! Não consigo me lembrar de nada!'." Hoekzema conta que ouviu isso até de colegas que trabalhavam na área de imageamento em adolescentes, o que é surpreendente. O cérebro adolescente é muito mais estudado do que o cérebro materno, e em geral se aceita que uma redução na substância cinzenta durante a adolescência representa uma sintonização fina de redes por meio de poda sináptica e mudanças na mielinização, destinada a ajudar o adolescente a adaptar-se à vida de adulto — e não uma perda de função cerebral.

Assim, as pesquisadoras, com Carmona encabeçando a análise, decidiram comparar os dados que tinham de 25 cérebros de mães, antes e depois da gravidez, com dados de 25 garotas adolescentes — que estavam passando por uma fase da vida também caracterizada por um pico hormonal, mudanças comportamentais significativas e aumento do risco de transtornos de saúde mental.[39] Entre esses dois grupos, as mudanças estruturais no cérebro tinham uma similaridade impressionante. Ambos apresentaram um achatamento muito parecido no córtex e um alargamento de sulcos na superfície do cérebro, juntamente com uma redução quase idêntica no volume total do cérebro que seguia o mesmo padrão morfométrico.

As similaridades entre as mães e as adolescentes não significam que essas fases da vida são diretamente análogas. No entanto, levam à ideia de que as mudanças que acompanham a gravidez, embora complexas, são adaptativas e quase com certeza *não* fazem parte de um processo distintamente neurodegenerativo.

As amostras dos estudos publicados por Hoekzema e colegas, assim como as do grupo de estudos de Yale, são um tanto pequenas, em parte por ser difícil recrutar pessoas que não estejam grávidas no início do estudo, então engravidem e levem a gestação a termo na fase de encerramento do estudo. Mas os achados são corroborados pelo fato de que o estudo é longitudinal, acompanhando a mudança do cérebro de cada pessoa ao longo do tempo em vez de comparar grupos em diferentes momentos da cronologia. Os resultados precisam ser replicados e expandidos, com tamanhos maiores de amostras, trabalho que está em andamento. Mesmo assim, muitos da área já consideram basilares os estudos do grupo. Esse trabalho certamente aumentou a noção do público sobre os efeitos de longo prazo da gravidez e da parentalidade em humanos e parece ter inspirado mais pesquisadores a fazer estudos prospectivos baseados em imagens do cérebro de mães e pais no decorrer do tempo.

Quando falei com Hoekzema no segundo trimestre de 2021, ela estava preparando um estudo mais amplo, financiado pelo European Research Council. Disse que ainda há muitas perguntas sem resposta: como a gravidez afeta a substância branca do cérebro, densamente preenchida por axônios revestidos de mielina que conectam regiões cerebrais? Como exatamente mudanças na estrutura e atividade do cérebro parental afetam o modo como uma pessoa funciona? Como essas mudanças ocorrem ao longo do tempo? Quais hormônios as desencadeiam? Como a privação de sono e o excesso de estresse afetam o cérebro de quem dá à luz? E o que acontece com o cérebro na segunda ou terceira gravidez?

Hoekzema pôde dedicar-se em tempo integral ao estudo do cérebro materno depois que seus dados-piloto a ajudaram a obter financiamento para as pesquisas, e ela continuou a trabalhar no projeto na Universidade de Leiden, onde analisou os dados. Agora, de seu laboratório em Amsterdam, Hoekzema orienta vários estudos nessa área. "Há muitas coisas que acho bem interessantes", ela comentou, "mas, agora que encontrei esse tema, ele é para mim o mais fascinante de todos. Como mãe e cientista, me parece fundamental."

Alguns pesquisadores começaram a examinar os efeitos no longo prazo dessa fase fundamental da vida examinando as marcas características que a parentalidade deixa no cérebro de adultos mais velhos com filhos já crescidos há muito tempo. Analogamente à narrativa do "*mommy brain*", a narrativa que mais ouvimos sobre a parentalidade e a saúde do cérebro em idade avançada é limitada e desalentadora: mulheres têm um risco significativamente maior do que homens de ter Alzheimer, e ter filhos está associado a um início mais cedo da doença e a um declínio cognitivo maior, embora as evidências nesse sentido sejam um tanto ambíguas.[40] Em outras palavras, criar filhos *poderia*, em última análise, ter um efeito neurodegenerativo para algumas mães. No entanto, estudos recentes sugerem que o quadro como um todo é um pouco mais complexo e talvez menos temível.

Com novas técnicas que combinam dados de neuroimagem e aprendizado de máquina, pesquisadores de Oslo e Oxford publicaram uma série de artigos sobre a busca de padrões em milhares de varreduras do cérebro.[41] As imagens dessas varreduras são parte de um imenso banco de dados de informações biomédicas chamado UK Biobank. Analisando as imagens do cérebro de 19 787 mulheres entre 45 e 82 anos, os pesquisadores constataram que as que tinham filhos possuíam cérebro de "aparência mais jovem". Um sistema computadorizado analisou centenas de características cerebrais relacionadas ao volume em áreas corticais e subcorticais e estimou que a "idade cerebral" das mães era inferior à esperada para sua idade real.

Quanto mais filhos a mãe tinha, mais pronunciado era esse efeito (embora os resultados para as mulheres com mais de cinco filhos fossem menos claros). Os pesquisadores, liderados por Ann-Marie G. de Lange, que hoje chefia o laboratório FemiLab de saúde cerebral da mulher na Universidade de Lausanne, na Suíça, identificaram regiões cerebrais onde o efeito era mais saliente, entre elas o hipocampo, o tálamo, a amígdala e especialmente o *nucleus accumbens*, que faz parte do sistema de recompensa e motivação explicado em mais detalhes no capítulo 3. Em 2021 os autores publicaram novas descobertas sobre a substância branca, cuja perda supostamente é um fator no declínio cognitivo relacionado ao envelhecimento. Outra vez o número maior de partos mostrou-se associado a um padrão mais "jovem".[42]

Por ora, há algumas correlações um tanto distantes entre gestações e a condição do cérebro em fases mais avançadas da vida. A análise não incluiu medidas de função cognitiva nem outras medidas da saúde do cérebro. A idade cerebral é usada como parâmetro para essas coisas, sendo o avanço em anos associado a Alzheimer, esquizofrenia e deficiência cognitiva.[43] Não está totalmente claro se os efeitos protetores — se é que o são — identificados pelo grupo de Lange resultam de uma resposta fisiológica à gravidez, do ato de cuidar dos filhos ao longo do tempo ou de diferenças sociais e econômicas importantes entre as pessoas que têm mais de um filho e as que não têm — diferenças que talvez até já existissem antes da gravidez. São necessários estudos maiores que acompanhem as mesmas pessoas ao longo do tempo, começando antes da gravidez e continuando até idades mais avançadas, para que nos aproximemos mais das causas e dos efeitos. Por enquanto, escreveram os pesquisadores, suas descobertas indicam que as mudanças cerebrais pelas quais a pessoa passa durante a gravidez e o pós-parto "podem ser identificáveis décadas depois do parto".[44]

Outros pesquisadores tentam ligar esses efeitos rastreáveis à função cognitiva. Recorrendo a um grande banco de dados com informações sobre saúde que foi coligido para testar se a administração regular de uma dose baixa de aspirina poderia prevenir incapacitação ou demência, pesquisadores da Universidade Monash em Melbourne examinaram varreduras do cérebro de quase 550 australianos setuagenários e octogenários, aproximadamente metade homens e metade mulheres, com no mínimo um filho. Também investigaram um pequeno grupo de pessoas sem filhos e coligiram resultados de testes cognitivos feitos pelos participantes do estudo.

A maternidade, eles descobriram, estava associada a um efeito "dose" na espessura cortical em regiões específicas do cérebro: um aumento no giro para-hipocampal, que é associado a consolidação e coesão da memória, e uma diminuição em três regiões geralmente envolvidas no processamento sensorial complexo, entre outras coisas.[45] Quanto mais filhos as mulheres tinham, mais significativas foram as diferenças. O estudo encontrou diferenças entre os homens que eram pais e os que não eram, porém não o mesmo efeito dose. As mães de mais de um filho também pontuaram ligeiramente melhor no teste de memória verbal.

Começando com a mesma amostra de adultos mais velhos, o grupo de Monash analisou então uma medida diferente de função cerebral preservada, dessa vez com uma avaliação apenas de pessoas com filhos e de dados coligidos durante estado de repouso.[46] O estudo constatou que quanto mais filhos uma mulher tinha, mais segregação apresentava entre redes cerebrais, entre hemisférios e entre regiões anteriores e posteriores. A autora principal, Winnie Orchard, explicou que, nesse caso, a segregação é uma característica positiva que reflete menos efeitos do envelhecimento.

Em um cérebro sadio de idoso típico — que mesmo assim está em declínio —, regiões que estão perdendo função conectam-se mais fortemente a outras, recrutando ajuda para conseguir executar uma tarefa. "Para fazer a mesma tarefa, precisam de mais ajuda", Orchard me explicou. No entanto, as mães apresentaram menos recrutamento dessas outras regiões do que o esperado, e de novo esse efeito foi linear: quanto mais filhos, menor o recrutamento. "Os resultados condizem com um cérebro materno mais flexível e resiliente em idade avançada", escreveram os pesquisadores. Em homens com filhos esse efeito não foi encontrado.

O banco de dados do estudo coligiu apenas as informações mais básicas sobre as mães e os pais: se tinham filhos e quantos eram. Não incluiu dados hormonais, informações sobre como a pessoa cuidava do filho, por quanto tempo, ou sua estrutura familiar. Também não levou em conta o método de parto e a alimentação, se a história reprodutiva do participante incluía aborto espontâneo ou provocado ou se os filhos eram biológicos ou adotados. Por isso, é difícil determinar se os efeitos do grupo acompanhado se relacionavam às gestações diretamente ou à "complexidade ambiental" da parentalidade, escreveram os pesquisadores. Embora as mudanças hormonais da gravidez e do pós-parto possam ter desencadeado o processo para as mães, elas tiveram seu cérebro mapeado três ou mais décadas depois. A parentalidade, disseram os autores, apresenta desafios durante a vida inteira que são amplificados a cada filho subsequente e que exigem "mudanças comportamentais e aquisição de habilidades rápidas".

Então como explicar os efeitos menores, ou a ausência de impacto (dependendo do estudo) encontrados no cérebro dos homens com filhos? O grupo de Orchard escreveu que os participantes do banco de dados que eles usaram eram de uma geração na qual a parentalidade se organizava, na esmagadora maioria dos casos, de modos "tradicionais", com os pais como o arrimo de família e as mães como principais cuidadoras. Assim, esses homens talvez tenham passado muito menos tempo imersos no ambiente complexo que os filhos criam, o que teria resultado em menos mudanças específicas da parentalidade em seus cérebros.

Como sabemos, a experiência é importante, e só vem com o tempo e a proximidade. O cérebro de uma pessoa que sai de casa antes que os filhos acordem e volta depois que já foram dormir, ou que só vê os filhos intermitentemente, ou que acha que o bebê não é da sua alçada, não tem o tempo nem a proximidade necessários para ser transformada — ao menos no nível neurobiológico — por sua condição de pai. Certamente não em comparação com os pais do povo coletor Aka, da República Centro-Africana, que, segundo o trabalho do antropólogo Barry Hewlett nos anos 1980 e 1990, passam até 47% de seu tempo com seus bebês no colo ou ao alcance das mãos.[47] Tampouco em comparação com meu marido — e muitos pais como ele —, que aprendeu desde cedo o que significa acalmar um recém-nascido embalando, ninando ou segurando. Que assumiu a tarefa de ensinar nosso primeiro filho a tomar mamadeira quando voltei a trabalhar, interpretando e respondendo aos sinais do bebê nesse processo. E que quase sozinho manteve nossos filhos, na época com dois e cinco anos, ocupados com brincadeiras e lições caseiras de ciências nas primeiras semanas da pandemia de covid-19. A experiência paterna é tremendamente variada. Talvez seja por isso que outros estudos *encontraram* mudanças estruturais significativas em homens com filhos no período imediatamente pós-parto e muito tempo depois.

O mesmo grupo de pesquisadores de Yale que documentou aumentos na substância cinzenta em mulheres no pós-parto empreendeu mais tarde o primeiro estudo sobre plasticidade estrutural em pais.[48] Eles mapearam o cérebro de dezesseis homens nas primeiras semanas de paternidade e repetiram o mapeamento quando os bebês tinham entre três e quatro meses de vida. Esse grupo era misto, com pais experientes e homens com um único filho. Os pesquisadores encontraram mudanças ao longo do tempo no volume de regiões cerebrais essenciais para o cuidado parental. Entre elas estavam diminuições em hubs da rede-padrão e aumentos no córtex pré-frontal lateral e no giro temporal superior, que outros estudos haviam mostrado ser regiões ativas nos pais mais do que nas mães quando viam seus bebês do que quando viam bebês de outras pessoas.

Separadamente, pesquisadores da Universidade do Sul da Califórnia em Los Angeles usaram dados do grande banco de dados UK Biobank, porém seu estudo concentrou-se em homens e mulheres de meia-idade.[49] Eles analisaram dados de 303 196 pessoas, a maioria nas casas dos cinquenta e sessenta anos, comparando o número de filhos dos participantes e seu desempenho em dois testes cognitivos que mediam tempo de resposta e memória visual. A parentalidade revelou-se associada a tempos de resposta mais curtos e menos erros de memória. A diferença de pontuação foi maior para os que tinham dois ou três filhos em comparação com os que não eram pais, e o efeito foi mais pronunciado nos homens com filhos.

Os pesquisadores também usaram dados de um grupo menor — 13 584 pessoas — e analisaram sua idade cerebral em comparação com pares. Constataram que a parentalidade associava-se a cérebros de aparência mais jovem, com ligeiras reduções na idade cerebral relativa a cada filho adicional. Em homens, especificamente, ter dois ou três filhos associava-se à idade cerebral com a redução mais significativa. O fato de que os padrões eram diferentes entre os sexos, mas significativos tanto para os homens como para as mulheres, indica que é importante estudar os efeitos da parentalidade no contexto dos sexos, escreveram os pesquisadores. No entanto, parece que "estilo de vida e fatores ambientais" — isto é, a vida como pai ou mãe e não só a história da gravidez — afetam a saúde do cérebro no longo prazo.

Modelos animais confirmaram mais de uma vez essa constatação lógica: o ambiente do indivíduo molda seu cérebro durante toda a vida. Ratos criados em uma gaiola grande com brinquedos, outros ratos e tempo para explorar diariamente um labirinto adquirem maior profundidade cortical em comparação com outros da mesma ninhada criados sozinhos, sem brinquedos nem labirinto. Contudo, em um artigo fascinante de 1971, pesquisadores relataram que, depois que uma rata criada em um ambiente pobre se tornava mãe, seu córtex era comparável ao de uma rata virgem criada em um ambiente enriquecido.[50]

Talvez a parentalidade, também para os humanos, seja um tipo específico de ambiente enriquecido. Isso não quer dizer, de modo algum, que a vida de pessoas sem filhos seja empobrecida. Mas a parentalidade traz "demandas cognitivas e sociais vitalícias".[51] Eu diria que muitas dessas demandas são fisiologicamente distintas de demandas enriquecedoras desvinculadas da parentalidade, em virtude da intensidade dos filhos como estímulos, da conexão alostática específica entre bebê e mãe ou pai e do caráter ininterrupto da parentalidade. "Aprendemos e crescemos constantemente com os filhos e temos de cuidar de modo diferente a cada fase da vida", Orchard me disse. "Ou talvez tenhamos de cuidar de dois ou três filhos em duas ou três fases da vida. E isso envolve trocar de configuração — 'Bem, vejamos, então preciso dar isto a este filho, preciso dar aquilo ao outro' — ao mesmo tempo. Isso é difícil e evolui. Muda. Nunca é estável. Não podemos nos acomodar jamais."

No entanto, Orchard não chega a afirmar que ter filhos é categoricamente benéfico para o cérebro. Embora a parentalidade pareça ter efeitos duradouros, esses efeitos são complicados demais para que os caracterizemos como claramente benéficos. O estudo desse assunto é complicado pelo número imenso de variáveis na vida reprodutiva de cada pessoa que podem moldar sua trajetória hormonal e sua experiência de vida.

Alguns estudos — mas não todos — concluíram que não ter filhos ou ter poucos filhos está associado a melhor função cognitiva em idades mais avançadas do que ter muitos filhos.[52] A exposição cumulativa da pessoa ao estrogênio supostamente é um fator importante para a função do cérebro nos anos mais maduros, e a história reprodutiva talvez influencie essa exposição de modos que podem confundir. O estrogênio aumenta durante a gravidez, mas em geral as mulheres têm níveis de estrogênio mais baixos depois de ter filhos, portanto a gravidez talvez implique níveis cumulativos mais baixos. Muitos outros fatores, entre eles o uso de contraceptivos, o tempo de amamentação e a idade na primeira ou última gravidez, influenciam a exposição ao estrogênio.

As ligações entre gravidez, parentalidade e Alzheimer são matizadas. Ter cinco ou mais filhos, o que às vezes é chamado de "grande multiparidade", foi associado não só a maior risco dessa doença, mas também a maior gravidade de sintomas.[53] Contudo, um estudo pequeno com mulheres britânicas mais velhas baseado em anamneses detalhadas concluiu que uma maior exposição cumulativa ao estrogênio, incluindo exposições decorrentes de *mais* meses passados como gestante, revelou-se protetora contra a doença.[54] Supõe-se que certos genótipos com risco para o Alzheimer — mas não todos — interagem com a história reprodutiva e levam a resultados piores, inclusive a um início mais precoce do mal.[55] Por outro lado, pesquisadores identificaram a necessidade de muito mais informação sobre como a diversidade das experiências de parentalidade afeta o risco e a progressão do Alzheimer.

A parentalidade afeta a saúde de modos complexos por toda a vida da pessoa. Não é uma experiência homogênea, portanto faz sentido que seus efeitos sobre o cérebro em idades avançadas variem em uma população. O que está claro é que esses efeitos perduram, por isso a história reprodutiva da pessoa é um componente formativo importante de sua saúde física e mental ao longo do tempo, sem dúvida para as mães e provavelmente para todos os pais participantes.

Não podemos estabelecer uma relação direta entre os efeitos no longo prazo da parentalidade e o papel evolutivo das avós. Afinal de contas, ratas mães claramente se beneficiam da maternidade no longo prazo, com melhor cognição após o desmame do que ratas que não são mães e com certa proteção contra o declínio relacionado à idade na memória espacial e na neurogênese do hipocampo.[56] Não estou dizendo que os efeitos da maternidade só perduraram depois que as avós humanas evoluíram para precisar deles. Mas, a meu ver, eles estão relacionados do modo como Hoekzema mencionou antes. Quando as avós (e outros aloparentes com experiência) são necessárias à família mesmo tempos depois de já terem criado seus próprios filhos, talvez possuam uma capacidade conservada de pensar sobre as necessidades dos bebês e conectar-se com eles.

Até agora, pelo que sei, apenas um estudo investigou como o cérebro de uma avó responde aos netos como estímulos.[57] Esse estudo incluiu cinquenta avós que tinham no mínimo um neto entre três e doze anos; muitas das avós participavam intensamente da vida dos netos, e dez das cinquenta moravam com eles. Pesquisadores da Universidade Emory compararam dados de RMf de quando as mulheres viram fotos de seus netos, de crianças desconhecidas, da mãe ou do pai da criança (frequentemente filho ou filha biológica dessa avó) e de um adulto desconhecido. Se a hipótese da avó for verdadeira e o fato de uma avó cuidar de seus descendentes de fato tiver promovido a longevidade humana, escreveram os autores do estudo, então um neto deveria ser "um estímulo particularmente saliente para o cérebro de mulheres pós-reprodutivas".

As avós mostraram ativação similar ou até maior em algumas regiões cerebrais ao verem a mãe ou o pai adulto de seu neto em comparação com ao ver o neto, o que talvez não seja surpreendente. Isso ocorreu em especial no pré-cúneo e pode refletir maior capacidade para assumir a perspectiva de outro adulto conhecido. No entanto, regiões envolvidas na empatia emocional, entre elas a ínsula e o córtex somatossensorial secundário, foram ativadas mais fortemente pelo neto. Os pesquisadores usaram dados de um estudo anterior com homens com filhos e constataram que, em comparação com pais que viam seu filho, a imagem de um neto impeliu nas avós uma ativação mais intensa em regiões relacionadas à empatia e em importantes áreas subcorticais envolvidas na motivação e na recompensa.

McCabe, a avó com quem conversei na saída da escola, aposentou-se de seu trabalho como assistente social clínica em escolas e hoje oferece terapia para adultos um ou dois dias por semana. "Nos outros dias, o que mais faço é tomar conta dos netos", ela disse. Faz tempo que ajuda sua filha, seu filho e os respectivos cônjuges a cuidar das crianças: Oscar e os três netos que nasceram depois dele. Quando eclodiu a pandemia, sua casa, uma velha propriedade rural a cerca de trinta minutos de Portland, Maine, tornou-se o centro da vida de sua família estendida. Enquanto os pais trabalhavam dentro de casa, McCabe saía com as crianças em aventuras ao ar livre, procurando rãs ou vasculhando seus quase dois hectares de terreno em busca de novas espécies para adicionarem à sua "lista de bichos".

McCabe tem uma consciência notável de que seus netos estão crescendo e mudando, e ela também. Quando fica exausta, diz a si mesma que eles não precisarão sempre dela do mesmo modo e que ela nem sempre será capaz de dar tanto a eles. Por enquanto, trata de aproveitar os momentos em que pode reconhecer o quanto os netos ganham com o tempo que passam com ela. "Vejo isso em seus rostinhos toda vez que chego ou que eles chegam", ela disse. "É muito precioso. Para mim, é uma dádiva impressionante."

Quarenta anos depois, desvendar os detalhes do desenvolvimento dos primeiros humanos continua a empolgar Hawkes.

Questões sobre as famílias do passado remoto estão muito presentes para ela hoje. Como chegamos a ser "esse animal" é para Hawkes uma obsessão, ela me contou pelo Zoom, apontando enfaticamente seu próprio rosto com os dedos indicadores. Perguntei se ela achava que o trabalho das avós daquela época possibilitou os cuidados aloparentais em toda a nossa espécie. Ela respondeu com um panorama minucioso da história intelectual da sua área antes de chegar a uma resposta mais simples: "Acho".

O cuidado parental não obedece a um padrão fixo comum a todas as espécies. Não é ditado por uma "psicologia distintiva" baseada em gênero, e sim pelo contexto mutável de cada espécie. É uma ferramenta incrivelmente flexível e poderosa da evolução, que E. O. Wilson considerou um mecanismo de adaptação para o grupo como um todo.[58] Os humanos antigos seguiram um padrão que surgiu conforme necessário em mamíferos e em outras classes toda vez que uma espécie preencheu um nicho ecológico no qual vínculos sociais expansivos permitiram que eles sobrevivessem e prosperassem, frequentemente sob pressões de predação ou de um ambiente instável, como quando os primeiros humanos tiveram de enfrentar o recuo das áreas de floresta e o avanço das savanas.

A reprodução cooperativa envolve ajudantes que não integram o par reprodutivo e é, segundo um grupo de pesquisadores, "uma forma extrema de cooperação".[59] Ocorre em cerca de 3% dos mamíferos. É comum em certos camundongos e suricatos, porcos-espinhos e castores, cães selvagens e macacos que se reproduzem rapidamente. Essa lista não inclui os reprodutores "plurais", nos quais grupos de fêmeas trabalham juntas, em geral separadas dos machos, para criar a prole (pense nos elefantes e leões). É notável que os únicos animais, com exceção dos humanos, que sabidamente passam pela experiência da menopausa sejam certas baleias dentadas, como as orcas e as belugas, que também têm estruturas sociais complexas e recorrem a cuidados aloparentais.

Muito mais aves são reprodutoras cooperativas. Pesquisadores ainda procuram descobrir por que espécies, inclusive de parentesco próximo, diferem em suas práticas, embora haja boas evidências para o que Wilson supôs em 1975: famílias são propensas a mais cooperação em ambientes com produtividade variável, para compensar os anos difíceis.[60]

Pouco depois que nos mudamos para nossa casa, contígua a um bolsão arborizado em um bairro com alta densidade de edificações, percebi que tínhamos companhia. Um grupo de corvos residentes acordava com o sol, e fechávamos depressa as janelas do quarto do bebê para que o bando não o acordasse com seu bom-dia barulhento. No começo, isso nos irritava. Mas acabei amando aquelas aves. Ao anoitecer, quando voltávamos para casa do trabalho e da creche e começávamos a nos acomodar nas nossas rotinas noturnas, eu os procurava, querendo vê-los voltar do horizonte e pousar nas copas das árvores.

Na primavera de 2021, um par de corvos começou a construir um ninho em um bordo na orla do nosso quintal. Meus filhos e eu assistíamos a eles carregando gravetos e grama para o ninho e ajeitando o material. Víamos o pai — eu supunha — trazer comida para a mãe que chocava os ovos e às vezes trocar de lugar com a parceira para que ela pudesse enveredar pelo arvoredo à procura de alimento e de uma mudança de cenário.

Um belo dia, um corvo estava sentado no ninho e o outro se encontrava muito próximo quando um terceiro se aproximou. Tínhamos visto outros corvos perto do ninho enquanto ele estava sendo construído, e eu interpretara as interações do par com eles como confrontos, disputa por território. Por isso, pensei que aquele intruso também seria rechaçado. No entanto, a ave no ninho levantou-se, afastou um pouco o corpo, e o terceiro corvo pulou para a borda do ninho com toda a calma para presumivelmente dar uma olhada nos filhotes que tinham acabado de nascer.

No mesmo instante, supus que fosse uma tia que tinha vindo ver a irmã e os bebês — um viés mental da minha parte, carente como eu estava das visitas de minha irmã e sua família, barradas pela pandemia. Mas isso me fez repensar toda a cena que vínhamos presenciando. Teria o ninho sido construído por dois corvos ou mais — uma equipe que se revezava e cujos membros eu não era capaz de diferenciar? Nas semanas seguintes, vendo os adultos trabalharem juntos para trazer alimento para o ninho, eu me perguntei quantos estariam aprovisionando aqueles filhotes famintos em crescimento.

Acontece que as aves da família dos corvídeos, que inclui o corvo-comum, o corvo-americano, o gaio e a pega, são notavelmente cooperativas.[61] Supõe-se que são cognitivamente complexas, muito sociais, longevas e leais. Cerca de 40% dos corvídeos são reprodutores cooperativos, alguns ajudados por filhos mais velhos, outros por membros do grupo não aparentados. Algumas espécies reproduzem-se "colonialmente", com vários ninhos muito próximos. O mais provável é que os ajudantes daquele ninho[62] em nosso quintal fossem irmãos nascidos no ano anterior que ainda não estavam se reproduzindo.

A parentalidade não segue um padrão fixo. Como explicar toda a variabilidade entre as espécies e circunstâncias? E ao longo do tempo? A resposta, em parte, está no cerne de um debate cultural muito mais amplo e atualíssimo sobre a natureza das diferenças entre os sexos e o cérebro.

Neste momento em que escrevo, os Estados Unidos parecem estar na crista da mais recente onda de retórica política sobre gênero e família, insuflada em parte pelo pânico diante da queda da taxa de natalidade e em parte pela indignação de mães que perceberam o grau em que seu sofrimento durante a pandemia foi exacerbado por políticos eleitos e funcionários públicos que, durante décadas, se recusaram terminantemente a reconhecer as verdadeiras necessidades das famílias — e continuam se recusando. "A covid meteu uma alavanca nas disparidades de gênero e as alargou", disse a economista Betsey Stevenson[63] ao *New York Times* em fevereiro de 2021. Culpa da apatia dos políticos, ou do contingente de conservadores que tacham de "engenharia social esquerdista" as iniciativas para criar licença remunerada ou creches acessíveis e que recaíram na ideia arraigada de que a necessidade de creches representa um fracasso da família americana — algo necessário para famílias pobres, desagregadas, mas certamente não um bem universal.[64]

Os que defendem essa ideia frequentemente parecem acreditar que as crianças humanas devem ser criadas por uma mãe comprometida em casa, sustentadas por um pai caçador, e que essa é a estrutura familiar ditada pela biologia. Que é assim que sempre foi.

Mas estão errados.

6. Propensos a cuidar

Por muito tempo Catherine Dulac não se interessou pelo comportamento parental como tema de pesquisa. Estudava influências sensoriais sobre o comportamento social em camundongos. "A parentalidade estava fora do meu radar", disse-me a professora de biologia molecular e celular de Harvard. "Meu enfoque era mais a interação entre adultos — macho/macho, macho/fêmea, luta e acasalamento, que são as interações sociais de tipo mais clássico estudadas." Interações clássicas no sentido de serem consideradas mais importantes pelos homens que dominavam a ciência e para quem lutar e acasalar-se era mais fundamental do que cuidar, um comportamento visto como distintamente feminino, ela acrescentou.

No começo dos anos 2000, Dulac e colegas investigavam o papel que o órgão vomeronasal dos camundongos, uma estrutura tubular que desemboca na cavidade nasal, desempenha na detecção de feromônios e no desencadeamento de comportamentos sociais específicos de cada sexo. Descobriram que fêmeas com sinalização vomeronasal deficiente apresentavam comportamentos típicos de machos — por exemplo, cobrir e fazer movimentos pélvicos. Posteriormente, quando os pesquisadores estudaram machos que também tinham sinalização deficiente, constataram que eles eram menos agressivos com filhotes, limpavam-nos e se agachavam sobre eles como se os amamentassem, além de construir ninhos. Em outras palavras, disseram os pesquisadores, o cérebro do camundongo macho parecia conter circuitos funcionais para o comportamento típico de fêmeas, que normalmente era mascarado pelo controle vomeronasal. E vice-versa.[1]

Essas descobertas foram publicadas ao longo de vários artigos na prestigiosa revista *Nature* e receberam muita atenção, mas eram um tanto controversas. Alguns estudiosos apresentaram descobertas contraditórias e questionaram os métodos do laboratório.[2] No entanto, o trabalho interessa-me porque conduziu Dulac ao estudo da parentalidade.

Fazia tempo que a neuroendocrinologia considerava o cuidado um comportamento social clássico merecedor de estudo, para o qual havia capacidade em comum entre as espécies. No entanto, pairava ainda uma impressão generalizada — em outras áreas da ciência e durante boa parte da segunda metade do século XX — de que a testosterona (e seu metabólito, o estradiol) moldava o cérebro masculino de tal modo que o cérebro de machos e fêmeas continha redes neurais diferentes específicas de cada sexo, e que esses circuitos muito diferentes produziam diferentes comportamentos de acasalar-se e de cuidar (os homens são de Marte etc.).[3] "Os cérebros de machos e fêmeas tinham de ser tão diferentes quanto os órgãos genitais de machos e fêmeas — portanto, estruturalmente diferentes", Dulac me disse. "E, a meu ver, eles não diferem estruturalmente."

Para começar, "um cérebro é algo difícil de construir", ela disse. Criar versões distintas para cada sexo seria ineficiente. Dulac vê o cérebro como algo que é comum a todos e que incorpora "comutadores" regulatórios. Esses comutadores podem ser moderados por vários fatores, entre eles o contexto do sexo biológico e o contexto social.

Esse é um modo simples de explicar algo complexo. O cérebro é complicado e se torna ainda mais intricado pelo significado que atribuímos a cada nova descoberta. Sabemos que os humanos (e outros mamíferos) possuem a capacidade de cuidar de crianças que foram geradas por outro, inclusive crianças com quem não têm nenhum parentesco biológico. Vemos isso por toda parte: em homens empenhados em cuidar do filho, em pais adotivos amorosos, em outros cuidadores dedicados. A ciência das diferenças no cérebro baseadas em cada sexo que evoluiu nestas duas últimas décadas aproximadamente mostra um quadro muito mais matizado e em camadas, com diferenças médias em todo o cérebro que podem, mesmo assim, variar muito de pessoa para pessoa e que são moldadas por fatores relacionados a hormônios sexuais *ou* desvinculadas deles. No entanto, também vimos que nossa compreensão cultural da parentalidade tem raízes profundas na nossa compreensão cultural de sexo e gênero. Os estudos sobre o cérebro parental têm revolucionado ambas as noções, mostrando que a capacidade neural para os comportamentos parentais é comum em toda a espécie, ao mesmo tempo que põem em xeque as rígidas fronteiras de gênero.

A questão do quanto os cérebros de machos e fêmeas são diferentes é complicada e frequentemente parece destilar-se até o perturbador ponto dos estereótipos. A primeira vez em que publiquei uma matéria sobre o cérebro materno, recebi um e-mail de Larry Cahill, neurocientista da Universidade da Califórnia em Irvine e renomado pesquisador das diferenças entre os sexos. Ele meio que me parabenizou pelo interesse no assunto (embora eu tivesse escrito sobre a maternidade, e não sobre a condição da mulher) e me recomendou que lesse seus trabalhos.

Por muito tempo afirmou-se que era mais difícil estudar fêmeas porque as flutuações de seus hormônios reprodutivos tornavam-nas mais "variáveis", apesar do fato de que os hormônios masculinos também flutuam.[4] As fêmeas eram simplesmente desconsideradas, tanto em modelos animais como em estudos humanos. Quando eram incluídas, os dados não eram classificados por sexo de algum modo significativo (e continuam não sendo, apesar de agências de financiamento tomarem medidas para eliminar essa lacuna). Como consequência, ocorrem disparidades generalizadas entre os sexos nos resultados de diagnóstico e tratamento, entre as quais a não identificação de ataques cardíacos, derrames ou diferenças neurobiológicas em mulheres, além de reações mais adversas a medicamentos prescritos. Adicionalmente, subestima-se muito o sexo como variável biológica nos processos de neuroplasticidade ou na prevalência e progressão de doenças mentais.

Cahill tem sido um defensor influente da inclusão de fêmeas em estudos de humanos e outros animais na neurociência. E é uma voz controversa em favor da ideia de que diferenças no cérebro baseadas no sexo fundamentam diferenças estereotípicas no comportamento de homens e mulheres.[5] Pense bem, ele me disse por telefone: por que há tão poucas mulheres encanadoras? Ele mencionou que essa disparidade talvez tenha relação com o olfato feminino, que em média é mais apurado e provoca reações de nojo na presença de materiais fétidos — ouvindo isso, eu pensava nas gerações de homens que guardaram os portões de entrada para esse ofício por meio de programas de aprendizado.[6]

Outros têm uma visão que considero bem mais flexível: reconhecem que estudar diferenças entre os sexos é essencial porque o sexo biológico é um fator importante no desenvolvimento de cada pessoa. Porém, quando se trata de moldar o cérebro e o comportamento, esse é um dentre muitos fatores, entre os quais a identidade de gênero e a experiência contínua e complexa de ser um corpo no mundo. Como escreveu em 2021 Catherine Wooley, neurocientista da Northwestern University: "As diferenças entre os sexos no cérebro são reais, mas talvez não sejam o que você está pensando".[7]

O laboratório de Woolley fez descobertas importantes sobre diferenças entre os sexos na atividade molecular do cérebro, inclusive em um mecanismo para ajustar a força das sinapses no hipocampo. Compreender essas diferenças é crucial, ela escreveu, pois os fármacos criados com base nesses mecanismos podem funcionar de um modo para alguém do sexo masculino e de outro modo para alguém do sexo feminino. No entanto, ela também afirmou que o fato de existir diferença em um nível molecular não significa que isso produz uma diferença fundamental no modo como as pessoas vivem. De fato, pesquisadores vêm fazendo mais descobertas sobre "diferenças latentes entre os sexos", que existem no cérebro sem produzir diferenças em resultados funcionais. "Há duas rotas para o mesmo resultado", ela escreveu. Ou talvez muitas.

Compreender essas rotas — se elas coincidem ou não e onde divergem — é importante, obviamente, e essa é a razão pela qual as pesquisas que incluem sujeitos do sexo feminino e analisam possíveis diferenças entre os sexos são tão relevantes — algo que Dulac também ressalta. Mas também é importante fazer a crítica dessa análise, para que não voltemos a disfarçar como nova ciência as velhas ideias sobre a natureza essencial da mulher.

Às vezes, estudos sobre diferenças entre os sexos ensejam um modo inédito de ver as coisas. Lembremos que Dulac e seus colegas descobriram que pools específicos de neurônios associados à síntese de galanina na área pré-óptica medial (MPOA, na sigla em inglês) eram essenciais para a execução de comportamentos parentais em camundongos. Ativá-los incentivava a prática de cuidados parentais, inclusive em fêmeas virgens e em machos.

Sem eles, os comportamentos relacionados a esses cuidados reduziam-se drasticamente. O número de neurônios associados à síntese de galanina na MPOA dos camundongos *não* é sexualmente dimórfico, não difere entre machos e fêmeas. Os dois sexos possuem o mesmo sistema de circuitos associado à parentalidade — um "instinto parental" baseado na espécie e não em cada sexo, ainda que ele seja "ao mesmo tempo inato e plástico", Dulac me disse. Ela e colegas do Centro de Ciência do Cérebro de Harvard escreveram que essa descoberta acrescentou evidências corroborando a ideia dos "cérebros bipotenciais masculino e feminino", com um sistema de circuitos parental básico que é ativo ou não dependendo do estado fisiológico do indivíduo, do ambiente e da exposição a sinais da prole.[8]

Camundongos não são humanos. Não sabemos se um conjunto similar de neurônios associados à síntese de galanina está presente na MPOA humana. Mas a anatomia e a função do hipotálamo, onde esses neurônios vivem, são acentuadamente conservadas em todos os vertebrados, ou seja, os animais evoluíram, mas em grande medida o hipotálamo permaneceu igual. Dulac faz várias ressalvas a essa afirmação — "ainda não temos prova" —, mas acredita ser "bem provável" que exista um conjunto de neurônios na MPOA humana que "expressa a parentalidade controlada pela galanina".

O enfoque mais interessante, para mim, é o mais abrangente. Pode ser que haja diferenças entre os sexos justamente no modo como funcionam esses pools de galanina. Contudo, em um nível muito fundamental, o sistema de circuitos da parentalidade talvez seja algo que existe *universalmente* e que é regulado de maneira diferente nos dois sexos, de indivíduo para indivíduo, e dependendo do contexto social da espécie. Ele não está gravado apenas no cérebro das fêmeas.

Essa não é uma ideia totalmente nova, claro. Há décadas que

o trabalho pioneiro de Jay Rosenblatt e colegas indicou a universalidade de comportamentos de cuidado em roedores. Mais tarde, em 1996,[9] eles descobriram que a MPOA estimulava "comportamento maternal" tanto em machos como em fêmeas e que lesões na MPOA prejudicavam o comportamento de cuidado nos ratos machos. O trabalho de Dulac adicionou informações importantes sobre a natureza comum do comportamento de cuidado e a diversidade de sua expressão.

Como ela e suas colegas de Harvard Lauren O'Connell e Zheng Wu escreveram, a variação nos estilos de parentalidade entre as espécies e no âmbito de cada espécie talvez seja possível justamente porque esse sistema de circuitos da parentalidade — assim como um sistema de circuitos oposto que controla o comportamento agressivo — é comum a todos. Uma similaridade que impulsiona diferenças pode parecer, à primeira vista, contrária à intuição. Mas esses circuitos talvez sejam como alavancas, ajustadas "ao longo de grandes distâncias evolutivas".[10] Isso ocorre porque, de uma perspectiva evolutiva, a parentalidade é muito útil, Dulac me explicou. E, claramente, não só para as mães.

Jake Roberts nunca planejou tornar-se pai. Quase não tinha experiência com bebês ou crianças pequenas. Também não tinha um modelo de pai. Crescera em Biddeford, no Maine, com um pai distante. Pensava: "Não quero e nem devo ser pai", ele me contou. Pelo menos foi assim até o momento, no 1º de abril de 2011, em que sua mulher contou que estava grávida. ("Está brincando?", ele perguntou.)

Um amigo incentivou Roberts a participar do programa nacional Boot Camp for New Dads, um treinamento para novos pais, promovido em hospitais regionais pela ONG Maine Boys to Men. O programa reúne homens que vão ser pais e homens que são pais de recém-nascidos e seus bebês. "Ele me disse: 'Você tem que ir. Lá vai ter bebês de verdade. Você troca fralda, eles fazem cocô e xixi e choram, mas é um barato. E só tem homem, cara. Só homem'", Roberts lembrou. Ele topou. Afinal de contas, tinha muito o que aprender, segundo falou.

Roberts me contou que talvez tenha sido nesse programa que viu *pela primeira vez* um homem sozinho com um bebê. "Foi muito legal de ver. Olha só aquele cara. O bebê tá chorando. Ele conseguiu fazer o bebê parar de chorar. Trocou a fralda, alimentou. E eu pensava: 'Então tá, se eles podem fazer, eu também posso'.

Depois disso, Roberts disse, "Comecei a curtir".

Ele curtiu ser pai — o nascimento do bebê Luc começou justo quando Roberts estava tirando um peru do forno num domingo à noite — e curte falar sobre paternidade. Roberts voltou ao programa de treinamento com seu filho, dessa vez como orientador, e mais tarde tornou-se um facilitador, ajudando na execução do programa. "Aquela ideia tradicional, estereotipada, dos homens sobre ser pai e sobre a paternidade... Tipo, a gente tem que esperar até eles aprenderem a andar e aí pode fazer bagunça junto; e não é nada disso, se você ler sobre a ciência" que trata dos bebês e da formação de vínculos, ele disse. "Por que eu não ia querer participar? É mágico quando eles são mais novos."

Fiquei sabendo sobre Roberts porque meu marido participou de um dos seus treinamentos e também se tornou orientador. Como Roberts, Yoon tinha pouquíssima experiência anterior com bebês e nenhum modelo paterno direto. O treinamento mudou suas condições. Deu a ele — a nós dois, na verdade — uma nova linguagem para conversarmos sobre o tipo de pai que ele queria ser naqueles primeiros meses, sobre como me apoiar durante o trabalho de parto e a amamentação, e como lidar com um bebê chorando quando não sabemos o porquê. Deu-lhe o sentimento de que era capaz de desempenhar seu papel de pai de recém-nascido e a consciência do fenômeno muito comum do *gatekeeping*, no qual quem deu à luz impede direta ou indiretamente outras pessoas de serem verdadeiros parceiros nos cuidados com o recém-nascido, não lhes dando a chance de aprender como se faz (ver: vigilância materna e a pressão social para fazer tudo).

Quando nosso filho mais velho tinha cerca de um ano e meio, Yoon pediu demissão do jornal onde nós dois trabalhávamos para virar fotógrafo e produtor de vídeo freelancer e assim poder ficar em casa parte do dia. Era uma mudança que parecia apropriada para nós, tendo em vista principalmente todos os modos como ele escolheu estar presente durante os primeiros meses de vida do nosso filho. Essas escolhas moldaram seu relacionamento com Hartley, o nosso relacionamento e o equilíbrio do lar. E, muito provavelmente — para Yoon e Jake —, moldaram o desenvolvimento do cérebro parental.

Para muitas pessoas que dão à luz, aspectos da gravidez e do parto, a inundação de hormônios, a intensidade extrema de alimentar e cuidar do recém-nascido e as expectativas sociais que acompanham tudo isso podem parecer não negociáveis. Para muitos pais não gestacionais, entrar por completo na parentalidade é uma escolha mais consciente. Porém também é transformadora no nível biológico.

Nessa área de estudo do cérebro parental, a maior parte das pesquisas investiga pais biológicos cisgênero e heterossexuais. A carência de estudos sobre outros tipos de pais exceto esses e as mães gestacionais é gritante e constitui um óbvio obstáculo para de fato compreendermos os mecanismos do cuidado parental em humanos. Mas voltaremos a esse assunto. Primeiro, tratemos dos estudos sobre esses pais contemplados no grosso das pesquisas e consideremos como tais descobertas poderiam ter uma abrangência maior.

Não sabemos como nem quando o cuidado paterno começou entre os humanos. Em mamíferos, essa tendência evoluiu muitas vezes, ao longo de diferentes caminhos evolutivos. Nos humanos ancestrais provavelmente surgiu com o desenvolvimento do vínculo entre casais ou da união de casais por períodos mais longos. Mas a questão é complicada, em certa medida, pelo fato de que o cuidado paterno está longe de ser universal. Em termos formais, ele é "facultativo, não obrigatório".[11] Nem sempre o pai é presente. Na verdade, muita coisa depende das circunstâncias. Para as famílias antigas e as modernas, o grau de envolvimento paterno depende da proximidade, dos recursos, da força e da sustentabilidade da relação entre mãe e pai ou da disponibilidade de outros cuidadores para ajudar.

Sarah Blaffer Hrdy escreveu que "os machos humanos podem cuidar dos pequenos um pouco, muito ou nada". Os padrões humanos para conceber filhos e criá-los são notavelmente diversos. No entanto, a fisiologia de um pai muda quando ele passa tempo com grávidas e bebês. "Na minha opinião", Hrdy afirmou, "isso implica que o cuidado por machos tem sido parte integrante das adaptações humanas há muito tempo."[12]

Nos casos mais extremos, pais têm sintomas similares aos da gravidez quando sua companheira espera um filho. Esse fenômeno é conhecido como síndrome de *couvade,* da palavra francesa que significa incubar ou chocar, e às vezes como gravidez fantasma ou pseudociese. Ariel Ramchandani, em artigo para a *Atlantic,* examinou estudos de caso e outras investigações até o presente e constatou que "a lista de sintomas parece incluir quase tudo: diarreia, constipação, cãibras nas pernas, dor de garganta, depressão, insônia, ganho de peso, perda de peso, cansaço, dor de dente, dor nas gengivas".[13] Além de enjoo matinal.

Essa síndrome está bem documentada, embora muitos, inclusive as companheiras grávidas, a menosprezem e ridicularizem como puramente psicológica.[14] É difícil saber o quanto ela é comum. As estimativas de prevalência variam muito, e os autorrelatos de sintomas provavelmente dependem bastante das expectativas culturais. (No entanto, essa síndrome é esperada naqueles macacos do Novo Mundo que praticam a reprodução cooperativa, cujos machos ganham até 15% de peso corporal quando suas parceiras engravidam.) Contudo, essa síndrome parece sintomática de algo muito mais comum: uma grande mudança hormonal com a aproximação da paternidade.

Um estudo publicado em 2000 analisou concentrações de prolactina e cortisol no sangue de 34 casais durante pelo menos uma de quatro fases: no meio da gravidez, pouco antes do parto, dias após o nascimento do bebê ou alguns meses depois do nascimento. Foram investigados também o estradiol nas mulheres e a testosterona nos homens.[15] Os pesquisadores descobriram que, em média, homens e mulheres encaixavam-se em um padrão hormonal similar. Ambos os grupos apresentaram aumentos na prolactina e no cortisol quando o parto estava próximo e declínios no estradiol ou na testosterona nas primeiras semanas pós-parto. Pode parecer óbvio, a essa altura, que essas mudanças hormonais nas mulheres são mecanismos importantes para preparar seu corpo e sua mente para a transição da parentalidade. Porém, supuseram os pesquisadores, mudanças hormonais fazem algo parecido com os pais, "predispondo-os" ao cuidado paterno.

Nas duas décadas decorridas desde a publicação desse artigo, cresceu o interesse pelos hormônios em pais de recém-nascidos, e a atenção parece voltada para o aumento da participação dos pais no cuidado dos filhos.[16] Os estudos até o presente, muitos deles concentrados na diminuição da testosterona em pais, trouxeram alguma clareza e muitas novas perguntas.

Supõe-se que a testosterona regula o comprometimento fisiológico do indivíduo com o acasalamento ou o cuidado da prole, e os meios-termos entre competição e cooperação que essas duas coisas requerem. Essa ideia, conhecida como hipótese do desafio, deriva dos padrões sazonais em aves machos, que primeiro competem por parceiras para se acasalarem e depois competem na criação dos filhotes. Com alguma variabilidade, as aves apresentam queda na testosterona, contando desde o início da temporada de reprodução até o nascimento da cria. Esse padrão aplica-se a alguns mamíferos, inclusive a primatas paternos, como os saguis, que têm queda de testosterona quando expostos a filhotes.[17] O artigo de 2000 e outros trabalhos relataram padrão similar em humanos, porém muitos desses estudos basearam-se em cruzamentos de dados que compararam grupos de homens em fases diferentes em vez de acompanhar os mesmos homens ao longo do tempo.

Alguns dos dados mais eloquentes até agora sobre pais e testosterona vêm de um estudo chefiado pelos antropólogos Lee Gettler e Christopher Kuzawa, que acompanharam centenas de homens jovens moradores ou vizinhos da cidade de Cebu, nas Filipinas, durante quatro anos e meio a partir de 2005.[18] Os homens forneceram amostras de saliva pela manhã e à noite quando tinham 21 anos de idade e novamente aos 26. Em um grupo de estudo mais numeroso, 465 homens eram solteiros e sem filhos no início. Os pesquisadores constataram mais tarde que os homens que tinham níveis mais elevados de testosterona pela manhã no começo do estudo tiveram maior probabilidade de encontrar parceiras durante o período estudado. Entre os que se uniram a uma parceira e tiveram filhos, constatou-se um declínio médio de 25% na testosterona matinal e de 34% na testosterona noturna, enquanto os declínios médios relacionados à idade em homens que permaneceram solteiros e sem filhos foram de 12% pela manhã e de 14% à noite.

No fim do estudo, os pais de recém-nascidos mostraram os maiores declínios em relação aos seus níveis no começo do estudo quando comparados aos pais com filhos um pouco mais velhos. E os que relataram passar no mínimo três horas por dia cuidando de filhos tinham testosterona mais baixa do que os que informaram ter pouco ou nenhum envolvimento com filhos. Notavelmente, os pais dedicados e os não dedicados não tinham apresentado diferenças significativas na avaliação inicial, e isso sugere que foi o ato de cuidar dos filhos que levou à queda da testosterona, e não alguma predisposição hormonal particular que tivesse impelido aqueles homens a cuidar.

Não é só a interação com o bebê que muda os pais; é também a interação com a companheira quando eles vivem juntos. Um grupo de pesquisadores chefiados por Darby Saxbe, psicóloga do desenvolvimento e fundadora do Centro para a Mudança da Família da Universidade do Sul da Califórnia, acompanhou 27 casais heterossexuais ao longo de toda a gravidez, medindo seus níveis de testosterona na saliva a cada oito semanas aproximadamente.[19] Quando seus bebês tinham cerca de três meses e meio, os pais responderam a questionários destinados a avaliar seus níveis de investimento, comprometimento e satisfação com a companheira (e não com a parentalidade).

O estudo constatou que os níveis de testosterona dos pais diminuíram durante a gravidez enquanto os das mães aumentaram, porém o notável foi o modo como mudaram. No final da gravidez, esses níveis mudaram juntos, com uma correlação entre o grau de diminuição no pai e o grau de aumento na mãe. Para os pais, tanto o declínio global da testosterona durante a gravidez quanto sua mudança hormonal correlacionava-se com a da companheira prediziam quão positivamente responderiam ao questionário pós-parto sobre o relacionamento do casal.

Os pesquisadores não sabem como exatamente uma mulher grávida influencia a biologia do pai da criança dessa maneira. Mencionam a proximidade, o tempo e a intimidade em um sentido geral — a sincronia. Nem sempre a sincronia hormonal é positiva. O estudo de Saxbe também descobriu que os níveis de cortisol do casal podem mudar juntos, e essa correlação foi mais acentuada quando as mulheres relataram agressão física ou verbal ou comportamentos controladores por parte dos companheiros.[20] Saxbe disse-me que pensa nisso como uma espécie de "contágio de estresse". Mas o estudo indica que, no caso da testosterona, a sincronia é adaptativa. O artigo sobre a testosterona foi limitado pelo número pequeno de casais estudados e pelo fato de não terem sido coletadas amostras no pós-parto. Apesar disso, os autores sugerem que mudanças na testosterona "podem fundamentar a dedicação dos pais" às suas companheiras, especialmente em uma fase de estresse durante a transição para a parentalidade, quando muitas vezes a satisfação da pessoa em seu relacionamento diminui.

Duas meta-análises recentes examinaram o panorama dos estudos sobre testosterona na paternidade. Em uma delas, os autores avaliaram dezenas de estudos que, considerados em conjunto, investigaram a testosterona em milhares de homens heterossexuais.[21] Em média, homens em relacionamentos heterossexuais firmes tinham concentrações mais baixas de testosterona do que solteiros, e essa diferença manteve-se nas várias idades e quando foram comparadas amostras de países conhecidos como Weird (iniciais em inglês de "ocidentais, educados, ricos, industrializados e democráticos") com outros. Em geral, os analistas descobriram, pais têm concentrações mais baixas de testosterona do que homens sem filhos. A testosterona era ainda mais baixa naqueles pais categorizados como cuidadores ativos ou experientes, embora os autores ressaltassem não ter certeza quanto às evidências dessa conclusão.

Em outra meta-análise, os autores encontraram testosterona mais baixa associada à paternidade, mas salientaram que o tamanho do efeito, ou o grau de diferença, era pequeno — tão pequeno que, se aplicado a uma população, seria inexistente para a maioria dos homens.[22] Foram propostas várias explicações para isso, relacionadas à natureza da neurociência e à natureza da testosterona. Muitos estudos sobre a hipótese do desafio em humanos são considerados "fracos", isto é, suas amostras consistem em um número demasiado pequeno de pais e por isso não podem gerar resultados estatísticos fortes. Provavelmente a infrarregulação da testosterona depende de uma grande variedade de fatores relacionados ao contexto social. Esses fatores nem sempre são levados em conta, e por essa razão os analistas escreveram que não puderam examinar seus efeitos de modo detalhado. Entre esses fatores sociais podem estar o quanto um pai se sente comprometido com sua companheira antes da gravidez e com o passar do tempo, o quanto ele está mentalmente preparado para ter filhos, sua experiência de cuidado anterior e o quanto ele é participante como pai. Para este último fator, escreveram os autores, a paternidade biológica — procriação básica — parece ter muito menos influência sobre a fisiologia do homem do que a "paternidade social".

A testosterona é complicada. Assim como a ocitocina é chamada de "hormônio do amor", a testosterona é a estrela de outra narrativa cultural que deturpa os fatos.[23] Ela é alardeada como o motor da masculinidade, a produtora da genitália *e* da mente masculinas, o combustível da competitividade, do apetite sexual, da dominância e da disposição para o risco dos machos. Essa narrativa pode moldar o viés dos pesquisadores, levando às vezes a planos de estudo que corroboram estereótipos em vez de explorar as nuances da biologia que fundamentam o comportamento humano. Para começar, uma compreensão mais completa dos hormônios é tolhida pelo fato de que muitos pesquisadores estudam hormônios específicos apenas no sexo em que tais hormônios são considerados mais influentes — testosterona no sexo masculino e estradiol ou progesterona no feminino —, apesar de eles estarem presentes em todos os humanos e serem parte de um sistema neuroendócrino complexo.[24]

A testosterona de fato configura o desenvolvimento dos órgãos genitais típicos dos machos. Após a puberdade, a testosterona média em circulação nos machos é muitas vezes mais elevada do que a testosterona média em circulação nas fêmeas e fundamenta características sexuais secundárias nos homens, como massa muscular mais densa e maior força na parte superior do corpo. No entanto, essas médias são apenas dois pontos em um conjunto mais abrangente no qual pode haver coincidências em machos e fêmeas — um conjunto que poderia ter outra aparência se fossem incluídas pessoas intersexuais ou não binárias. O mesmo se aplica a muitas diferenças entre os sexos identificadas na estrutura cerebral. Existem coincidências entre os sexos e variabilidade entre elementos, por isso a anatomia cerebral de um indivíduo pode ser típica de fêmeas em uma região porém mais típica de machos em outra.[25] Como afirmaram os autores de uma análise multidisciplinar recente intitulada "Future of Sex and Gender in Psychology" [Futuro de sexo e gênero na psicologia], "os cérebros, em sua maioria, são mosaicos de gênero/sexo".

Alguns cientistas renomados contestam essa ideia. Uma análise que é apresentada como evidência inquestionável do binário de gênero e como "o estudo mais recente, abrangente e rigoroso" sobre os níveis de testosterona em adultos foi escrita por pesquisadores que são consultores remunerados ou que receberam apoio financeiro da World Athletics, a federação que rege o atletismo mundial.[26] Eles determinaram que a testosterona "tem uma distribuição bimodal notavelmente sem sobreposições, com separação grande e completa entre homens e mulheres".[27] Parece convincente. Mas cabe considerar que esse artigo trata especificamente de competições esportivas e foi financiado por organizações interessadas em determinar a divisão entre competidores masculinos e femininos, quem deve ser excluído e como. O estudo excluiu explicitamente como anormais as mulheres com testosterona elevada.

Sari van Anders, professora de psicologia, estudos de gênero e neurociência da Queen's University, em Kingston, Ontario, disse-me que essa linha de pensamento contribui para "uma narrativa conveniente: mulheres com T acima de X são anormais. Como sabemos? Graças àquela distribuição das mulheres da qual excluímos as mulheres com T elevada". A testosterona elevada em mulheres é considerada patológica, disse Van Anders, mesmo se mulheres com níveis elevados forem sadias. E a ocorrência de testosterona muito baixa em homens, inclusive em atletas de elite sadios, é minimizada.[28]

A testosterona varia bastante entre indivíduos e ao longo da vida, inclusive no decorrer do dia. Em geral atinge o pico em machos após a puberdade e declina com a idade, e suas concentrações variam muito entre as diversas sociedades e entre as várias condições socioeconômicas no âmbito de cada sociedade. Quantificar essas diferenças revelou-se bem difícil.[29]

Além disso, embora consideremos a testosterona um propulsor de comportamentos característicos de gênero, é possível que comportamentos característicos de gênero sejam um propulsor dos níveis de testosterona. Em um estudo chefiado por Van Anders, os pesquisadores mediram a testosterona salivar de atores treinados antes e depois de apresentarem um monólogo no qual deviam exercer poder, especificamente para demitir um subordinado. Os atores, homens e mulheres, fizeram sua apresentação duas vezes, uma delas de um modo estereotipadamente masculino, que envolvia ocupar espaço, sorrir pouco, adotar uma postura dominante e interromper, e a outra de um modo estereotipadamente feminino, com contato visual menos frequente, hesitação, registro vocal mais agudo e um objetivo geral de "tentar ser gentil".[30] Os homens, mas não as mulheres, mostraram aumentos significativos na testosterona após os dois estilos de atuação, o que sugere que o próprio ato de ter e exercer poder, independente de apresentações características de gênero desse poder, pode impelir aumentos na testosterona.

Segundo os autores, é possível que a testosterona média em homens seja mais elevada do que em mulheres não só em decorrência de fatores hereditários, mas também porque eles receberam durante toda a vida incentivo para competir, agir e obter poder. Em outras palavras, a base biológica percebida para um binário de gênero talvez tenha sido criada, em parte, pelo binário de gênero socialmente construído. Isso se autossustenta.

Não podemos tecer uma nova narrativa se não desenredarmos a anterior. O que é considerado "normal" na parentalidade está fundamentalmente ligado ao que se considera "normal" nas nossas percepções de gênero. E isso se baseia em como os estudos científicos sobre sexo e gênero são realizados e em como suas descobertas são apresentadas. Na opinião de Van Anders, que estuda a parentalidade, hormônios são substâncias bioquímicas que percorrem nosso corpo e formam uma "narrativa cultural que circula em nossas sociedades". Em uma forma de "hormônios como retórica".

A retórica diz que a masculinidade é criada pela testosterona e a competição e agressão que ela promove, e que a testosterona é inata e o fator que determina o que alguns veem como a grande e completa separação entre homens e mulheres. A retórica diz que as mães, com seu tiquinho de testosterona e imensas quantidades do "hormônio do amor", possuem mecanismos de cuidado inatos e específicos de seu sexo.

A realidade é que a capacidade de criar vínculo com os filhos é flexível, presente em todos e regulada de modos diferentes dependendo do indivíduo. A testosterona não é um propulsor natural, fixo e certo da masculinidade. É um componente importante e maleável do sistema hormonal que influencia o cérebro e o comportamento humano, em especial nossa orientação para vínculos sociais, em todos os gêneros.[31]

Um objetivo central do trabalho de Van Anders é fazer perguntas fundamentais sobre comportamentos sociais. Por exemplo, no contexto de seu trabalho sobre sexualidade, o que é o desejo? Para muitos, parentalidade é um conjunto de comportamentos ternos e solícitos. Mas também pode envolver a agressão protetora, uma espécie de vigilância, que eleva a testosterona. Descobriu-se que a testosterona em circulação nos homens com filhos aumenta quando eles ouvem uma gravação de choro de bebê, algo que os pesquisadores associam com motivação para o cuidado.[32] (Quando ouvem um bebê chorar, pais experientes também tiveram um aumento notável na prolactina, um hormônio tipicamente associado à produção de leite em mamíferos que foi vinculado ao cuidado paterno, com alguns resultados mistos.) No contexto da hipótese do desafio, esse fenômeno é conhecido como "paradoxo de defesa da prole", uma exceção à regra que iguala parentalidade e baixa testosterona.

Van Anders e duas colegas, Katherine Goldey e Patty Kuo, propuseram um modelo mais matizado para o comportamento da testosterona, em particular em relação aos neuropeptídeos ocitocina e vasopressina — um modelo que leva em consideração objetivos sociais.[33] Elas também tentaram separar esses objetivos de ideias sobre masculinidade e feminilidade, mas escreveram que é difícil fazer isso por completo porque, em grande medida, os estudos desses hormônios têm sido muito específicos para cada gênero. Há numerosos estudos sobre testosterona em pais, por exemplo, e pouquíssimos sobre testosterona em mães (ou sobre mulheres e agressão). Isso apesar de mulheres apresentarem importantes picos de testosterona[34] no período pré-natal — um estudo de 2014 com 29 grávidas encontrou níveis seis vezes maiores de testosterona em amostras salivares ao longo da gravidez —, seguidos no pós-parto por um declínio a níveis mais baixos que os de mulheres sem filhos.[35] "Como saber [que a mudança na testosterona] tem alguma relação com cuidados paternos", Van Anders me disse, "em contraste com cuidados maternos, em contraste com parentalidade, em contraste com cuidado por avós ou com qualquer cuidado?"

A ideia de que mudanças hormonais facilitam a parentalidade dedicada, tanto em homens como em mulheres, tem implicações que vão além de ajudar os homens a compreender sua transição para a condição de pais — um objetivo que já é valioso em si mesmo. Poderia servir como uma nova perspectiva para analisar a saúde dos homens e a saúde das famílias de modo mais geral.

A paternidade afeta a vida de muitos homens de modos inumeráveis e sempre mutáveis, contribuindo para estresse ou alegria, estabilidade emocional ou incerteza. Os estudos até o presente — que são bem poucos — sugerem que a paternidade tem efeito protetor sobre a saúde dos homens.[36] Pesquisadores estudaram os efeitos neurobiológicos da paternidade e concluíram que ela deve ser considerada um evento importante também para os homens e merecedor de estudo. "A saúde dos homens não é vista como moldada pela paternidade", disse Saxbe. Isso talvez resulte, em parte, da variabilidade da dedicação paterna. Porém, segundo a autora, a disparidade nos estudos obscurece o quadro mais geral para os homens e para as famílias.

Saxbe, sua colega Diane Goldenberg, da Universidade do Sul da Califórnia, e Maya Rossin-Slater, da Escola de Medicina da Universidade Stanford, escreveram sobre o início da parentalidade como um período crítico de transição na saúde dos adultos, no qual podem desenvolver-se padrões de ganho de peso e doença mental que se conservarão no longo prazo.[37] O período perinatal pode representar "um ponto de inflexão" para disparidades na saúde segundo a raça e a condição socioeconômica, elas escreveram, e aventaram que isso pode ter relação, em parte, com a desigualdade de acesso a políticas de licença remunerada para as famílias. Um fator importante nesse argumento e no trabalho de Saxbe como um todo é a ideia da saúde da família, na qual pais e filhos influenciam uns aos outros.

Em um estudo de 2017, Saxbe e colegas analisaram níveis de testosterona e sintomas de depressão pós-parto em pais e como se relacionavam com a depressão pós-parto nas companheiras. Em 149 casais, os pais que tinham níveis baixos de testosterona (amostras coletadas nove meses após o parto) relataram mais sintomas depressivos.[38] Pais com testosterona alta pareciam estar protegidos, porém nos casais em que os pais tinham testosterona elevada era maior a probabilidade de mães relatarem sintomas depressivos e agressão pelo companheiro.

Li esse artigo e pensei: faz sentido. Se os homens se dedicam à paternidade, passam por mudanças neurobiológicas que os adaptam a seu novo papel, e essas mudanças trazem risco, como ocorre com as mães. De fato, até 10% dos homens podem sofrer de depressão pós-parto, e alguns podem ter outros transtornos de humor relacionados, por exemplo, ansiedade ou transtorno obsessivo-compulsivo.[39] Saxbe e suas coautoras escreveram esse artigo, em parte, como resposta a sugestões de médicos de tratar depressão pós-parto em homens com suplementação de testosterona. E se a intervenção efetivamente embotasse a transição de um pai para a parentalidade ou até aumentasse o risco para a mãe?

Em vez disso, elas escreveram, os clínicos deveriam "ver com mais perspicácia" o papel da testosterona e as necessidades de uma família. "Cuidar de um bebê implica isolamento, estresse e tédio, e

é subvalorizado pela nossa sociedade. Não é visto como uma ocupação valiosa", Saxbe me disse. "Quando homens se veem nesse papel, talvez paguem o mesmo preço psicológico que as mulheres." Isso não significa que os homens não devam fazer isso. Na verdade, a sociedade precisa de mais homens cuidando de bebês para que mais pessoas possam perceber que a melhor resposta é fornecer infraestrutura, por exemplo, licença remunerada e apoio no trabalho, a fim de proteger "todo o sistema familiar".
Quem diria!

Em 2008 o bioantropólogo James Rilling deu um curso sobre neurociência social e decidiu acrescentar uma seção sobre amor e apego. Vasculhou a literatura especializada pensando em como era desequilibrada, com tantos escritos sobre mães e tão poucos sobre pais. Isso é verdade hoje e era mais ainda antes de terem sido publicados os poucos estudos sobre estrutura e função cerebral dos pais e antes que o grupo de Lee Gettler publicasse seus dados sobre as Filipinas. Rilling, hoje diretor do Laboratório de Ciência Darwinista na Universidade Emory, estava a par das evidências de que crianças com pais positivamente dedicados têm melhores resultados em seu desenvolvimento, e sabia que o cuidado paterno varia conforme a família. "A questão me interessou. Por que há tanta variabilidade entre os homens no grau de comprometimento com o cuidado dos filhos e por que alguns se dedicam mais do que outros?", Rilling disse. Certamente havia influência de fatores culturais e sociais. Mas e quanto a fatores hormonais e neurobiológicos?

 Ele planejou com seus colegas um estudo, já mencionado no capítulo 4, que, em parte, investigava se a hipótese do desafio se sustentava com os pais humanos.[40] Analisou os níveis hormonais plasmáticos de 63 pais com filhos entre um e dois anos de idade e de trinta homens sem filhos, e mediu a resposta neural dos homens quando viam imagens de crianças não aparentadas e de mulheres sexualmente provocantes que eles desconheciam. Tratou-se de um estudo transversal que comparou grupos de homens em vez de acompanhar os mesmos homens ao longo do tempo, avaliando apenas a condição parental, e não a condição do relacionamento, o que é importante, considerando que os homens também passam por mudanças hormonais quando se tornam parceiros estáveis.

Entre os participantes do estudo, os níveis de testosterona dos pais eram em média 20,5% inferiores aos dos não pais. Seus níveis de ocitocina estavam 33% mais elevados. Passei bastante tempo pensando sobre a tempestade hormonal da gravidez, mas também é verdade que uma chuva persistente pode modificar a paisagem. As mudanças hormonais que acompanham a paternidade podem não ser tão previsíveis ou drásticas quanto a montanha-russa endócrina vivenciada por quem dá à luz, mas são reais e provavelmente também têm efeitos duradouros sobre o cérebro paterno.

Como já vimos, a testosterona não é tudo, e é dificílimo isolar os efeitos de um hormônio sobre outro, ainda mais no contexto dos relacionamentos sociais. Testosterona e ocitocina atuam juntas, ou talvez em oposição, dependendo da situação. A ocitocina influencia o neuropeptídeo vasopressina, que talvez tenha um papel no cuidado paterno. A testosterona pode ser convertida em estrogênio, inclusive nos machos, e interage de modos importantes com o cortisol. Apesar disso, a maioria dos estudos só investiga um ou dois hormônios por vez.[41]

Rilling e colegas encontraram diferenças entre pais e não pais na atividade cerebral, mas elas eram apenas parcialmente correlacionadas a diferenças em hormônios.[42] Quando viram fotos de crianças, os pais tiveram respostas neurais em hubs do sistema de recompensa e em regiões cerebrais envolvidas no processamento de expressões faciais e teoria da mente. Especificamente, as respostas de recompensa e motivação dos pais foram mais fortes que as dos não pais ao verem rostos de crianças com expressões tristes ou neutras, e os pesquisadores interpretaram que isso pode estar associado a uma possível propensão dos pais a sustentar a motivação para interagir com seus filhos mesmo em "momentos de aflição ou ambiguidade". Os não pais tiveram respostas neurais mais fortes em áreas de recompensa e motivação ao verem imagens sexualmente provocantes.

Só em uma região do cérebro, associada a processamento facial e empatia — o giro frontal médio caudal —, a paternidade e a testosterona baixa correlacionaram-se a maior ativação em resposta a imagens de crianças, o que levou os autores a escrever que um declínio da testosterona na paternidade "talvez sirva para aumentar a empatia". É interessante notar que não houve um padrão nítido que associasse a testosterona ou a ocitocina a resposta a estímulos sexuais. Isso talvez reflita dificuldades na mensuração dos hormônios, eles escreveram, ou talvez as respostas sexuais sejam mais constantes e menos responsivas às mudanças hormonais mais agudas ocorridas no pós-parto.

A meu ver, essas descobertas parecem corroborar duas coisas vistas em toda a literatura especializada sobre pais: as respostas neurais dos homens são alteradas pela paternidade, especialmente no que diz respeito à motivação e à empatia. E ainda não temos bons conhecimentos sobre como hormônios moldam o comportamento, nos humanos em geral ou nos pais especificamente. Quando mencionei essa ideia a Rilling, ele disse: "Acho que existem evidências consideráveis de que a testosterona elevada aumenta a propensão dos homens aos esforços para acasalar-se e os afasta das atividades diretas de cuidado". Também afirmou que essas descobertas — a ausência de correlação entre testosterona e respostas neurais a estímulos sexuais, o que, em algum nível, refuta a hipótese do desafio — ainda o surpreendem.

Tais achados também indicam algo que pode parecer óbvio, algo que claramente não passou despercebido aos pesquisadores, mas às vezes parece ausente nas descobertas destiladas que publicam. Os pais e as mães nesses estudos são pessoas, em toda a sua diversidade, definidas por muito mais do que sua condição parental, e seus comportamentos nem sempre são prontamente categorizados.

A categorização é uma ferramenta de pesquisa importante, e gosto dos modos como o grupo de Rilling tentou desvendar nuances de cuidado paterno. Eles investigaram também como pais de filhas e pais de filhos interagem diferente com suas crianças e como essas diferenças correlacionam-se com diferenças nas respostas neurais dos pais.[43] Analisaram como a reação de um homem que se torna pai pela primeira vez ao choro de um recém--nascido pode variar dependendo da idade desse homem — pais mais velhos relataram menos aversão ao choro e apresentaram respostas neurais menos intensas.[44] E, em um estudo pequeno com vinte homens que eram pais recentes e foram postos para jogar um videogame no qual tinham de acalmar um bebê que chorava, os pesquisadores acrescentaram evidências em favor da ideia de um sistema global de cuidado parental e, com resultados mistos, identificaram ativação menor em partes importantes do sistema envolvidas na motivação e na regulação das emoções nos pais que relataram mais frustração.[45]

Em um de seus primeiros artigos sobre parentalidade, uma análise crítica da literatura sobre o assunto, Rilling escreveu algo que me marcou. Uma lição importante a ser aprendida com o que sabemos até agora "é que podemos conceber a parentalidade ao longo de um contínuo, com sensibilidade de menos e sensibilidade demais nos extremos opostos e uma parentalidade sensível no meio", ele afirmou.⁴⁶ "Há indícios de que a fisiologia mediadora pode situar-se em um contínuo similar."

A parentalidade, como comportamento e como biologia, não é uma condição fixa, e sim uma escala. Não é um modo de ser, e sim muitos. Isso também vale para os homens que são pais, é claro.

Rilling me disse que, em sua opinião, todos os adultos "possuem o mesmo circuito neural central básico" para o comportamento de cuidado, e ele pode ser moldado por muitas variáveis. "Com que presteza é acionado? Qual é o limiar?", ele disse. "Além disso, há fatores fisiológicos, por exemplo, os hormônios, que influenciam 'de baixo para cima', mas também há influências sociais, culturais, 'de cima para baixo'."

Essas influências de cima para baixo podem incluir expectativas da sociedade sobre os pais ou as expectativas que o homem tem sobre si mesmo. Podem incluir a quantidade e os tipos de apoio com que conta. Dentro de nós existe o que é preciso para a conexão, mas isso assume todas as formas. "Nunca me canso de repetir: boas mães e bons pais são feitos, não nascem assim", Saxbe me disse.

Há mais estudos em andamento sobre os pais. Foram publicados alguns sobre se e como a estrutura do cérebro paterno humano muda, porém com resultados mistos ou muito sutis.⁴⁷ A partir do terceiro trimestre de 2021, o laboratório de Saxbe começou a publicar artigos baseados em um estudo longitudinal que acompanhou no mínimo cem casais desde aproximadamente metade da gravidez até o final do primeiro ano pós-parto, e esse trabalho incluirá uma análise funcional e estrutural dos cérebros paternos ao longo do tempo. Rilling estava começando a recrutar participantes para um estudo longitudinal acompanhando homens com companheiras grávidas durante um período similar. Ambos os projetos são financiados pela National Science Foundation, o que é notável, considerando que grande parte dos estudos sobre o cérebro materno é financiada pelo Instituto Nacional da

Saúde Infantil e Desenvolvimento Humano dos Institutos Nacionais de Saúde (NIH, na sigla em inglês).

Alguns pesquisadores me disseram que, mesmo quando querem estudar mães, os financiadores devolvem pedidos de verba com a pergunta: e quanto aos filhos? Como se o desenvolvimento materno só fosse merecedor de estudo da perspectiva dos resultados para a criança, e não com base na existência das mães. As pesquisas sobre pais têm uma camada adicional. Saxbe me disse que são "muito isoladas" e que ela frequentemente tem a impressão de que, "se quisermos estudar neuroplasticidade em adultos, temos que introduzir o assunto de maneira furtiva". Isso apesar do fato de que compreender o que motiva homens a cuidar de bebês tem "uma tremenda utilidade social e política".

Estudos sobre o cérebro parental analisando qualquer grupo de pais que não sejam pessoas heterossexuais e cisgênero e não tenham DNA em comum com o filho são bem raros. Os que existem são fascinantes, mas cada artigo parece uma pessoa sozinha em um salão de baile, esperando a música começar.

Um artigo exploratório pioneiro usou eletroencefalograma, ou EEG, para analisar os chamados padrões de potencial relacionado a evento em catorze mães biológicas e em catorze mães adotivas ou de criação.[48] Os pesquisadores conectaram uma rede de eletrodos no couro cabeludo das participantes para medir padrões de atividade elétrica no córtex que são associados, com base em repetidos estudos, a tipos específicos de processamento de estímulo. Pediram às mães que vissem imagens de seu filho e de outras crianças (conhecidas e desconhecidas), de um adulto conhecido e de um adulto desconhecido. Ambos os grupos responderam ao rosto do próprio filho, em comparação com o rosto de outros, de um modo que supostamente indica "maior alocação de atenção". É importante notar que as respostas não variaram significativamente conforme o parentesco biológico. Em um grupo mais numeroso de mães de criação, a produção de ocitocina e a atividade cerebral associaram-se de modos interessantes.[49] Esse estudo — efetuado por Johanna Bick, na época trabalhando no Centro de Estudo da Criança em Yale, Damion Grasso, da Universidade de Connecticut, e colegas da Universidade de Delaware — avaliou a produção de ocitocina em 32 mulheres (medida, neste caso, com base em uma série de amostras de urina) quando abraçavam seus filhos, nos dois primeiros meses de acolhimento da criança e três meses mais tarde. Nos mesmos pontos no tempo, os pesquisadores usaram EEG para medir a atividade neural das mães em resposta a uma série de imagens de crianças que incluíam seus filhos e outros.

No primeiro período dos testes, a produção mais elevada de ocitocina relacionada ao aconchego foi correlacionada a maior amplitude em uma mensuração associada à "atenção motivada" quando as mães de criação viam qualquer bebê — e não só o delas. Isso havia mudado três meses depois, quando a ocitocina mais alta foi correlacionada a maior amplitude na resposta ao bebê *da própria mãe*. Os resultados sugerem um processo de vinculação no qual a ocitocina tem um papel, ou talvez uma "fisiologia mediadora", que situa pais adotivos em um contínuo de parentalidade. Em termos mais simples: a neurobiologia de pais adotivos também parece ser mudada pela parentalidade. Obviamente, fica aqui a ressalva: é apenas *um* estudo.

Já mencionamos estudos que encontraram similaridades na ativação da amígdala entre pais cuidadores primários e mães cuidadoras primárias. Esses resultados provêm de um estudo feito por Ruth Feldman, Eyal Abraham e colegas em Israel, que comparou as respostas cerebrais, a ocitocina e o comportamento parental de casais heterossexuais e homossexuais.[50]

Os participantes foram 41 pais biológicos heterossexuais (homens e mulheres, sendo as mulheres as cuidadoras primárias) e 48 pais homossexuais de bebês gerados por "barriga de aluguel" (metade dos homens era biologicamente aparentada com a criança e todos eram considerados cuidadores primários do filho). Os pesquisadores visitaram os pais em casa para coletar amostras salivares destinadas à medição de ocitocina e filmaram interações entre eles e os filhos "em seu habitat natural". Mais tarde, usando RMf, mapearam o cérebro dos pais enquanto viam essas interações filmadas, além de gravações deles sozinhos e de pais e filhos desconhecidos.

Esse artigo foi fundamental para estabelecer a ideia de uma rede global de cuidados parentais.[51] No conjunto dos pais que viram as interações filmadas com o filho, os pesquisadores encontraram uma ativação bem consistente em regiões cerebrais relacionadas a vigilância, relevância, motivação, compreensão social e mentalização. Segundo os pesquisadores, suas descobertas corroboram a ideia de que a parentalidade humana talvez tenha evoluído de "um substrato de aloparentalidade evolutivamente antigo que existe em todos os membros adultos da espécie" e é ativado quando necessário. "Um sistema de cuidado aloparental desse tipo, observado em todo o reino animal, pode ter contribuído para a variabilidade e a flexibilidade extremas do cuidado paterno observadas ao longo da evolução da nossa espécie", eles escreveram.

Houve diferenças importantes entre os grupos. As mães tiveram maior ativação da amígdala do que os pais que eram cuidadores secundários. Esses pais tiveram maior ativação do que as mães no sulco temporal superior. Mas os pais que eram cuidadores primários tiveram ativação elevada em ambas as regiões. E não houve diferenças significativas na ativação de região cerebral entre os homens homossexuais que eram pais biológicos ou adotivos. Entre todos os pais, os que passavam mais tempo cuidando diretamente dos filhos mostraram maior aumento da conectividade funcional entre a amígdala e o sulco temporal superior quando viram vídeos de si mesmos com os filhos. Segundo os pesquisadores, suas descobertas ressaltam "o papel central do verdadeiro comportamento de cuidado" no desenvolvimento do cérebro paterno. Em outras palavras, a experiência é importante.

Lésbicas também receberam pouca atenção nas pesquisas até 2021.[52] Um estudo avaliou os níveis de testosterona durante o período pré-natal em 25 casais que esperavam um bebê e constatou — como o que já fora visto em homens — que em ambas as companheiras um nível mais baixo de testosterona pré-natal predizia relatos de mais comprometimento, melhor qualidade do relacionamento e mais tempo dedicado a cuidar do bebê três meses após o parto. Porém, ao contrário do que os pesquisadores previam, não foi encontrada mudança significativa na testosterona pré-natal nas mães não gestacionais em comparação com os "pequenos mas confiáveis" declínios entre os homens que iam ser pais na amostra dos pesquisadores. Se uma queda na testosterona em homens que estão prestes a ser pais é um tipo de sinal neurobiológico de seu comprometimento com cuidar do bebê, por que não estava presente nessas mulheres que se iniciavam na parentalidade? Uma explicação talvez seja elas já estarem intensamente comprometidas antes.

Para casais homossexuais, ter um bebê requer camadas adicionais de planejamento e investimento financeiro. As mulheres da amostra estavam, em sua maioria, na casa dos trinta anos, tinham uma boa renda e ansiavam por criar um filho juntas. Robin Edelstein, uma das autoras do artigo e diretora do Laboratório de Personalidade, Relacionamentos e Hormônios da Universidade de Michigan, disse-me que algumas das perguntas da escala padronizada que os pesquisadores usam para avaliar a qualidade do relacionamento e do comprometimento pareciam descabidas nesse estudo específico: qual o seu grau de comprometimento nesse relacionamento? Você vê alternativas à sua companheira? "Quando vi os números pela primeira vez, pensei: será um erro?", disse Edelstein. "Todas elas estão indo muito bem. Então não há muita variabilidade." Um estudo com uma amostra maior talvez tivesse resultados diferentes, ela explicou, ou melhor ainda seria acompanhar mulheres por um período muito mais longo, antes mesmo de terem conhecido as companheiras.

Perguntei a vários pesquisadores em que medida os pais não gestacionais compõem uma categoria só deles e até onde o que se descobre sobre pais biológicos se aplica similarmente a todos os demais. As respostas que me deram foram mistas. Alguns disseram ser possível que uma ligação biológica entre a mãe ou pai e a criança seja importante para a intensidade do estímulo que é o bebê. No entanto, tenho de pensar que a diferença, se existe, é marginal, talvez mais um fator determinante do lugar da mãe ou do pai no contínuo, junto com hormônios, presteza, experiência e apoio social.

O fato é que não sabemos o que realmente medem os estudos que investigam esse efeito do "reconhecer como seu" sobre o cérebro parental. Seria a qualidade do material genético em comum? O estudo de pais adotivos ou de criação sugere que não. Talvez seja uma sensação de captura, de ser um adulto enfeitiçado cuja atenção e cujo sentimento de individualidade foram alvo da infiltração hábil de um bebê minúsculo e poderoso.

Pouco depois de tornar-se orientador no programa para novos pais, Roberts passou a perguntar a amigas e colegas de trabalho grávidas sobre seus companheiros. "Ele fala com sua barriga?

Se você quiser, posso ter uma conversa com ele. Temos de falar sobre cocô. Temos de falar sobre *gatekeeping*."

Alguns anos atrás, a ONG Maine Boys to Men adicionou um segmento a seu programa para pais grávidos. Depois do treinamento, orientadores lideram o grupo em conversas sobre características que definem uma boa mãe ou um bom pai. Eles fazem duas listas, depois riscam os títulos de cada lista e falam sobre a natureza de bons pais e mães, ou, como diz Heidi Randall, diretora executiva do programa, como somos "humanamente inclinados a cuidar dos nossos filhos". Pede-se aos pais grávidos que reflitam sobre seus próprios pais e sobre si mesmos.

Roberts descreveu sua primeira experiência com o programa como um "bilhete premiado", um convite para moldar sua paternidade, fazer seu próprio caminho. Esse exercício também é assim, ele disse: um convite a escolher. "Não operar no piloto automático. É um convite a isso", ele rematou.

Certos estudos sobre o cérebro parental parecem incrivelmente antiquados. Ultrapassados. Emperrados. Em artigo após artigo, mães e bebês existem como uma unidade no espaço. Mães são consideradas primárias e pais, secundários. Família é uma criança e dois adultos, um de cada um de dois gêneros "impressionantemente bimodais e sem sobreposições". Não é esse o mundo que vejo.

Numa noite límpida de verão em 2019, fiz um passeio de canoa no lago Kezar, no oeste do Maine, com Logan Nichols-Chestnut, um artista visual multidisciplinar e ilustrador de memórias em quadrinhos. Estávamos hospedados em Hewnoaks, um alojamento para artistas composto de uma série de cabanas construídas na primeira metade do século XX numa colina à beira do lago. Cada um de nós havia deixado dois filhos em casa com o cônjuge para ter algum tempo muito desejado para se concentrar. Naquele momento eu estava feliz apenas por estar lá, sob o céu estrelado e pincelado pela Via Láctea, emoldurado em dois lados pelas silhuetas negro-azuladas de montanhas. Por várias vezes vimos riscos de luz perseguindo meteoros pela atmosfera.

Eu estava em Hewnoaks para trabalhar no meu livro sobre a maternidade, sobre como a narrativa da maternidade é diferente do que vivenciamos na realidade e como a ciência do cérebro materno poderia ter contribuído para que eu me sentisse mais bem preparada. Nichols-Chestnut estava trabalhando em um livro sobre sua experiência como homem trans e pai, e sobre seu próprio pai, que morrera antes de conhecer os netos. Na época eu achava que nossos trabalhos eram relacionados porém separados, que seguiam por dois caminhos na mesma planície.

Mantivemos contato esporadicamente nos anos seguintes, enviando mensagens sobre parentalidade na pandemia e sobre nossos livros. Eu levaria quase dois anos para me dar conta do quanto nossas histórias convergiam, depois de retornar a Hewnoaks em 2021 para mais uma semana e receber uma mensagem de Nichols-Chestnut. Ele me enviou os dois primeiros capítulos de seu livro *The Reciprocal* [O recíproco], que pretendia vender em breve a uma editora. Os capítulos eram um lindo relato sobre a formação da sua família queer — e incluíam a decisão de que sua esposa geraria seus filhos e de que seria usado sêmen doado por um amigo, um homem que seus filhos chamam de Papi. Falavam também sobre como os pais moldam os pais que seus filhos vêm a ser, às vezes de modos surpreendentes. Perguntei sobre o título. É como um número recíproco, ele explicou. O número pelo qual multiplicamos outro para obter 1. O inverso que resulta em um todo. O dissimilar tornado similar. Um binário dobrado sobre si mesmo: masculino/feminino, pai/filho, amor/pesar.

Quando conversamos por telefone mais tarde, Nichols-Chestnut contou-me que sua mãe fora muito ausente durante sua infância — presente fisicamente, e só. Seu pai não se mostrava sentimental, porém era sempre carinhoso; trabalhava bastante, mas se desdobrava para arranjar tempo para Nichols-Chestnut. Demonstrava seu amor ensinando. Como lavar e passar roupa, como fazer omelete. E também como consertar um carro, como construir uma cerca. "Ele não me dizia: você precisa aprender a fazer isso porque é uma menina", disse Nichols-Chestnut. "Era: você precisa aprender isso porque tem de cuidar de si mesma." Seu pai era prático, mas também paciente e atencioso.

Nichols-Chestnut e sua esposa casaram-se antes que ele fizesse a transição, mas seu pai não compareceu ao casamento, e Nichols-Chestnut nunca se revelou a ele como trans. Mesmo assim, faz um retrato ponderado do pai e explora sua própria experiência de gênero de um modo tão comovente que, quando cheguei à página que inclui painéis lado a lado — seu pai demonstrando como fazer bolinho de frango e Nichols-Chestnut preparando o mesmo prato para seus filhos —, fiquei de olhos marejados, sentindo certo orgulho. Pelos dois. "Meu pai realmente me demonstrou esse tipo de cuidado. Pode ser qualquer um", ele disse.

A biologia da parentalidade tem coincidências impressionantes. Não estou dizendo que mães e pais são sinônimos, que suas experiências são inteiramente iguais. Em geral, eles têm caminhos biológicos de desenvolvimento distintos e vivenciam o mundo como ele é definido por normas sociais tremendamente diferentes e incrivelmente poderosas de acordo com seu gênero. Mas essas diferenças não surgem de cérebros masculinos e femininos feitos em moldes diversos. No entanto, as estruturas e os mecanismos existentes para explorar o cérebro parental — as fontes de financiamento, as questões em que os estudos se baseiam, a métrica escolhida para a avaliação — com frequência ainda pressupõem isso.

Em um ensaio recente no *New York Times* que marcou dez anos de sua primeira injeção de testosterona, Thomas Page McBee escreveu que qualquer pessoa, em qualquer parte, negocia constantemente "com as forças políticas e culturais que tentam nos moldar em pacotes simples e traduzíveis".[53] Ele desafiou os leitores a fazer mais daquilo que as pessoas trans têm habilidade para fazer porque para elas isso é necessário: questionar coisas que nos são apresentadas como normas da biologia, incluindo o que se relaciona à parentalidade. "O que poderia significar para todos os pais se 'mãe' e 'pai' não fossem categorias tão distintas na criação dos filhos? Quem se beneficia com a continuidade dessa separação?"

Essas questões quase não me passavam pela cabeça quando eu, como mulher cisgênero casada com um homem, estava dando à luz nossos filhos biológicos em um sistema de saúde projetado exatamente para famílias como a nossa. Mas agora tenho essas questões em mente com destaque, e não só porque desejo ser uma aliada melhor para pessoas que continuam a ser prejudicadas por essas instituições. Também porque vejo mais claramente os modos como essas separações categóricas são problemáticas para minha família — em última análise, para todas as famílias.

Essas separações não parecem benéficas quando meu marido, que é um cuidador primário dos nossos filhos tanto quanto eu, é deixado de fora de grupos de recreação de crianças ou de grupos de apoio on-line exclusivos para mães, sendo assim excluído de fontes cruciais de informações sobre como dar conta do trabalho e de um recém-nascido, encontrar creche a preços acessíveis, procurar educação especial em nosso sistema de ensino local ou comprar uma cadeirinha que possa ser instalada no carro sem exasperar ninguém. Não pareceram benéficas quando meu antigo chefe negou meu pedido por um horário de trabalho flexível de quatro dias e perguntou por que eu simplesmente não trabalhava de casa no quinto dia, com um recém-nascido e um pequenino que mal aprendera a andar. "Quando foi a última vez que você passou um dia sozinho com uma criança pequena?", perguntei. Ele não soube responder.

As onipresentes ideias sobre a cultura da "mãe faz-tudo" e do "pai que ajuda" — pressupondo que uma é a cuidadora única e a principal figura na parentalidade e o outro auxilia se necessário — não são benéficas. E a pessoa que dá à luz raramente se beneficia quando os processos biológicos associados à maternidade, incluindo o parto vaginal e a lactação, são tão santificados e apontados como essenciais que, se não são possíveis, ela começa a sentir que fracassou na parentalidade.

Saxbe me disse ter ouvido muitas vezes durante a pós-graduação que algo tão importante para a sobrevivência de uma espécie quanto a parentalidade só pode estar resguardado por camadas de sistemas redundantes. Não há um momento ou processo únicos que abram a única porta para o vínculo da mãe ou do pai com a criança. As mães ou os pais que perdem a chance do contato pele a pele nos momentos após o parto, por exemplo, têm outras oportunidades de iniciar essa ligação. Analogamente, não existe uma única forma para uma mãe ou um pai amorosos. Saxbe mencionou as pesquisas em seu laboratório sobre prolactina em homens com filhos e a ideia de que um sistema hormonal associado à produção de leite em fêmeas pode ser cooptado em machos para facilitar a vinculação por meio da proximidade — uma redundância destinada, talvez, a assegurar que todo bebê tenha um cuidador alerta sempre por perto, ou que cada criança pequena tenha um adulto atento para tomar conta dela quando nasce um irmão.

Precisamos de muito mais estudos sobre todos os tipos de pais. Grandes estudos longitudinais que usem medidas de toda a dinâmica familiar, que olhem além da díade mãe-bebê no pós--parto imediato. E estudos menores com categorizações mais precisas que levem em conta a diversidade da vida em família no mundo moderno.

Precisamos disso. No entanto, sabemos o suficiente.

Sabemos o suficiente para dizer que todas as pessoas têm a capacidade para desenvolver uma rede de cuidados parentais. Sabemos o suficiente para dizer que bebês mudam os adultos que cuidam deles. Sabemos o suficiente para dizer que o amor e a atenção são o que, em última análise, molda e cria o cérebro parental adaptado, e não exclusivamente o gênero ou sexo da pessoa, ou o método de procriação. Sem dúvida ainda resta um milhão de questões, mas sabemos o suficiente para agir.

Podemos reconhecer, nas maternidades e nos consultórios médicos, na educação pré-natal e nos grupos de apoio pós-parto, que pais vêm em todas as formas. O apoio que mulheres grávidas e mães de recém-nascidos encontram nessa fase da vida através de outras grávidas e outras mães de recém-nascidos é importante, valida sua experiência e frequentemente é a fonte primária de informações necessárias sobre saúde física e mental. Mas se toda a infraestrutura dos grupos de apoio convencionais, on-line e presenciais, for exclusiva para mulheres cisgênero que dão à luz, então não só estamos dizendo a outras pessoas que dão à luz que elas estão sozinhas, mas enviamos uma mensagem aos homens e companheiros que têm um recém-nascido de que essas coisas não são problema deles. Esse grande evento alterador do cérebro não é para eles.

Podemos reconhecer e reconsiderar a linguagem excessivamente centrada no gênero que usamos ao falar sobre parentalidade. Tem havido uma reação nas redes sociais, entre críticos conservadores e em bolsões de ativistas dos direitos das mulheres e de parteiras contra o uso da expressão "pessoas que dão à luz", como se ela apagasse as mulheres e mães ou tirasse alguma coisa delas.[54] Como escritora, prefiro usar linguagem específica quando me refiro a indivíduos e linguagem precisa e inclusiva quando me refiro a grupos de pessoas. Como mãe, reconheço o poder da minha experiência de dar à luz e a força que advém da minha capacidade de cuidar dos meus filhos. Reconhecer essas mesmas coisas em outras pessoas que geram ou criam filhos, independentemente de seu sexo ou gênero, não tira nada de mim. Só afirma o que sei que é verdade.

Talvez o passo mais importante que podemos dar para ajudar todos os pais a se adaptarem a cuidar dos filhos é implementar programas sólidos de licença remunerada para a família que apoiem todas as mães e todos os pais de recém-nascidos e crianças adotadas em todos os lugares onde esses programas ainda não existem, especialmente nos Estados Unidos — um país que, nessa frente, está muito atrás de outros de renda similar. Igualmente importantes são incentivos para a extensão desses programas a homens com filhos e outros pais não gestacionais, pois sabemos que para eles também o tempo que passam cuidando de um bebê é vital.

Saxbe vê com otimismo as mudanças em curso relacionadas a normas de gênero e parentalidade. Pense no protagonista da série *The Mandalorian*, do universo Star Wars — com seu impenetrável capacete de beskar e modos inspirados em Clint Eastwood e nos samurais do cineasta Akira Kurosawa —, que cuida de um minúsculo e poderoso alienígena que preenche todos os requisitos de fofura: olhos proporcionalmente grandes, queixo pequeno, bochechas redondas. Sem falar nas orelhas.[55] "É um guerreiro tremendamente viril e blindado", Saxbe disse, "mas ele cuida do bebê Yoda."

Muitos homens sentem-se intimidados pela parentalidade porque não é algo que vem com naturalidade para eles. Acontece que ela não vem com naturalidade — seja lá o que for que isso quer dizer — para ninguém. Ou melhor, ela vem com a prática.

"Cuidar de filhos é uma habilidade", Saxbe me disse. "Essa é uma mensagem esperançosa, pois sugere que pode ser adquirida por treinamento. Pode ser desenvolvida. Tem por base a motivação."

Se reconhecêssemos que a parentalidade não é automática, que na verdade o cérebro parental se desenvolve por meio da experiência, Saxbe disse, isso poderia mudar as coisas, inclusive, talvez, as reivindicações por medidas de licença-paternidade remunerada. "Não é preciso ter a sensação de que se trata de algo que ou você é biologicamente nascido para fazer ou não é", ela disse.

A neurociência está provando o quanto essa afirmação é verdadeira. E a sociedade também está mudando. Devagar. Mas está mudando, disse Saxbe. "É questão de tempo."

7. Comece onde você está

Quando nasceu seu primeiro filho, Alyssa McCloskey ficou maravilhada. Tinha dezesseis anos, era recém-casada e acabara de suportar mais de vinte horas de um excruciante trabalho de parto com o bebê na posição posterior. Mas então o pequeno Tyler chegou e a amava, era visível. E ela retribuiu o amor.

Ela contou que não tinha planejado engravidar ainda adolescente, mas tentou se preparar. Leu todos os livros que lhe caíram nas mãos. Nos primeiros meses como mãe, disse, receava não fazer a coisa certa. A responsabilidade, a sensação de que tudo o que fizesse seria observado e repetido pelo filho, era opressiva. Mas ser a mãe de Tyler era uma alegria. "Foi uma experiência mágica", ela disse. "Amei tudo."

Muitas coisas foram diferentes quando McCloskey engravidou novamente, cerca de onze anos depois. Dessa vez, a gravidez foi planejada e esperada. Mas também foi difícil. Ela sentia muita dor devido à separação de seus ossos pélvicos, mesmo com fisioterapia. "Eu não via a hora de entrar em trabalho de parto", ela me disse. A gravidez prolongou-se, e McCloskey estava com hora marcada para induzir o parto quando a bolsa rompeu. Mas não vieram contrações, ou pelo menos não com regularidade. Por isso, administraram ocitocina para induzir as contrações, e o trabalho de parto foi rápido e difícil. Difícil demais. "Era como se meu corpo estivesse trabalhando contra mim, e não por mim", ela contou. "Eu nem conseguia respirar, de tão intenso que era."

E então seu filho nasceu. McCloskey disse que ansiara muito para sentir de novo aquele amor impressionante, mas quando segurou Simon pela primeira vez não houve nada disso. "Quase sentia que ele não era meu bebê", ela disse. "Era uma sensação muito esquisita, porque eu desejara aquele filho provavelmente por uns dois anos antes daquele momento. [...] Fiquei muito decepcionada comigo mesma."

O sentimento de desconexão diminuiu um pouco com o passar das semanas — amamentar ajudou —, mas não desapareceu. Ela não sabia como criar um vínculo com Simon. Ele era apenas um bebê. E ela se sentia tremendamente culpada. Perguntava-se: "Será que ele quer que eu seja a mãe dele?". McCloskey disse temer que Tyler tivesse se distanciado dela. E durante meses ela se esforçou para terminar um relacionamento abusivo com o pai de Simon, sendo a separação complicada pelo fato de ele querer ter um tempo com o bebê e ela estar amamentando, e também porque ela acreditava que boa parte disso — o abuso e a dificuldade de criar um vínculo — era culpa dela.

Antes de Simon nascer, McCloskey disse, ela pensava que depressão pós-parto era quando uma mãe sentia um impulso irresistível de ferir o filho, o que não era seu caso. Ela começou a procurar na internet. Desde os primeiros dias com Tyler, sabia como era ter uma conexão gratificante com seu bebê. Talvez com Simon aquela sensação estivesse ausente em razão de alguma diferença no cérebro dela e de seus hormônios agora, decorrente do estresse que sofria, pensou.

Compreender isso trouxe esperança para ela. Mas foi penoso.

Reconhecer a falácia do instinto materno traz verdades duras. Uma amiga contou-me que pensara que seu filho chegaria com uma espécie de atualização de sua pessoa como mãe: um download de habilidades e informações necessárias para a tarefa. Adulto 2.0. Mas isso não aconteceu. O cérebro parental vem do cérebro que a pessoa já possui, moldado por seus genes e por sua complicada história familiar, pelo modo como cuidaram dela na infância e pelos mecanismos de enfrentamento que desenvolveu com o tempo. Pelo estresse e trauma sofridos ao longo da vida e durante a gravidez e o pós-parto. E também pela cura e pelo apoio que recebeu.

Não existe uma rede de parentalidade separada no cérebro — não há um instinto dedicado, pronto para uso, pré-embalado — que começa a operar quando necessário. Começamos onde estamos.

Examinaremos os muitos modos como as asperezas da vida podem afetar o cérebro através das transições da parentalidade. Estresse crônico e trauma são influências poderosas que moldam o sistema de circuitos neural da motivação, a regulação de emoções e a cognição social da qual a parentalidade depende. Analogamente, a comoção inerente à gravidez e ao pós-parto influencia as respostas ao estresse que desenvolvemos ao longo da vida de modos importantes e por vezes surpreendentes. Pesquisadores começaram a usar o que aprenderam para descobrir como dar melhor apoio a pais de crianças pequenas e como tratar aqueles que têm mais dificuldade, frequentemente aproveitando o fator que os torna mais vulneráveis: a própria flexibilidade intensificada do cérebro.

Antes de meus filhos nascerem, eu pensava que depressão pós-parto era como gripe. Ou se tinha ou não se tinha. Ingenuidade minha, obviamente. Não é como se a depressão na população em geral pudesse ser diagnosticada por um exame de sangue ou um cotonete no nariz. Por que funcionaria assim para pais de recém-nascidos?

Costuma-se explicar a depressão pós-parto a pessoas grávidas como uma lista de sintomas nos quais elas devem prestar atenção, com a recomendação de procurar ajuda se, depois de passadas as duas semanas admitidas para o "baby blues", ainda se sentirem "sem esperança ou vazias". Parece bem delimitado. Certinho. Como se determinadas pessoas encontrassem seus sintomas na lista enquanto outras se sentissem mais ou menos esperançosas e plenas. Firmes. Estáveis.

Quanto mais aprendi sobre o cérebro parental e conversei com pais — ouvi-os, na verdade —, mais entendi que nossas experiências incidem ao longo de um amplo espectro com pouco sofrimento em um extremo e sofrimento debilitante no outro. Entre esses dois extremos há uma série de desconfortos e adaptações.[1] Não existe um corte nítido, nenhum ponto preciso nesse contínuo no qual o sofrimento vira transtorno. Poucas pessoas que se tornam mães ou pais passam por isso sem alguma dificuldade psicológica. Talvez seja essa a razão pela qual o modo como falamos sobre transtornos de humor no pós-parto se torna tão destilado. Porque não sabemos bem o que dizer.

"A transição para a condição de mãe ou pai é uma das coisas mais profundas por que a pessoa passará, sem dúvida alguma", disse-me Samantha Meltzer-Brody, diretora do Centro de Transtornos de Humor em Mulheres da Universidade da Carolina do Norte. Meltzer-Brody é mais conhecida por suas pesquisas sobre a brexanolona, um medicamento comercializado pela Sage Therapeutics com o nome de Zulresso que, em 2019, tornou-se o primeiro a receber nos Estados Unidos a aprovação da Food and Drug Administration (FDA) para o tratamento da depressão pós-parto. Mas ela tem outras atividades como pesquisadora e clínica.

Foi Meltzer-Brody quem chamou depressão pós-parto de "um termo saco de lixo", nas linhas da categoria "câncer de mama", que não é um, e sim muitos tipos de cânceres que se apresentam com sintomas, prognósticos e opções de tratamento diferentes e têm diferentes causas genéticas, hormonais ou ambientais. Analogamente, há muito tempo o termo depressão pós-parto tem sido uma designação genérica para uma infinidade de modos como mães ou pais podem sofrer de transtornos psiquiátricos depois de terem um bebê. Assim, quem é acometido por ansiedade ou obsessão paralisantes talvez não encontre nada em livros sobre bebês que explique o que está acontecendo. Quem se vê torturado por súbitas recordações de uma experiência traumatizante no parto pode não ficar sabendo que o transtorno de estresse pós-traumático relacionado ao parto é uma condição real e tratável.

Hoje muitos clínicos e pesquisadores reconhecem uma categoria mais ampla de transtornos de humor e ansiedade perinatais, ou transtornos psiquiátricos perinatais, que em geral se supõe afetar cerca de uma em cada cinco pessoas que dão à luz (ver a nota com mais informações sobre a dificuldade de calcular essa prevalência).[2] Esse termo genérico reflete melhor a variedade de experiências, que também pode incluir transtornos alimentares ou psicoses raras, mas graves. Há coincidências entre as subcategorias, o que pode complicar o diagnóstico e o tratamento. O trauma molda a depressão. Ansiedade e depressão frequentemente, mas não sempre, ocorrem ao mesmo tempo. O que também vale para o transtorno obsessivo-compulsivo.

Mesmo quem apresenta sintomas mais prontamente reconhecíveis como depressão pode estar sob o efeito de diferentes mecanismos biológicos causadores desses sintomas. A depressão pós-parto com frequência ocorre quando uma pessoa não conta com o apoio de que necessita para se ajustar à entrada na parentalidade, e esse apoio inclui recursos financeiros e amparo do parceiro, da família ou de amigos. Ou quando ela já tem uma doença mental. Ou quando sofre de estresse crônico ou agudo que mina sua capacidade de lidar com o estresse inerente a gravidez, parto e cuidados com o bebê. Há também situações, com frequência em casos mais graves, em que a depressão pós-parto parece vir "do nada", disse Meltzer-Brody, de um modo que parece "incrivelmente biológico".

O *Manual diagnóstico e estatístico de transtornos mentais* (*DSM*, na sigla em inglês), às vezes chamado de bíblia da psiquiatria, não reconhece explicitamente transtornos de humor pós-parto.[3] Ele considera a depressão perinatal um subtipo de um transtorno depressivo maior que tem início durante a gravidez ou nas quatro semanas seguintes. Muitas pessoas que dão à luz são examinadas em busca de sintomas de depressão pós-parto somente no checkup convencional da sexta semana — quando são. No entanto, é amplamente aceito, inclusive pela Organização Mundial da Saúde e pelo Centro de Controle e Prevenção de Doenças dos Estados Unidos, que a depressão pós-parto pode ocorrer a qualquer momento no primeiro ano após o parto.[4] Um estudo recente acompanhou centenas de mulheres que receberam cuidados pré-natais em um hospital em Michigan e constatou que, entre as 325 que mostraram resultado negativo na triagem para depressão e transtorno de estresse pós-traumático na sexta semana de gravidez, 8% tiveram alteração de sua condição, com resultado positivo para uma dessas condições antes de terminado o terceiro mês pós-parto.[5] Muitas pessoas que dão à luz sofrem durante semanas antes de terem sequer uma chance de consultar o médico. E muitas outras sofrem depois disso, desassistidas. Cientistas começaram a tentar associar a cronologia do início da depressão a gatilhos neurobiológicos específicos.[6]

Para alguns, os sintomas começam na gravidez, mas não se costuma fazer triagem das pessoas grávidas em busca de fatores de risco. E, embora a depressão pós-parto geralmente tenha os mesmos sintomas do transtorno depressivo maior em outros contextos — incluindo perda de interesse ou de prazer, retraimento ou desesperança —, também pode apresentar-se de modo diferente daquele como a depressão costuma ser descrita, em especial quando acompanhada por sintomas de ansiedade ou obsessão que podem parecer opostos a uma perda de interesse.[7] Como na população em geral, o transtorno bipolar pós-parto é comum e subdiagnosticado, em parte porque as ferramentas de triagem habituais procuram sintomas depressivos, mas não maníacos.[8]

O que está um pouco mais claro é o impacto negativo que a depressão pode ter sobre os pais e o bebê.[9] Um bebê precisa de mãe ou pai atencioso que não só o mantenha limpo e alimentado, mas também interaja com ele de modos que são importantes para o desenvolvimento cerebral. A depressão pode interferir nesses quesitos, porém nem sempre. Depressão durante a gravidez, especialmente em grau mais grave, é associada a maior risco de parto prematuro. Depressão pós-parto tem sido associada a problemas de comportamento e menor desenvolvimento cognitivo em crianças, embora com frequência os efeitos nesses estudos sejam pequenos — e, portanto, talvez a associação com problemas de desenvolvimento na criança seja fraca —, ou ainda as descobertas dependem da persistência da depressão ou de sua ligação a outros tipos de apoio que a mãe ou o pai e o bebê têm.

Essa observação é importante porque pessoas com depressão pós-parto podem ter a impressão de que seu problema prejudicou inquestionavelmente o futuro do bebê. Como se seu sofrimento naquela situação de transição avassaladora na vida azedasse o leite ou mudasse a criança. Mas bebês são resilientes. Sabemos que são hábeis em conquistar o coração de adultos, e não só de quem os pariu. Além disso, o cérebro de pais de recém-nascido possui uma incrível capacidade de mudar e ajustar-se. Nesse sentido, a presença de doença mental perinatal *não* é determinante. O que talvez seja mais determinante é a ausência de outros adultos cuidadores, a escassez de tempo e recursos necessários a toda nova família e a falta de acesso a tratamento eficaz.

A depressão pós-parto pode ter consequências graves e potencialmente vitalícias para os próprios pais. O suicídio é uma importante causa de morte associada a gravidez, assim como o homicídio (no mais das vezes nas mãos do companheiro), e pensar em suicídio ou automutilação durante o pós-parto é comum — uma análise encontrou entre 5% e 14% de mães que relataram haver pensado em automutilação.[10] Sintomas depressivos tornam mais prováveis pensamentos desse teor.

Segundo Darby Saxe e colegas, a transição para a parentalidade é uma "janela crítica" para a saúde da pessoa no longo prazo, incluindo — de modos profundos e importantes — sua saúde mental.[11] Cerca de 40% das pessoas que têm depressão pós-parto nunca apresentaram um episódio depressivo antes, mas podem vir a ter outro.[12] A depressão pós-parto, especialmente se não for tratada, aumenta o risco de depressão recorrente e de transtorno bipolar em outras fases da vida.[13]

Nada na ciência exposta neste livro fornecerá *a* chave para garantir a saúde mental pós-parto de modo que mais famílias possam ter um começo melhor. Se tal coisa existisse, poderia depender de verbas concedidas por governos e responsáveis por políticas públicas, que fazem escolhas quanto a se e como devem apoiar famílias vulneráveis e lidar com a desigualdade em suas comunidades. Alguns anos atrás, um grupo de pesquisadores na Califórnia analisou dados de várias partes do mundo para identificar a prevalência da depressão pós-parto. Examinaram 291 estudos de 57 países, com dados de quase 300 mil mulheres.[14] Encontraram uma taxa global de prevalência de depressão pós-parto em torno de 18%, porém com variações consideráveis de um país para outro — 38% no Chile e 3% em Cingapura, por exemplo. Provavelmente parte dessa variabilidade relaciona-se a diferenças na apercepção, no enquadramento cultural desse transtorno e na qualidade das pesquisas em cada país. Mas os países com as taxas mais altas de depressão pós-parto também tinham as taxas mais elevadas de disparidades na economia e na saúde. Pessoas que dão à luz estáveis e apoiadas têm mais chance de passar pelo tumulto do início da parentalidade sem uma crise.

Há muitas coisas que os pesquisadores podem fazer — e têm feito — para descobrir o que exatamente causa depressão pós-parto e quais os melhores modos de prevenir e tratar essa condição, sem depender tanto dos caprichos de políticos ou da solução de problemas sociais mais complicados.

Grande parte das pesquisas de Meltzer-Brody procura dissecar a natureza da depressão pós-parto, escolhendo fios do emaranhado diagnóstico e seguindo-os até a fonte. Ela faz parte de um consórcio internacional de pesquisadores que combinaram seus dados clínicos detalhados sobre milhares de pessoas aos cuidados de dezenove instituições de saúde e os usaram para procurar subtipos de depressão pós-parto com base em características específicas, por exemplo, quando surgiram os sintomas, o quanto eram graves e se a pessoa sentiu ansiedade ou teve pensamentos suicidas.[15] Em 2016 esse grupo lançou um aplicativo no qual mulheres que estão sofrendo de depressão pós-parto podem inserir suas informações em um banco de dados de pesquisa. Pede-se então a algumas participantes que forneçam amostras de DNA na saliva em um tubo enviado para elas em casa. Três anos após o lançamento, com a ajuda da agência de criação Wongdoody, o projeto foi rebatizado como Mom Genes Fight PPD [Genes Maternos Combatem Depressão Pós-Parto] e ganhou uma atualização de design no aplicativo, uma campanha nas redes sociais e um evento com influenciadores em Los Angeles, além de um vídeo publicitário que consegue ser ao mesmo tempo atrativo e devastador. "Isso turbinou o projeto", disse Meltzer-Brody.

No quarto trimestre de 2021, o consórcio passou a coligir dados de aproximadamente 20 mil mulheres e se preparava para publicar os resultados da sua primeira rodada de análise de genoma inteiro. O objetivo é criar um banco de dados com amostras de 100 mil pessoas — uma quantidade que os pesquisadores esperam ser suficiente para fornecer um vislumbre significativo dos fatores de risco genéticos para diferentes subtipos de depressão pós-parto, o que poderia melhorar a qualidade da triagem e do tratamento.

"Vinte e cinco anos atrás, todo mundo que tinha câncer de mama recebia o mesmo tratamento", disse Meltzer-Brody. "Hoje tratamos a pessoa com base na sua assinatura genética do câncer. E há resultados tremendamente diferentes, de um modo muito positivo, baseados nessa especificidade. Mas na depressão pós-parto ainda tratamos todo mundo do mesmo modo, independente dos subtipos em questão."

Um dia, esse tipo de psiquiatria de precisão talvez esteja disponível para quem tem depressão pós-parto. Mas há uma distinção importante aqui, disse Meltzer-Brody. O câncer de mama geralmente afeta uma área específica. É possível fazer biópsia e análise de um tumor. "No cérebro de uma pessoa não podemos fazer isso", ela disse. "Aí é que está o problema."

Pesquisadores vêm tentando ter uma noção da aparência do cérebro com depressão pós-parto por meio de técnicas de imageamento cerebral. Estudos de imagens poderiam ser uma ferramenta importante para compreendermos os mecanismos pelos quais o transtorno afeta a parentalidade e o que deve ser escolhido como alvo para o tratamento. No entanto, até agora, eles são muito limitados.

Se a depressão pós-parto tem muitos subtipos, para compreendê-la será preciso tamanhos grandes de amostra — como o que a Mom Genes está usando. A maioria dos estudos de imagens até o presente examinou cérebros de uma ou duas dúzias de pessoas com depressão pós-parto por vez. Quase nenhum acompanhou pessoas ao longo do tempo, em estudos longitudinais. E até agora os resultados são mistos, em parte porque os critérios para a inclusão — meses pós-parto ou sintomatologia — variam de um estudo para outro. O mesmo se aplica aos estímulos usados para avaliar a atividade neural, que podem ser fotografias, choro gravado do bebê da mãe participante, ou estímulos que supostamente serão positivos ou negativos mas não têm nenhuma ligação pessoal com quem está tendo o cérebro examinado.

Os pesquisadores reconhecem as limitações dos estudos de imagens. O objetivo é procurar resultados que se mostrem válidos para os vários estudos e "acima e além" das diferenças em dado grupo de estudo, diz Aya Dudin, doutoranda em neurociência na Universidade McMaster. Uma dessas descobertas está relacionada à amígdala.

Em geral se supõe que, nas pessoas com sintomas depressivos graves no pós-parto, a resposta da amígdala a estímulos negativos, como o choro aflito de um bebê, é enfraquecida.[16] Esse efeito pode depender da dose, com resposta mais enfraquecida quanto mais graves forem os sintomas depressivos. É o oposto do efeito hiper-reativo visto no transtorno depressivo maior na população em geral.[17]

Dudin é coautora de dois estudos fascinantes que destacam as dificuldades de destilar resultados de imagens em narrativas simples.[18] Esse trabalho comparou mulheres que estavam deprimidas e mulheres que não estavam, com e sem filhos. Quando os pesquisadores pediram às participantes sem filhos que vissem imagens de bebês sorrindo — estímulos positivos relacionados a bebês —, a resposta da amígdala não diferiu conforme a condição da depressão. Entre as mães, porém, aquelas com depressão tiveram uma resposta mais *forte* da amígdala às imagens sorridentes de bebês desconhecidos em comparação com a resposta das mães sem depressão. Os pesquisadores mostraram os próprios bebês às mães, e de novo a amígdala das mães deprimidas reagiu fortemente. Mas os pesquisadores notaram algo interessante. Nas mães não deprimidas, a amígdala reagiu com muito mais intensidade ao seu próprio bebê do que aos outros bebês. Nas mães deprimidas, essa diferença de reação foi menor.

Os pesquisadores designaram esses resultados como "uma responsividade enfraquecida singular da amígdala ao próprio filho". É como se o radar para os sinais do bebê estivesse ligado e mal sintonizado nas mães deprimidas. E alguns estudiosos aventaram que isso poderia refletir uma depressão pós-parto característica — uma amígdala que responde demais ou de menos, dependendo do contexto, mas que não responde nas faixas intermediárias que talvez mantenham melhor o equilíbrio entre a motivação e a vigilância parental.

Outros estudos tentaram identificar diferenças relacionadas à depressão em regiões cerebrais mais associadas à recompensa, nos circuitos essenciais para a regulação das emoções e das funções executivas, em conexões na substância branca e na distribuição de neurorreceptores.[19] Dado que *é possível* uma pessoa ser ansiosa ou deprimida e ainda assim ser responsiva como mãe ou pai, os pesquisadores tentaram descobrir quais conexões no cérebro sustentam o comportamento de cuidado na presença desses sintomas.[20] Isso produz um quadro matizado e muitas vezes frustrante, como uma infinidade de rabiscos em um estereograma cuja imagem cifrada não conseguimos visualizar.

Talvez a depressão pós-parto em alguém que tem antecedentes de episódios depressivos se mostre diferente no cérebro em comparação com alguém cujo primeiro episódio ocorre durante o pós-parto, Dudin supõe. Mas a maioria dos estudos de imagens necessariamente divide as pessoas em categorias sim/não, e isso não permite detectar tal nuance. "É um sistema binário", ela disse, "e sabemos que a saúde mental e as doenças mentais são todas heterogêneas por natureza."

Um princípio básico do cérebro, importante para compreendermos a doença mental em geral, é que ele funciona por tensão dinâmica. Isso se aplica à parentalidade. Cuidar de um bebê requer impulsos e freios. Os pais devem prestar atenção, mas não de maneira obsessiva. Devem reagir, mas também regular. Acalentar, mas ser vigilantes. Alguns pesquisadores designam isso como uma "inibição recíproca" entre circuitos de atividade cerebral que parecem conduzir a fins opostos.[21] Agressão direcionada ao filhote v. afagos no filhote. Defesa parental v. cuidado parental.

O equilíbrio entre essas coisas parece estar frequentemente (mas não sempre) relacionado ao estresse: o grau em que a pessoa está estressada, quando e por quanto tempo, e que capacidade tem para absorver mais. Cada vez mais se reconhece que, para compreender o cérebro parental, precisamos saber mais sobre como o estresse o afeta, desde a gravidez até o pós-parto.[22]

Quem pensa sobre estresse no corpo provavelmente pensa no cortisol. Ele já foi chamado de "hormônio do estresse", por isso nossa tendência é achar que quanto menos melhor. Se você tiver me acompanhado até aqui, já sabe o que vou dizer: não é bem assim.

O cortisol é produzido quando uma situação estressante ativa um sistema que inclui o hipotálamo, a glândula pituitária situada logo abaixo dele e as glândulas suprarrenais, que ficam acima dos rins. Esse é o chamado eixo HPA. Ele é o centro de controle do corpo para responder ao estresse, moldado ao longo do tempo pela exposição a fatores de estresse agudos e crônicos. O cortisol produzido pelas glândulas suprarrenais eleva os níveis de glicose no sangue e assegura que o corpo tenha a energia necessária para responder a uma ameaça ou manter um estado de alerta intenso. Porém, como o eixo HPA de modo geral, ele está envolvido em muitos outros processos do corpo relacionados à adaptação a mudanças no ambiente, em condições que poderíamos considerar muito estressantes ou muito usuais.

Os níveis de cortisol geralmente são cíclicos: mais elevados pela manhã e mais baixos ao anoitecer. Também variam de minuto a minuto, em resposta aos estímulos que encontramos no decorrer do dia. Esse tipo de variação em mais de um nível é uma faceta importante do cortisol. Ele é um agente de mudança, envolvido com a memória, a resposta imune e literalmente com sair da cama pela manhã.[23] Também parece ter um papel fundamental nos processos de neuroplasticidade e aprendizagem. Em pessoas com estresse crônico ou transtorno depressivo maior, o ritmo diário do cortisol pode nivelar-se ou apresentar picos extremos e demorar a recuperar-se e retornar a níveis inferiores.[24] Alguém que conduz pesquisas disse-me que o cortisol é a "moeda" do estresse. Como um excesso de dinheiro na economia, a desregulação do cortisol afeta os sistemas neurais de modos complexos.

Transtornos psiquiátricos relacionados a estresse crônico são considerados causadores de atrofia no hipocampo em humanos.[25] Como o hipocampo é parte da alça de retroalimentação que regula a atividade do HPA, o estresse pode criar um efeito em cascata: um dano no hipocampo acarreta mais desregulação na resposta do cérebro a estresse. Medicamentos antidepressivos podem funcionar parcialmente revertendo reduções de volume nessa região cerebral. Enquanto isso, o efeito do estresse na amígdala — a detectora de saliência — é o oposto. Em humanos e outros animais, estresse e transtornos relacionados a estresse foram correlacionados a maior volume e maior atividade na amígdala, o que talvez tenha ligação com aumento do medo e da ansiedade.

Boa parte do que sabemos sobre estresse e cérebro começou com o trabalho do neurocientista Bruce McEwen, um gigante dessa área que morreu em 2020.[26] Ele e seus colegas foram os primeiros a mostrar que o hipocampo do rato possui receptores de corticosterona, que é o principal glicocorticoide em roedores e é considerada mais ou menos análoga ao cortisol em humanos. Isso indicou que o hormônio do estresse em circulação no corpo chegava ao cérebro. Os pesquisadores prosseguiram na investigação e revelaram minuciosamente como a corticosterona molda a neuroplasticidade naquela região cerebral e em outras partes. Ao longo de sua carreira, McEwen explicou como a desregulação da resposta do corpo ao estresse pode, com efeitos desastrosos, produzir "desgaste" em processos que normalmente seriam adaptativos. Ele ampliou a ideia da alostase e popularizou a noção de "carga alostática", isto é, o preço que o corpo paga quando reage demais ou de menos ao estresse, ou quando não consegue corrigir-se assim que um fator de estresse agudo desaparece.[27] Essencial no pensamento de McEwen era o fato de que o cortisol não é o "vilão" do corpo, e sim um mediador crucial de sua capacidade de responder e predizer.[28]

Essa é uma noção importante para compreendermos o papel do cortisol no contexto do início da parentalidade. A produção de cortisol aumenta exponencialmente durante a gravidez e permanece elevada no início do pós-parto. Acontece que menos nem sempre é melhor. O cortisol plasmático no terceiro trimestre chega a ser três vezes mais alto do que era antes da gravidez — um nível que seria considerado patológico em outros contextos, mas é normal na gravidez.[29]

Supõe-se que o cortisol ajuda na maturação do feto aumentando a disponibilidade de glicose durante o desenvolvimento, e ele é importante no trabalho de parto, no parto e na secreção do leite.[30] O cortisol passa para o feto em desenvolvimento, mas a placenta pode impedir que níveis danosos cheguem a ele convertendo cortisol em uma forma inativa. Espantosamente, pessoas grávidas também têm proteção contra o que, de outro modo, seriam efeitos prejudiciais à saúde de níveis superelevados de cortisol. Isso ocorre, em parte, porque o estrogênio mais elevado impele um aumento em uma proteína no sangue chamada globulina ligadora de corticosteroide, que, como seu nome indica, liga-se ao cortisol e reduz a quantidade que está "livre" e disponível para as células. E mais de uma vez se constatou que a reatividade de uma pessoa ao cortisol — o pico quando ela defronta um fator de estresse — é enfraquecida durante a gravidez.

O cortisol costuma declinar — provavelmente de um modo muito abrupto — para níveis mais típicos até por volta de três meses após o parto. Mas nos primeiros dias ele permanece alto, sobretudo nas primíparas, e pesquisadores aventaram que tem um papel em impelir a pessoa a prestar atenção e responder ao bebê naquelas primeiras horas e dias durante os quais ainda não há experiência anterior para ajudar.[31] Níveis mais altos de cortisol foram associados à atenção que as puérperas dedicam ao bebê, medida por toques afetuosos, beijos e afagos, respostas simpáticas ao choro do bebê e atração por outros sinais. As pesquisas sobre cortisol em pais são muito inconsistentes, mas um estudo constatou que, em comparação com pais experientes, os homens que tiveram seu primeiro filho recentemente apresentam reatividade mais forte ao cortisol em resposta a sons de choro de bebê.[32]

Em ratos, a corticosterona parece ajudar a moldar as primeiras experiências de cuidar da prole criando uma "memória materna" que as ratas mães podem evocar mais tarde, depois de terem sido separadas da cria.[33] Não sabemos se nos humanos o cortisol elevado ajuda na criação ou retenção de memórias nos primeiros tempos pós-parto, nem como ele molda o aprendizado da parentalidade. Mas é possível que o cortisol faça essas coisas. Os primeiros dias com um bebê são repletos de novidades. A parentalidade, no começo, é um aprendizado de imersão no grau mais intenso.

No entanto, pelo menos para as mães o benefício do cortisol mais alto parece declinar. Alguns meses após o parto, níveis mais elevados de cortisol materno podem não ser importantes ou até ser prejudiciais ao comportamento de cuidado. Em um estudo, mães com níveis de cortisol diariamente mais elevados entre dois e seis meses pós-parto[34] tiveram pior desempenho em medidas de funções executivas e demonstraram menor sensibilidade parental durante sessões de brincadeiras, embora as evidências sobre essas observações sejam mistas.[35]

É importante mencionar que a função do eixo HPA na pessoa que deu à luz e em seu bebê torna-se "sintonizada": seus níveis e ritmos de cortisol seguem padrões similares.[36] Esse efeito é mais intenso, ou pelo menos mais consistente, em lactantes e bebês, embora o leite talvez seja apenas um meio para estabelecer essa ligação (ver: sistemas redundantes). Talvez algum grau de sintonização do HPA seja hereditário ou estabelecido no útero. E uma parte talvez resulte de interações entre a pessoa que deu à luz e seu filho nos primeiros meses de vida, no modo como cada um responde à aflição do outro.

Contudo, a narrativa sobre como o cortisol e o HPA funcionam durante a gravidez e o pós-parto é confusa. Há muita variação entre os estudos, naquilo que cada grupo de pesquisadores mediu e quando mediu, para que possamos formar um quadro claro de um hormônio que, de qualquer modo, não segue uma história linear e flutua em diferentes escalas temporais, ao longo de um mesmo dia, em qualquer dado momento de estresse e no contexto de outros hormônios. Isso se aplica a boa parte da história de como hormônios influenciam os cuidados parentais e sobretudo ao cortisol.[37] "Pensamos que sabemos", diz Jody Paluski, psicoterapeuta e neurocientista, "mas ninguém é capaz de identificar muito bem."

Comecei a imaginar o cortisol como aquele funcionário particularmente atarefado da equipe de produção de uma peça comunitária: afobadíssimo, mas eficaz em fazer todos os ajustes necessários — substituir um acessório perdido pouco antes da abertura das cortinas, improvisar o conserto de um adereço — para manter os corpos no palco atuando e se conectando com a plateia, mesmo, e de maneira ainda mais espetacular, quando surge uma crise. O cortisol é uma parte fundamental da equipe. Mas não é a única.

Neurotransmissores em geral são classificados em duas categorias: excitatórios ou inibitórios. São como estimuladores ou arrefecedores para as sinapses, acelerando ou desacelerando a atividade. O ácido gama-aminobutírico, chamado de Gaba, pode fazer ambas as coisas, mas é considerado o neurotransmissor inibitório primário no sistema nervoso dos vertebrados. Supõe-se que certos receptores Gaba no hipotálamo tenham um papel essencial na regulação da atividade do eixo HPA, prevenindo sua excitação excessiva. Pense na sinalização Gaba como a voz da razão vinda daquele funcionário da produção.

A gravidez parece tornar essa atividade Gaba mais potente e mais capaz de diminuir a reatividade ao estresse no hipotálamo.[38] Esse efeito é impelido, em parte, por um aumento na alopregnanolona, um neuroesteroide produzido principalmente pelo metabolismo da progesterona, que também tem um aumento drástico na gravidez. O neurocientista Jamie Maguire, diretor do Laboratório Maguire da Escola de Pós-Graduação de Ciências Biomédicas da Universidade Tufts, disse-me que esse aumento na alopregnanolona é tão significativo que, isoladamente, teria graves efeitos sedativos. No entanto, ocorre uma neutralização. Maguire e seu colega Istvan Mody documentaram que, em camundongas grávidas, o número de certos receptores Gaba sofre uma queda significativa durante a gravidez, como uma barreira contra inibição excessiva.

Estudiosos pensam que essas mudanças matizadas no controle Gaba podem ajudar a equilibrar a balança da resposta da pessoa grávida ao estresse, em um período no qual níveis estratosféricos de hormônios esteroides, como a progesterona e o cortisol, são importantes para a progressão da gravidez, mas não seria benéfico ter uma resposta ao estresse muito intensa ou muito diminuída.

Equilibrar é complicado.[39] O próprio estresse agudo pode desestabilizar essa regulação do eixo HPA. E o estresse crônico está associado a déficits na inibição impulsionada pelo Gaba. E então o fim da gravidez basicamente destrói todo esse balanceamento do estresse. Os níveis de progesterona e alopregnanolona despencam perto do parto. O número de receptores Gaba volta depressa a níveis anteriores. Enquanto isso, outros hormônios, entre eles o cortisol, estão em circulação e não necessariamente todos seguindo o mesmo cronograma ou com a mesma intensidade.

A progesterona e o estradiol despencam de forma tão abrupta por ocasião do parto que os pesquisadores sugeriram que o corpo passa por um estado de abstinência ao qual algumas pessoas são especialmente sensíveis, e que essa sensibilidade poderia ser uma causa de depressão pós-parto.[40] Outros estudiosos ressaltam a importância da razão entre estradiol e progesterona durante e após a gestação, sendo a razão mais elevada associada à depressão. Além disso, supõe-se que o estresse crônico poderia interferir com mudanças no sistema da ocitocina e perturbar adaptações que reforçam as recompensas de cuidar de um bebê. E, com base em estudos de animais, pesquisadores pensam que as pessoas que dão à luz talvez passem por mudanças no sistema imune central que poderiam afetar o humor.[41] Em resumo, há muita coisa acontecendo e, francamente, muitas oportunidades de algo dar errado.

O cortisol tem destaque nos estudos de Alison Fleming, que com colegas identificou pela primeira vez, em 1987, a ligação entre níveis de cortisol e responsividade materna.[42] Mais recentemente, Fleming e outros descreveram o "efeito bimodal do cortisol".[43] Esse hormônio é parte importante da preparação da pessoa que tem um recém-nascido para que se mantenha alerta e atenta, porém é necessário que a dose seja certa — como um "efeito Cachinhos Dourados", segundo Dudin: nem pequena, nem grande. Algum tempo atrás, Fleming escreveu em coautoria uma análise crítica intitulada "Mothering Revisited: A Role for Cortisol?" [Maternação reexaminada: Um papel para o cortisol?] — uma reflexão sobre o fato de que o cortisol e o eixo HPA ainda têm sido tratados, em grande medida, como um sistema de resposta de emergência no cérebro parental e não são tipicamente incorporados em modelos das mudanças neurobiológicas conducentes à parentalidade adaptativa.[44] Mas talvez devessem ser.

McCloskey procurou terapia, para ela e para os filhos, e por fim lhe indicaram o Mom Power, um programa "baseado em pontos fortes" criado pela Universidade de Michigan para mães que estão enfrentando adversidades e que tem como alvos, em parte, aquelas que podem estar com depressão pós-parto e não receberam assistência. Quando começou o programa, McCloskey já se separara do companheiro definitivamente, pusera barreiras mais firmes — pessoais e legais — contra a presença dele em sua vida e na dos filhos e encontrara uma nova casa em Ypsilanti, Michigan. Ela encarava o Mom Power com ceticismo. Lera muitos livros sobre parentalidade e não sabia o que mais o Mom Power poderia ensinar-lhe. Mas continuava com dificuldade para conectar-se com Simon. Estava mais distraída do que queria.

Assim, toda segunda-feira à tarde, por dez semanas no verão de 2021, ela entrou na plataforma de vídeo onde eram feitas as reuniões do grupo desde o começo da pandemia.[45] Durante uma das primeiras sessões, a líder do grupo pediu que as mães assistissem a uma montagem de vídeo de mães e bebês interagindo enquanto a música "Wind beneath My Wings" [Vento sob minhas asas] tocava ao fundo, e se imaginassem cantando para seus bebês: "*Did you ever know you're my hero/ And everything I would like to be?*".*Tá, é bonitinho, McCloskey pensou. Depois foi pedido às participantes que vissem novamente, mas daquela vez imaginassem que eram seus bebês que estavam cantando para elas. McCloskey caiu no choro.

"Nem sempre nos imaginamos assim como mães", ela me disse. "Somos duras conosco. Não sabemos se estamos fazendo um bom trabalho, e o fato é que nossos filhos... obviamente eles dependem de nós. E pensam que somos a melhor coisa do mundo, porque... somos tudo o que eles têm."

Foi um momento catártico para ela, e fortalecedor, mais ainda graças ao que veio depois: a prática.

O grupo escreveu roteiros sobre como esperavam responder aos filhos em momentos estressantes. As participantes trocaram ideias semana a semana, descrevendo o que tinha dado certo e conferenciando sobre o que deveriam fazer de outro modo.

---

* "Sabia que você é meu herói/ E tudo o que eu gostaria de ser?"

McCloskey conta que uma habilidade importante que aprendeu foi parar por um momento antes de reagir. Quando Simon tinha dificuldades, em vez de travar ela pensava: "Vou ajudá-lo". McCloskey começou a explicar ao filho quando se sentia frustrada, em vez de deixar que suas emoções se acumulassem. "Eu nunca tinha pensado em fazer isso", ela disse. Não foram só as ideias que a ajudaram, mas também os planos que as participantes do grupo fizeram. "Esta é a equação. Eis a resposta. Agora podem implementar."

Praticamente toda pessoa que espera um filho tem esperanças com relação ao papel que desempenhará. Ela sonhou com a ligação que irá sentir com seu recém-nascido. Ou imaginou sua relação com um futuro bebê que dá seus primeiros passos, ou com uma criança de dez anos. Talvez tenha lido sobre desenvolvimento infantil e teoria da parentalidade e feito planos. Essa pode ser uma parte importante da transição para a parentalidade: visualizar seu caminho para cumprir seu papel. Acontece que esses planos são postos em prática não por um instinto inato, e sim por processos neurais complexos — comportamentos conscientes e subconscientes — que ocorrem em um cérebro que pode já estar moldado por transtornos e diferenças neuropsiquiátricos.

A parentalidade humana frequentemente é vista como um fenômeno psicossocial. Mas o modo como nos conectamos, como nos preocupamos, como nos vinculamos — essas coisas são moldadas pela estrutura e pelo funcionamento do cérebro. Estudos sobre animais reconhecem isso há muito tempo.[46] O modo como uma rata mãe lambe e limpa seus filhotes afeta a metilação do DNA deles, o que influencia o modo como os genes são expressos e altera a função HPA dos filhotes de formas que podem durar até a vida adulta. Lamber e limpar mais frequentemente leva a uma menor responsividade ao estresse nos filhotes e vice-versa. Como esses padrões também alteram a expressão gênica na área pré-óptica medial, que sabemos ter um papel central na iniciação do comportamento materno, essas tendências a lamber e limpar podem repetir-se na geração seguinte.

Nos humanos a parentalidade também tem uma base fisiológica.[47] Fatores da vida da mãe, e não só se ela tem ou não um transtorno de humor pós-parto, podem afetar o grau em que sua rede de recompensa ou motivação responde ao choro do bebê, por exemplo, ou o modo como ela passa pela mudança na atividade neural da hipervigilância a um estado mais regulado. Um grande conjunto de evidências associa o estresse crônico ou extremo em bebês e crianças a maior risco de transtornos de saúde mental ao longo de toda a vida, e especificamente a alterações na conexão entre a amígdala e o córtex pré-frontal, essencial para a regulação da emoção.[48]

Há cerca de uma década pesquisadores vêm tentando deslindar alguns desses fatores relacionando experiências do início da vida com a parentalidade posterior em humanos — cujas trajetórias de vida são bem mais complicadas que as de roedores num laboratório.[49] Descobriram que mães que sofrem trauma ou maus-tratos na infância podem ter diferenças em regiões cerebrais relacionadas a processamento de sinais do bebê, empatia ou regulação de emoções. Um estudo comparou 24 mães que sofreram agressão física ou foram molestadas sexualmente quando crianças e 28 mães que não passaram por isso.[50] As que não foram maltratadas mostraram-se mais sensíveis em suas interações durante um período de quinze minutos de brincadeira livre e enquanto ajudavam seu filho com um quebra-cabeça. Também tinham maior volume de substância cinzenta em uma área cerebral envolvida na "empatia emocional", isto é, na faculdade de perceber e vivenciar o que a criança sente; as mães que tinham sido maltratadas na infância apresentavam maior volume em áreas do cérebro envolvidas na "empatia cognitiva", isto é, na faculdade de perceber as necessidades do filho. Os pesquisadores sugeriram que o segundo grupo talvez recorra a hubs associados à mentalização para compensar deficiências em outras aptidões.

A pobreza pode ter uma influência profunda sobre o desenvolvimento cerebral da criança. Isso talvez se aplique também ao desenvolvimento parental. Pilyoung Kim, que foi coautora de alguns dos primeiros estudos de imagens do cérebro parental, hoje dirige o Laboratório de Neurociência da Família e da Criança na Universidade de Denver. Grande parte de seu trabalho recente procura eliminar as lacunas socioeconômicas nas pesquisas sobre o cérebro parental.

O laboratório de Kim mapeou cérebros de 53 mulheres primíparas que estavam aproximadamente no décimo mês pós-parto e tinham renda baixa ou média.[51] Os pesquisadores avaliaram a exposição dessas mães a circunstâncias estressantes por meio de entrevistas e visitas domiciliares e analisaram seus níveis de insegurança alimentar, qualidade da habitação e exposição a violência na comunidade, além de verificar se a renda delas era suficiente para as necessidades da família. Exposição maior a estresse foi associada — sem surpresa — a mais sintomas de ansiedade.[52] Quando foi pedido às mães que ouvissem o som do choro de um bebê, mais estresse correlacionou-se a redução da atividade na ínsula, que é uma região essencial para a saliência, e em áreas corticais importantes para o processamento de informações emocionais e para a regulação das próprias emoções. Atividade diminuída em algumas dessas regiões cerebrais também foi associada a menor sensibilidade materna quando os pesquisadores observaram as mães brincando com seus filhos.

Muitos outros fatores podem moldar a capacidade fisiológica das pessoas para lidar com o estresse, entre eles sua exposição a racismo sistêmico, seu status de imigração ou sua identidade como pais queer ou transgênero em um mundo que ainda não lhes dá muito espaço. Essa capacidade também é influenciada por sua exposição a uma grande variedade de fatores protetores, individualmente e na comunidade, que são específicos de suas respectivas circunstâncias. O campo do estudo do cérebro parental, cuja imensa maioria é composta de pesquisadores brancos, quase não leva em conta esses fatores, embora Kim em particular tenha clamado por maior atenção para o modo como diferenças culturais interagem com a exposição ao estresse.[53]

É importante salientar que, pelo menos por ora, os estudos que analisam diferenças no cérebro parental e as associam a medidas de cuidados parentais incluem tamanhos de amostra muito pequenos que medem um número limitado de fatores demográficos e usam medidas de comportamento pouco abrangentes. Eles são um instantâneo, e pouco nítido ainda por cima, que reflete um efeito médio. Não são verdades absolutas sobre a natureza humana ou sobre a experiência de algum indivíduo específico. O que nos dizem é que a parentalidade não é algo estático, uma minúscula mamadeira dourada adicionada à pulseira de pingentes no cérebro. Compreender isso em um nível mais profundo pode mudar as coisas.

Os dados até agora não indicam um roteiro certo para o modo como a dependência de drogas afeta o cérebro parental, mas o que já se descobriu condiz com uma teoria geral que Helena Rutherford e seus colegas do Laboratório Antes e Depois do Bebê em Yale propuseram alguns anos atrás: a dependência de drogas prejudica os circuitos cerebrais de recompensa e estresse.[54] Respostas de recompensa relacionadas ao bebê podem ser diminuídas, e respostas ao estresse podem ser intensificadas. E há o fato de que o estresse aguça o desejo de consumir drogas, e o estresse parental parece ser especialmente potente.[55]

Rutherford chefia grande parte dos estudos de imagens relacionados ao vício e ao cérebro parental. Ela frequentemente apresenta seus trabalhos a clínicos especializados em dependência de narcóticos, e eles lhe dizem que a neurociência mudou o modo como conversam com seus pacientes que têm filhos. "Isso lhes dá um mecanismo bem concreto para conversar com esses pacientes, dizer: 'Essa é uma razão pela qual você pode estar com problemas, pois as áreas do cérebro envolvidas na dependência também são importantes para a parentalidade'", Rutherford disse.

E não basta conversar. Rutherford espera que os estudos ensejem mais apoio direcionado a mães com dependência de drogas — por exemplo, treinamento em regulação de emoções e meditação com atenção plena, técnicas para reorientar os circuitos do estresse e ajudá-las a se concentrar mais conscientemente em interagir com seu bebê como uma experiência gratificante.

Os programas de parentalidade oferecidos para tratar mães dependentes de drogas podem variar muito em seus métodos e raras vezes usam abordagens baseadas em evidências, segundo análises sistemáticas recentes desses programas.[56] Muitos se concentram em fornecer informações sobre desenvolvimento infantil ou "habilidades parentais" — por exemplo, como impor limites e mudar o comportamento do filho por meio do afastamento momentâneo para pensar ou de recompensas em vez de estratégias mais severas para disciplina-lo. Contudo, esses programas têm taxas de êxito mais baixas com pessoas de recursos limitados. Além disso, pode ser difícil para os pais impor limites e lidar com a piora que isso pode causar no comportamento de uma criança muito pequena, ao menos inicialmente, quando eles próprios não controlam suas emoções. Eles podem ter poucas oportunidades de pôr em prática essas habilidades de modo significativo se ficarem separados dos filhos enquanto estão em tratamento ou se as crianças estiverem aos cuidados do serviço de assistência social à infância.

Muitos programas de parentalidade baseados em habilidades não levam em conta a neurobiologia específica ou a história de vida de pais dependentes de drogas, disse Amanda Lowell, pesquisadora associada do Centro de Estudo da Criança em Yale. Ela conduz estudos em treinamento e eficácia em um programa de Yale chamado Mothering from the Inside Out [Maternação de Dentro para Fora], baseado no trabalho da psicóloga Nancy Schuman.[57] O programa é mais uma abordagem terapêutica do que um curso específico. Todo ele é voltado para a mentalização e o cultivo da curiosidade necessários à percepção do estado de espírito de outra pessoa.

Em geral, em um tratamento individual, um terapeuta modela esse processo mostrando curiosidade pela mente da mãe, e juntos os dois refletem sobre a mente da criança. "A ideia é que a parentalidade pode ser mais gratificante se melhorarmos a relação entre mãe e filho, e a partir daí o cuidado materno deve melhorar", Lowell disse. "Quando parece mais gratificante, e quando o estresse da parentalidade é menor, é como se a questão do uso de drogas fosse virada de cabeça para baixo." Até agora, as participantes mostraram melhor funcionamento reflexivo, ou a capacidade de entender seu próprio estado mental e suas emoções e os de outra pessoa, e isso correspondeu a um comportamento de cuidado mais sensível, cujos efeitos duraram ao longo de um ano pós-parto.

Fornecer melhor assistência a mães e pais dependentes de drogas é importante por muitas razões. Cerca de uma em cada oito crianças nos Estados Unidos vive com um adulto que tem algum transtorno por uso de drogas.[58] Notavelmente, essa estatística baseia-se em dados obtidos entre 2009 e 2014, portanto não captou o crescimento contínuo e drástico da epidemia de uso de opioides no país nos anos posteriores. (Há o fato separado, mas relacionado, de que um número enorme de mulheres recebe prescrição de opioides para amenizar a dor da recuperação do parto vaginal ou por cesariana, e cerca de 2% dessas mulheres acabam sujeitas a um "novo uso persistente" desses medicamentos fortemente viciantes.)[59]

Os riscos são altos, mas o potencial para mudança também é grande. Toda essa revolução nos hábitos, todas essas modificações em conexões neurais representam uma oportunidade, supõem os estudiosos.[60] O uso de drogas cai drasticamente na gravidez e no começo do pós-parto, e em geral torna a aumentar um pouco mais à frente, ainda no pós-parto. Talvez a neurobiologia que impulsiona a motivação parental basicamente interrompa a motivação relacionada à droga, aumentando para a puérpera ou a grávida a probabilidade de empenhar-se no tratamento. A questão para os pesquisadores é como reforçar essa mudança, como fazê-la durar. "Esse é um período único na vida de uma mãe, quando a neuroplasticidade está madura para intervenção", Lowell explicou.

A mentalização também é uma parte importante do Mom Power, o programa do qual McCloskey participou. O Mom Power abriu uma clínica de assistência básica para adolescentes e jovens adultas em Ypsilanti, e hoje mantém centros e clínicas para doenças mentais em oito estados, atendendo mães de todas as idades com depressão, trauma passado ou outros fatores que possam afetar sua entrada na parentalidade. O objetivo é "resgatá-las", disse Maria Muzik, diretora médica da Clínica de Psiquiatria Perinatal da Universidade de Michigan e uma das criadoras do Mom Power. Isso significa ajudá-las a sentirem-se apoiadas e cuidadas em relacionamentos com líderes de grupo e com seus pares, enquanto também são atendidas necessidades tangíveis, como educação financeira e habilidades de autocuidado. Entremeado a tudo isso está o enfoque na compreensão e interpretação das respostas emocionais da mãe e dos modos como as crianças comunicam suas emoções por meio de comportamentos.

Analogamente, estudos constataram que o Mom Power aumenta o funcionamento reflexivo e reduz o estresse da parentalidade.[61] Também pode modificar a atividade neural. Organizadores do Mom Power trabalharam com os pesquisadores do cérebro materno James Swain e Shaun Ho para medir a atividade cerebral de um pequeno grupo de mães antes e depois do programa e comparar essas medições com as de mães que não participaram do programa mas receberam informações enviadas para elas em casa.[62] Em resposta ao choro de seus bebês, as que participaram do Mom Power mostraram maior aumento da atividade e conectividade específicas em regiões do cérebro relacionadas à interpretação de sinais emocionais e à mentalização.

Muzik disse que ficou satisfeita, mas não surpresa, com os resultados das imagens do cérebro. O Mom Power dá às mães um lugar seguro para estar com seus filhos, conversar e refletir sobre suas experiências e praticar modos diferentes de fazer as coisas. O resultado, ela espera, é "alterar a experiência no corpo inteiro".

Nem todas as pessoas que sofrem de estresse na gravidez terão depressão pós-parto. Nem toda criança que foi negligenciada terá problemas de parentalidade mais tarde. Nenhuma sequência específica de eventos determina rigorosamente como uma pessoa se desenvolverá como cuidadora.

Pesquisadores investigaram essa realidade examinando como os genes de uma pessoa moldam a ligação entre sua infância e sua parentalidade.[63] Por exemplo, se uma mãe sofreu maus-tratos ou negligência na infância, tem menor probabilidade de manter o aleitamento quando se tornar mãe e maior probabilidade de sofrer de depressão pós-parto. Contudo, descobriram os pesquisadores, a probabilidade desses resultados aumenta quando essa pessoa tem uma variação específica em um gene que codifica o peptídeo ocitocina.[64] Eventos estressantes na vida, como morte na família ou uma doença grave, são associados ao surgimento de depressão pós-parto. Mas quando as mulheres que passaram por esses acontecimentos também apresentavam uma variação específica de um gene ligado ao transporte de serotonina, seu risco de sofrer depressão em uma fase avançada do pós-parto era maior.[65]

Toda pessoa que entra na parentalidade possui sua própria combinação de fatores genéticos, experiência de vida e fatores de estresse no momento. Com perspicácia, Muzik comparou esse fato com uma música de fundo para o cérebro. "Ela pode ser alta. Pode ser suave. Pode ser muito perturbadora ou agradável e tranquila", disse. "Não podemos eliminar essa música. Não podemos nos livrar dela. Essa música nos molda. É quem somos, mas podemos abrandá-la, inserir nela novas melodias."

Por um lado, essa é uma ideia tranquilizadora. Nada disso é puramente determinista, e o trabalho que fazemos para mudar a música influencia. No entanto, admito que acho difícil lidar com isso. Nessa mesa de mixagem que é o meu cérebro, alguns canais são predeterminados. Por mais esforço que eu dedique à parentalidade, existem facetas que não sou capaz de mudar totalmente. Certos sons permanecem.

Às vezes essa ideia é paralisante. Emperro em um sulco, pensando nas mães que vieram antes de mim, que moldaram os genes que moldaram meu cérebro que molda minha maternação que molda o cérebro dos meus filhos.

Minha avó era enfermeira do Exército. Durante a Segunda Guerra Mundial, foi para a França, conheceu meu avô, casou-se com ele em uma igreja arrasada por um bombardeio e começou a ter filhos quase em seguida ao término da guerra. Quando menina, eu a conheci como uma mulher de bochechas macias e um tanto brusca, ardorosamente dedicada a ajudar os necessitados em nossa comunidade e sempre pronta para contar piadas e amaldiçoar os ianques, com um cigarro entre os dedos, uma bebida na mão e seu amado poodle miniatura sarnento. Hoje percebo que, em um período muito curto, ela presenciou as devastações da guerra, voltou para seu país, foi viver em uma cidade nova, com uma família — a do meu avô — que nunca vira antes e teve um bebê. E depois outro, minha mãe. A mãe dessa minha avó morreu pouco depois.

Moro a poucos quilômetros do primeiro apartamento onde viveram meus avós, na orla de Back Cove, em Portland, uma bacia que enche nas marés altas e oferece um deslumbrante nascer do sol e a mais desoladora das paisagens cinzentas durante o inverno. Imagino minha avó com um recém-nascido no colo, contemplando da janela do apartamento o lento movimento das garças-brancas pela grama sobre suas pernas de palafita, e me pergunto: como será que ela se sentia?

Não preciso imaginar como minha mãe se sentiu no fim de sua primeira gravidez. Ainda é tão dolorosamente vívido para ela, tão difícil de encarar, que não chegamos a conversar direito sobre isso antes que eu começasse a escrever este livro.

Ela estava no oitavo mês de gravidez e liderava um encontro dos escoteiras a mais de 11 mil quilômetros de casa, em Okinawa, no Japão, para onde meu pai fora destacado pela Força Aérea dos Estados Unidos. Então teve a impressão de que estava entrando em trabalho de parto. No hospital da base, disseram que ainda não era hora e a mandaram para casa. Mas o bebê não se movia. Por fim — duas semanas depois — um médico no hospital confirmou que não havia batimentos cardíacos. E disse a ela que não poria fim àquela gravidez, porque violava sua fé. Então a mandou para casa, para ser engolida pelo desespero, pela raiva e pelo peso de coisas fora de seu controle. "Esperei mais três semanas", minha mãe contou, "e enlouqueci." Por fim, ela e meu pai voltaram ao hospital e consultaram outro médico, que concordou em induzir o parto.

A história de minha mãe é marcada pela raiva. Justificada e renitente. Contra o médico que prolongou seu sofrimento. Contra a enfermeira que entrou em seu quarto no hospital e insistiu em verificar os batimentos cardíacos do bebê e não conseguiu entender quando minha mãe disse que não havia batimento algum. Contra o padre que se recusou a fazer o batismo. Depois, a esposa do comandante da base pediu que dessem espaço aos meus pais. Assim, os amigos ficaram longe. Minha avó atravessou o oceano para ajudar, e um dia minha mãe foi com ela até o armazém, onde encontraram uma grande amiga cuja data prevista de parto tinha sido bem próxima da data da minha mãe. "Ela ficou o tempo todo na frente do bebê", minha mãe me contou.

Pouco depois, meus pais receberam uma realocação humanitária para voltarem aos Estados Unidos. "Eu não falava sobre isso", ela disse. "Me matava de fazer exercícios, a fim de recuperar a forma, e simplesmente esquecia. Tentava esquecer."

"A gente não esquece", falei.

"É verdade."

Minha irmã nasceu uns dois anos depois. Estar grávida de novo foi excruciante, minha mãe revelou. Ter um bebê foi uma cura. Mas foi difícil. Ela se dedicou a atender nossas necessidades físicas quando éramos pequenos — minha irmã, meu irmão e eu — e a cuidar da casa. E era ansiosa. *É* ansiosa. "A preocupação nunca desaparece", minha mãe disse. "Por mais velhos que vocês estejam. A preocupação com o filho nunca some. Só envelhece de algum modo."

Tenho essa mesma preocupação com meus filhos. E às vezes me vem a impressão de que uma cadeia se estende através do tempo, aumentada elo por elo. Essa linhagem me parece pesada e inegável. Mas quando leio os estudos sobre como o cuidado materno pode ser transmitido de geração a geração a cadeia parece ainda mais pesada, e essa sensação, como um dedo no prato da balança, não parece confiável.

Os estudos sobre a transmissão intergeracional do cuidado

materno costumam comparar apenas dois pontos ao longo de uma vida repleta de complexidade. Analisam uma parte minúscula da constituição genética da pessoa ou aspectos separados do comportamento parental, fora do contexto de todo um relacionamento. De uma família inteira. Podem medir o afeto e o toque em breves fatias de tempo. Mas não o sentimento de deitar em lençóis de flanela na infância. Não o cheiro da cozinha da avó. Não a caligrafia da mãe. Nem sua risada, que não vem fácil, mas é forte e luminosa.

As próprias descobertas são mistas e confusas, contêm resultados conflitantes — e até opostos —, ou resultados que mudam dependendo de quais variáveis demográficas são adicionadas à análise.[66] "Há muito ruído, e estamos tentando encontrar padrões nesse ruído", Viara Mileva-Seitz disse a Abigail Tucker, autora de *Mom Genes: Inside the New Science of Our Ancient Maternal Instinct* [Genes maternos: Por dentro da nova ciência do nosso instinto materno imemorial].[67] Mileva-Seitz foi a autora principal de vários artigos sobre interação entre genes e ambiente e é pesquisadora doutora no laboratório de Alison Fleming em Mississauga, embora tenha dito a Tucker que deixou essa área e agora cria ovelhas com sua família e trabalha como fotógrafa. Cientistas que estudam genética materna "estão na base dessa montanha colossal, que não sabemos como escalar", disse Mileva-Seitz. "Todo mundo está só fincando sua picareta em diferentes pontos."

Alguns desses estudos baseiam-se em medidas que, para mim — que não sou cientista, apenas uma pessoa pensante —, parecem duvidosas. Por exemplo, a que correlaciona o trauma de infância "não resolvido" de uma mãe ao seu alheamento diante da aflição do filho, tendo o estado de seu trauma sido avaliado pela medição de erros de gramática durante uma entrevista estruturada sobre memórias de infância e relacionamentos com apego, enquanto o grau de alheamento era medido por RMf.[68] Os saltos requeridos para passar de adversidade na infância a "lapsos linguísticos" e a padrões neurais significativos me parecem um tanto mirabolantes.

Talvez seja isso que Sarah Richardson, historiadora da ciência e diretora do Laboratório GenderSci, de Harvard, chama de "causalidade críptica".[69] O grande salto de uma descoberta limitada para uma conclusão abrangente através de um período longo. Um efeito cujos limites parecem enevoar-se ou até desaparecer quando o examinamos em um contexto da vida real.

Em seu livro *The Maternal Imprint: The Contested Science of Maternal-Fetal Effects* [*Imprint* materno: A polêmica ciência dos efeitos materno-fetais], Richardson afirma que grande parte do que é apresentado como fato — especificamente como pessoas grávidas moldam a saúde do filho no longo prazo por meio de efeitos no útero — baseia-se em estudos pequenos de efeitos que são expandidos para "cadeias de causalidade complexas" e usados para criar "narrativas biossociais impregnadas de urgência pelo espectro do dano fetal".[70] Isso inclui parte do trabalho basilar sobre o cortisol elevado durante a gravidez e estudos mais recentes que associaram a dieta de uma grávida ao risco de câncer nas filhas (e nas netas e bisnetas), baseados em pesquisas com ratos cheias de ressalvas. Essas descobertas são divulgadas com cabeçalhos como aquele que deplora "os pecados nutricionais da mãe" e deixam muitas grávidas sentindo-se "recipientes inadequados", escreveu Richardson, com consequências reais e mensuráveis para a saúde mental delas próprias e de suas famílias.[71]

Não é que a gravidez não tenha consequências para o filho. É que o ambiente intrauterino não é *o* fator determinante e imutável que molda a saúde no longo prazo. Richardson escreveu que o campo das origens do desenvolvimento da saúde e da doença é juncado de descobertas não replicadas que se escoram em "pressupostos sociais sobre onde estão as ações e a responsabilidade pelo que acontece com os filhos" — na mãe.

Trabalhos diferentes, mas relacionados, analisam como a exposição a experiências adversas na infância (ACES, na sigla em inglês) — coisas como abuso emocional, físico ou sexual, uso de drogas, doença mental, pobreza ou violência na comunidade — afeta a saúde no longo prazo. Esses efeitos são cumulativos e disseminados. Foram validados por estudos grandes que incluem dezenas de milhares de pessoas, com efeitos eloquentes mostrando que quanto mais trauma uma pessoa sofre quando criança, maior o risco de posteriormente ter doença cardíaca, derrame, suicidar-se, ou sofrer de depressão, entre outras coisas.

A dra. Nadine Burke Harris há muito tempo é uma importante especialista na área de ACES e em 2019 tornou-se a primeira chefe do serviço de saúde pública da Califórnia. Em 2020, sob sua liderança, o estado lançou um programa pioneiro no país para remunerar prestadores de serviços em seu programa Medicaid — incluindo serviços pré-natais — para que façam a triagem de pacientes com ACES e tratem as condições para as quais eles possam ter mais risco.

O modo como uma pessoa foi cuidada na infância sem dúvida influi em sua saúde, e quase certamente na saúde de seus filhos. Em geral procuramos narrativas lineares — compostas elo por elo —, mas um conjunto imenso de fatores determina como se desdobra a vida de qualquer criança. Entre esses fatores estão o pai e os parentes. A dinâmica da família e da comunidade. Indivíduos e instituições. O problema do trauma na infância que molda a saúde na vida adulta é uma questão de saúde pública, Burke Harris disse-me quando a entrevistei em 2018. "É grande demais para todos nós", ela declarou. "Se é grande demais para todos nós, isso significa que cada um tem um pedacinho."

Nas redes sociais, encontramos certo subgênero de conteúdo

sobre parentalidade que enaltece a conexão neurobiológica entre o bebê e a mãe ou o pai — principalmente a mãe —, com publicações que incentivam mulheres a cuidar de seus bebês, responder aos seus sinais, niná-los, rejeitar noções sobre treinamento e amar a labuta de fomentar um desenvolvimento cerebral sadio dos pequenos a fim de promover a saúde deles no longo prazo. Toda vez que vejo essas publicações, sinto-me um pouco satisfeita porque a narrativa do cérebro parental responsivo e sua ligação com o desenvolvimento do bebê está atingindo um público maior. E sinto uma forte pontada de preocupação pelos pais e mães que receiam estar errando. Que temem ter prejudicado seu bebê porque o treinaram para dormir quando eles próprios estavam desesperados para dormir também, ou simplesmente porque desejavam horários mais previsíveis. Que pensam não ser pais responsivos porque o filho passa o dia na creche, porque o bebê chora a noite inteira e todas as noites e eles não sabem como ajudar, ou porque estão sofrendo de depressão pós-parto. Que temem ter sentido preocupação demais a ponto de desgastar a linha que os liga a seu bebê ou, pior, ter danificado essa ligação.

 O trabalho de Fleming sempre enfocou as ligações fisiológicas e comportamentais entre mãe e bebê. Como um molda o outro. No entanto, ela me disse que vê com clareza que essas ligações são parte de um quadro muito mais abrangente, no qual — salvo os extremos de abuso e negligência, e às vezes até nesses casos — os pais têm apenas uma influência limitada sobre a trajetória de vida de seus filhos. "Não existe um único fio linear que vai de um ponto no começo da vida até outro ponto em que a pessoa se torna mãe", ela disse. "Acontecem muitas coisas pelo caminho. E se você pensa que está errando com seu filho... então pare. Por outro lado, eles têm muita vida pela frente."

 Os pais são importantes. E muitas outras coisas também são. "Você sabia o que eu ia dizer, certo?", Fleming comentou rindo.

Um ano e meio antes, tivemos quase essa mesma conversa. "Sabia, mas talvez precisasse ouvir de novo", respondi.

Há muitas coisas que podemos fazer para tornar a gravidez e os primeiros tempos da parentalidade melhores para todos — pais e bebês. Há uma grande lacuna, especialmente nos Estados Unidos, entre o que sabemos ser mais útil para as pessoas que dão à luz e os cuidados que elas recebem hoje.

Em 2016, a Força-Tarefa de Serviços Preventivos nos Estados Unidos recomendou que todas as mulheres na gravidez e no pós-parto fossem submetidas a exames para detectar depressão.[72] Essa força-tarefa compõe-se de médicos que analisam as evidências para as triagens e os procedimentos preventivos e lhes atribuem uma nota baseada na segurança e eficácia. A maioria das seguradoras nos Estados Unidos, incluindo as seguradoras privadas e os programas Medicaid em grande parte dos estados, é obrigada pelo Affordable Care Act a cobrir os serviços que receberam as notas mais altas, sem custos adicionais para seus clientes.[73] Essa recomendação foi vista, corretamente, como uma tremenda vitória para a saúde mental materna. No entanto, fazer uma triagem para identificar pessoas que já estão em crise não basta.

Em 2019 a mesma força-tarefa fez outra recomendação.[74] Os clínicos devem encaminhar para aconselhamento as mulheres grávidas ou no pós-parto que estiverem *em risco* de depressão perinatal — antes da ocorrência de sintomas —, e esses serviços devem ser cobertos como assistência preventiva, disse o grupo. O endosso baseou-se em uma análise de vinte estudos. Isso significa que muitas pessoas grávidas ou no pós-parto que têm fatores de risco, por exemplo, antecedentes de depressão, ansiedade elevada, gravidez complicada ou um histórico de acontecimentos particularmente estressantes na vida, podem — ao menos em teoria

— receber cuidados preventivos sob a forma de aconselhamento sem custos adicionais para elas. (Repito: sem custos adicionais para elas!)

Acontece que os médicos não têm nenhuma ferramenta de triagem amplamente usada e padronizada para identificar o risco de transtornos de humor perinatais.[75] A força-tarefa reconheceu isso e publicou alguns parâmetros básicos para a triagem. Até o terceiro trimestre de 2021, o American College of Obstetricians and Gynecologists, principal organização profissional da área de ginecologia e obstetrícia, não tinha publicado orientações sobre como implementar a recomendação da força-tarefa. Além disso, os Estados Unidos têm uma carência generalizada de profissionais da área de saúde mental,[76] em especial que aceitem pagamento do Medicaid, que cobre mais de 40% dos partos nos Estados Unidos.[77] Tudo isso levou uma pessoa da área de ginecologia e obstetrícia com quem conversei a qualificar a medida como "uma diretriz sem mão de obra que a implemente".

Sabemos que a pandemia tem sido um fator de estresse colossal para pais durante o parto e posteriormente.[78] Será preciso anos até que as consequências negativas para os pais de recém-nascidos sejam plenamente identificadas. Penso em uma mãe solteira que entrevistei, que saiu da realidade atemporal da UTI neonatal e se viu imersa na realidade atemporal de uma cidade em seus primeiros dias de lockdown — de repente, estavam inacessíveis para ela muitos dos apoios de familiares e amigos com quem estava contando. Penso em todas as pessoas que precisaram amamentar um recém-nascido a intervalos curtíssimos enquanto acompanhavam os filhos mais velhos nos deveres da escola, varando os dias em um carrossel incontrolável. E naquelas que não conseguiam dormir mesmo depois que o bebê mamara porque se preocupavam com a segurança financeira e física da família.

Entretanto, a pandemia trouxe pelo menos uma mudança na

assistência médica que pode ajudar: expandiu o acesso à telemedicina e normalizou o tratamento remoto. "Convencer mulheres deprimidas no pós-parto a irem ao hospital com seus recém-nascidos sempre foi uma luta, ainda mais quando se trata de mulheres de baixa renda sem acesso a creche ou a transporte", escreveram em fevereiro de 2021 Mary Kimmel, do Centro para Transtornos de Humor em Mulheres na Carolina do Norte, e Lauren Osborne e Pamela Surkar, ambas da Universidade Johns Hopkins.[79] Elas conclamaram as seguradoras a reconhecer a telemedicina como uma ferramenta para atender pacientes difíceis de atingir e pagar mais aos prestadores que ofereçam esses serviços.

Melhores tratamentos também fariam diferença, obviamente. Apesar da justificada empolgação com o Zulresso, o primeiro medicamento aprovado nos Estados Unidos para tratamento de depressão pós-parto, ele permanece inacessível à maioria das pessoas. O desenvolvimento do medicamento baseou-se nas mudanças na sinalização Gaba ocorridas na gravidez e no pós-parto. Zulresso é a marca comercial da alopregnanolona, que tem de ser ministrada por injeção ao longo de uma internação hospitalar de três dias. Assim como os níveis elevados de alopregnanolona que ocorrem naturalmente, o medicamento tem efeito sedativo e pode causar tontura e desmaio.

Descobriu-se que o Zulresso age rapidamente em mulheres com depressão de moderada a grave, e os resultados são mais significativos nas que sofrem com depressão mais grave.[80] Não funciona para todo mundo, disse Samantha Meltzer-Brody, cujas pesquisas sobre o fármaco são financiadas pela Sage Therapeutics. A realidade de muitas depressões pós-parto requer diversos caminhos de prevenção e tratamento. Mas nas pessoas para as quais funciona, ela disse, o medicamento pode trazer uma "robusta mudança de estado". Um detalhe importante é que essa mudança perdura por muito tempo depois da administração.

Pesquisadores estão tentando descobrir por que os efeitos do Zulresso são duradouros. Jamie Maguire e colegas constataram que a alopregnanolona e seus análogos sintéticos alteram as oscilações na atividade cerebral em uma parte específica da amígdala que muitos estudos demonstraram ser importante tanto para o comportamento parental como para a expressão de medo e ansiedade. Eles aventaram que isso poderia alterar a sincronização da amígdala e do córtex pré-frontal, levando a um estado mais saudável da rede. "Supomos que [a rede] reajusta-se e se mantém estável até que haja outra mudança", Maguire me disse. Se ou quando uma pessoa passa por outro episódio, outra mudança no estado da rede, provavelmente varia conforme suas circunstâncias, seus genes e seu estresse.

O trabalho de Maguire refuta a noção de que a depressão pós-parto é uma espécie de prostração. Uma ausência. Uma carência de instinto materno. "É possível passar do estado doentio para um estado mais sadio", ela disse. "Só precisamos restaurar o equilíbrio."

No entanto, apenas alguns serviços em áreas metropolitanas dos Estados Unidos oferecem o Zulresso. Seu lançamento foi tolhido primeiro pela preocupação com o preço — em torno de 34 mil dólares, sem contar o valor da internação — e a relutância das seguradoras a cobrir o procedimento. Além disso, para muitas pessoas que têm um recém-nascido, permanecer no hospital por três dias sem o bebê é uma grande barreira. E a pandemia não ajudou.

O Zulresso é o primeiro medicamento da Sage Therapeutics no mercado. A maioria dos empregados da área de vendas da Sage estava entre as cerca de 340 pessoas dispensadas no segundo trimestre de 2020. A empresa mencionou que poucas pessoas procuraram o tratamento durante a pandemia e pouquíssimos médicos se dispuseram a prescrevê-lo.[81] Até fins de 2021, a Sage declarou aos acionistas que pretendia concentrar os esforços de venda nos locais que já ofereciam o medicamento.

A Sage tem outro fármaco em desenvolvimento, também voltado para a sinalização Gaba, mas esse poderá ser administrado por via oral, em casa, e usado para depressão em outros contextos além do pós-parto. O fármaco teve um desempenho problemático em ensaios clínicos iniciais, mas os resultados para o pós-parto publicado em junho de 2021 foram promissores, com melhoras significativas nas pontuações de depressão em comparação com placebo após três dias de tratamento e maiores ganhos 45 dias mais tarde.[82]

Contudo, os medicamentos antidepressivos conhecidos como inibidores seletivos da recaptação de serotonina ou ISRS continuam a ser a principal intervenção farmacêutica para a depressão pós-parto, prescritos para até 10% das mulheres grávidas ou no pós-parto nos Estados Unidos, Canadá e outros países.[83] Supõe-se que os ISRS atuam mantendo mais serotonina nas sinapses, impedindo a captação ou a absorção do neurotransmissor pela célula nervosa, o que resulta em melhor humor e maior receptividade a psicoterapia. Mas o modo exato como esses medicamentos atuam na população em geral continua um tanto nebuloso. Como seu funcionamento pode mudar durante o período pré-natal é um grande ponto de interrogação — embora haja boas evidências de que funcionam.[84]

Isso ocorre porque o sistema central da serotonina muda durante o período de gravidez e pós-parto.[85] Supõe-se que ele passa por uma suprarregulação durante a gravidez, e com isso mais serotonina circula entre o corpo e o cérebro — pelo menos segundo estudos envolvendo amostras de sangue e líquido cefalorraquidiano de mães. Estudos com roedores constataram mudanças significativas relacionadas à serotonina na atividade celular, metabolismo e expressão de receptores em uma região do cérebro conhecida como rafe dorsal, que é importante fornecedora de serotonina para o prosencéfalo.

No entanto, os cientistas ainda sabem pouquíssimo sobre como a serotonina, em roedores e humanos, comporta-se usualmente durante a gravidez e o pós-parto, ou como ela influencia comportamentos parentais — e sabem ainda menos no contexto dos transtornos de humor pós-parto. Um estudo recente, chefiado por Pawluski, investigou como a sertralina, comercializada como Zoloft, interage com a plasticidade típica no hipocampo das ratas no período final da gravidez; o estudo contém a seguinte frase, que parece emblemática da literatura sobre a serotonina em geral: "Este trabalho gerou mais perguntas do que respostas".[86]

O que os pesquisadores sabem é que a serotonina interage com sistemas hormonais e neurais que mudam de modos complexos durante a gravidez e o pós-parto.[87] A serotonina influencia a atividade da dopamina, por exemplo. E sabe-se que todos os hormônios reprodutivos que circulam espetacularmente — estrogênio, progesterona, ocitocina, prolactina e glicocorticoides — influenciam a atividade da serotonina. "Tudo está ligado", disse Pawluski. Mas como?

São notavelmente poucos os estudos que avaliaram a eficácia dos ISRS no contexto pós-parto, talvez pelas dificuldades de recrutar pessoas, talvez porque se pressuponha que os medicamentos funcionam bem o suficiente, dado seu desempenho em outros contextos. Em fevereiro de 2021, a prestigiosa Cochrane Library publicou uma revisão sistemática concluindo que "pode haver um benefício" na administração de ISRS para depressão pós-parto em comparação com placebo, porém a certeza sobre as evidências é "baixa ou muito baixa".[88] Os estudos disponíveis para a análise desse grupo eram pequenos em tamanho e número e tinham altas taxas de atrito.

"Portanto, na verdade estamos dando uma medicação que

pode ser útil e pode não ser", Pawluski me disse. "Talvez seja um efeito placebo, quem sabe? Mesmo se for, se a pessoa se sentir melhor ele é importante. Eu penso assim. Mas, em última análise, a ideia é corrigir ou normalizar um sistema que não está funcionando direito." E os cientistas não sabem muito bem o que os ISRS tomados no pós-parto fazem.

Esses medicamentos têm sido uma ferramenta importante para tratar a depressão perinatal, e geralmente os médicos recomendam que as pessoas grávidas e no pós-parto que os estejam tomando continuem a fazê-lo, se o medicamento as ajuda. Não quero minimizar seu valor nesse aspecto. Mas também está claro que precisamos de medicações melhores ou, no mínimo, mais informações sobre as que já temos. Atingir qualquer um desses objetivos dependerá de aprendermos mais sobre como a depressão funciona no cérebro pós-parto especificamente.

O estado das pesquisas nos diz que isso pode demorar um pouco. Enquanto isso, saber que uma drástica transformação neurobiológica caracteriza a chegada da parentalidade, e conhecer o grau em que essa mudança é influenciada pelo estresse, deveria ser suficiente para que se investisse em apoios comprovados a quem dá à luz. Isso requer mais serviços de cuidados maternos, parteiras e doulas, particularmente nas centenas de condados rurais nos Estados Unidos que são considerados "desertos de assistência à maternidade", desprovidos de cuidados obstétricos hospitalares e com pouco acesso a serviços.[89] Também são necessárias mais visitas domiciliares e maior acesso à assistência remota, mais grupos de apoio bem projetados e uma política universal de licença remunerada. Há boas evidências de que esses tipos de mudança poderiam reduzir os transtornos de humor no pós-parto.[90]

Não precisamos entender exatamente os mecanismos pelos quais o eixo HPA molda o cérebro na gravidez e no pós-parto para nos empenhar para uma "normalização do que acontece com o corpo", disse-me Molly Dickens, fisiologista do estresse especializada em maternidade. Por exemplo, no sentido de aceitar como normal a necessidade de mais apoio. A gravidez "leva o corpo ao limite". Se uma pessoa tem problemas no processo, "isso é normal". Passar por tudo sem ter ao menos alguns sintomas de um transtorno de humor, segundo Dickens, "seria a porra de um milagre".

Em seu livro *Ordinary Insanity: Fear and the Silent Crisis of Motherhood in America* [Insanidade usual: Medo e a crise silenciosa da maternidade nos Estados Unidos], Sarah Menkedick escreveu que o início da maternidade envolve luto. Luto da mãe pela perda da pessoa que ela tinha sido até então e pela perda da mãe que ela pensou que seria. No entanto, não se dá espaço ao pesar no pós-parto, não se reconhece que uma fase da vida foi deixada para trás e que uma fase nova está começando. Uma fase que, em grande medida, é impossível de conhecer antes de entrarmos nela.

Nos Estados Unidos, grande parte do ritual que ajudaria a compreender essa mudança na vida — entre comunidades de mulheres e entre gerações de pessoas que deram à luz — foi eliminada ou perdeu-se na migração humana para outras cidades ou para o outro lado do oceano, subordinada ao "individualismo tóxico" em forma de família descrito por Mia Birdsong. "A depressão pós-parto talvez seja o único ritual que as mães americanas têm para expressar seu pesar", supõe Menkedick.[91]

Hesitei quando li essa frase pela primeira vez. A depressão pós-parto é biológica, pensei. Ocorre em populações de todo o planeta que têm expectativas culturais e práticas voltadas para o nascimento e o pós-parto tremendamente divergentes. Mas rituais são um reconhecimento manifesto, uma interpretação consciente das coisas. Talvez seja verdade que, para algumas mães, a depressão é a interpretação, o resultado na ausência do reconhecimento daquilo que está acontecendo com seu corpo e seu cérebro.

Eu me pergunto se dar às pessoas grávidas e aos que as cercam uma noção melhor de como poderá ser essa nova fase da vida ajudaria a criar rituais ou a retornar aos rituais do passado. No mínimo, isso poderia tornar menos surpreendentes as perdas e oferecer às pessoas uma ideia mais clara do que elas poderão ganhar. Isso requer dar nome aos vários fatores que podem influenciar essa trajetória, entre eles a própria experiência do parto.

Uma coisa assombrosa aconteceu alguns anos atrás no podcast pioneiro sobre parentalidade *The Longest Shortest Time*, apresentado por Hillary Frank.[92] Em 2014, Frank entrevistara a famosa parteira Ina May Gaskin, cujo livro de 2003 *Ina May's Guide to Childbirth* [Guia de Ina May para o parto] faz parte do cânone pré-natal. A mensagem do livro é que o corpo da mulher sabe como parir um filho e em geral pode fazer isso "naturalmente", contanto que o medo não atrapalhe. Sem medo, o parto pode ser uma experiência bem prazerosa, Gaskin escreveu.

Essa era uma ideia revolucionária para muitas pessoas grávidas, em uma época na qual estavam em ascensão as cesarianas eletivas e as não planejadas. Além disso, impulsionou a noção de que o parto "natural" era o modo certo de dar à luz e que a pessoa grávida tinha a chave — sua preparação, sua atitude mental — para fazê-lo acontecer.

Frank disse a Gaskin que leu o livro quando estava grávida e isso lhe deu a sensação de ser forte, quando antes estivera receosa. Ajudou-a a acreditar que poderia ter um parto sem medicações nem procedimentos. Mas, quando o dia chegou, Frank acabou precisando de uma série de intervenções, inclusive ocitocina, anestesia peridural e episiotomia, que teve de ser reparada uma semana mais tarde. "No fim das contas, eu senti que havia fracassado", ela disse a Gaskin. "Pensei que seria capaz. Acreditei que seria capaz, e não fui. Fazer tudo naturalmente parecia algo a ser conquistado. E analisando aqueles livros, tenho de admitir que fiquei chateada. Fiquei brava. Ina May não tem nada a me dizer sobre o que acontece quando a gente não consegue."

Gaskin respondeu que seu objetivo é ajudar pessoas a evitar procedimentos médicos desnecessários, mas dizer a mulheres que todo mundo pode passar por um parto sem dor "é uma tremenda mentira". Frank interrompeu: "Eu tinha a impressão, e talvez fosse uma impressão errada, de que você acreditava que todas as mulheres podiam ter se não um parto livre de dor, pelo menos um parto descontraído".

Não, Gaskin replicou. "Provavelmente tenho de escrever mais se dei a você essa impressão."

E foi o que ela fez.

Cinco anos mais tarde, em 2019, Gaskin lançou uma versão atualizada de seu guia, baseada em sua conversa com Frank e em quase quatrocentos comentários coligidos depois que o podcast foi transmitido.[93] Ela incorporou texto sobre cesarianas e outras intervenções — tanto sobre evitá-las como sobre lidar com elas — e sobre a incerteza do parto e a variedade de modos como ele pode ocorrer. Além disso, rejeitou explicitamente o uso da frase "hora dourada" como referência ao tempo imediatamente seguinte ao nascimento, com frequência descrito como uma janela crucial para o apego, que muitas famílias perdem quando a parturiente está se recuperando da cesariana ou quando o bebê precisa ficar na UTI.[94] "Dá a impressão de que coisas ruins acontecerão automaticamente se uma separação temporária deixar você e seu bebê em lugares diferentes por um tempo", Gaskin escreveu. "Não é verdade."

Gosto demais dessa conversa por muitas razões. Pela força e simpatia que as duas mulheres demonstram uma pela outra. Por sua receptividade. Pelo fato de Frank ter dito coisas que tantas mulheres sentiam e de Gaskin ter prestado atenção.

Gosto também porque o parto foi reconhecido pelo que ele é: uma experiência que o corpo humano é capaz de ter e que pode ser facilitada pela serenidade em face do medo ou por apoios certos no momento certo à parturiente. E uma experiência que é incrivelmente intensa, que quase sempre leva a pessoa ao limite do que ela pode fazer física e psicologicamente e às vezes ao limite da própria vida, e que é moldada por forças muito além da biologia específica da parturiente no dia do parto.

Além de todas as muitas outras coisas que o parto pode ser, ele também é uma experiência inerentemente traumática. Até 6% das mães são acometidas por transtorno de estresse pós-traumático (TEPT) relacionado ao parto, caracterizado por pensamentos negativos ou perturbadores invasivos, repulsa por gatilhos e hiper-reatividade.[95] *Seis por cento*. Muitas mais, cerca de 17%, relatam alguns sintomas de TEPT nos dias e semanas seguintes ao parto.

Como tudo o mais, não há uma fórmula clara para como ou quando ocorrem transtornos de estresse pós-traumático relacionados ao parto. Sharon Dekel, professora doutora de psicologia na Escola de Medicina de Harvard e diretora do Laboratório Dekel no Hospital Geral de Massachusetts, trabalhou com colegas para avaliar as experiências de parto e pós-parto de 685 mulheres e descobriu que o tipo de parto é importante.[96] Ser submetida a uma cesariana não planejada triplica o risco de TEPT. Induções médicas, partos complicados e privação de sono antes do parto também são fatores de risco.[97] O mesmo vale para a experiência de um estado dissociativo — a sensação de estar fora do próprio corpo ou desvinculada do que está acontecendo — durante o parto, embora haja evidências de que para algumas pessoas a dissociação pode ser protetora contra sintomas de depressão posteriormente.[98]

No grupo estudado, mulheres que tinham sofrido agressão sexual no passado — até uma em cada cinco mulheres nos Estados Unidos — apresentaram uma taxa significativamente mais alta de complicações, partos prematuros e cesarianas não planejadas, e apresentaram mais estresse agudo durante o parto.[99] Outros fatores que podem influenciar os resultados são idade da pessoa que deu à luz, grau de instrução, doença mental anterior e, talvez em menor grau, fatores de estresse prévios na gravidez, como um aborto espontâneo ou um filho natimorto ou prematuro.[100]

Muitas vezes o TEPT relacionado ao parto ocorre com depressão pós-parto.[101] O estudo de Dekel revelou que o risco do duplo diagnóstico é duas vezes maior no caso de partos prematuros. Nem sempre o TEPT é reconhecido como concomitante à depressão, mas a pessoa que deu à luz pode requerer tipos específicos de tratamento para processar o trauma.

O objetivo de Dekel é deslindar os fatores que podem causar trauma no parto, e com isso formular melhores métodos de predição e triagem para detectar quem corre maior risco. Isso inclui medidas objetivas e subjetivas de trauma e suas interações. Se uma pessoa tem hemorragia e corre um risco de vida real ao dar à luz, isso claramente é um fator de estresse objetivo. Mas Dekel também pergunta às mulheres sobre sua experiência íntima do parto e do período imediatamente a seguir. Tiveram medo? Sentiram que haviam perdido o controle? Sentiram raiva? A resposta emocional da pessoa ao parto pode ser o preditor mais importante de todos, disse Dekel. "O que é traumático para uma pessoa pode ser diferente do que é traumático para outra."

No entanto, há pouquíssima preocupação em fazer uma triagem para detectar experiências traumáticas nas pessoas que dão à luz, e são tremendamente subestimadas as complexidades do modo como o trauma pode entremear-se na experiência do início da parentalidade — no modo como essa pessoa se sente com respeito ao seu corpo e ao seu filho, no modo como vê a si mesma em seu novo papel.

Dekel entrevistou centenas de mulheres em seu laboratório; muitas tinham recursos para buscar ajuda profissional, e, no entanto, uma grande parcela declarou que nunca havia falado com ninguém sobre sua experiência traumática no parto. "Elas tinham vergonha", Dekel contou. "Sentiam culpa. Não queriam assustar suas amigas que também estavam grávidas. [...] Muitas não sabiam bem o que estava acontecendo com elas, porque não se encontravam necessariamente deprimidas."

Dekel disse-me que costuma dar a seguinte explicação a seus alunos: se uma pessoa sofre um acidente de carro e isso acarreta estresse pós-traumático, pode ser que não consiga voltar a dirigir ou até andar de carro por muito tempo. Talvez nem mesmo seja capaz de atravessar a rua, pois qualquer coisa que lembre um carro pode ser um gatilho. "Para a mãe que teve um parto traumático e em consequência sofre de TEPT, o bebê é o gatilho", Dekel disse.

Só que é impossível evitar o bebê. "Isso agrava a patologia, e possivelmente retarda a recuperação", ela disse. "E pense nas expectativas da sociedade, no modo como pressupõem que a pessoa cria um vínculo com seu bebê. É uma situação muito difícil."

Muitos estudos de imagens do cérebro analisaram as mudanças funcionais e estruturais no órgão que estão na base do TEPT, com frequência no contexto do trauma de guerra e enfocando em particular a atividade na amígdala, hipocampo e córtex pré-frontal e nas reduções do volume global do cérebro.[102] Nenhum estudo examinou o TEPT relacionado ao parto. Até o momento em que escrevo, Dekel estava recrutando participantes para o que poderá ser o primeiro estudo desse tipo. Ela e colegas também estavam em processo de documentar outro importante resultado do sofrimento no parto: o crescimento.

Dekel começou sua carreira estudando o potencial para crescimento psicológico no contexto de guerra, cativeiro e desastres, inclusive em pessoas que estavam no World Trade Center quando as torres foram atacadas em 11 de setembro de 2001. Acontecimentos intensamente estressantes podem "abalar os pressupostos de uma pessoa sobre o mundo", Dekel explicou, alterando o modo como ela pensa a respeito de si mesma e de suas forças, seu relacionamento com os outros e como ela dá sentido à sua vida. Na verdade, talvez o sofrimento seja um requisito para o crescimento psicológico, o próprio ímpeto desse crescimento.

Portanto, é compreensível que a maioria das mulheres relate um crescimento psicológico após o parto.[103] Em uma amostra de 428 mulheres, Dekel e colegas constataram que, por algumas medidas, mulheres que tiveram experiências objetivamente estressantes no parto, por exemplo, uma cesariana não planejada, relataram os níveis mais altos de crescimento na esfera da apreciação da vida. A mensagem não é que trauma é igual a crescimento, Dekel disse. Sintomas de TEPT mostraram correlação negativa com resultados de crescimento. O que se está dizendo é que circunstâncias estressantes *podem* levar a um crescimento, em especial na presença dos apoios certos.

Logo após o começo da pandemia, o laboratório de Dekel começou a recrutar uma nova coorte de mães, composta de pessoas que haviam dado à luz durante a primeira onda de covid-19 nos Estados Unidos, quando a situação parecia especialmente precária e as diretrizes de procedimentos com parturientes mudavam constantemente. Como seria de esperar, mães que testaram positivo ou tiveram suspeita de covid durante a gravidez ou o parto sofreram níveis elevados de estresse agudo, e metade delas apresentou sintomas clinicamente significativos de TEPT — cerca do dobro da porcentagem de mães que deram à luz no mesmo período e testaram negativo para covid.[104] No grupo de estudo como um todo, mulheres negras e latinas apresentaram quase o triplo de probabilidade de ter uma resposta de estresse traumático clinicamente significativa ao parto nos primeiros meses da pandemia.[105]

No entanto, Dekel comentou que um padrão se revelou tanto na amostra mais ampla coletada por seu grupo, composto de mães que tiveram filhos durante a pandemia, como na do estudo anterior. Nas pessoas para quem o estresse do parto não resvala para o TEPT, o sofrimento pode, em contraste, trazer uma sensação de fortalecimento pessoal. "Isso talvez conduza a uma vinculação maior com o filho, pois o sentimento de competência possivelmente é fortalecido ao longo de toda a experiência do parto, mesmo se, e talvez ainda mais se, ele for traumático", Dekel disse. A vinculação leva a maior competência e a mais certeza. É uma alça de retroalimentação, Dekel acrescentou, sendo possível que a direção da realimentação seja a oposta: a vinculação viria primeiro e a sensação de fortalecimento viria em seguida. De um modo ou de outro, as duas coisas parecem ligadas, impelindo uma mudança de perspectiva e um sentimento de que "o nível de existência dessa pessoa é agora mais alto do que antes de tornar-se mãe".

É impressionante o quanto isso tudo depende do contexto. Das histórias que as pessoas trazem consigo até o parto, de terem ou não contado com o apoio necessário para processar o que estava acontecendo com elas. De *como* cuidam delas durante o parto, e não apenas quais exames e tratamentos foram feitos. Note que uma em cada seis mulheres nos Estados Unidos relata ter sido maltratada — tratada aos gritos, ignorada, repreendida, violada ou forçada a aceitar um tratamento que não queria — durante a gravidez e o parto.[106] Mulheres de condição socioeconômica mais baixa e mulheres não brancas de todas as faixas de renda relatam problemas desses tipos com frequência ainda maior.

Em maio de 2021, a congressista Cori Bush, do Missouri, declarou a um comitê que por duas vezes negaram-lhe assistência crucial durante a gravidez.[107] Em um caso, um médico recomendou que ela fosse para casa e deixasse um aborto acontecer naturalmente; só depois de sua irmã jogar uma cadeira no corredor a equipe médica deu a Bush o cuidado que salvou sua gravidez, a qual levaria ao nascimento de sua filha, hoje adulta. "Isso é que é desespero: jogar uma cadeira no corredor", Bush disse. "É assim que uma pessoa se vê obrigada a ser sua própria defensora. Todo dia mulheres negras são sujeitas a tratamento grosseiro e racista durante a gravidez e o parto. Todo dia mulheres negras morrem porque o sistema nega nossa condição humana. Nega cuidados de paciente." É trauma em cima de trauma.

Assim como o cortisol não é o "vilão", o estresse da gravidez e do parto não é necessariamente prejudicial. Ou pelo menos não precisa ser. Bruce McEwen escreveu que uma experiência estressante pode ser classificada como boa, tolerável ou tóxica dependendo de quanto apoio e controle a pessoa sente ao lidar com ela.

Um dos relatos mais insólitos sobre experiência de parto que já ouvi foi o de Cristina Lois. Fiquei pasma com o número de acontecimentos objetivamente traumáticos envolvidos e com a perspectiva de Lois sobre eles. "Meu plano inicial era ter a experiência de parto mais natural possível", Lois me contou, "e foi totalmente o oposto do que eu queria."

Dekel apresentou-me a Lois, que também trabalha no Hospital Geral de Massachusetts, onde atua com pesquisas de imagens que estudam principalmente a doença de Alzheimer. Lois contou que por muito tempo não teve certeza de que queria filhos. Isso mudou em 2013, assim que viu seu teste de gravidez positivo.

Ela ficou maravilhada, e a gravidez correu bem. Mas na 37ª

semana, os médicos disseram que seria melhor induzir o parto. Ela estava com 36 anos, o que os deixava mais cautelosos, e uma ultrassonografia indicava que o bebê não vinha crescendo como esperado. Mas Lois, que nasceu na Espanha, sabia que os Estados Unidos tinham taxas de indução mais altas do que muitos outros países, e não quis a indução. Postergou, apesar da objeção dos médicos, por mais duas semanas, e então a indução foi feita. "Não correu bem", Lois disse. O trabalho de parto começou. E então parou. Por fim, fizeram uma cesariana.

Logo seu filho nasceu, e saudável. Mas ela disse que viu "caras de preocupação e gente andando para lá e para cá, conversando entre si, e a certa altura tirando fotos". O bebê estava em seu peito, mas ela não conseguia se concentrar nele. Por fim, alguém da equipe médica disse que haviam encontrado uma massa em seu ovário que podia ser câncer. E perguntou se ela queria que o ovário fosse extraído ou que a fechassem e fizessem exames primeiro.

Lois tinha grande familiaridade com as pesquisas sobre câncer de ovário. Sabia o quanto podia ser letal. Seu bebê acabara de nascer. Ela pensou: *Posso estar morrendo.*

"Podem extrair", ela disse. Os preparativos começaram, e então os médicos perceberam que estavam enganados. Era um fibroma grande — benigno — em volta do ovário, que podia ser removido facilmente.

Poucos dias depois, notavelmente, Lois e sua família foram para casa. Ela se concentrou em recuperar-se e alimentar o filho, Roque, enquanto o marido tomava conta dela, cozinhava e cuidava da casa. Cerca de dez dias após o parto, Lois começou a sentir dor no peito. Ligou para seu médico e foi rapidamente levada de ambulância para o hospital. Estava com embolia pulmonar. "Era só o que me faltava", ela disse. Recebeu alta alguns dias depois, com um longo tratamento de anticoagulantes e visitas domiciliares de uma enfermeira.

O que me impressiona no caso de Lois é que, em nossa conversa sobre a natureza do parto e do trauma, não são esses acontecimentos que ela traz de volta vezes sem conta. Lois diz que às vezes se aborrece quando pensa na decisão de induzir o parto e depois na cesariana, mas de modo geral afirma que os profissionais fizeram o melhor que puderam. Em vez disso, ela dá ênfase ao quanto foi duro tudo o que veio depois, todas as experiências muito mais comuns a quem tem um recém-nascido. A privação de sono. A sensação de não dar conta, de desejar mais mãos para ajudar. O desafio, mais tarde, de voltar a trabalhar antes de estar totalmente preparada. A ideia cada vez mais gritante de que a parentalidade é para sempre. "É uma mudança gigantesca", disse.

Sobre as primeiras semanas como mãe, ela comentou: "Acho que não é um período feliz para ninguém".

A verdade é que não conheço ninguém que tenha vivenciado a parentalidade e atravessado os meses pós-parto sem pelo menos algum sofrimento significativo. Sofrimento — mesmo ao lado de alegria e deslumbramento — por anos de abortos espontâneos ou meses de enjoo debilitante na gravidez. Pela montanha-russa da adoção ou da gestação por mãe de aluguel, ou por complicações no parto. Pela preocupação com um recém-nascido necessitado de assistência médica. Por depressão, ansiedade, fissuras nos mamilos, culpa. Por todos os modos como ter um bebê pode reviver um trauma antigo ou criar um novo, em uma pessoa ou na família.

Agimos como se a parentalidade fosse uma coisa que a pessoa simplesmente encontra ao longo da vida, uma pedra preciosa que estava lá o tempo todo, cintilando à espera. Quando, na verdade, essa pedra preciosa foi forjada por calor, pressão e tempo. Desconsiderando essa realidade, falhamos com muitas mães de recém-nascidos. Deixamos de dar a elas, vezes sem conta, o apoio de que precisam. E deixamos de assegurar um lugar para elas, de ver nelas tudo o que essa transição pode significar, tudo o que elas têm a ganhar passando por essa travessia.

Lois diz que hoje é uma pessoa diferente daquela que era antes de Roque. Ama sua carreira, mas agora a vê de uma perspectiva mais ampla. Ela e seu marido divorciaram-se — as dificuldades do início da parentalidade adicionaram tensão ao casamento. Hoje ela diz que é menos propensa ao pânico quando acontece algo inesperado, e mais propensa a planejar. E a se alegrar. Ela e Roque andam de bicicleta juntos. Constroem vulcões com bicarbonato de sódio e vinagre. Põem uma música e dançam. Crianças encontram felicidade em coisas pequenas, Lois diz, e "isso é contagiante".

8. No espelho

"Me explique de novo sobre o que mesmo é seu livro?", perguntou uma mãe da escola do meu filho. Estávamos fazendo piquenique na praia em uma daquelas noites de primavera perfeitas que parecem verão, mas antes da chegada das hordas de turistas ao Maine, o que significa que dava para ficar bem perto do parquinho. Enquanto nossos filhos brincavam juntos, podíamos conversar. Ela e eu tivéramos até então aquele tipo de amizade de mulheres que se encontram durante os momentos de levar e buscar as crianças na escola, sem tempo para nos conhecermos bem.

"É sobre como o cérebro muda quando temos um filho", respondi.

"Você quer dizer como os filhos fritam as células do nosso cérebro?", ela disse, com uma gargalhada. Aquela mulher era mãe de três filhas gentis e inteligentes. Recentemente, havia aberto uma loja que vendia artigos artesanais para casa, um lugar que se tornou um dos meus favoritos quando vou comprar presentes para amigos. Tinha se cercado de uma comunidade de artesãos. Vendia peças com estampas geométricas que ela mesma produzia, capazes de dar vida a um cômodo e trazer significado ao momento.

"Ah, na verdade, não. Não exatamente", falei.

Essa é quase invariavelmente a reação que recebo quando surge o assunto do tema do meu livro, inclusive de algumas das mulheres mais inteligentes e mais competentes que conheço. Sei antes o que vai acontecer. Elas arregalam os olhos em reconhecimento. "Já sei", diz uma, "você vai me explicar por que eu nunca encontro as coisas quando estamos saindo às pressas de manhã?" Elas pressupõem que estou escrevendo sobre o fenômeno do *mommy brain*, pois é isso que sabem sobre parentalidade: que seu cérebro parece um queijo suíço e que o mundo, pelo visto, reconhece a deficiência delas.

"Vemos a pessoa engravidar e sabemos que ela ficará emocional e intelectualmente ausente por vinte anos", disse a escritora Lucy Ellman em uma entrevista que deu em 2019 sobre seu romance *Ducks, Newburyport*, ainda que na mesma entrevista seu livro tenha sido classificado como "furiosamente feminista".[1] "Raciocínio, conhecimento, conversa adulta e ação política vital ficam em modo de espera enquanto se prioriza essa desnecessária perpetuação da espécie."

Em julho de 2021 uma manchete do *New York Times* declarou: "O '*mommy brain*' é real"; poucos meses depois o *Washington Post* pareceu replicá-la: "O '*mommy brain* existe mesmo?". Sim, existe. E trataremos disso. Mas o modo como o cérebro parental afeta o contexto mais amplo da nossa vida é muito mais do que a dificuldade para lembrar de palavras ou compromissos que caracterizamos com esse termo. A reação das minhas amigas é automática, impensada. Não se trata de algo inteiramente falso. Mas também não é toda a história.

Já sabemos que ter um bebê torna a pessoa vigilante e atenta — protetora — quando isso mais importa. Sabemos que atrai a pessoa para o filho, para atender suas necessidades e moldar seu cérebro social em desenvolvimento. A narrativa do "*mommy brain*" é tão problemática porque faz parecer que uma mãe se dedica por inteiro a cuidar em detrimento de tudo o mais, como se nossas habilidades de zelar pelos filhos fossem fortalecidas à custa do resto. No entanto, não existem circuitos de parentalidade dedicados, separados das outras partes do cérebro. O cérebro parental, com essas novas habilidades e capacidade de cuidar, é aquele mesmo que usamos para tratar de tudo o mais na vida. Isso significa que podemos levar esses pontos fortes para outras esferas.

O problema é que não há muitos trabalhos científicos que estudem o cérebro no contexto mais abrangente da vida de quem tem um filho. São pouquíssimos. Por isso, aqui nos estenderemos. Este capítulo tratará quase exclusivamente de mães gestacionais, pois os estudos sobre como a transição neurobiológica para a paternidade afeta a vida do homem como um todo, excetuando suas interações diretas com o filho, refletem as noções da sociedade sobre como a paternidade afeta a vida do homem de modo geral — vale dizer, é praticamente desconsiderada. E, mais uma vez, até o momento outros pais não gestacionais estão quase sempre ausentes dessa parte da ciência. No entanto, muitas das premissas aqui examinadas aplicam-se a todos os pais e mães que canalizam atenção e energia para a obra transformadora de cuidar de um filho.

Este capítulo examina o que foi descoberto até o presente e vai além, à procura de darmos um sentido a isso, para as mães e outras pessoas. Procurarei deixar claro onde termina a ciência e onde começam minhas aspirações — que prefiro chamar de "palpites embasados".

Nada menos do que quatro em cada cinco grávidas afirmam que durante a gestação esquecem coisas com frequência crescente.² E cinco em cada cinco ouvem que sua função cognitiva diminuirá por terem um bebê. Então como saber o que é real e o que podem ser efeitos de longo prazo dessas afirmações oitocentistas de que os filhos embotam intelectualmente suas mães roubando delas a "força vital"?

Em 1986, pesquisadores fizeram um levantamento com 51 mulheres, a maioria profissionais e administradoras da área de saúde, e constataram que 21 delas relataram sintomas transitórios de algo que os autores denominaram "encefalopatia benigna da gravidez"; os sintomas incluíam esquecimento, confusão e dificuldade de leitura.³ Desde então, um punhado de estudos tentou quantificar o declínio cognitivo na gravidez e no pós-parto, com resultados mistos.⁴

É possível que nem sempre as grávidas relatem com acerto seus próprios sintomas cognitivos, como evidenciou um estudo no qual pesquisadores aplicaram testes de atenção, memória, linguagem e função executiva a participantes grávidas e não grávidas e não encontraram diferenças entre os grupos, ainda que as grávidas tenham relatado mais queixas sobre seu cérebro na semana anterior.⁵ E alguns estudos que encontram declínios podem ser influenciados pelo viés da confirmação: a disposição dos autores a ver uma deficiência onde já acreditam que ela existe. Mas quando pesquisadores analisam os dados de vários estudos de modo a tentar explicar esse possível viés, descobrem que déficits em tipos específicos de memória permanecem.

Uma análise de 2012 dos estudos realizados até então encontrou principalmente efeitos pequenos, entre eles um pequeno déficit na memória de trabalho durante a gravidez e um déficit análogo, só que ligeiramente maior, no pós-parto.⁶ A memória tardia — capacidade de lembrar uma lista de itens depois, neste caso dez minutos depois — foi moderadamente prejudicada na gravidez e um pouco menos no pós-parto. E houve poucos efeitos em funções de memória prospectiva, por exemplo, lembrar uma consulta marcada mais à frente. Os pesquisadores, Marla Anderson e Mel Rutherford, da Universidade McMaster, encontraram um déficit na velocidade de processamento, que foi pior na gravidez do que no pós-parto, e sugeriram que isso condizia com o padrão das experiências relatadas pelas mulheres. Talvez isso explique o quadro mais amplo sobre memória e gravidez, escreveram os pesquisadores: não é tanto um declínio da capacidade cognitiva, e sim a necessidade de um pouco mais de tempo para realizar a mesma tarefa, lembrar uma palavra ou encontrar as chaves, com uma tendência de melhora após o parto.

Uma análise mais recente, concentrada na gravidez, encontrou déficits de memória similares, além de pequenos déficits em medidas de função executiva, por exemplo, solução de problemas e flexibilidade cognitiva — processos que envolvem o córtex frontal para tarefas relativamente mais complexas.[7] A ênfase aqui é em "pequenos". Os autores, do Projeto de Pesquisa sobre o Cérebro do Bebê, da Universidade Deakin, na Austrália, escreveram que, embora os déficits sejam em média grandes o suficiente para que possam ser notados pelas grávidas e por quem está próximo delas, provavelmente não acarretam mau desempenho no trabalho nem prejudicam de maneira significativa sua capacidade de concluir tarefas importantes.

Em média quer dizer, claro, que algumas grávidas não sofrerão déficit algum enquanto outras apresentarão déficits maiores. Sintomas depressivos talvez aumentem problemas na memória de trabalho em grávidas.[8] Curiosamente, um estudo constatou que o sexo do feto pode influenciar.[9] Em um estudo com 37 mães, as que tinham meninas mostraram desempenho pior durante a gravidez e pós-parto do que as que tinham meninos, especificamente em tarefas complexas que impunham um desafio à memória de trabalho. A razão dessa diferença não está clara, embora os pesquisadores tenham uma hipótese geral ligada aos modos complexos como o feto e a "periferia materna" interagem, em uma "relação bidirecional". As diferenças de memória entre as mães de meninas e um grupo de controle composto de não grávidas, porém, não atingiram significância estatística.

Pelo menos em humanos, déficits de memória podem acumular-se a cada gravidez.[10] Um estudo que testou o desempenho de memória de 254 grávidas ao longo de toda a gestação e depois novamente entre doze e catorze semanas pós-parto constatou que, a partir aproximadamente da segunda metade da gravidez, as que haviam tido partos anteriores atingiram pontuações piores em tarefas de memória, e os maiores déficits foram encontrados em mulheres com três ou mais filhos.

Essa conclusão pode não surpreender nem um pouco qualquer pessoa que haja tido grande dificuldade de encontrar uma posição confortável à noite com um ventre cada vez maior, precisando pular da cama ao raiar do dia para cuidar de uma criancinha aprendendo a andar, ou que tenha lidado com os horários de sono tremendamente díspares de um bebê e seus irmãos. Mas os pesquisadores fizeram perguntas às mães sobre seu sono e tentaram, tanto quanto possível, corrigir as diferenças de qualidade ou quantidade. O efeito permaneceu.

Notavelmente, embora alguns estudos sobre função cognitiva incluam dados sobre pais, não vi nenhum dedicado a medir o esquecimento médio em homens com filho recém-nascido, ainda que eles também possam sentir-se deprimidos e ter privação de sono.

Liisa Galea, neurocientista da Universidade de British Columbia e editora-chefe da revista *Frontiers in Neuroendocrinology*, vivia esquecendo onde estacionara o carro durante sua segunda gravidez, de uma menina, e isso despertou seu interesse por estudar gravidez e cognição. Ela disse que é importante falar sobre esse efeito para que as pessoas grávidas possam sentir que sua própria experiência é reconhecida. "Não queremos falar sobre o assunto, talvez por receio de afetar as escolhas de carreira das mulheres ou de revelar uma diminuição de sua capacidade mental", ela disse. Na verdade, esses efeitos costumam ser falhas insignificantes e brevíssimas no funcionamento da memória. Porém, quando os desconsideramos, podemos estar negligenciando um quadro mais abrangente da função cognitiva e parentalidade, que talvez inclua mudanças para melhor, ela disse.

Pesquisadores têm algumas boas teorias de trabalho sobre como ocorrem esses problemas de memória. Alguns estudos associaram o desempenho cognitivo a mudanças na rede-padrão, mas a área que recebeu a maior atenção foi o hipocampo, um centro importante para o mapeamento e a retenção dos detalhes da nossa vida social que serão armazenados e recuperados como memória.[11] O hipocampo também é um centro importante da produção de novos neurônios. Na gravidez e no pós-parto, a arquitetura e a atividade do hipocampo mudam.

Lembra-se daquele estudo estrutural feito pelo grupo de Elseline Hoekzema, que constatou principalmente que o volume do cérebro diminui na gravidez?[12] Descobriu que o hipocampo também encolhe, mas dois anos após o parto já recuperou seu tamanho anterior. Hoekzema e colegas supõem que essas mudanças contribuem para os padrões de leves déficits de memória em grávidas, incluindo uma volta aos níveis anteriores da memória por volta de dois anos após o parto (embora em seu estudo as participantes não mostrassem diferenças significativas no desempenho da memória antes e depois da gravidez). A mudança no volume talvez decorra de mudanças na neurogênese, disseram os pesquisadores, com um declínio na criação de novos neurônios ao longo da gravidez e o retorno aos níveis anteriores no pós-parto.

Ratas também sofrem uma queda na memória de trabalho

quando se aproxima a hora do parto, e neste caso os cientistas compreendem ao menos um pouco mais sobre o que ocorre. Em um estudo publicado em 2000, Galea e colegas puseram ratas grávidas em um tanque circular de água com uma plataforma submersa logo abaixo da superfície.[13] Durante uma série de testes, as ratas grávidas mostraram grande facilidade para aprender o caminho mais rápido até o local onde podiam descansar — ao menos de início. No primeiro trimestre elas precisaram de menos tempo e percorreram distâncias menores até a plataforma em comparação com as não grávidas. Porém, com o progresso da gravidez, passaram a levar mais tempo e a nadar por distâncias maiores antes de encontrar a plataforma. O desempenho de sua memória espacial diminuiu, escreveram os autores. Quando mais tarde eles mediram o cérebro das fêmeas grávidas, também encontraram uma tendência a volume menor do hipocampo.

Decorridas mais de duas décadas após a publicação desse artigo, pesquisadores documentaram mudanças multifacetadas no hipocampo da rata grávida, incluindo uma redução da produção de novas células, em particular no final da gravidez, e menor complexidade da espinha dendrítica.[14] Ratas primíparas têm déficits de memória e diminuição de novos neurônios também no início do pós-parto.[15] Mas o funcionamento de sua memória torna a melhorar por volta da época do desmame e, notavelmente, em certas medidas é melhor do que a memória de ratas virgens. (Estudos com camundongos da espécie *Peromyscus californicus*, na qual os machos participam intensamente da criação dos seus filhotes, encontraram mudanças similares na plasticidade do hipocampo em mães e pais.)[16]

Eis o que acontece com as ratas mães: no longo prazo, a maternidade é *benéfica* para seu cérebro e até "neuroprotetora".[17] Na meia-idade, ratas que tiveram uma ninhada ou mais mostram menor declínio relacionado à idade na neurogênese e seguem o que pesquisadores supõem ser uma "trajetória de envelhecimento alterada", baseada em vários fatores.[18] Enquanto cuidam da prole e posteriormente, elas parecem ser protegidas dos efeitos danosos do estresse de aprendizagem.[19] Em fases mais avançadas da vida, e muito tempo depois de haverem tido filhotes, as ratas mães apresentaram desempenho melhor do que as não mães em tarefas de labirinto que testaram sua memória espacial e flexibilidade cognitiva, e as que pariram mais ninhadas mostraram-se mais rápidas do que as que haviam tido apenas uma, sugerindo que os benefícios podem "acumular-se" ao longo de múltiplas gestações.[20] Esse mesmo estudo constatou que ratas mães mais velhas possuíam menos depósitos de proteína precursora do amiloide, cuja quebra contribui para as placas associadas à doença de Alzheimer em humanos.

As evidências de um efeito neuroprotetor da parentalidade no longo prazo são poucas, mas fascinantes. Como detalhamos no capítulo 5, a experiência reprodutiva da pessoa interage com seus genes e influencia a saúde cerebral em fase posterior da vida, mas precisamos de muito mais estudos para descobrir exatamente como isso se dá. Enquanto isso, os estudos que usaram grandes bancos de dados para analisar a idade cerebral forneceram algumas indicações iniciais de possíveis benefícios da parentalidade relacionados à idade, mas esse trabalho ainda está no início.

E quanto à fase da vida entre o período imediatamente pós--parto e a oitava década de vida da pessoa? Basicamente não existem estudos sobre como a história reprodutiva afeta a função cognitiva ao longo dos anos — ou décadas — que alguém passa administrando os horários da família, planejando refeições, lidando com os rituais da infância e da adolescência. Tentando equilibrar o trabalho e a vida pessoal. Sabemos que as ratas que tiveram ninhadas são mais eficientes quando procuram alimentos e caçam grilos do que as ratas que não são mães, porém sobre as mães humanas temos apenas uma história abreviada, que diz que elas acabam sendo prejudicadas.[21] Um estudo comparou a função executiva de mães adolescentes, mães adultas e grupos de pares sem filhos e encontrou efeitos interessantes da maternidade e da idade.[22] As mães adolescentes mostraram desempenho pior do que seus pares em medidas da memória de trabalho, uma descoberta que, segundo os autores, poderia estar relacionada ao estresse da gravidez na adolescência. No entanto, tiveram desempenho significativamente melhor na capacidade de atenção, mais ou menos equivalente ao das adultas, o que faz sentido considerando o que sabemos sobre o desenvolvimento do cérebro materno e a importância da atenção no comportamento de cuidado. Além disso, sugere que, em alguns aspectos da cognição, dependendo do contexto, a maternidade é aditiva.

Vários pesquisadores disseram-me que, em grande medida, até agora a ciência não estudou a função cognitiva de modos que sejam realmente significativos no contexto da parentalidade. Usam-se ferramentas que são padronizadas para aplicar testes na população em geral. Falta pertinência. Como quantificar o desempenho de uma pessoa relativamente a ritmo e intensidade do aprendizado das necessidades de um bebê e de como atendê-las? Por qual método estatístico podemos avaliar o modo como cuidar de um filho aumenta a carga cognitiva que uma pessoa tinha antes de tornar-se mãe? Como medir a memória parental humana, a consolidação e o ajustamento dessas memórias diante de um filho em crescimento, ou a capacidade de recuperá-las e usá-las quando se cuida de mais de um filho?

Pesquisadores apenas começaram a analisar algumas dessas questões, usando testes de memória que incluem[23] estímulos específicos da parentalidade e uma análise mais diferenciada do cérebro no contexto da gravidez. Suas descobertas, limitadas até o momento, são alentadoras; em um caso, indicam "efeitos de melhora cognitiva geral". Esquecimentos e lapsos de atenção podem ser reais. Mas esse enfoque singular de adaptar um roteiro sobre danos às mulheres meio que equivale a zombar de uma grande artista que está absorta em sua obra porque deixou a louça suja na pia.

Não podemos falar sobre desempenho cognitivo nos primeiros tempos da parentalidade sem falar sobre sono. Mas meu caçula ficou acordado entre as duas e as quatro esta noite, e o irmão dele acordou para o dia cerca de duas horas mais tarde, por isso primeiro preciso de mais um café.

A privação de sono é praticamente universal em pais de recém-nascidos. Quase todo mundo que entrevistei no processo de escrever este livro falou sobre como é difícil passar meses sem um sono bom e contínuo, muito mais difícil do que haviam imaginado antes de ter filhos. Os gracejos sobre o sono que essas pessoas ouviram durante a gravidez não ajudaram em nada. "Parabéns pelo bebê! Você nunca mais vai dormir!" Hilário.

Emily Vincent, a enfermeira pediátrica de Cincinnati, disse-me que ficou traumatizada com a privação de sono da época em que seu filho mais velho, Will, era bebê. Ele mamava para se alimentar, mamava para se acalmar, e ela sentia a pressão — autoimposta e da sociedade — de continuar amamentando e evitar ou limitar as mamadeiras e chupetas durante a fase de aleitamento, pois essa era a recomendação que recebera nas aulas sobre parentalidade no hospital.

"Chorei como criança", ela contou sobre a noite em que levou sua filha para casa, dois anos mais tarde. Disse ao marido: "'Não vou conseguir fazer isso de novo. Não consigo acordar de hora em hora'. [...] Ele só me abraçou e disse: 'Você vai conseguir e eu estou aqui e te amo e vai ficar tudo bem'". Naquela noite, a bebê Margot acordou só duas vezes, e nesse pós-parto dormir foi um pouco mais fácil para Emily. Margot dormia mais e Emily também começou a fazer terapia, tomar antidepressivos e se exercitar para lidar com a ansiedade que às vezes a mantinha acordada mesmo quando a bebê dava sossego.

Analisando agora, ela diz que se enfurece com sua primeira experiência pós-parto. Durante muito tempo após o fim das doze semanas de licença-maternidade, ela acordou à noite a cada duas horas. A privação de sono foi dolorosa e desorientadora. Emily contou que, no trabalho, vestida e preparada para o dia, mal se lembrava de como tinha chegado lá; às vezes faz piada sobre isso, mas naquela época não tinha graça. "Eu queria que alguém tivesse me explicado", ela disse, "que amamentar no peito é muito bom... mas se a gente não estiver conseguindo dormir por um número X de horas, o melhor é trocar pela mamadeira."

Apesar de todos os livros, blogs e consultorias de sono que oferecem recomendações sobre o que um bebê precisa para adormecer e continuar dormindo, grande parte dessa conversa não leva em conta o que a mãe precisa para funcionar. Ou oferece apenas clichês inúteis sobre dormir quando o bebê dorme e permitir que o parceiro participe da alimentação noturna — sendo que o segundo conselho depende de se ter um parceiro disposto a ajudar e um bebê que tome mamadeira, indo contra o que se aconselha a muitas mães sobre as melhores práticas de aleitamento.

Vincent conhecia muito bem o "ABC do sono seguro", a clássica prescrição médica para pôr o bebê deitado de costas no berço e deixá-lo adormecer por conta própria, a fim evitar o sufocamento e outros riscos. No entanto, ela disse, os profissionais de saúde recomendam esse padrão sem dar uma orientação clara sobre *como* pôr no berço um bebê que quer ficar no colo. Isso leva muitas mães desesperadas a dormir junto com a criança, se é que já não tinham escolhido isso logo de saída, ou a tentar algum dos dispositivos para o sono dos bebês oferecidos em um mercado que até bem recentemente quase não era regulamentado.[24]

Sabemos pelo mais abrangente conjunto de estudos sobre o sono que não dormir o suficiente causa mais do que mera sonolência. Faz mal para a saúde.[25] A privação de sono no longo prazo, caracterizada por menos de sete horas por noite, aumenta o risco de doença cardiovascular, depressão, diabetes, ansiedade e outros males. Quanto ao cérebro, a privação de sono tem efeitos profundos que são muito relevantes para nosso tema. "Sem o sono, nossas capacidades cognitivas e emocionais são fortemente prejudicadas", escreveu um grupo de pesquisadores do sono da Universidade da Califórnia em Berkeley, em um artigo para a revista *Nature Reviews Neuroscience*.[26] O problema não é só a ausência de sono, eles dizem, mas também o longo tempo que a pessoa passa acordada.

Variações genéticas podem tornar a pessoa mais ou menos sensível aos efeitos da privação de sono, mas em geral a escassez crônica de sono prejudica ou pelo menos altera um punhado de processos cognitivos que são essenciais para o comportamento parental. Sabe-se que a privação de sono tolhe a atividade de codificação de memória no hipocampo. Está ligada à redução de atividade em regiões pré-frontais importantes para a atenção sustentada. Reduz a conectividade na rede-padrão e perturba a capacidade do cérebro para essencialmente desativar essa rede durante atividades que requerem atenção na tarefa.

Notavelmente, a privação de sono aguda altera a sinalização e a atividade da dopamina nos circuitos de recompensa.[27] O resultado, escreveram os autores, parece ser um sistema de recompensa hipersensibilizado, com respostas amplificadas a coisas prazerosas — alimentos desejáveis, por exemplo —, mas também uma resposta "sobregeneralizada", isto é, a perturbação da capacidade de diferenciar entre o que é e o que não é recompensador. Pesquisadores testaram essas conclusões em relação à capacidade de uma pessoa com privação de sono para avaliar precisamente mudanças no valor monetário durante tarefas de jogo ou para classificar alimentos desejáveis e indesejáveis quando estavam com fome. Ao mesmo tempo, a privação de sono aumenta a atividade da amígdala e perturba conexões essenciais para o trabalho da interocepção e para a leitura precisa das próprias emoções e daquelas de outras pessoas. Quando li isso, pensei em estudos de pessoas com depressão pós-parto que apresentaram hiperatividade na amígdala e prejuízo da capacidade de diferenciar os sinais recompensadores do seu respectivo bebê dos sinais de outros.

O tempo de sono e a "satisfação com o sono" relatados pelas mães caem abruptamente durante a gravidez e nos primeiros três meses pós-parto, segundo um estudo com milhares de mães e pais alemães entrevistados anualmente ao longo de seis anos.[28] Os homens com filhos também sofreram redução do sono e da satisfação com o sono, porém menos drástica. Para ambos os pais, as coisas melhoram lentamente a partir daqueles três meses mais difíceis, mas nenhuma das medidas retornou aos níveis pré-gravidez durante o período de seis anos do estudo.

No entanto, não sabemos quase nada sobre como o sono interage com a neurobiologia em mudança do cérebro parental. Alguns estudos de imagens do cérebro parental, mas não todos, tentam fazer o controle para a privação de sono com perguntas aos participantes sobre a qualidade do sono. Nenhum dos que conheço examina sua influência sobre o cérebro diretamente, ainda que pairem grandes questões na literatura especializada em cérebro parental. Por exemplo: em que grau a privação de sono molda as mudanças observadas no cérebro parental, juntamente (e em combinação) com hormônios e com a experiência do cuidado?

E quais efeitos protetores, se é que há algum, podem ocorrer no cérebro parental para mitigar efeitos nocivos da privação de sono?

A natureza da parentalidade — a incapacidade ou relutância de mães e pais para participar de estudos que incluem a manipulação do sono, por exemplo — sem dúvida é um obstáculo a análises mais minuciosas. Outro empecilho são as particularidades do sono no pós-parto. É complicado.

"A privação de sono quando se tem um recém-nascido é do pior tipo possível", disse o neurocientista Robert Sapolsky, da Universidade Stanford, à jornalista Katherine Ellison, que o entrevistou para seu livro de 2005 *The Mommy Brain: How Motherhood Makes Us Smarter* [Mommy brain: Como a maternidade nos torna mais inteligentes].[29] Além da privação de sono, temos a imprevisibilidade. O corpo ajusta seus níveis de cortisol noturnos, em preparação para o desafio de levantar da cama para alimentar ou acalmar um bebê agitado", ele disse. "Quem adormece já prevendo que poderá ser acordado a qualquer segundo durante a noite fica fisiologicamente preparado para o fator de estresse do despertar", Sapolsky explicou.

Muitos estudos associaram a privação de sono à depressão pós-parto, embora nem sempre de um modo simples e direto, afirmando que menos sono acarreta mais depressão.[30] Em um estudo, pesquisadores da Universidade da Carolina do Norte em Chapel Hill e do Centro de Sono e Cognição do Beth Israel Deaconess Medical Center em Boston mediram sintomas depressivos e sono em 25 mulheres primíparas durante períodos de uma semana no terceiro trimestre da gravidez e nos primeiros meses pós-parto.[31] As mulheres usaram actígrafos de pulso para monitorar o sono, dispositivos que registram movimentos, nos mesmos moldes do Oura Ring ou de outros aparelhos para monitoração da saúde. Também fizeram diários de sono e levantamentos sobre a qualidade do sono.

O estudo é relativamente pequeno, mas acompanhou as mesmas mulheres no decorrer do tempo e foi abrangente, analisando medidas de sono subjetivas e objetivas. Mediu o sono total e outros fatores, por exemplo, o quanto o sono da mãe era fragmentado ou eficiente, sendo a eficiência uma medida do quanto ela esteve dormindo de fato. A duração total do sono *não* mostrou correlação com sintomas depressivos, descobriram os pesquisadores. Na verdade, seu estudo e outros constataram que o total de horas de sono que as mães de fato têm talvez não esteja tão distante das sete ou oito recomendadas.[32] O problema é ser um sono fragmentado e ineficiente, e essas qualidades, aliadas à avaliação que a própria mãe faz das perturbações de seu sono, estão ligadas ao humor.

Intervenções no sono — por exemplo, "educação para o sono ou cochilos prescritos" — poderiam ser uma ferramenta importante para prevenir sintomas depressivos, escreveram os pesquisadores. Outros sugeriram que uma saída para um sono melhor no pós-parto seria estabelecer padrões de sono mais saudáveis durante a gravidez, especialmente deitar-se mais cedo, e afirmaram que a educação e as mensagens de saúde pública no período pré-natal deveriam enfatizar essa medida.[33]

Christine Parsons, psicóloga e professora livre-docente da Universidade Aarhus na Dinamarca, foi coautora de artigos influentes que examinam como o cérebro processa sinais do bebê e como essas respostas neurais mudam com a experiência de cuidar. Ela me disse que recentemente começou a investigar o sono e o cérebro parental, pois reconheceu a escassez de estudos sobre o assunto. Tem curiosidade em saber, por exemplo, como o cérebro parental processa choros de bebê durante o sono e se existem diferenças entre homens e mulheres, ou talvez entre cuidadores primários e secundários.

"Combina-se um novo estímulo que é superimportante e

para muitos pais de recém-nascido assume um significado completamente novo... e com isso a pessoa não dorme", ela disse. "Ocorre essa junção de dois fatores que, na minha opinião, é provável que também agravem um ao outro."

Não há como contornar o fato de que bebês acordam para mamar durante a noite, especialmente nos primeiros meses. Para a imensa maioria dos pais, a perturbação do sono é parte inevitável da experiência. Mas certas coisas podem ajudar. A primeira — você já sabe — é a licença remunerada. É difícil tirar os cochilos prescritos quando estamos no trabalho. É difícil descansar se nos preocupamos com o pagamento das contas enquanto estamos em licença não remunerada. Mensagens claras para os pais que esperam um bebê sobre exatamente como seus padrões de sono irão mudar e o que isso significará para seu cérebro e seu corpo também poderiam ajudar, porque assim eles poderiam prever essas mudanças e fazer planos para obter apoio de verdade.

Emily me disse que, apesar de toda a preparação pré-natal que fez, lendo livros, assistindo a aulas sobre parentalidade e conversando com médicos, a despeito da zombaria ou dos alertas cômicos que ouviu de outros pais durante o processo, nunca houve um momento em que lhe ofereceram tempo ou espaço "para sair do reino feliz e animado e realmente me preparar e me concentrar" no que sua nova condição de mãe poderia significar para ela, como uma pessoa dotada de corpo e cérebro que passariam por ajustes enormes, além da gravidez. Poderia ter feito diferença, ela disse.

Vamos supor que aceitamos como um fato que ocorre uma perda de parte da função da memória e do foco de atenção — embora temporariamente — como um "custo" durante o início da transição para a parentalidade. Já sabemos que existe retorno sobre esse investimento. O sistema de circuitos do processamento social, a capacidade da pessoa para interpretar sinais sociais e emocionais de outros indivíduos e responder a eles de modos significativos, parece ser fortalecido na parentalidade. É possível que essas mudanças — ganhos, inclusive — se apliquem a outros relacionamentos também, em particular outros laços íntimos. No vínculo com o parceiro, por exemplo.

Há cerca de uma década, Shir Atzil e colegas mapearam o cérebro de quinze mães e quinze pais[34] — casais — enquanto eles assistiam a vídeos de seu próprio bebê e de outro bebê. Foi constatado que, nos casais, áreas cerebrais associadas a mentalização, empatia e respostas motoras foram ativadas de modo similar nas mães e nos pais quando viram seus filhos. O estudo foi pequeno e exploratório, mas essas correlações sugerem que "os pais podem compartilhar em tempo real sua compreensão intuitiva do estado e dos sinais do bebê", escreveram os autores.

Um estudo separado, chefiado por pesquisadores da Universidade Bar-Ilan em Israel, mapeou o cérebro de 42 casais, cerca de metade deles do mesmo sexo e todos com seu primeiro filho, depois acompanhou as famílias ao longo de seis anos para examinar as bases neurais e hormonais da coparentalidade e da dinâmica familiar. As descobertas foram um tanto ambíguas, mas os autores notaram que as mães e os pais que mostraram maior conectividade entre áreas do estriado relacionadas à motivação e o córtex pré-frontal ventromedial, uma área ligada à empatia e à regulação de emoções, também demonstraram uma coparentalidade mais colaborativa ao longo do tempo.[35] Um estudo anterior associou essa ligação específica em regiões do cérebro com a cooperação e a flexibilidade de comportamento, características que, entre outras coisas, favorecem o tipo de altruísmo requerido pela vida em família.

A neurociência reconhece que esse método de examinar o

cérebro de duas pessoas quando fazem algo separadamente, ainda que a tarefa seja a mesma, por exemplo, assistir a um vídeo de seu filho, é muito limitado. A distância é muito grande. Relações humanas não existem como momentos de observação, e sim como interações contínuas e em evolução nas quais indivíduos interpretam e influenciam os estados mentais de outros e por sua vez são também influenciados.[36] Já se sugeriu que as pessoas fazem uma interpretação mútua da mente, na qual seus cérebros atuam juntos em um "modo nós".

A capacidade para esse tipo de conexão entre duas pessoas não é exclusiva da parentalidade. Talvez seja uma característica fundamental da sociabilidade humana. Mas é provável que, para muitas mães ou pais com cônjuge, trabalharem juntos para cuidar de um bebê seja a colaboração mais intensa e complexa que já tiveram, caracterizada por demandas onerosas, coisas importantíssimas em jogo e grandes ganhos potenciais. Só pode fazer sentido que, quando a capacidade de uma mãe ou um pai para interpretar seu bebê e responder de maneira condizente é fortalecida, também se fortaleça essa capacidade análoga com relação ao cônjuge.

Os estudos de neurociência que avaliam duas pessoas conjuntamente, examinando sua atividade cerebral enquanto elas interagem em tempo real, enfrentam enormes dificuldades logísticas e estatísticas.[37] A tecnologia disponível para esse tipo de investigação ainda é bastante limitada. Trabalhos nessas linhas são raros, mas esse com certeza é o rumo que o campo da neurociência social irá tomar.

Em um estudo recente, um grupo internacional de pesquisadores mediu as respostas neurais de 24 casais formados por mãe e pai que tinham filhos pequenos usando espectroscopia funcional em infravermelho próximo (fNIRS, na sigla em inglês); nessa técnica, emissores de luz e sensores são instalados por todo o crânio para medir o fluxo sanguíneo na superfície do cérebro.[38] A atividade do córtex pré-frontal dos participantes foi medida enquanto eles ouviam risadas e choros de bebês e de adultos, bem como ruídos de estática. Quando os casais foram testados enquanto ouviam os sons ao mesmo tempo e na mesma sala, hubs de regulação da atenção e controle cognitivo pareceram sincronizar-se mais do que quando cada membro do casal foi testado separadamente. Esse efeito não ocorreu em testes análogos com pares de controle que não formavam casais na vida real.

A correspondência entre os sinais cerebrais dos casais foi maior quando eles ouviram sons neutros ou positivos do que quando ouviram sons de choro, o que, na suposição dos autores, talvez seja adaptativo. Ambos os pais reagirem com estresse a choro de bebê poderia ser prejudicial para todos, escreveram. O resultado, segundo eles, reflete o potencial para o cérebro dos pais trabalhar em combinação a fim de "coordenar comportamentos iminentes conjuntos" — uma habilidade que tem benefícios evidentes quando se cria um filho, mas que também é útil no contexto mais amplo de construir uma vida a dois.

Atzil tem outro estudo em coautoria, no qual investiga como mães relacionam-se com outros adultos; penso nesse trabalho o tempo todo quando observo mães e pais buscando seus filhos na escola ou os acompanhando no parquinho, ou quando me sento ao lado da minha irmã na varanda atrás da casa e ficamos olhando nossos filhos correndo pelo quintal e pulando na piscina de plástico.[39]

Atzil e as neurocientistas Talma Hendler, da Universidade de Tel Aviv, e Ruth Feldman, do Centro Interdisciplinar de Herzliya, mapearam o cérebro de mães enquanto estas observavam diferentes interações entre outros pares bebê-mãe. Em alguns desses vídeos, as mães mostravam uma relação tranquila e afetuosa com seus bebês. Em outros mostravam desinteresse, ansiedade ou descoordenação em suas respostas. Quando as mães viram os vídeos das interações "sincronizadas", seus cérebros responderam mais fortemente em regiões relacionadas a recompensa e mentalização e em regiões envolvidas em simulação ou incorporação na própria mente das ações de outra pessoa. Os pesquisadores supõem que as mães detectaram sincronia social em outras mães, refletida nelas mesmas. Em outras palavras, uma mãe via uma interação sadia entre mãe e filho e seu cérebro respondia simulando a interação como se fosse dela própria.

Isso tem sentido para mim. Fiz questão de manter minhas amizades com outras mães nestes últimos anos. Elas oferecem alegria e solidariedade enquanto percorremos o terreno mutável dos filhos e do casamento, particularmente durante um período de perturbações políticas e pandemia global. E me ajudam a compreender a mim mesma de modos tangíveis — com conselhos sobre cadeirinhas de carro ou sobre como respeitar as regras das brincadeiras dos filhos com outras crianças em tempo de coronavírus — e talvez de modos menos tangíveis.

O início da parentalidade envolve tanta mudança de uma vez que às vezes podemos ter a sensação de estarmos usando roupas de outra pessoa: um uniforme que não nos serve direito. Mas quando vejo uma das minhas amigas muito inteligentes andar na rua de mãos dadas com a filha, ou quando ouço outra dar ao filho instruções claras e firmes sobre o que ele pode ou não fazer, ou quando as ouço falar sobre preocupações, solidão ou acertos na maternidade, ou quando, sem saber mais o que fazer, presas em casa por causa da neve ou da pandemia, trocamos mensagens — "meus filhos são uns monstros!", disse uma delas —, é como se meu cérebro pegasse um quadro congelado dessas cenas enquanto elas se desenrolam e pusesse nelas o rótulo de mãe. Eu me vejo nelas, e a roupa me serve um pouco melhor.

Os resultados apresentados nesse artigo, Atzil me disse, não tratam apenas de interações de mães com mães. O processo de cuidar de um filho, de ser responsável por regular a alostase de outra pessoa, dá aos pais um novo modelo interno que eles podem usar para interpretar o mundo social à sua volta, um mundo que agora incorpora toda a experiência que tiveram ao prestar atenção às necessidades de outras pessoas e descobrir como atendê-las.

Alguns especialistas em cérebro parental ousaram supor que esse novo modelo interno talvez seja um motor da mudança social. A atratividade de um bebê — os traços que compõem seu *Kindchenschema*, mas também seu riso, seus balbucios e seu cheiro — atua rápido e devagar sobre os adultos. Chama depressa a atenção de seus cuidadores e constrói lentamente seus conhecimentos nas esferas da empatia e da compreensão, escreveram um grupo de pesquisadores que inclui Marc Bornstein, na época investigador sênior do National Institute of Child Health and Human Development, e Morten Kringelbach e Alan Stein, da Universidade de Oxford.[40] Eles chamam isso de poder da "fofura", o qual engloba todas aquelas características positivas que fazem do bebê uma força sensorial.

A fofura pode impelir pessoas a expandir seu círculo moral ou "a fronteira traçada ao redor de entidades consideradas merecedoras de consideração moral", propõem Kringelbach e colegas.[41] Como exemplo, citam a resposta global a imagens do pequeno Alan Kurdi, um refugiado sírio de três anos de idade, cujo corpo foi trazido pelas ondas para uma praia na Turquia depois que o barco onde ele e sua família tentavam alcançar a Grécia virou.

As pessoas viram a foto do menino com o rostinho prensado na areia e leram o relato de seu pai, Abdullah Kurdi, contando que tentou de muitos modos levar sua família para a segurança no Canadá, onde eles tinham parentes à espera, emprego e um lugar para morar. Quando nada deu certo, Kurdi pôs a família no barco de um contrabandista, mas alguns caíram no mar, e ele procurou manter os filhos na superfície, segurando ora um, ora outro. E então Alan desapareceu, junto com sua mãe e seu irmão mais velho. "O que era precioso se foi", Kurdi disse ao *New York Times*.

A história do menino "deu a volta ao mundo de foguete" e chamou a atenção, ao menos por algum tempo, de políticos e do público mais do que tudo o que viera antes, inclusive mais do que a magnitude de 11 milhões de refugiados até aquele momento, noticiou o *Times*. Talvez, em parte, isso tenha acontecido porque muitas pessoas viram aquelas imagens e responderam com uma simulação de seu próprio filho. Com as mesmas regiões do cérebro que se ativam quando encostam a mão na bochecha macia e rechonchuda da sua criança. O tão conhecido frêmito de ansiedade parental. Quanta alegria, quão perto do desespero.

"Como um cavalo de troia, a fofura abre portas que, sem ela, talvez permanecessem fechadas", escreveram Kringelbach e seus colegas.

São pouquíssimos os estudos que procuram averiguar se o ato de cuidar propriamente dito e a resposta de refleti-lo em outras pessoas têm ou não o poder de abrir portas. Na verdade, costumamos ouvir que a parentalidade pode tornar as pessoas mais isoladas. Essa é a noção da agressão parental, um mecanismo adaptativo de proteção contra ameaças externas. Uma série de estudos concluiu que predispor pessoas a pensar em bebês ou a cuidar antes de apresentar-lhes imagens ou informações sobre membros de um "grupo externo" aumentou seu viés contra ele, mas só quando aquelas pessoas também tinham sido predispostas a vê-lo como ameaçador.[42] Pouquíssimos estudos — quase nenhum — investigaram como cuidadores respondem uns aos outros, o que é especialmente notável se considerarmos a enormidade do papel que os relacionamentos entre mãe e pai têm na vida adulta.

Notavelmente, a grande maioria dos estudos sobre o cérebro parental até o presente começa com questões que examinam causas básicas de patologia. Em outras áreas, há um investimento considerável em estudos de imageamento do cérebro que levantam questões consideradas valiosas para esclarecer sobre a natureza humana, e não apenas para resolver um problema — no campo da psicologia do esporte, por exemplo, ou no estudo do sistema de circuitos neural que motiva investimentos monetários ou que descreve mais completamente a natureza da liderança. Mas investigar o desenvolvimento da parentalidade com o objetivo de compreender essa experiência fundamental é um assunto mais difícil de despertar interesse, mesmo quando se concentra no relacionamento entre mãe ou pai e filho. "Até a literatura da neurociência social é toda ela voltada para a empatia pelos pares", disse-me Darby Saxbe, psicóloga do desenvolvimento. "Não seria melhor se começássemos por indagar de onde tudo isso evoluiu, examinando as primeiras e mais fundamentais relações sociais de qualquer pessoa?"

Em 2016 a revista *Hormones and Behavior* publicou uma edição especial sobre cuidado parental em homenagem a Jay Rosenblatt. Nessa edição, Feldman escreveu que a teoria da evolução de Darwin tem em seu cerne a ideia de que a natureza humana é "primariamente implacável" e promove uma perpétua competição pela sobrevivência.[43] Porém, ela disse, Rosenblatt e seus colegas, que se concentraram nas bases biológicas do cuidado e da conexão, demonstraram que "a colaboração social, a sincronia interativa e a capacidade para a reciprocidade não são menos 'biológicas' e 'primárias' do que a aquisição de recursos pela força bruta". Embora essa pesquisa e outras tenham nos ensinado muito sobre como funcionam esses mecanismos biológicos, em especial entre mães ou pais e bebês, ainda há muito o que aprender.

Vimos que, para os humanos, criar filhos sempre foi um ato cooperativo, e parece que o cérebro parental incorpora uma função — a simulação — para reconhecer em outros a capacidade de fazer esse tipo de trabalho. O que isso significa para o modo como o casal de pais se relaciona, em um nível neural e na vida deles como um todo? Será que a parentalidade é um fator para intensificar comprometimentos com intragrupos sociais, mas também poderia derrubar essas barreiras, formando um intragrupo de cuidadores?

Certamente parece ser assim, considerando o quanto é eficaz a organização comunitária e política em torno do status da maternidade. Donna Norton é vice-presidente executiva da MomsRising, uma organização ativista focada em licença remunerada universal, imigração, desarmamento, reforma da justiça criminal e outras questões que afetam a segurança da família. Parte do que mobiliza pais a atuarem como voluntários, disse Norton, é o desejo de proteger as crianças — e não apenas seus próprios filhos. "Ser mãe nos leva frequentemente a ter um sentimento de ligação com a comunidade, porque precisamos mais dela", declarou. "Precisamos recorrer a outras pessoas. Não dá para criar os filhos sozinho. É preciso uma aldeia."

Talvez uma das funções do cérebro parental seja reconhecer os moradores dessa aldeia quando os encontramos.

Não conheço estudos que digam explicitamente que a parentalidade torna a pessoa mais inteligente, porém acredito nessa possibilidade. Em meio a todas as descobertas marcadas por ressalvas que analisamos neste livro, existe um fato simples: a parentalidade requer que a pessoa esteja imersa no tipo exato de ambiente enriquecido — muita entrada de estímulos sensoriais, demandas sociais complexas — que segundo a neurociência melhora a função cognitiva, e não só no pós-parto, mas por anos ou até décadas mais tarde.[44]

Não posso citar dados provando inequivocamente que a parentalidade torna a pessoa mais eficiente, mas tenho certeza de que isso acontece. Basta perguntar a quem tem filhos. Mas pense também numa lista de compras. Antes de ter filho, a pessoa é responsável por administrar suas próprias necessidades básicas. Depois que a criança nasce, é preciso administrar as necessidades do filho também. No mesmo número de horas por dia. Com o mesmo cérebro.

Não conheço estudos que tenham mostrado que um filho torna a pessoa mais ousada, mais corajosa ou mais resiliente. Mas de que outro modo tantas pessoas com filhos vivem com um cérebro que as torna intensamente conscientes de possíveis ameaças àquilo que é mais caro para elas e, ao mesmo tempo, fortemente sintonizadas com as necessidades sociais e emocionais dessa criaturinha? Esse caminho requer audácia.

Não sou capaz de citar nenhum estudo que diga que a parentalidade torna uma pessoa mais criativa do que antes de seu filho nascer. Mas isso sem dúvida pode acontecer. "Existe uma espécie de divisão evolutiva do trabalho entre crianças e adultos", escreveu a psicóloga Alison Gopnik em *O bebê filósofo: O que as mentes das crianças nos dizem sobre a verdade, o amor e o sentido da vida*.[45] "As crianças são o departamento de pesquisa e desenvolvimento da espécie humana — visionárias, cheias de ideias mirabolantes. Os adultos são a produção e o marketing. Elas fazem as descobertas, nós as implementamos. Elas têm um milhão de novas ideias, a maioria inútil, e nós pegamos as três ou quatro que são boas e as tornamos realidade." Eu diria que simplesmente viver e crescer ao lado desses seres "visionários" oferece aos pais algo adicional: um assombro reverente.

Para que alguma coisa desperte em nós um assombro reverente, dizem os psicólogos que estudam esse sentimento como algo mensurável, ela tem de ser imensa e nos lembrar do quanto somos pequenos.[46] Seja de maneira literal, como o espaço e o oceano que se estendem para além do horizonte, ou figurada, como em um despertar espiritual, ou talvez quando vemos um bebê fechando devagar os olhos ao adormecer e reconhecemos esse momento fugaz na vastidão do tempo. Também tem de impelir a pessoa a alterar de algum modo sua representação mental do mundo. Ser mãe ou pai, eu acho, nos dá um número quase infinito de oportunidades nas quais as duas condições para o assombro reverente podem ser atendidas. Se olharmos. E o assombro reverente é considerado uma poderosa força criativa, uma vastidão que dá lugar a novas ideias ou conexões entre ideias preexistentes.[47]

Mas agora vamos nos concentrar no esquecimento.

Em 2017, Molly Dickens, fisiologista do estresse e escritora, trabalhava para a Bloomlife, uma start-up dedicada à saúde materna, quando entrevistou a hexacampeã americana de atletismo Alysia Montaño sobre como atletas olímpicas preparam-se para o trabalho de parto e sobre competir profissionalmente grávida. Montaño comentou que lhe perguntavam se ao correr ela não punha em risco a segurança do bebê. "O que me enfureceu", ela disse a Dickens, "foi perceber o quanto as pessoas subestimam as grávidas. Elas pensam que as mulheres não têm a capacidade intelectual para conhecer seu corpo, entendê-lo, respeitar o fato de que ele está gerando vida e ainda ser capaz de funcionar e se mover."[48]

Montaño contou a Dickens que seu patrocinador cortou seu apoio quando ela não se classificou para o campeonato nacional de 2014, correndo na 34ª semana de gravidez. Dois anos depois, ela relatou toda a história ao *New York Times*.[49]

A Asics ameaçou não pagá-la e depois rompeu seu contrato. Montaño passou pela mesma coisa com a Nike. Kara Goucher, corredora de longa distância e também atleta olímpica, relatou tratamento similar pela Nike, pelo Comitê Olímpico dos Estados Unidos e pela federação de atletismo dos Estados Unidos — ela perdeu a remuneração, perdeu tempo que poderia ter sido passado com seu filho, perdeu o seguro-saúde e foi desrespeitada justamente pela empresa que vendia seus produtos para as mulheres com uma mensagem ambiciosa: "Dream Crazy" [Sonhe grande].

"A indústria do esporte permite que homens tenham uma carreira completa", Montaño disse em um vídeo para a seção de opinião do *New York Times*, "mas, quando uma mulher decide ter um bebê, isso a afasta mesmo que ela esteja em sua melhor forma."

Montaño e Goucher violaram cláusulas de confidencialidade para contar suas histórias. Menos de duas semanas depois, inspirada por elas, a velocista Allyson Felix publicou também na seção de opinião do *New York Times* que a Nike ofereceu-lhe uma remuneração menor depois que ela teve um bebê e não quis garantir que ela não seria punida caso não mostrasse seu melhor desempenho nos meses subsequentes.[50] Felix, que logo se tornaria a mais premiada de todos os tempos no atletismo americano, perguntou: "Se eu não sou capaz de conseguir proteções na maternidade, quem será?".

Suas ações inspiraram um movimento, pressão no Congresso e mudanças na política da Nike. E não parou por aí.

Em 2020, quando a pandemia eclodiu e Montaño deu à luz seu terceiro filho, ela e Dickens fundaram uma ONG chamada &Mother. O nome alude, por exemplo, a "campeã *e* mãe", "atleta *e* mãe", "cientista *e* mãe".

Dickens era pós-doutoranda na Universidade da Califórnia

em Berkeley, em 2013, e estudava estresse, hormônios reprodutivos e fertilidade quando engravidou pela primeira vez. Quis tirar quatro meses de licença, mas sua bolsa de pós-doutorado no NIH permitia-lhe apenas oito semanas. Por isso, ela decidiu fazer uma pausa na pesquisa e ficar sem remuneração para ter tempo livre. A renda de seu marido e seu seguro possibilitavam isso. Dickens disse que quando informou essa intenção ao setor de recursos humanos ouviu que "Ninguém jamais pediu algo assim".

Uma semana depois de sua filha nascer, chamaram Dickens para uma entrevista para um cargo de docente que poderia levar à efetivação em uma universidade do outro lado do país. Ela perguntou se não aguardariam até ela voltar da licença-maternidade, mas responderam que não era possível esperar para preencher o cargo. Algumas semanas depois, Dickens atravessou o país de avião junto com sua recém-nascida e seu marido e participou de um processo seletivo que durou dois dias, com pausas a cada duas horas para tirar leite. Ela ficou com a impressão de que se saíra bem. Não conseguiu o cargo. Naquele mesmo ano, a revista *Nature* publicou uma edição especial totalmente voltada para a questão "Onde estão as mulheres?" na ciência. A matéria examinava o viés de gênero e a necessidade de mais mulheres em papéis de liderança e em conselhos consultivos científicos, mas dedicava pouco espaço à parentalidade.

"Não se reconhece que amparar uma mulher em sua carreira durante essa fase aumentará o número de mulheres que podem permanecer na ciência", Dickens disse. Uma carreira em ciência pode se estender por toda a vida, ela explicou, e é míope a decisão de não atender as necessidades da pessoa durante o período relativamente curto em que as demandas de sua família são mais intensas. "Quantas mulheres que estariam estudando a saúde da mulher, a gravidez, a saúde materna — quantas mulheres que estariam estudando esses assuntos desistem nessa fase?"

Seu comentário diz respeito particularmente à ciência, mas o problema existe em todas as áreas, inclusive no jornalismo, ao qual dediquei a maior parte da minha carreira. As barreiras a equilibrar um emprego nos meios de comunicação com a maternidade são menores do que já foram, mas permanecem fortes — um fato que não só tolhe a carreira de jornalistas e a equidade na redação, mas também solapa gravemente o discurso social em cuja estruturação os jornalistas têm um papel importantíssimo.[51] Nessas mesmas linhas, se fosse dado mais espaço às mães, quão mais ricas não seriam a paisagem nos esportes profissionais e nossa imagem coletiva do que as mulheres podem fazer com o corpo ao longo de toda a sua vida adulta?

Agora, a &Mother trabalha publicamente e nos bastidores para assegurar que atletas consigam contratos que incluam proteção parental. A organização empenha-se em estabelecer padrões nos esportes que tornem a maternidade viável, por exemplo, diretrizes para um período de licença remunerada e apoio à lactação durante viagens e competições. Outra reivindicação é de que a linguagem dos contratos seja tornada pública, a fim de que as atletas saibam o que pedir e como pedir. O objetivo é obter um avanço nessa área que possa servir de modelo em outras esferas — em todas — que não levam em conta o valor do que as pessoas trazem para a profissão *depois* que passam a cuidar de filhos.

A Olimpíada de Tóquio demonstrou claramente para fãs e patrocinadores não só o valor implícito do fato de atletas serem capazes de manter suas carreiras após a maternidade quando sabem que seu corpo é capaz disso, mas também qual pode ser o valor das mães no esporte.[52] Mães competindo foi um assunto de destaque nos jogos, um tema poderoso e alegre, mas conquistado com grande dificuldade. Felix, que hoje é patrocinada pela Athleta e integra a diretoria da &Mother, ganhou para seu país o bronze nos 400 metros e o ouro em uma eletrizante corrida de revezamento de 4 × 400.

Facilitar para outras atletas trajetórias como a de Felix requer subverter velhas ideias sobre o que as mulheres têm permissão para fazer depois que se tornam mães — sobre o que elas são capazes de fazer, Dickens disse. O trabalho da &Mother é interessante, a meu ver, em parte porque parece dar grande visibilidade a essa luta mais abrangente sobre o que uma pessoa é depois da gravidez. Existe uma percepção sobre o que o corpo de uma pessoa grávida ou no pós-parto pode fazer, e existe uma percepção sobre o que seu cérebro pode fazer. Em nenhum dos casos a percepção reflete a realidade.

"Exatamente", Dickens disse. "Como consertar isso?"

9. Entre nós

T. Berry Brazelton atendeu minha ligação no começo de 2016.[1] O famoso pediatra, cujos livros publicados ao longo de décadas me ajudaram a ver de outra perspectiva a minha experiência pós-parto, logo faria 98 anos. Eu estava para comemorar meu primeiro aniversário como mãe. Hartley faria um ano alguns dias mais tarde. Brazelton não me conhecia, mas um contato mútuo nos apresentou, e ele concordou em conversar comigo durante um almoço.

Algumas semanas depois, nos encontramos na Colonial Inn, na histórica Concord, Massachusetts, a meio caminho entre North Bridge, onde milicianos chamados de *minutemen* combateram soldados britânicos no primeiro dia da Revolução Americana, e Orchard House, onde Louisa May Alcott escreveu seu clássico *Mulherzinhas* ("Fico zangada quase todos os dias da minha vida, Jo", diz a mãe de quatro meninas à sua voluntariosa segunda filha, "mas aprendi a não demonstrar isso; e ainda espero aprender a não me sentir assim, embora talvez precise de outros quarenta anos para isso").[2] Meu marido deixou-me na entrada e foi procurar a biblioteca para me esperar lá com Hartley.

Brazelton estava em Concord acompanhado por um cuidador; tinham vindo de sua casa em Cape Cod para assistir naquela tarde ao funeral de um ex-colega do Boston Children's Hospital. Na barulheira do restaurante movimentado, contei a ele minha história, expliquei o quanto suas palavras tinham significado para mim durante alguns dias particularmente difíceis e o quanto haviam despertado meu interesse pela neurobiologia do início da parentalidade. Quando reproduzi mais tarde a gravação da nossa conversa, pude ouvir meu suspiro de alívio assim que ele começou a falar, lentamente e com segurança.

Todo médico deveria conversar com as mães de recém-nascidos sobre depressão, ele disse. Algum grau de depressão no pós-parto é quase universal, talvez até essencial. Produtivo. "A pessoa está com medo, não se sente adequada, faz um esforço enorme para se controlar, para começar a encarar aquele filho por quem se apaixonou loucamente pela primeira vez na vida", ele explicou. "Percebe a responsabilidade tremenda que isso significa e a guinada que sua vida deu. [...] Vejo essa situação de estar desorganizada e jogada em um frenesi desse tamanho como uma grande oportunidade para se reorganizar, para se recompor e se tornar a pessoa — a nova pessoa que ela quer ser."

Essa tem sido mais ou menos sua filosofia desde que ele começou a atender pacientes em Cambridge em 1951, uma época na qual, segundo o obituário publicado dois anos mais tarde no *New York Times*, "a sabedoria convencional sobre bebês e criação de filhos era implacavelmente autoritária".[3] Supunha-se que os bebês não tinham sentimentos e deviam ser cuidados seguindo uma programação rigorosa. Brazelton reconheceu que os bebês podiam comunicar-se com os adultos desde o primeiro dia de vida, por meio do comportamento.

Usando esse fundamento, ele teve um papel essencial na volta da preferência pelo aleitamento materno. Defendeu a licença-maternidade e declarou a importância de que a criança hospitalizada pudesse contar com a presença de um dos pais. Por meio dessas práticas, de seus textos em revistas e livros e de um duradouro programa no canal Lifetime, *What Every Baby Knows* [O que todo bebê sabe], Brazelton priorizou a capacitação dos pais ensinando-os a compreender a linguagem de seus bebês.

Quando ele começou na área da pediatria, segundo me contou, "a culpa de todos os problemas que surgiam com a criança era atribuída aos pais. E a mãe já estava se sentindo inadequada e culpada, o que reforçava o sentimento de fracasso. Para mim, aquilo era o oposto do que deveríamos estar fazendo. Tínhamos de fortalecer a autoestima da mãe para que ela pudesse transmiti-la ao filho".

Brazelton contou que ficou animado quando a Força-Tarefa de Serviços Preventivos dos Estados Unidos publicou uma recomendação, alguns meses antes do nosso encontro, para que todas as mulheres grávidas e no pós-parto passassem por uma triagem para detectar depressão; ele disse que torcia pelo fortalecimento de um movimento em favor de que os pediatras se envolvessem mais com a saúde mental materna. A essa altura, senti que ele concordaria comigo: não seria melhor preparar as pessoas, antes que o bebê nasça, para as mudanças mentais que irão acontecer?

"Não sei se a maioria das mães está pronta para esse tipo de informação", Brazelton ponderou. "Muitas ficariam com receio. Não sei se elas querem pensar que vão sofrer mudanças no cérebro. Teriam medo, sem saber o que poderia se modificar." Brazelton disse que, se uma mãe viesse falar com ele sobre o assunto, conversaria com prazer. Do contrário, talvez isso aumentasse demais seus temores.

Eu me atrapalhei nas palavras, consternada. A conversa tinha sido muito reconfortante até então, ainda que um tanto paternalista. Mas de repente lá estava a pesadíssima ideia de que as mulheres não conseguem lidar com informações sobre seu próprio corpo, seu próprio cérebro. "Será que, em certo sentido, essa não é uma ideia antiquada?", perguntei, constrangida por dizer uma coisa assim a alguém com a experiência e o renome de Brazelton. Afinal de contas, argumentei, houve um tempo em que não se revelava muito às mulheres sobre o parto, por preocupação com uma possível incapacidade de suportar a ansiedade em relação a uma experiência física tremenda. Isso mudou, em grande medida. Será que o cérebro também não é um assunto sobre o qual devemos falar mais abertamente?

Brazelton entendeu a questão de um modo diverso daquele que eu tinha em mente e falou sobre os desafios das mães que trabalham e não têm apoio da sociedade. Nosso almoço terminou logo depois. As pessoas já estavam reunidas na igreja.

É difícil exagerar o quanto Brazelton foi progressista em seu tempo, o quanto contrariou a cultura imperante na medicina. Ele escutava as mães numa época em que a maioria dos outros médicos só dava ordens a elas. Seu impulso era "deixar a pessoa dizer do que precisa", e essa foi a linha que ele seguiu na neurociência também.

Entendi seu recado. Eu também tinha deixado de contar o que sabia às minhas amigas que estavam grávidas, receando amedrontá-las e com medo do que a revelação das minhas próprias dificuldades diria sobre mim e sobre minha condição de mãe. Mas a ideia de que essa era uma decisão aceitável — a *certa* — foi para mim um banho de água fria.

Como é que eu ou qualquer grávida, sob um dilúvio de adoráveis macacõezinhos e felicitações, vamos saber de quais informações precisamos sobre nosso próprio desenvolvimento se nunca nos falam sobre a drástica mudança neurobiológica trazida pela parentalidade? Se aplicativos populares sobre gravidez usam diagramas sem cabeça para a grávida acompanhar as mudanças semanais em seu corpo e deixam totalmente de lado o cérebro, salvo uma menção sobre esquecimento? ("Mas não se preocupe, pois o seu cérebro voltará ao normal alguns meses após o parto", tranquiliza um aplicativo no terceiro trimestre.)[4]

Livros não hesitam em dizer a uma pessoa grávida o que vem pela frente quando os assuntos são o parto ou os métodos de alimentação, o que e quanto comer, que artigos para o bebê se devem comprar ou como ela deve se sentir (afortunada, alegre, abençoada). Mas um aspecto tão fundamental quanto como seu cérebro muda — ah, isso devemos manter entre nós, entre aquelas que já vivenciaram a coisa em primeira mão. Ao menos até que a próxima conhecida tenha um bebê e esteja em apuros no pós--parto. Então *talvez* partilhemos o segredo com ela?

Não.

Desde que conheci Brazelton, dediquei anos a pesquisar o cérebro parental e a conversar com pessoas que fizeram essa grande transição na vida, muitas das quais foram tão pegas de surpresa quanto eu, e superei o leve sentimento de decepção por esse ícone da parentalidade não ter gostado da minha ideia. Agora fico zangada. Não tanto com o próprio Brazelton (um pouco, na verdade), mas com todo o coletivo de pessoas e instituições que fazem as mães pensarem que a gravidez e o pós-parto são um desafio para o corpo e um desafio logístico, mas que elas já estão mais ou menos preparadas para enfrentá-lo. Já equipadas com um instinto materno pronto e intacto. Fico zangada porque todas as outras pessoas com filhos são tratadas como periféricas, invisíveis ou isentas. Isso é uma farsa. E todo mundo sabe, menos quem mais precisa saber.

Não tenho ilusões de que essa ciência será *o* recurso que finalmente desmanchará as normas patriarcais que prejudicam as mães e outras pessoas que cuidam de recém-nascidos. Afinal de contas, gerações nos disseram — e continuam a dizer — que entendemos errado a história. Mas tenho certeza de que poderá ajudar, de que cortará mais alguns pontos da costura.

Quero que as pessoas que esperam um filho conheçam a história dessa ciência, para que possam entrar mais bem preparadas nessa nova fase da vida. Não há motivação mais importante para mim ao escrever este livro. Mas também há razões maiores para que essa ciência seja uma parte destacada do discurso público, razões que se estendem a toda a sociedade e ao longo do tempo. Porque essa ciência poderia reajustar nosso modo de pensar sobre a saúde física e mental de uma pessoa no decorrer de toda a sua vida adulta. Porque ela nos impele a reimaginar como medimos e apoiamos os laços que mais importam na vida de uma criança. Porque, apesar de toda a vulnerabilidade do cérebro parental que essa ciência nos revela, ele tem força. E o que aconteceria se aceitássemos isso de verdade?

A neurociência do cérebro parental é jovem. Poderíamos dizer que é uma criança de quatro anos cheia de perguntas interessantes e até o momento irrespondíveis: Por quê? Como? O quê? Consideremos algumas delas, começando por uma que parece óbvia, mas para a qual não temos uma boa resposta.

Como a mudança no cérebro pode afetar o parto? Orli Dahan, que estuda filosofia da ciência na Faculdade Tel-Hai em Israel, salientou recentemente que a neurociência do cérebro parental investiga como essas mudanças preparam a pessoa para a parentalidade, mas deixa de lado o parto e o trabalho de parto.[5] Os cientistas desconhecem os mecanismos cerebrais exatos envolvidos em coordenar ou sustentar o trabalho de parto, e não sabem exatamente como esses mecanismos são afetados por fatores ambientais ou intervenções médicas. Dahan sugere que os humanos talvez tenham adquirido pela evolução a capacidade de alcançar um estado alterado de consciência durante o parto, com mudanças no foco de atenção, distorção temporal e redução da dor, e supõe que algumas das mudanças cerebrais documentadas por pesquisadores talvez sirvam a essa função. É possível, ela escreveu, que o cérebro "seja um agente ativo e crucial durante o parto e que o próprio parto seja um processo que requer neuroplasticidade do cérebro".

E quanto à relação entre intestino e cérebro? Nestes últimos anos tem sido dada grande atenção aos modos como os métodos de parto e alimentação podem afetar o microbioma em desenvolvimento no bebê. E cada vez mais se compreende a conexão entre o cérebro e a comunidade de bactérias que vivem no intestino das pessoas, particularmente através do sistema imune e dos sistemas relacionados ao estresse, incluindo o eixo HPA.[6] Diferenças no microbioma estão correlacionadas a ansiedade e a transtorno depressivo maior, por exemplo. Mas o que acontece no intestino de uma pessoa durante a gravidez e no pós-parto?[7]

Estudos constataram que o microbioma muda ao longo da gravidez de modos que, no terceiro trimestre, supostamente sustentam o armazenamento de energia em tecido adiposo para impulsionar o desenvolvimento do feto. Há indícios de que perturbações no microbioma da pessoa grávida poderiam ter um papel em sua saúde mental perinatal ou especificamente no tênue equilíbrio entre a resposta ao estresse e a flutuação de hormônios no parto.[8] Mas até agora nenhum pesquisador juntou as peças para entender se isso de fato ocorre e como ocorre.

E o que exatamente fazem todas aquelas células fetais no corpo da gestante? No capítulo 4, mencionamos o fato de que células fetais alojam-se e podem permanecer no corpo da mãe muito tempo depois que o cordão umbilical é cortado. A ciência que descreve o fenômeno do microquimerismo fetal é, em uma palavra, maluca. Esse nome refere-se à quimera, o monstro mitológico da tradição grega composto de partes de vários animais — uma leoa com cabeça de bode saindo do dorso e uma serpente no lugar da cauda.[9] Como se dissesse que não somos mais um corpo com nossa própria constituição genética. Na verdade, provavelmente nunca fomos.

Trata-se de uma troca, às vezes designada como "tráfico de células", embora seja desigual.[10] Os bebês trazem no corpo células das pessoas que o geraram — e até mesmo de irmãos mais velhos ou talvez de avós — durante toda a infância e na vida adulta.[11] Mas as gestantes recebem mais células do que distribuem. As células fetais intactas com as quais uma mãe é "inseminada" durante a gestação provavelmente não são "suvenires acidentais da gravidez", e talvez tenham alguma serventia evolutiva distinta, segundo um sumário de 2017 da literatura publicada na *Nature Reviews Immunology*.[12] Essa serventia poderia ser alterar a tolerância imunitária da mãe, reduzindo as chances de que o corpo rejeite o feto em crescimento e aumentando a taxa de êxito da mãe ao longo do tempo, de gravidez em gravidez.

Células fetais são encontradas em pequenas quantidades no sangue de todas as grávidas — 100% —, e seu número aumenta quando ocorrem problemas comuns na gravidez, por exemplo, pré-eclâmpsia e aborto espontâneo.[13] Contudo, supõe-se que, em graus variados, as células proliferam e colonizam tecidos no corpo todo após o parto. Um grupo de pesquisadores da Universidade do Estado do Arizona aventou que essas células externas pluripotentes poderiam ser uma espécie de enviado biológico, atuando para direcionar recursos do corpo para as necessidades do bebê, às vezes em detrimento da gestante.[14] Células assim foram encontradas em tecido mamário, inclusive em glândulas mamárias, e estudos com animais sugerem que têm um papel na promoção do fornecimento de leite. Foram encontradas em tecido cicatricial de cesariana, e supõe-se que migram para locais lesionados a fim de ajudar na cura e talvez até desacelerar os efeitos do envelhecimento.

Pesquisadores descobriram que, em camundongos, células fetais tornam-se neurônios e se integram ao sistema de circuitos cerebrais da mãe. Em um estudo, foi feita autópsia no cérebro de 59 mães humanas que tinham dado à luz meninos, e em aproximadamente dois terços os pesquisadores encontraram evidências de microquimerismo, medido como presença de DNA masculino.[15] Essa substituição para o microquimerismo foi encontrada em mais de uma região do cérebro, e o estudo forneceu algumas das evidências mais eloquentes até hoje de que ele persiste. A mulher mais velha na qual foi detectado DNA masculino tinha 94 anos.

Ainda há várias perguntas a serem respondidas, e muitas delas giram em torno do fato de que a gravidez e o parto não representam um evento individual e separado na saúde, distinto da trajetória de vida de quem deu à luz, embora frequentemente sejam tratados como tais. Temos alguma noção de que a saúde da pessoa antes da gravidez pode influenciar sua saúde durante a gestação. Também é verdade que a saúde durante a gravidez e o pós-parto pode moldar a trajetória da pessoa pelo resto da vida. Seus órgãos — inclusive o cérebro — não voltam simplesmente ao que tinham sido, não recuperam forma, tamanho e função originais. Se a chegada de um filho é uma fase do desenvolvimento, com efeitos vitalícios sobre a saúde física e mental de quem deu à luz, então deveria ser um fator acentuadamente importante na formulação de diretrizes de assistência médica, pesquisa e desenvolvimento de novos tratamentos.

Isso não ocorre.

Em vez disso, escreveram a neurocientista Liisa Galea e seus colegas do laboratório da Universidade de British Columbia em um artigo de opinião em 2018, a experiência reprodutiva "é um determinante crucial da fisiologia feminina que tem sido gritantemente desconsiderado".[16]

O problema tem uma ligação estreita com a contínua negligência com o sexo biológico nas pesquisas em geral. Em 1977, a FDA proibiu incluir mães e mães em potencial — todas as mulheres em idade fértil — na maioria dos ensaios clínicos.[17] Os indivíduos do sexo masculino eram de modo geral tratados como o padrão — representativos de todos os humanos. A decisão veio depois de famigeradas violações éticas e das tragédias dos bebês prejudicados por exposição pré-natal à talidomida, um medicamento prescrito contra náuseas, ou ao dietilestilbestrol (DES). E muitos pesquisadores já preferiam mesmo excluí-las, pois assim não precisavam levar em conta a "variabilidade" hormonal das mulheres.

As mulheres reagiram, afirmaram que aquela proibição geral ameaçava sua saúde, e em 1985 uma força-tarefa federal concordou. Pouco depois, a FDA e o NIH recomendaram a inclusão de mulheres em ensaios clínicos. No entanto, a mudança não veio. Em 1993, o Congresso determinou que todos os ensaios clínicos financiados pelo NIH incluíssem mulheres, exceto se os pesquisadores pudessem apresentar boas razões em contrário.[18]

Acontece que a lei não exigia que os pesquisadores relatassem o que aprenderam com aquelas mulheres. Nas duas décadas após a lei entrar em vigor, apenas 17% dos estudos sobre opções de tratamento para coronariopatias — o mal que mais mata mulheres nos Estados Unidos e que frequentemente se manifesta de modos diferentes em mulheres e homens — incluíram resultados específicos por sexo, e essa porcentagem não melhorou com o tempo.[19] Numerosos outros estudos registraram sub-representação em anos recentes. Em 2016, o NIH começou a dar preferência em suas alocações de financiamento a ensaios pré-clínicos que usem animais machos e fêmeas, e implementou vários programas para apoiar pesquisadores que seguem essa recomendação.[20] Outras agências de financiamento importantes no mundo todo[21] adotaram medidas semelhantes para promover a integração de variáveis de sexo e gênero nos estudos.

Há sinais de que essa tendência vem melhorando, embora de um modo heterogêneo. Em uma análise recente,[22] Galea e colegas avaliaram milhares de artigos publicados nas áreas de neurociência e psiquiatria nos anos de 2009 e 2019 e constataram melhora significativa no uso de sujeitos dos sexos masculino e feminino ao longo do tempo.[23] No entanto, embora 68% dos estudos incluíssem os dois sexos em 2019, apenas 19% obedeciam ao que os pesquisadores chamaram de "planejamento ótimo" para realmente identificar diferenças entre os sexos. (Esses resultados foram publicados sem revisão pelos pares em novembro de 2021 e até o momento essa revisão ainda não aconteceu.) Isso tem consequências reais, entre elas, pesquisa de má qualidade.

Quando a Sociedade para Pesquisas em Saúde da Mulher analisou quase 150 estudos com camundongos publicados entre 2013 e 2018 avaliando possíveis tratamentos para o Alzheimer, constatou que apenas um terço desses trabalhos incluiu camundongos machos e fêmeas e uma parcela muito menor analisou seus dados por sexo.[24] Os autores ressaltaram que a grande maioria dos estudos com camundongos informou resultados ao menos parcialmente bem-sucedidos, porém isso não se traduziu em ensaios clínicos bem-sucedidos com humanos, "o que traz a questão: por que não?". Uma razão, escreveram os autores, talvez seja que a doença se instala e avança de modo diferente em fêmeas, e as mulheres compõem quase dois terços de todos os casos diagnosticados nos Estados Unidos.

Se há negligência com as mulheres na ciência, obviamente pessoas grávidas são ainda menos estudadas. Até janeiro de 2019 elas eram mencionadas oficialmente em políticas federais como "vulneráveis a coerção ou captação", o que torna uma façanha burocrática conseguir a participação de mulheres grávidas como sujeitos de pesquisas.[25] A FDA publicou diretrizes específicas para a inclusão de grávidas em ensaios clínicos,[26] mas enquanto isso as pessoas continuam diariamente a enfrentar decisões sobre como tratar alergias, hipertensão crônica ou doença mental durante a gravidez com poucas informações em que se basear.[27] Alguns novos fármacos são avaliados especificamente nos quesitos segurança e eficácia durante a gravidez antes de serem lançados no mercado. "A pressuposição clássica há muito tempo foi — e em grande medida continua a ser — de que é essencial proteger as mulheres grávidas das pesquisas, em vez de assegurar que elas se beneficiem do rápido progresso dos estudos", escreveu a jornalista Carolyn Y. Johnson no *Washington Post* em 2019.[28]

Grávidas tornam-se parturientes que se tornam pessoas com uma história reprodutiva. Aos quarenta anos de idade, cerca de 83% das mulheres nos Estados Unidos já deram à luz um filho.[29] Contudo, sabemos notavelmente pouco sobre como essa importante fase da vida afeta sua saúde no longo prazo.

Aquelas células fetais no corpo de quem teve filho estão lá fazendo *alguma coisa*. O microquimerismo fetal está associado a doenças autoimunes, incluindo transtornos da tireoide e lúpus, para as quais as grávidas têm risco mais elevado, e possivelmente associado também à exacerbação de sintomas de esclerose múltipla.[30] Quando li que células fetais "invadem a pele materna, como foi comprovado", sendo sua presença associada a "inexplicados problemas inflamatórios de pele", pensei que essa talvez seja a causa da persistente disidrose que me incomoda desde que me tornei mãe, e para a qual já consultei inutilmente vários médicos — é uma invasão. Células fetais também foram encontradas em números maiores na presença de outros tipos de enfermidades, em tumores ou órgãos doentes, como na hepatite C, por exemplo. O que exatamente essas células estão fazendo lá — fomentando a doença ou reparando danos — "ainda é uma questão não resolvida", segundo uma análise crítica liderada por Diana Bianchi, geneticista médica e diretora do Instituto Nacional da Saúde Infantil e Desenvolvimento Humano Eunice Kennedy Shriver.[31]

Os estudos sobre saúde e doença humana "precisam levar em conta os antecedentes completos da gravidez, inclusive abortos, espontâneos ou não", escreveram Bianchi e colegas. A ligação biológica entre quem deu à luz e seu filho é vitalícia, mesmo "no nível celular mais básico, granular".

Os níveis hormonais mudam durante a gravidez e o começo do pós-parto mais drasticamente do que em qualquer outra fase da vida para a maioria das pessoas e, embora se estabilizem depois do nascimento do filho, talvez nunca retornem aos níveis pré-gravidez. Numerosos estudos com roedores e humanos encontraram mudanças persistentes em níveis hormonais e na expressão dos receptores de hormônios, com redução dos níveis de estrogênio e prolactina em mães quando comparadas a não mães.[32] Essas mudanças hormonais, juntamente com outras mudanças neurobiológicas e imunológicas, sem dúvida explicam algumas das diferenças documentadas na prevalência ou gravidade de doenças segundo os antecedentes reprodutivos, mas na maioria dos casos — por exemplo, o Alzheimer ou na associação entre o número de gestações ou complicações da gravidez sofridas por uma pessoa e seu risco de doença cardiovascular ou acidente vascular — os pesquisadores não sabem.[33]

Muito ainda não foi estudado, e numerosas questões continuam sem resposta. Além disso, há questões novas que nunca serão respondidas se não forem primeiro reconhecidas. Por exemplo, será que a gravidez muda de maneira fundamental o modo como o cérebro processa o medo? Um fenômeno razoavelmente bem estudado — embora ainda não muito conhecido na medicina clínica — é o fato de que o estradiol e a progesterona alteram a eficácia da terapia de exposição, que é usada com frequência para tratar transtornos de ansiedade e envolve expor o paciente às coisas que ele teme, sem que isso porém traga uma consequência negativa para ele. Supõe-se que a exposição permite ao indivíduo criar "memórias seguras" associadas a um estímulo, para que, em essência, elas suplantem as memórias de medo. Estudos com ratos e humanos constataram que, em indivíduos com níveis baixos de estradiol e progesterona, durante a fase folicular no início do ciclo menstrual ou em qualquer fase quando se está tomando pílula anticoncepcional, essa suplantação, ou o processo de extinção do medo, é prejudicada.[34]

Algum tempo atrás, a psicóloga Bronwyn Graham e colegas da Universidade de New South Wales resolveram investigar como as mudanças no longo prazo em níveis hormonais associadas à reprodução poderiam alterar a extinção do medo. O que descobriram foi surpreendente.[35] Tanto em ratos como em humanos, níveis hormonais mais baixos após a gravidez não resultavam simplesmente em mudanças incrementais nos efeitos cíclicos da extinção do medo — eles eliminavam esses efeitos. A capacidade das mães para extinguir o medo por meio da terapia de exposição não variava mais conforme seus níveis hormonais. Por quê? O laboratório de Graham começou a procurar a resposta para essa questão — uma questão que leva a muitas outras.

Ratas com experiência reprodutiva parecem usar partes totalmente diferentes do cérebro para extinguir o medo, constatou o laboratório de Graham. O mais notável é que elas não se servem da amígdala, a região cerebral frequentemente chamada de "centro do medo". Essa descoberta ainda não foi publicada nem revisada por pares até o momento em que escrevo este texto. Graham disse que foi algo tão inesperado que seu grupo passou um ano inteiro fazendo testes e mais testes para se certificarem. Viram que quando ratas mães foram condicionadas a sentir medo (neste caso, medo de que um ruído específico fosse seguido por um choque nas patas) e depois tiveram suas amígdalas desativadas foram capazes de extinguir seu medo satisfatoriamente (por meio de exposição ao som não acompanhada de choque).

A maioria das descobertas do laboratório de Graham até agora concentrou-se no que o cérebro das ratas mães *não* está fazendo, o que é um passo importante na ciência, mas não o objetivo final. Elas não estão usando a amígdala para eliminar o medo. Tampouco estão usando um tipo específico de receptor chamado N-metil-D-aspartato, ou NMDA, envolvido na plasticidade sináptica e importante na extinção do medo em ratas não mães. "O problema é que não descobrimos o que elas *estão* fazendo", Graham me disse. Mas "podemos levantar muitas questões", ela ponderou.

"Foi uma grande surpresa" descobrir que a amígdala não está envolvida na extinção do medo em ratas mães, Graham disse. "Mas uma coisa que vivo dizendo ao meu laboratório é: se não tivéssemos estudado esse sistema de um modo tão abrangente em machos por tanto tempo, isso seria surpresa? Talvez simplesmente aceitemos como um dogma que é assim que o cérebro funciona, quando na verdade ele só funciona desse modo na presença de um conjunto muito específico de circunstâncias que, por razões sociais e históricas tornaram-se o status quo daquilo que pesquisamos."

O modo como crianças pequenas extinguem o medo difere do modo adulto, e o processo neural ainda difere em adolescentes, Graham comentou. Por que o processo não poderia ser diferente após a gravidez, que indica o começo de mais uma fase de desenvolvimento?

Anseio por saber as consequências do estudo de Graham.

A noção de que a gravidez muda o modo como meu cérebro processa ou suplanta o medo *parece* correta para mim. Mais importante é o fato de que descobrir como exatamente funciona a extinção do medo em pessoas que tiveram bebês poderia levar a tratamentos mais eficazes para quem sofre de transtornos de ansiedade. Por essa razão e em atenção a todas as demais questões pendentes — somadas àquelas que ainda não foram levantadas —, é importante que a gravidez e os primeiros tempos de parentalidade sejam reconhecidos e debatidos como a transformação profunda e ainda pouco investigada que essa fase traz. Do contrário, quem sabe o quanto nos escapará?

Quando comecei a escrever este capítulo, os Estados Unidos preparavam-se para aprovar uma lei que teria aumentado tremendamente o acesso à educação pré-escolar e aproximado um pouco mais a nação americana dos países que concedem licença remunerada a pais de recém-nascidos. Mas foi feito um corte drástico nas cláusulas do plano Build Back Better [Reconstruir Melhor] voltadas para a licença remunerada, e o projeto de lei empacou no Senado, em grande medida por oposição do senador democrata Joe Manchin, eleito pela Virgínia. A educação de qualidade para crianças pequenas e especialmente a licença remunerada estarem tão fora do alcance de muitas famílias é uma vergonha particularmente americana.

Apenas cinco outros países — nenhum deles de alta renda — não têm uma política nacional de licença remunerada, e todos, com pouquíssimas exceções, concedem às mães doze semanas ou mais de licença.[36] A maior parte da Europa, além de Canadá, Chile, Índia, Irã, Rússia, Venezuela e outros, concede no mínimo 24 semanas de licença, e alguns oferecem quase o dobro disso. Em 83 países que concederam licença-paternidade em 2021, a média foi de dezesseis semanas, segundo informou Claire Cain Miller ao *New York Times*. Por que os Estados Unidos ainda não têm uma política nesses moldes, mais de um século depois que as mães americanas começaram formalmente a militar por isso?[37] Não pode ser porque os economistas deixaram de mostrar que a licença remunerada beneficia trabalhadores, empregados ou a economia como um todo. Além de todos esses programas viáveis implementados no mundo inteiro, as evidências de programas estaduais aqui nos Estados Unidos são de que, mesmo com as peculiaridades desta sociedade capitalista, a licença remunerada traz todos esses benefícios.[38] Ela tem o potencial de fortalecer a segurança financeira da família, aumentar a participação na força de trabalho e reduzir para os empregadores os custos da rotatividade da mão de obra, ou pelo menos não resulta em amplos efeitos negativos sobre as empresas.

A barreira para se obter a licença remunerada nos Estados Unidos não existe porque os especialistas em saúde pública tenham deixado de demonstrar adequadamente os benefícios para a saúde dos bebês e de seus pais. Na verdade, os efeitos sobre a saúde são gritantes e não estão mais em debate.

A licença remunerada está associada a reduções na proporções de bebês prematuros ou com baixo peso ao nascer, sendo os efeitos mais pronunciados em filhos de mulheres negras e não casadas — um resultado que talvez esteja relacionado a menor estresse ligado a trabalho e renda durante a gravidez.[39] Pais de recém-nascidos com acesso a licença remunerada têm maior probabilidade de manter o aleitamento materno e um cronograma regular de consultas médicas para a criança; além disso, supõe-se que um tempo dedicado acentuadamente ao recém-nascido permite um começo da vida familiar de modos que trazem benefícios no longo prazo para a saúde e o desenvolvimento da criança, em especial em famílias de renda mais baixa.[40] Na medida mais importante de todas, vários estudos constataram que políticas de licença remunerada mais prolongada são associadas a significativas reduções nas taxas de mortalidade infantil.[41]

Para as mães, os benefícios à saúde são multifacetados e duradouros.[42] Elas precisam de tempo para se recuperar do parto, que muitas vezes envolve uma cirurgia de grande porte e às vezes complicações potencialmente letais. Mulheres que têm licença remunerada de qualquer duração têm risco substancialmente menor de ser hospitalizadas por qualquer causa ao longo do ano seguinte ao parto, e cada semana adicional de licença (remunerada ou não) diminui sua probabilidade de relatar um estado de "pouco bem-estar físico" durante o primeiro ano pós-parto. As taxas mais elevadas e os períodos mais longos de aleitamento materno associados à licença remunerada podem beneficiar a saúde da pessoa no longo prazo, reduzindo seu risco de diabetes, hipertensão e câncer de mama ou ovário.[43] Já se demonstrou mais de uma vez que doze semanas ou mais de licença remunerada[44] reduzem as taxas de depressão pós-parto, e licenças mais longas podem ter um pequeno efeito na proteção contra a depressão mesmo aos cinquenta anos e até mais.[45]

É cada vez maior a conscientização sobre a enorme disparidade de resultados para gestantes e bebês negros, e há grande empenho em trazer mudanças na assistência obstétrica, lidar com os efeitos do racismo sistêmico em médicos e instituições de saúde, assegurar que as preocupações das gestantes sobre sua própria saúde sejam ouvidas e resolvidas durante a gravidez e o parto e eliminar as disparidades na cobertura de seguro-saúde. Rever o modelo de assistência obstétrica é crucial, mas o problema não se limita a isso.

Nos Estados Unidos, as grávidas são tratadas como importantes somente durante as consultas padronizadas a que elas devem comparecer durante a gravidez e imediatamente depois, disse-me Joia Crear-Perry, ginecologista obstetra e presidente da organização National Birth Equity Collaborative. "Não damos atenção à sua existência fora disso", ela completou. "Não as apoiamos. Temos pessoas tentando comparecer a uma consulta médica no meio de um dia de trabalho. Não lhes concedemos licença remunerada, dizemos a elas que não tragam seus outros filhos, que não comam no trabalho. Fazemos o oposto do que as pessoas precisam para viver bem."

Na verdade, talvez as pessoas precisem de menos consultas pré-natais com obstetras e mais consultas direcionadas e integradas, nas quais os médicos as encaminhem a outros profissionais ou serviços que lidem com fatores que afetam sua gravidez, por exemplo, falta de moradia, estresse no trabalho ou indisponibilidade de creche para outros filhos, ela disse. Talvez o que as pessoas realmente precisem seja assistência pós-parto em domicílio por um conjunto maior de profissionais, incluindo parteiras. E com toda certeza de licença parental remunerada. Essa mensagem tornou-se uma parte importante do trabalho de Crear-Perry.

"Os esquemas de licença não remunerada foram formulados para alicerçar uma ideia ultrapassada de família — na qual o pai sustenta todo mundo. Mas não é assim que a maioria das famílias funciona agora", ela escreveu em um comentário para a Bloomberg Opinion em 2021. [46] "Não reconhecer esse fato prejudica a saúde materna, especialmente em comunidades de negros e pardos, e é uma das razões pelas quais os Estados Unidos são o país rico mais perigoso para quem vai dar à luz."

Isso tudo nós sabemos. No entanto, a inação não tem relação com o valor da licença remunerada para os filhos e as famílias, e sim com os valores defendidos pelos nossos líderes. Como escreveu Danielle Kurtzleben, da National Public Radio, em 2015, ao tratar do tema da oposição à licença parental e da licença-saúde obrigatória, "daria para escrever um livro inteiro sobre as forças complicadas em ação aqui, mas uma mistura de uns poucos fatores essenciais ajudou a criar esse cenário: as consequências da Segunda Guerra Mundial, lobby de empresas, enfraquecimento do movimento trabalhista no país e o amor dos americanos por individualismo e autossuficiência, tudo isso combinou-se para ajudar a manter os Estados Unidos como o único país que não concede licença remunerada a seus trabalhadores".[47] Eu acrescentaria a essa lista a crença de que instinto materno e biologia são destino — a crença na capacidade de toda mulher para cuidar dos filhos, a maior e melhor serventia para ela —, e a noção da primazia absoluta do vínculo mãe-bebê.

É isso que explica a zombaria de comentaristas quando o secretário americano dos Transportes Pete Buttigieg decidiu tirar licença-paternidade em 2021, assim que ele e seu marido adotaram gêmeos recém-nascidos; todas as opiniões foram uma variação do tema: um pai não precisa de tempo com o bebê! Recém-nascidos precisam da mãe! Nessa família não há mãe, então para quê? "Na formação do vínculo com o pai, a fase mais importante é um pouco mais adiante na vida da criança", escreveu o apresentador de podcast Mat Walsh em uma série de tuítes relatando sua experiência como pai de quatro filhos que nunca tirou licença-paternidade.[48] "Os pais fortalecem seu vínculo com os filhos quando estes deixam de ser bebês de colo, e não quando são recém-nascidos. Os bebês estão focados quase exclusivamente na mãe. É biológico."

Isso é crença, não biologia. A biologia nos diz que os bebês não criam vínculos apenas com quem os trouxe ao mundo. Além de todos os modos como o pai pode apoiar o cônjuge — que gerou ou não a criança — durante a transição para a parentalidade, ele também tem um papel importante como parte do mundo social no qual o bebê cresce.[49] Desde os primeiros meses de vida do filho, o pai pode ajudar a moldar o desenvolvimento do cérebro do bebê de modos que podem influenciar a regulação de suas emoções na fase dos primeiros passos, sua confiança, sua capacidade de conectar-se com os pares e seu preparo para a escola.[50] Igualmente importante é o fato de que o tempo com o bebê também muda o pai, de modos que podem adaptá-lo para seu papel vitalício de cuidador.

Muitas acadêmicas feministas têm sido por muito tempo "desnecessariamente hostis à biologia", disse-me a economista Nancy Folbre por e-mail. A biologia frequentemente é usada para justificar a desigualdade. "E talvez a maioria de nós inconscientemente tenha medo da possibilidade muito óbvia de que forças em grande medida fora do nosso controle moldem nossa vida e queiram minimizá-la", ela escreveu.

O que acontece se encararmos essas forças de frente?

Em seu livro de 2021 *The Rise and Decline of Patriarchal Systems: An Intersectional Political Economy* [Ascensão e declínio de sistemas patriarcais: Uma economia política intersecional],[51] Folbre escreveu que "a confiança nas propensões de sacrifício pessoal das mulheres, naturais ou concedidas por Deus, possibilitou o empenho masculino no interesse pessoal". Se isso teve ou não seu alicerce na biologia, o fato é que por muito tempo as mulheres sofreram pressão para exercer o "altruísmo compulsório" e cuidar dos outros, deixando os homens livres para ter êxito na economia capitalista, até que o roteiro do "siga seu gênero" tornou-se quase sinônimo de "cuide". Grande parte da raiva contra campanhas feministas provém do medo de que, se as mulheres se afastarem dos papéis tradicionais, declinará o nível de cuidado que é disponibilizado aos outros — homens, crianças, doentes, idosos, empregados. "Esse medo não é totalmente irrealista: a renegociação dos papéis de gênero requer uma negociação das normas mais abrangentes sobre a obrigação de cuidar de outros e provoca a resistência de todos aqueles que querem escapar de pagar uma parte maior dos custos", Folbre escreveu.

Existe risco em salientar o modo como adultos são capturados pela neurobiologia da parentalidade — ou do cuidado em geral, talvez —, Folbre me disse. Nem todo mundo quer ser capturado. "Talvez alguns homens que são pais biológicos não queiram proximidade com um recém-nascido porque sabem que ficarão apegados, 'presos'", ela disse. "Talvez o aumento do número de mulheres sem filhos esteja associado à percepção de que tornar-se mãe traz compromissos irreversíveis que não podem ser facilmente ajustados de modo a conciliá-los com outras prioridades."

Mas é exatamente por isso que, a meu ver, essa ciência é uma ferramenta necessária para mudar normas de gênero. Qualquer pessoa pode sentir-se presa, exigida ou apegada na parentalidade de modos que, em certa medida, estão fora do alcance do seu livre-arbítrio, mesmo quando o filho é totalmente desejado e planejado. Isso faz parte do processo de desenvolvimento do cérebro parental. A noção de ser uma pessoa é ampliada, e o indivíduo deixa de pertencer exclusivamente a si mesmo. Só que isso não é algo exclusivo de um gênero. A capacidade para esse tipo de transformação molda o cuidar dedicado e comprometido, e é uma característica básica da espécie. Essa ciência é um modo de contestar a noção de que o cuidado é distintamente feminino. Não é.

Os homens hoje são mais participativos como pais do que em gerações passadas.[52] Se uma parcela suficiente deles puder sentir essa tensão entre ambição e obrigação, entre impulso e cuidado, se puder vivenciar os custos e o retorno do investimento e, o que é muito importante, se souber que nome dar a isso — em voz alta —, talvez se junte ao clamor por uma licença-parental remunerada substancial, creches de boa qualidade a preço acessível, critérios razoáveis no trabalho que permitam uma vida equilibrada e salários decentes para quem cuida diretamente de outros, incluindo quem cuida de crianças. Talvez esse sentimento compartilhado de captura possa agilizar a renegociação de normas descrita por Folbre.

Chegar lá talvez requeira abrir mão de velhas ideias sobre a natureza do desenvolvimento dos bebês e sobre quem exatamente é importante na vida dele.

Analisemos o fato de que, embora John Bowlby tenha feito um bem enorme ajudando as pessoas a reconhecer e atender as necessidades dos bebês, também escreveu que a separação de mãe e filho era como o cigarro ou a radiação. "Ainda que os efeitos de doses pequenas pareçam insignificantes, eles são cumulativos", ele escreveu. "A dose mais segura é a dose zero."[53] Ele chegou a essa conclusão baseado em estudos nos quais mães resos, uma espécie na qual as mães se dedicam exclusivamente aos cuidados maternos, foram separadas de sua cria por dias seguidos.

Boa parte dos estudos sobre o início da parentalidade, incluindo muito do que foi mencionado neste livro sobre a ciência do cérebro, tem por base a teoria do apego formulada por Bowlby e Mary Ainsworth. Isso significa que se alicerça na ideia de que a ligação entre mãe e bebê é a relação mais importante, a mais fundamental e também a mais influente no desenvolvimento. É verdade que essa ligação é importante, fundamental e influente no desenvolvimento. Também é verdade que todas as ligações próximas que um bebê tem são importantes, fundamentais e influentes em seu desenvolvimento. No entanto, mães e bebês continuam a ser mais frequentemente estudados como uma unidade no espaço.

Mais ou menos na época em que eu brigava com meus sentimentos sobre a teoria do apego, deparei com o livro *Different Faces of Attachment: Cultural Variations on a Universal Human Need* [Diferentes faces do apego: Variações culturais de uma necessidade humana universal]. Publicado em 2014 e organizado por Hiltrud Otto e Heidi Keller, trata-se de uma coletânea de artigos de estudiosos do desenvolvimento humano e da antropologia segundo os quais *não* existe um esquema fixo de desenvolvimento do apego de um bebê, tampouco uma definição única de "sensibilidade materna". Em vez disso, argumenta-se, essas coisas variam amplamente de acordo com o contexto cultural; aliás, no mundo todo e na maioria das famílias os cuidados que levam ao apego não se limitam à díade mãe-bebê: são distribuídos socialmente, com outros adultos e crianças mais velhas desempenhando papéis importantes.

Há décadas vêm sendo apresentadas evidências de que a teoria do apego é limitada demais e isola mães e bebês de seu contexto social, e mesmo assim ela permanece predominante e em grande medida inalterada. "É mais ou menos como a gravidade", disse o antropólogo Thomas Weisner, professor emérito da Universidade da Califórnia em Los Angeles e colaborador do livro. Com isso ele quer dizer que a teoria é onipresente, considerada ciência aceita e molda o modo como vemos o mundo.

Em parte isso ocorre porque a teoria do apego tornou-se uma indústria. Pesquisadores contrataram pessoas para ensinar-lhes como codificar suas observações em um tipo de experimento conhecido como "situação estranha", criado por Ainsworth: observa-se como uma criança se comporta quando sua mãe a deixa sozinha em uma sala de observação e um estranho entra na sala; depois se analisa como a criança se comporta quando a mãe volta, e então a criança é classificada como tendo um apego seguro ou um apego inseguro, e no segundo caso o comportamento é classificado como evitante, desorganizado ou resistente. Foram criadas várias escalas de apego para determinar o estilo de apego da pessoa em diferentes idades, inclusive na vida adulta, e segundo Weisner publicações especializadas de renome passaram a considerar a situação estranha como um padrão-

-ouro para as pesquisas, porém sem reconhecer totalmente as limitações dessa teoria.

O problema não está necessariamente nos testes em si, mas no fato de que eles se tornaram tão arraigados em nossa visão cultural das mães e dos bebês a ponto de excluir outras evidências válidas. Weisner disse que os resultados dessa ferramenta exclusiva de mensuração baseada em uma única interação acabam sendo misturados com aquilo que se está tentando medir, isto é, a confiança social que se desenvolve entre um bebê e as pessoas de seu meio.

Na verdade, os cuidados com os bebês humanos sempre foram distribuídos. Segundo Weisner, em toda comunidade em que há crianças existem pessoas que se tornaram especializadas em cuidar delas, e cabe a esses indivíduos a tarefa de acalmar bebês aflitos — de atender suas necessidades alostáticas. Em geral essas pessoas são mães. Mas também podem ser pais, padrinhos, tios e outros. Grande parte das investigações iniciais de Weisner concentrou-se no papel de irmãos mais velhos e primos no mundo todo, que rodeiam embevecidos os bebês que ainda passam a maior parte do tempo com a mãe, mas assumem um papel direto no cuidado das crianças de um ou dois anos de idade.[54]

De modo geral, quanto mais pressão econômica incide sobre a mãe e quanto mais valor se dá à cooperação da comunidade, maior é a probabilidade de que ela conte com um círculo de pessoas que a ajudem a acalentar o bebê, Weisner explicou. E esse processo, em vez de desvirtuar o padrão de apego, poderia, na verdade, ser para o bebê uma parte importante de seu aprendizado sobre a confiança social em seu meio. Os bebês "estão preparados para ser acentuadamente responsivos ao ambiente, porém de modos que os tornem socialmente ajustados, que os encaixem no mundo social em que se encontram", disse Weisner. Se esse mundo envolver vários cuidadores, "esse é o meio ao qual eles irão responder e onde se sentirão seguros".

Descobrir como explicar as realidades de um mundo social com base na teoria do apego é um problema para os estudiosos resolverem. Mas também é um problema que todos nós devemos levar em conta quando nos empenhamos em criar redes de cuidados para nossos filhos e às vezes deparamos com pessoas ou instituições que afirmam, muito simplesmente, que a mãe basta. E se pagássemos aos prestadores de serviços para crianças como os educadores sociais e cuidadores especializados que eles são, em vez de tratá-los como escoras para mães "desviantes"? Como seria criar um sistema comunitário de cuidadores especializados que pudessem ajudar os pais de recém-nascidos em casa?

O contexto cultural é um componente importante que até agora está ausente nos estudos sobre o cérebro parental, disse-me Linda Mayes, diretora do Centro de Estudos da Criança em Yale. Segundo ela, os pesquisadores ainda não sabem quais aspectos da estrutura ou função do cérebro parental podem ser comuns às pessoas de todo o planeta ou quais podem ser específicos da maioria branca dos participantes de estudos nos países Weird onde se faz a maioria das pesquisas. "Será que estamos falando de um fenômeno universal?", Mayes indagou. "Presumo que sim, mas a verdade é que não sabemos grande coisa sobre isso."

Se é verdadeira a teoria de que muitas dessas mudanças cerebrais ocorrem nas várias espécies mamíferas, então elas devem ser universais nos humanos, e temos algumas evidências limitadas de que de fato é assim. Em um estudo, pesquisadores observaram o comportamento de 684 mães primíparas de onze países e constataram que, em um nível muito fundamental, em todos os grupos sociais as mães respondiam "preferencial e sistematicamente" a seus bebês quando eles choravam, pegando os pequenos no colo e falando com eles.[55] Poderíamos arquivar isso numa pasta de estudos que demonstram o óbvio, mas acontece que esse estudo também examinou imagens do cérebro de um grupo menor de mães nos Estados Unidos, China e Itália e descobriu que em todos os casos o choro do bebê ativa regiões envolvidas em respostas motoras e orais automáticas antes que ocorra uma tomada de decisão consciente. Nesse sentido, escreveram os pesquisadores, o comportamento das mães humanas condiz acentuadamente com os comportamentos de cuidado de outros mamíferos, que também se aproximam e pegam sua cria nessas situações.

Mesmo se mudanças no cérebro parental forem universais, isso não significa necessariamente que todas as pessoas que têm filhos, nas várias culturas ou em culturas individuais, vivenciam essas mudanças do mesmo modo, Mayes me disse. Pode ser que as mudanças cerebrais envolvidas no direcionamento da atenção para os sinais do bebê nas primeiras semanas de vida façam uma mãe sentir-se hipervigilante, mas talvez em um contexto social diferente — onde haja uma rede de apoio maior ou os jovens adultos tenham maior probabilidade de observar membros da família ou amigos fazendo a transição para a parentalidade antes deles — esse sentimento de preocupação seja menos intenso, ou descrito como algo totalmente diferente. Também não sabemos como as mudanças neurobiológicas que são adaptativas à parentalidade poderiam ocorrer de modo diferente, ou segundo outra cronologia, para alguém que se dedicou intensamente a cuidar de crianças antes de ter seus próprios filhos.

"Há muito o que investigar sobre esse assunto", Mayes afirmou.

A ciência do cérebro parental futuramente nos revelará coisas importantes e fascinantes sobre o modo como os humanos constroem e ajustam seu cérebro social na primeira infância e ao longo de toda a vida, e nos dará novas linhas de tratamento para os transtornos de humor e ansiedade no pós-parto. Será fascinante, tenho certeza. No entanto, não me sai da cabeça a ideia de que já sabemos o necessário para apoiar os pais de recém-nascidos.

A ginecologista e obstetra Crear-Perry é grande defensora da ideia de que raça não é um fator de risco que molda a saúde de uma pessoa. Não há nada inerente em ser negro que torne a pessoa mais predisposta biologicamente a ter um bebê prematuro, por exemplo. Na verdade, é o racismo que é um fator de risco, pelo modo como esgota o corpo e pelo modo como seus efeitos somam-se a um sistema de apoio já inadequado. Crear-Perry disse-me que não há necessidade de mais nenhum estudo provando que o racismo causa danos biológicos. "A questão é: vamos fazer o que é preciso para mitigar esses danos?" No entanto, ela disse: "Ainda estou para ver o dia em que participarei de uma reunião sem que alguém afirme que 'precisamos de mais estudos'".

Não precisamos de mais nenhum estudo para saber que a chegada de um filho é uma fase de mudança monumental em todos os níveis da vida da pessoa, inclusive em seu cérebro. As políticas sociais nos Estados Unidos e seu precário sistema de prestação de serviços de saúde não levam esse fato em consideração. A questão é: vamos fazer o que é preciso para ajudar os pais de recém-nascidos a ser bem-sucedidos?

Donald Winnicott apresentou sua teoria da "preocupação materna primária" em 1956, e cerca de meio século mais tarde estudiosos começaram a mapear as mudanças neurais que fundamentam o tipo específico de vigilância que ele descreveu. Uma teoria com um sistema de circuitos correspondente "parece bem presciente", disse-me o psiquiatra e pesquisador James Swain.

Em 1989, Sara Ruddick publicou sua teoria do "pensamento materno", segundo a qual a maternação é um trabalho que requer essencialmente que a pessoa veja de fato a vulnerabilidade do filho e responda a ela.[56] Que formule estratégias para proteger, nutrir e ensinar o filho, criar uma "confiança apropriada" e equilibrar sua obsessão com humildade, com a consciência de que a vida do filho é separada da vida da mãe. No alicerce de tudo isso está o que Ruddick chama de "amor atento".

"A atenção é análoga à capacidade de ter empatia, de sofrer ou celebrar com o outro como se na experiência dele você se conhecesse e se encontrasse", ela escreveu em *Maternal Thinking: Toward a Politics of Peace* [Pensamento materno: Para uma política de paz].[57] "Contudo, a ideia de empatia como ela é popularmente entendida subestima a importância de conhecer o outro *sem* se ver nele. Uma mãe realmente olha para seu filho e tenta vê-lo com exatidão em vez de ver a si mesma nele."

Ruddick também procurou mostrar que o pensamento materno não é exclusivo de mulheres ou de mães gestacionais.[58] Ele é "uma atividade governada por um *comprometimento*" — não uma escolha, e sim um fato — do corpo, da mente e da energia. "Qualquer pessoa que se empenhe em responder às demandas da criança e faça do trabalho de responder uma parte considerável de sua vida é uma mãe", ela escreveu. Com todos os modos como pais podem falhar com os filhos e tentar de novo, a parentalidade torna-se "um trabalho de consciência que é difícil, incerto, estafante e com frequência empolgante".[59] Um processo.

Hoje releio a obra de Ruddick e penso: é presciente. Atenção, motivação, regulação de emoções, cognição social, teoria da mente (o mesmo e o separado) — essa é a constelação do cérebro parental.

A teoria de Ruddick não é mencionada nem citada nas centenas de artigos sobre a neurociência da parentalidade que compilei no processo de embasar este livro. Tampouco, pelo que eu saiba, encontramos nessas publicações o trabalho de outras acadêmicas feministas — Adrienne Rich, Audre Lorde, bell hooks, entre muitas outras — cujo trabalho nos anos 1970 e 1980 e desde então procurou escavar nas falsas narrativas de moralidade e instinto a realidade do cuidado como uma prática nelas enterrada. Por outro lado, o trabalho de Winnicott aparece frequentemente. Talvez porque Winnicott fosse pediatra e psicanalista. Ruddick era filósofa. E mãe.

Como fazer a ponte entre a ciência básica e a experiência vivida, entre o que foi testado e o que nos testou, entre o pensamento feminista que há tanto tempo oferece um modo para as pessoas verem a si mesmas na maternidade e a neurobiologia que parece corroborar isso?

É o que fazemos aqui, nestas páginas. E na nossa vida, todos os dias, nas histórias que contamos a nós mesmos.

Ayesha Mattu lembra-se de ter pensado que o parto e o pós-parto dariam a ela a sensação de um rito de passagem. Essa ideia foi moldada por histórias de parentes suas dando à luz no Paquistão, rodeadas pelas mulheres casadas da família dizendo, tranquilizadoras: "Isso é normal. Nós estamos aqui. Você está se transformando em alguma coisa, em alguma coisa mais".

Quando Mattu deu à luz em um hospital de San Francisco em 2010, as coisas aconteceram de modo muito diferente do que havia imaginado. Ela teve um trabalho de parto difícil — 89 horas — seguido por uma cesariana durante a qual o efeito da anestesia acabou. Em casa, Mattu tinha a sensação de estar sempre amamentando, mas o filho parecia não receber leite o suficiente. O marido saía de manhã para trabalhar, voltava à noite e lá estava ela na mesma poltrona onde havia começado o dia, amamentando. Mattu disse que tinha dificuldade para reconhecer a si mesma. Tinha dificuldade para sentir o amor materno que dera como certo. "Eu me sentia como uma espécie de alienígena", ela disse. "Por que escolhera fazer aquilo, se parecia uma sentença a ser cumprida?"

Cerca de nove semanas depois do parto, Mattu começou a

sentir que florescia o amor pelo filho. Ainda assim, demorou para que sua vida como mãe ganhasse mais foco. Naqueles primeiros meses e anos, ela se concentrou intensamente no filho, segundo disse. Tinha a sensação de que o marido — talvez o mundo — estava à espera de que ela, de algum modo, voltasse a ser a pessoa que fora antes. E Mattu não podia. Cada um deles, em seu próprio ritmo, teve de encontrar seu caminho em seus novos papéis como pais. À medida que ela fez isso, sua atenção expandiu-se.

Mattu percebeu que sentia um amor intenso pelo menino — "É exatamente isso que toda mãe sente por um filho", ela disse. "Eu quero fazer todo o possível para proporcionar esse tipo de proteção e sentimento de segurança a todas as crianças." Mattu disse que ganhou motivação para tornar-se "muito sadia psicologicamente" graças a terapia, seu trabalho e seus relacionamentos. Passou a participar mais conscientemente em ações por justiça climática e racial. E começou a exercer com grande determinação o papel de "tia" de outras crianças em sua vida, incluindo seus sobrinhos, amigos e vizinhos.

Mattu e seu marido, que são muçulmanos, há tempos fazem parte de um *halaqa* intergeracional, um grupo de estudo do Alcorão que se reúne uma vez por mês, mais frequentemente pelo Zoom desde que a pandemia começou. Eles foram um dos primeiros casais do grupo a ter um bebê. Quando seu filho estava com um ano, Mattu levou-o em uma viagem com esse grupo a uma cidade litorânea. Devido ao tempo e a problemas na viagem, eles chegaram quase às três da madrugada. Quando o bebê acordou pela manhã, apenas três horas mais tarde, uma amiga pegou-o e disse a Mattu que voltasse a dormir. "E me veio um sentimento de ser profundamente amada e conhecida, a sensação de que meu bebê estava seguro e eu podia descansar", ela disse. À medida que mais bebês vão chegando ao grupo, ela procura dar essa segurança a eles também. Porque eles precisam, porque ela precisa. Porque seu filho precisa — estar em segurança e ser conhecido.

Nos Estados Unidos, a tendência talvez seja tornar a maternidade algo muito pequeno, muito focado no êxito do filho enquanto todos os demais são competidores. Mas essa parte — a de ser uma pessoa mais velha que ajuda a geração seguinte — "é o que a maternidade deveria ativar em nós, eu acho".

Aqueles primeiros dias foram esmagadores. Mattu acha que teve estresse pós-traumático devido ao parto, e sua recuperação física foi complicada. Ela gostaria de ter estado mais bem preparada, de ter um conhecimento maior de como seriam aquelas semanas iniciais, e agora, em seu papel de tia, procura ajudar outras a se prepararem. "Eu me senti completamente mudada e não tinha uma narrativa para isso." Agora, com certo distanciamento, Mattu diz que consegue reconhecer o que aquela "erupção" também foi: um começo.

A psicóloga Aurélie Athan, especialista em reprodução, acredita que talvez todos nós estejamos em um começo. O trabalho de Athan nestes últimos anos concentrou-se na ideia da *matrescência*, um termo cujo uso ela ajudou a trazer de volta, cunhado pela antropóloga Dana Raphael nos anos 1970 para designar a transição para a maternidade — uma fase tão significativa quanto a adolescência.[60] Mães e outras pessoas estão cada vez mais conscientes de que a fase inicial da parentalidade traz uma metanoia, ela me disse: uma mudança da mente além de uma mudança no cérebro.

A parentalidade não abre o caminho para a iluminação. Esta pode vir de muitas condições, e a parentalidade é uma delas.[61] Pensando bem, essa noção parece quase óbvia. A fase inicial da parentalidade é uma experiência física e emocional intensa que envolve uma aceleração do desenvolvimento e inclina a pessoa a um comportamento pró-social, a sentir empatia e recorrer a outros.⁶² No entanto, Athan disse, "essa história [de transformação] tem estado ausente na transição para a parentalidade, por ser tão onipresente. Todo mundo quase sempre passa por isso". Quanto mais pessoas reconhecerem e esposarem a parentalidade como transformadora, maior será o potencial para "uma mudança mais ampla da consciência", Athan disse, uma mudança que exija a substituição de sistemas prejudiciais às pessoas e ao clima em favor de estruturas sociais e tecnologias sustentadoras da vida que priorizem a colaboração e a assistência mútua.

Em geral sou cética diante de afirmações desse tipo. No entanto, a parentalidade realmente muda nosso modo de pensar e de nos relacionarmos uns com os outros. Acho que Athan clama não por um súbito despertar político, e sim por uma mudança mais lenta e poderosa na organização da sociedade humana de tal modo que o cuidar deixe de ser algo que acontece nas margens — que seja o objetivo, um objetivo que só poderá ser atingível se reconhecermos a natureza biológica da sociabilidade humana, o que é necessário para sustentar os processos que a constroem e o papel fundamental que o cérebro parental em mudança tem na formação de laços em toda a sociedade.

Aprendemos muito desde que Antoinette Brown Blackwell exortou as mulheres a esposar a ciência como uma ferramenta para responder às questões que pulsam no centro da vida delas. A maternidade não é um modo produzido em massa à imagem da Nossa Senhora. É uma fase do desenvolvimento como qualquer outra, que requer uma grande reorganização neural e uma demorada aquisição de novas habilidades. Esse estado adaptativo, nascido da atenção e da capacidade de estender a si mesmo para compreender e atender as necessidades de outra pessoa, não é exclusivo das mães de recém-nascidos, e sim algo que todos os humanos podem adquirir — um fato presente em toda a história humana que permanece verdadeiro em nosso tempo.

Athan agora passa grande parte do tempo com educadores da área de saúde que trabalham com adolescentes e jovens adultos; ela os treina para ensinar sobre o desenvolvimento da idade reprodutiva.[63] "Não é aquela conversa de "este é o óvulo, este é o espermatozoide, usem camisinha", Athan disse. Ela ensina aos educadores que, antes de falarem sobre métodos anticoncepcionais, devem perguntar aos estudantes de que tipo de família eles vêm, que tipo de família desejam, se querem ter filhos e como seria tê-los, como gostariam de tê-los. O objetivo, ela diz, é enquadrar conscientemente a parentalidade como um possível grande acontecimento para as pessoas que eles serão no futuro.

"O que desejam fazer com isso?", Athan pergunta.

Numa tarde de outono alguns anos atrás, segui Hartley pelo subsolo do Museu de Arte de Portland à procura de distrações. Meu marido, sentado em um teatro, assistia a um musical infantil. Nosso caçula estava em seu colo, rindo e balançando o corpo todo na direção dos artistas. Para Hartley, o espetáculo já não tinha graça. Assim, fomos até o banheiro e à lanchonete. Lemos e relemos as placas afixadas do lado de fora de uma exposição interativa em construção. Experimentamos todas as cadeiras do saguão. Andamos de elevador. Foi lá que conheci Joquebede.

A estátua de mármore da mãe de Moisés, esculpida por volta de 1873, fica em uma alcova ao lado dos elevadores. Com um braço, ela segura seu filho bebê, que leva a mão até o seio coberto da mãe, alheio ao seu destino. Com a outra mão, Joquebede apoia-se na beirada do assento, o tronco inclinado acima do bebê. Seu olhar não é para ele, estende-se à frente, para o mundo, ou para algum espaço fora dela mesma.

Sua expressão, não só no rosto, mas no corpo todo, não é a visão bíblica da maternidade que eu estava acostumada a encontrar, aquela determinação serena e devoção incondicional. Nela vi uma emoção tão intensa que parecia quase paralisante — desespero e determinação, dúvida e firmeza. A absoluta urgência das necessidades de seu filho, como milhares de fios, puxa sua consciência expandida mesmo enquanto ela vê o mundo de um modo novo, com sua beleza e seus perigos. A tensão desse estado — esticada em direções opostas — é extenuante.

Eu ainda não conhecia a história de Joquebede, contada brevemente no livro bíblico do Êxodo. Não percebi que aquele bebê era Moisés, nascido sob um édito do rei do Egito determinando que todo menino nascido de mãe israelita fosse jogado no rio. Essa escultura foi criada por Franklin B. Simmons, um artista do século XIX célebre por suas representações de heróis e estadistas da Guerra de Secessão americana. Sua estátua de Ulysses S. Grant de espada na mão ergue-se sobre um pedestal no centro de uma imponente rotunda no piso principal do museu. Simmons, nascido no Maine, viveu e trabalhou durante boa parte da vida em Roma e criou obras representativas de ideais religiosos. O sacrifício materno, por exemplo.

Talvez a Joquebede de Simmons esteja vasculhando a mente em busca de um plano para salvar o bebê cuja vida, aos três meses, ela não consegue mais esconder. Ou talvez o artista tenha querido mostrar o momento em que ela começa a se levantar para pôr o bebê dentro de um cesto de papiro e betume para, em desespero de causa, deixar que seja levado pelo Nilo para salvar-lhe a vida. A estátua, que representa uma mulher provavelmente de pele morena em pedra branca, foi celebrada na época de Simmons[64] por conseguir contrastar o tumulto íntimo com a tranquilidade exterior, e pela "primorosa delicadeza e formosura" da própria Joquebede, nas palavras de uma autora do começo do século XX — pelo modo como capta "a beleza mística, o ideal mesmo da maternidade".[65]

Revisitei Joquebede várias vezes conforme fui aprendendo mais sobre parentalidade e o cérebro. Pensei em como seu cérebro teria sido moldado por gestações anteriores e pela realidade de, sob opressão, dar à luz um filho que quase certamente não viveria. Como teria sido mudada pelo trauma dessa experiência? Será que a biologia da gravidez e da parentalidade — o amor atento, a capacidade de conhecer a mente de outros — equipou-a para enfrentar, compeliu-a a agir, interpretar o mundo à sua volta e tentar encontrar um caminho? Nela nunca vi delicadeza ou santidade. Mas a paralisia que eu vira antes foi então substituída, pelo menos em parte, por outra coisa: poder.

Que seja elevada. Posta num pedestal. Que seja vista.

Agradecimentos

Um livro como este talvez precise ser primeiro imaginado antes de poder ser escrito. Sou grata às muitas pessoas que me ajudaram a fazer exatamente isso, entre elas Celia Johnson, que me disse "Eu leria um livro assim" e o tornou real. A Melissa Danaczko, da Stuart Krichevsky Literary Agency, por também ter essa percepção e me apoiar no caminho. Muito obrigada pela orientação e pela amizade. A Serena Jones, Anita Sheih e a todos da Holt que ajudaram a trazer para o mundo as ideias que viviam na minha cabeça e na tela do computador, incluindo Molly Bloom, Flora Esterly, Jane Haxby, Julianna Lee, Devon Mazzone, Catryn Silbersack e Kelly Too.

Este livro foi possível graças ao generoso financiamento pelo programa Public Understanding of Science, Technology and Economics da Alfred P. Sloan Foundation; ao tempo e ao espaço preciosos criados por Pamela Moulton e pelas pessoas que tornaram a colônia para artistas Hewnoaks uma realidade; e ao extraordinário empenho da South Portland Public Library para manter nosso acesso aos livros durante toda a epidemia. Agradeço a Adriana

Galván por sua consultoria em ciência neste projeto e a Laura Thompson pela meticulosa checagem de fatos — vocês tornaram cada página deste livro melhor. Obrigada a Mary Robbins pela transcrição e pela vizinhança, a Paula DeFilippo pela tradução rápida e útil e a Dan Kany por compartilhar seus conhecimentos de história da arte. Sou grata a Paula Rizzo por me ajudar a encontrar minha confiança.

Muito obrigada a todas as mães e a todos os pais entrevistados para este livro, que generosamente compartilharam suas histórias e deram vida à ciência, e aos muitos pesquisadores que lhe deram sentido. Um agradecimento especial a Alison Fleming e Jodi Pawluski, cujas ideias e cujo tempo moldaram este livro, e para Sarah Blaffer Hrdy por abrir o caminho e me oferecer incentivo e conselhos no início do projeto. Confie nas "allomothers", ela me disse. Sou grata a Martha Baldwin e Ethan Somerman, que definiram o padrão, e a Cora Boothby-Akilo, que nos ajudou em momentos críticos. Obrigada a Susanna Dubois e Jess Towsend pelo discernimento e pela perspectiva quando mais precisei.

Escrevi este livro em uma mesa instalada na terra ancestral da Confederação Wabanaki, em um estado onde os povos dessa confederação, entre eles os Penobscot e os Passamaquody, continuam a sofrer com o legado de remoção de crianças e internatos. Reconhecer isso no contexto deste livro é importante porque o desenvolvimento da ciência do cérebro parental revela ainda mais acentuadamente que muitos dos ideais que os colonizadores brancos consideravam sagrados e usaram para erradicar ou assimilar povos indígenas, incluindo a certeza moral da família nuclear, eram falsos e prejudiciais. Os povos indígenas daqui e de toda a América do Norte merecem que seja reconhecido o mal feito a eles e a seus ancestrais, assim como merecem mais influência na formulação de políticas que incluam jovens famílias e comunidades.

Como este é meu primeiro livro, quero agradecer aos editores e mentores que me ajudaram a atingir meu objetivo e que continuam a me dar apoio, seja diretamente, seja porque suas vozes ainda vivem na minha cabeça; em especial, sou grata a Meredith Hall, Jane Harrigan, Hans Schulz e Larry Tye. Obrigada a Veronica Chao pelo incentivo e pelo espaço para escrever pela primeira vez sobre este assunto.

Minha gratidão incomensurável aos amigos sem os quais eu não teria encontrado meu caminho na parentalidade ou neste projeto: Marie e David Boneparth, Alli Grapone, Liz Szeliga, Annie Moskov, Lori Duff, Anna Stoessinger, Cecilia De Giorgi, Holly Travano, Ashley Keiser, Liz Yarrington, Anna Berke, Lauren Tarantino, Mira Ptacin, Erin Masterson e Jodi Ferry. Agradeço aos meus sogros pelo incentivo. E a meus pais e irmãos e suas famílias pelo apoio, hoje e sempre. Amo vocês. Obrigada especialmente a Marie e à minha irmã Kristin Edwards, que me ofereceram refeições, cuidados com os bebês e muita torcida, além de lerem cada palavra.

Ao meu Yoon: eu não poderia querer um companheiro melhor para criar nossos meninos. Sinto um orgulho imenso quando vejo o pai que você se tornou, e sou tremendamente grata por conseguirmos continuar a crescer juntos. Em todos os aspectos, este livro não teria sido possível sem sua paciência e seu amor.

Numa noite de sexta-feira, já nas fases finais da composição deste livro, quando eu estava saindo de casa para ir ao escritório, perdendo a nossa noite de cinema em família, Hartley me pediu que pensasse nele e em seu irmão, Ashley, toda vez que eu usasse a tecla H ou a tecla A. Então, aqui estão eles: todos os H e todos os A são para os dois meninos que mudaram meu cérebro — e meu coração — para sempre. E todas as outras letras também.

Notas

PREFÁCIO [pp. 9-15]

1. Sara Ruddick, *Maternal Thinking: Toward a Politics of Peace*. Boston: Beacon Press, 1995, p. 42. Aqui ela se refere à autoridade materna em contraposição à condição do pai.
2. Alexis Pauline Gumbs, China Martens e Mai'a Williams (Orgs.), *Revolutionary Mothering: Love on the Front Lines*. Ed. il. Oakland: PM Press, 2016, p. 9.

1. A VIRADA DE CHAVE [pp. 17-47]

1. "Vem naturalmente", diz a mãe cisne no clássico de E. B. White *The Trumpet of the Swan* [A corneta do cisne] a seu companheiro quando começa a trabalhar na construção do ninho. "Há muito o que fazer, mas no geral é um trabalho agradável."
2. T. Berry Brazelton, *Infants and Mothers: Differences in Development*. Ed. rev. Nova York: Dell, 1983, p. 44.
3. Jodi L. Pawluski, Kelly G. Lambert e Craig H. Kinsley, "Neuroplasticity in the Maternal Hippocampus: Relation to Cognition and Effects of Repeated Stress". In: Alison S. Fleming, Frédéric Lévy e Joe S. Lonstein (Orgs.), "Parental

Care". Ed. esp. *Hormones and Behavior,* n. 77, pp. 86-97, jan. 2016. Disponível em: <https://doi.org/10.1016/j.yhbeh.2015.06.004>.

4. Michael W. O'Hara e Katherine L. Wisner, "Perinatal Mental Illness: Definition, Description and Aetiology". In: Michael W. O'Hara, Katherine L. Wisner e Gerald F. Joseph Jr. (Orgs.), *Best Practice & Research Clinical Obstetrics & Gynaecology.* Ed. esp., v. 28, n. 1, pp. 3-12, jan. 2014. Disponível em: <https://doi.org/10.1016/j.bpobgyn.2013.09.002>.

5. Mariana Pereira e Annabel Ferreira, "Neuroanatomical and Neurochemical Basis of Parenting: Dynamic Coordination of Motivational, Affective and Cognitive Processes". In: Alison S. Fleming, Frederic Lévy e Joe S. Lonstein (Orgs.), "Parental Care". *Hormones and Behavior,* ed. esp., n. 77, pp. 72-85, jan. 2016. Disponível em: <https://doi.org/10.1016/j.yhbeh.2015.08.005>; Pilyoung Kim, "Human Maternal Brain Plasticity: Adaptation to Parenting". In: "Maternal Brain Plasticity: Preclinical and Human Research and Implications for Intervention". *New Directions for Child and Adolescent Development,* ed. esp., n. 153, pp. 47-58, outono 2016. Disponível em: <https://doi.org/10.1002/cad.20168>.

6. Elseline Hoekzema, Erika Barba-Müller, Cristina Pozzobon, Marisol Picado, Florencio Lucco, David García-García, Juan Carlos Soliva et al., "Pregnancy Leads to Long-Lasting Changes in Human Brain Structure". *Nature Neuroscience,* v. 20, n. 2, pp. 287-96, 2017. Disponível em: <https://doi.org/10.1038/nn.4458>; Elseline Hoekzema, Christian K. Tamnes, Puck Berns, Erika Barba-Müller, Cristina Pozzobon, Marisol Picado, Florencio Lucco et al., "Becoming a Mother Entails Anatomical Changes in the Ventral Striatum of the Human Brain That Facilitate Its Responsiveness to Offspring Cues". *Psychoneuroendocrinology,* n. 112, fev. 2020. Disponível em: <https://doi.org/10.1016/j.psyneuen.2019.104507>; Pilyoung Kim, Alexander J. Dufford e Rebekah C. Tribble, "Cortical Thickness Variation of the Maternal Brain in the First 6 Months Postpartum: Associations with Parental Self-Efficacy". *Brain Structure & Function,* v. 223, n. 7, set. 2018. Disponível em: <https://doi.org/10.1007/s00429-018-1688-z>.

7. Alexander J. Dufford, Andrew Erhart e Pilyyoung Kim, "Maternal Brain Resting-State Connectivity in the Postpartum Period". In: "Papers from the Parental Brain 2018 Meeting, Toronto, Canada, July 2018". Ed. esp. *Journal of Neuroendocrinology,* v. 31, n. 9, set. 2019. Disponível em: <https://doi.org/10.1111/jne.12737>.

8. Edwina R. Orchard, Phillip G. D. Ward, Sidhant Chopra, Elsdon Storey, Gary F. Egan e Sharna D. Jamadar, "Neuroprotective Effects of Motherhood on Brain Funcion in Late Life: A Resting-State fMRI Study". *Cerebral Cortex,* v. 31,

n. 2, pp. 1270-83, fev. 2021. Disponível em: <https://doi.org/10.1093/cercor/bhaa293>.

9. Edwina R. Orchard, Phillip G. D. Ward, Francesco Sforazzini, Elsdon Storey, Gary F. Egan e Sharna D. Jamadar, "Relationship between Parenthood and Cortical thickness in Late Adulthood". *PLoS ONE*, v. 15, n. 7, 28 jul. 2020. Disponível em: <https://doi.org/10.1371/journal.pone.0236031>.

10. Shir Atzil, Talma Hendler, Orna Zagoory-Sharon, Yonatan Winetraub e Ruth Feldman, "Synchrony and Specificity in the Maternal and Paternal Brain: Relations to Oxytocin and Vasopressin". *Journal of the American Academy of Child and Adolescent Psychiatry,* v. 51, n. 8, pp. 798-811, ago. 2012. Disponível em: <https://doi.org/10.1016/j.jaac.2012.06.008>; Shir Atzil, Talma Hendler e Ruth Feldman, "The Brain Basis of Social Synchrony". *Social Cognitive and Affective Neuroscience,* v. 9, n. 8, ago. 2014. Disponível em: <https://doi.org/10.1093.scan/nst105>.

11. Helena J. V. Rutherford, Norah S. Wallace, Heidemarie K. Laurent e Linda C. Mayes, "Emotion Regulation in Parenthood". *Developmental Review,* n. 36, pp. 1-14, jun. 2015. Disponível em: <https://doi.org/10.1016/j.dr.2014.12.008>.

12. Pereira e Ferreira, "Neuroanatomical and Neurochemical Basis of Parenting". Disponível em: <https://doi.org/10.1016/j.yhbeh.2015.08.005>.

13. Orchard et al., "Neuroprotective Effects of Motherhood". Disponível em: <https://doi.org/10.1093/cercor/bhaa293>.

14. J. S. Rosenblat, "Psychobiology of Maternal Behavior: Contribution to the Clinical Understanding of Maternal Behavior among Humans". *Acta Paediatrica,* v. 83, n. s397, pp. 3-8, jun. 1994. Disponível em: <https://doi.org/10.1111/j.1651-2227.1994.tb13259.x>.

15. "Jay S. Rosenblatt — Obituary", Legacy, publicado originalmente no *New York Times,* 19 fev. 2014. Disponível em: <https://www.legacy.com/amp/obituaries/nytimes/169759170>.

16. Frank A. Beach Jr., "The Neural Basis of Innate Behavior. I. Effects of Cortical Lesions upon the Maternal Behavior Pattern in the Rat". *Journal of Comparative Psychology,* v. 24, n. 3, pp. 393-440, 1937. Disponível em: <https://doi.org/10.1037/h0059606>.

17. J. P. Scott e Mary-Vesta Marston, "Critical Periods Affecting the Development of Normal and Mal-Adjustive Social Behavior of Puppies". *Pedagogical Seminary and Journal of Genetic Psychology,* v. 77, n. 1, pp. 25-60, 1950. Disponível em: <https://doi.org/10.1080/08856559.1950.10533536>.

18. Marga Vicedo, *The Nature and Nurture of Love: From Imprinting to Attachment in Cold War America.* Ed. il. Chicago: University of Chicago Press,

2013, p. 58; Konrad Z. Lorenz, "The Companion in the Bird's World". *Auk*, v. 54, n. 3, pp. 245-73, jul. 1937. Disponível em: <https://doi.org/10.2307/4078077>; Konrad Lorenz, *Studies in Animal and Human Behavior*. Trad. de Robert Martin. Cambridge: Harvard University Press, 1970, v. 1, p. 244. Disponível em: <http://arquive.org/details/studiesinanimalh01lore>. Lorenz não foi o primeiro a usar essa metáfora. Quando escreveu esse artigo, já se tornara lugar-comum entre os estudiosos do instinto e motivação. William James usou essa mesma metáfora em *Principles of Psychology* em 1890.

19. "3 Behavioral Science Pioneers Win Nobel Prize for Medicine". *The New York Times*, 12 out. 1973. Disponível em: <https://www.nytimes.com/1973/10/12/archives/3-behavioral-science-pioneers-win-nobel-prize-for-medicine-3.html>.

20. Walter Sullivan, "Questions Raised on Lorenz's Prize". *The New York Times*, 15 dez. 1973. Disponível em: <https://www.nytimes.com/1973/12/15/archives/questions-raised-on-lorenz-prize-scientific-journal-here-cites.html>.

21. Vicedo, *Nature and Nurture of Love*, pp. 58-62.

22. "An adopted Mother Goose: Filling a Parent's Role, a Scientist Studies Goslings' Behavior". *Life*, 22 ago. 1955, p. 73.

23. Vicedo, *Nature and Nurture of Love*, pp. 60-4.

24. Vale a pena examinar a citação destacada por Vicedo em um contexto mais amplo, para ver o grau em que Lorenz atribuía males da sociedade diretamente aos pais: "Não há dúvida de que com a decadência de comportamentos sociais alicerçados na genética somos ameaçados pelo apocalipse sob uma forma particularmente horrível. No entanto, até mesmo esse perigo é mais fácil de evitar do que outros. [...] Para prevenir o declínio genético e a queda da espécie humana, só precisamos seguir o conselho implícito da antiga história judaica que mencionei. Ao procurar uma esposa ou um marido, não se esqueça do requisito simples e óbvio: ela tem de ser *boa*, e ele não menos". Konrad Lorenz, *Civilized Man's Eight Deadky Sins"*. Nova York: Harcourt Brace Jovanovich, 1974.

25. Vicedo, *Nature and Nurture of Love,* pp. 216-9; Paul Hoffmann, "Nobel Laureate Watches Fish for Clues to Human Violence". *The New York Times*, 8 maio 1977. Disponível em: <https://www.nytimes.com/1977/05/08/archives/nobel-laureate-watches-fish-for-clues-to-human-violence.html>.

26. T. C. Schneirla, "Behavioral Development and Comparative Psychology". *Quarterly Review of Biology*, v. 41, n. 3, pp. 283-302, set. 1966. Disponível em: <https://doi.org/10.1086/405056>.

27. Jay S. Rosenblatt, Gerald Turkewitz e T. C. Schneirla, "Development of Suckling and Related Behavior in Neonate Kittens". In: Eugene L. Bliss (Org.),

Roots of Behavior: Genetics, Instinct, and Socialization in Animal Behavior. Nova York: Hafner, 1968, pp. 198-210. Disponível em: <http://archive.org/details/rootsofbehaviorg0000blis>.

28. Daniel S. Lehrman, "A Critique of Konrad Lorenz's Theory of Instinctive Behavior". *Quarterly Review of Biology*, v. 28, n. 4, pp. 337-63, dez. 1953. Disponível em: <https://doi.org/10.1086/399858>.

29. Ratas cuidam de filhotes indiscriminadamente, inclusive se não forem sua cria.

30. Jay S. Rosenblatt e Daniel S. Lehrman, "Maternal Behavior of the Laboratory Rat". In: Harriet Lange Rheingold (Org.), *Maternal Behavior in Mammals*. Nova York: Wiley, 1963, pp. 8-57. Em sua introdução de *Maternal Behavior in Mammals*, a organizadora Harriet L. Rheingold escreve sobre a atenção na escolha do título do livro e a razão de considerar o termo "materno" aplicável a mães mamíferas e a quaisquer outros membros da espécie que façam o trabalho de cuidado. Também me agrada a distinção feita aqui entre comportamento materno e cuidado amoroso, um reconhecimento sutil de que mães podem e *agem* em interesse próprio, e que isso também faz parte do comportamento materno: "Embora em mamíferos seja a mãe biológica que dá mais atenção aos jovens, o termo 'materno' foi usado no título deste livro em sua acepção genérica e não tem por objetivo excluir nenhum outro membro da espécie que interaja com os jovens. Cuidados parentais [...] foi considerado uma alternativa. No entanto, em mamíferos, os cuidados com os jovens vêm não só da mãe e do pai, mas também frequentemente de outros membros do grupos, machos e fêmeas, jovens e adultos. Assim, sob as condições de muitos dos estudos aqui relatados, todos exceto a mãe e sua cria ficavam excluídos. Os cuidados maternos, um termo tão comum que se insinuou nesta introdução, foi rejeitado para o título devido às suas implicações de solicitude com as necessidades da prole e suas conotações antropomórficas. Além disso, esse termo nos faz tropeçar naquelas atividades da cuidadora que separam os jovens dela, retiram deles a mãe e lhes infligem sofrimento. Por isso, escolheu-se 'comportamento materno' para denotar o comportamento da mãe e seus substitutos na presença dos jovens".

31. J. S. Rosenblatt, "Nonhormonal Basis of Maternal Behavior in the Rat". *Science*, v. 156, n. 3781, pp. 1512-4, 16 jun. 1967. Disponível em: <https://doi.org/10.1126/science.156.3781.1512>.

32. Jay S. Rosenblatt, "Views on the Onset and Maintenance of Maternal Behavior in the Rat". In: Lester R. Aronson, Ethel Tobach, Daniel S. Lehrman e Jay S. Rosenblatt (Orgs.), *Development and Evolution of Behavior: Essays in Memory*

of T. C. Schneirla. San Francisco: W. H. Freeman, 1970, p. 496. Disponível em: <http://archive.org/details/developmentevolu00aron>.

33. Rosenblatt, "Views on the Onset and Maintenance of the Maternal Behavior in the Rat", p. 498. Gosto de pensar que Rosenblatt e a futura juíza da Suprema Corte Ruth Bader Ginsburg se conheciam e tinham simpatia um pelo outro. Ela lecionou na Rutgers na mesma época em que Rosenblatt trabalhou lá e publicou seu trabalho fundamental sobre o comportamento parental em ratos. Imagino que discutiam teorias sobre como "velhas noções" de gênero influenciariam a ciência e o direito. Não encontrei indícios de que os dois fossem amigos, mas parece provável que frequentassem círculos similares. Rosenblatt trabalhou em grande proximidade com Lehrman, cuja esposa, Dorothy Dinnerstein, era psicóloga e acadêmica feminista. Dinnerstein escreveu *The Mermaid and the Minotaur* [A sereia e o minotauro], uma obra abrangente sobre as consequências sociais e psicológicas da criação de filhos dominada por mães. Em 1971, o mesmo ano em que Ginsburg estabeleceu o Projeto dos Direitos das Mulheres da União Americana pelas Liberdades Civis (ACLU, na sigla em inglês), Dinnerstein e uma colega moveram uma ação judicial federal contra a Universidade Rutgers por tratamento desigual às mulheres do corpo docente.

34. Lisa Feldman Barrett, *Seven and a Half Lessons about the Brain*. Boston: Houghton Mifflin Harcourt, 2020, pp. 19-22. [Ed. port.: *Sete lições e meia sobre o cérebro*. Trad. de Pedro Vidal. Lisboa: Temas e Debates, 2022.]

35. Alison S. Fleming, Michael Numan e Robert S. Bridges, "Father of Mothering: Jay S. Rosenblatt". *Hormones and Behavior*, v. 55, n. 4, pp. 484-7, abr. 2009. Disponível em: <https://doi.org/10.1016/j.yhbeh.2009.01.001>.

36. Joseph S. Lonstein, Frédéric Levy e Alison S. Fleming, "Common and Divergent Psychobiological Mechanisms Underlying Maternal Behaviors in Non-Human and Human Mammals". *Hormones and Behavior*, n. 73, pp. 156-85. jul. 2015. Disponível em: <https://doi.org/10.1016/j.yhbeh.2015.06.011>.

37. Eyal Abraham e Ruth Feldman, "The Neurobiology of Human Allomaternal Care: Implications for Fathering, Coparenting, and Children's Social Development". In: Stacy Rosenbaum e Lee T. Gettler (Orgs.), "Evolutionary Perspectives on Non-Maternal Care in Mammals: Physiology, Behavior, and Developmental Effects". *Physiology & Behavior*, n. 193, ed. esp., parte A, 1º set. 2018. Disponível em: <https://doi.org/10.1016/j.physbeh.2017.12.034>

38. Kirsten Swinth, *Feminism's Forgotten Fight: The Unfinished Struggle for Work and Family*. Cambridge: Harvard University Press, 2018, pp. 42-69.

39. Lonstein, Lévy e Fleming, "Common and Divergent Psychobiological Mechanisms Underlying Maternal Behaviors". Disponível em: <https://doi.org/10.1016/j.yhbeh.2015.06.011>.

40. Pawluski, Lambert e Kinsley, "Neuroplasticity in the Maternal Hippocampus". Disponível em: <https://doi.org/10.1016/j.yhbeh.2015.006.004>.

41. "The Teen Brain: 7 Things to Know". National Institute of Mental Health, revisto em 2020. Disponível em: <https://www.nimh.nih.gov/health/publications/the-teen-brain-7-things-to-know/index.shtml>.

42. Frances Jensen, neurocientista que escreveu com Amy Ellis Nutt *The Teenage Brain: A Neuroscientist's Survival Guide to Raising Adolescents and Young Adults* (Nova York: Harper, 2015), frequentemente faz palestras para estudantes do ensino médio sobre sua neurobiologia. "Os adolescentes querem entender a si mesmos", ela disse à revista *Time*. "Acho que falar sobre isso melhora sua compreensão." Alexandra Sifferlin, "Why Teenage Brains Are So Hard to Understand". *Time*, 8 set. 2017. Disponível em: <https://time.com/4929170/inside-teen-teenage-brain/>.

43. Chelsea Conaboy, "Motherhood Brings the Most Dramatic Brain Changes of a Woman's Life". *Globe Magazine, Boston Globe*, 17 jul. 2018. Disponível em: <https://www.bostonglobe.com/magazine/2018/07/17pregnant-women-care-ignores-one-most-profound-changes-new-mom-faces/CF5wyP0b5EGCcZ8fzLUWbP/story.html>.

2. A CONSTRUÇÃO DE UM INSTINTO MATERNO [pp. 48-82]

1. *Darwin's Women*. Darwin Correspondence Project, Universidade de Cambridge. Vídeo do YouTube, postado em 8 set. 2013. Disponível em: <https://www.youtube.com/watch?v=9qZxa3WjZQg&t=595s>.

2. Charles Darwin, *The Descent of Man, and Selection in Relation to Sex*. Londres: Penguin Classics, 2004, p. 128.

3. Carol Meyers, *Rediscovering Eve: Ancient Israelite Women in Context*. Oxford e Nova York: Oxford University Press, 2012, pp. 63-5. Grande parte da nossa noção moderna sobre a história de Eva — incluindo a ideia de que ela foi uma sedutora que enganou Adão e que suas ações acarretaram a "queda" do homem — não consta do Gênesis: veio de textos interpretativos posteriores. Essas interpretações equivocadas "ganharam uma canonicidade própria" com consequências profundas, Meyers escreveu.

4. Laurel Thatcher Ulrich, *Good Wives: Image and Reality in the Lives of Women in Northern New England, 1650-1750*. Reimp. Nova York: Vintage, 1991, p. 239; Carol Meyers, op. cit., pp. 121-5.

5. Ibid., , p. 157.

6. Kim Anderson, "Giving Life to the People: An Indigenous Ideology of

Motherhood". In: Andrea O'Reilly (Org.), *Maternal Theory: Essential Readings*. Bradford: Demeter Press, 2007, pp. 761-81.

7. Margaret D. Jacobs, "Maternal Colonialism: White Women and Indigenous Child Removal in the American West and Australia, 1880-1940". *Western Historical Quarterly*, v. 36, n. 4, pp. 453-76, inverno 2005. Disponível em: <https://doi.org/10.2307/25443236>.

8. Amanda Coletta e Michael E. Miller, "Hundreds of Graves Found at Former Residential Schools for Indigenous Children in Canada". *Washington Post*, 24 jun. 1921. Disponível em: <https://www.washingtonpost.com/world/2021/06/23/canada-cowesses-residential-school-graves/>; Brad Brooks, "Native Americans Decry Unmarked Graves, Untold History of Boarding Schools". Reuters, 22 jun. 2021. Disponível em: <https://www.reuters.com/world/us/native-americans-decry-unmarked-graves-untold-history-boarding-schools-2021-06-22/>.

9. Marie Jenkins Schwartz, *Birthing a Slave: Motherhood and Medicine in the Antebellum South*. Cambridge: Harvard University Press, 2006, pp. 13-31; Angela Y. Davis, *Women, Race & Class*. Nova York: Random House, 1981, p. 15. [Ed. bras.: *Mulheres, raça e classe*. Trad. de Heci Regina Candiani. São Paulo: Boitempo, 2016.]

10. Meyers, *Rediscovering Eve*, pp. 52, 121; Elinor Accampo, *Blessed Motherhood, Bitter Fruit: Nelly Roussel and the Politics of Female Pain in Third Republic France*. Baltimore: Johns Hopkins University Press, 2006. p. 3; Shari L. Thurer, *The Myths of Motherhood: How Culture Reinvents the Good Mother*. Boston: Houghton Mifflin Harcourt, 1994, p. 183.

11. Thurer, *Myths of Motherhood*, p. 184.

12. Stephanie Coontz, *The Way We Never Were: American Families and the Nostalgia Trap*. Nova York: Basic Books, 1992, pp. 52-3.

13. Thurer, *Myths of Motherhood*, pp. 195-8; Kimberly A. Hamlin, *From Eve to Evolution: Darwin, Science, and Women's Rights in Gilded Age America*. Reimp. Chicago: University of Chicago Press, 2015, pp. 6-7.

14. Accampo, *Blessed Motherhood, Bitter Fruit*, p. 3.

15. Edward Higgs e Amanda Wilkinson, "Women, Occupations and Work in the Victorian Censuses Revisited". *Histoty Workshop Journal*, v. 81, n. 1, pp. 17-38, abr. 2016. Disponível em: <https://doi.org/10.1093/hwj/dbw001>.

16. Claudia Godin, "Female Labor Force Participation: The Origin of Black and White Differences, 1870 and 1880". *Journal of Economic History*, v. 37, n. 1, pp. 87-108, 1977.

17. Coventry Patmore, *The Angel in the House*. Londres: Cassell and Co., 1887.

18. Coontz, *Way We Never Were*, pp. 11-2.

19. Amy Westervelt, *Forget "Having It All": How America Messed Up Motherhood — And How To Fix It*. Nova York: Seal Press, 2018, p. 66.

20. Ibid., pp. 66-9; Heidi Hartmann, "The Unhappy Marriage of Marxism and Feminism: Towards a More Progressive Union". In: John F. Sitton (Org.), *Marx Today: Selected Works and Recent Debates*. Nova York: Palgrave Macmillan, 2010. pp. 201-28. Disponível em: <https://doi.org/10.1057/9780230117457_14>.

21. Eileen Janes Yeo, "The Creation of 'Motherhood' and Women's Responses in Britain and France, 1750-1914". *Women's History Review*, v. 8, n. 2, pp. 201-18, 1999. Disponível em: <https://doi.org/10.1080/09612029900200202>; Linda Kerber, "The Republican Mother: Women and the Enlightenment — An American Perspective". In: "An American Enlightenment". Ed. esp. *American Quarterly*, v. 28, n. 2, p. 187, verão 1976. Disponível em: <https://doi.org/10.2307/2712349>.

22. Citado em Yeo, "The Creation of 'Motherhood'". Disponível em: <https://doi.org/10.1080/09612029900200202>.

23. Kerber, "Republican Mother".

24. Sarah Menkedick escreveu em *Ordinary Insanity* que o maternalismo branco que foi especialmente forte nos Estados Unidos teve um efeito duradouro: "Assentou os alicerces para o dilema do tudo ou nada que afligiria tantas mães no final do século XX e começo do XXI: as mulheres podiam aceitar a maternidade em tempo integral e toda a esfera maternalista de nebulosa bondade moral ou rejeitá-la, estabelecer uma carreira e avançar no mundo do homem branco, onde a maternidade não tinha um valor verdadeiro". Sarah Menkedick, *Ordinary Insanity: Fear and the Silent Crisis of Motherhood in America*. Nova York: Pantheon, 2020, p. 259.

25. Hamlin, *From Eve to Evolution*, pp. 35-42. O livro de Hamlin relata uma história fascinante sobre a cisão entre grupos de sufragistas que interpretavam literalmente a obra de Darwin e queriam derrubar as normas de gênero correntes e as que aceitavam o darwinismo social como evidência de que o progresso em direção aos direitos das mulheres era parte inevitável do plano de Deus *e* um destino biológico.

26. Darwin, *Descent of Man*, p. 629.

27. Sarah Blaffer Hrdy, *Mother Nature: A History of Mothers, Infants, and Natural Selection*. Nova York: Pantheon, 1999, p. 15. [Ed. bras.: *Mãe natureza: Uma visão feminina da evolução — maternidade, filhos e seleção natural*. Trad. de Álvaro Cabral. Rio de Janeiro: Editora Campus, 2001.]

28. Herbert Spencer, "Psychology of the Sexes". *Popular Science Monthly*, pp. 30-8, nov. 1873. Disponível em: <http://archive.org/details/popularscience

mo04dapprich>. Spencer acabaria caindo em descrédito entre muitos dos sociólogos cujas carreiras ele inspirou, mas suas ideias sobre as mulheres persistiram. Vale a pena mencionar aqui que ele próprio reconheceu sua tendência a pôr defeitos, em especial nas mulheres. Spencer escolheu o celibato e considerava sua própria mãe uma "simplória", uma pessoa cujo desenvolvimento intelectual cessara aos 25 anos, segundo a autobiografia dele. Era o mais velho dos nove filhos de Harriet Spencer e o único que sobreviveu à primeira infância. Charles H. Cooley, "Reflections upon the Sociology of Herbert Spencer". *American Journal of Sociology*, v. 26, n. 2, pp. 129-45, 1920.

29. Hamlin, *From Eve to Evolution*, p. 55.

30. "Antoinette Brown Blackwell", Rochester Regional Library Council. Disponível em: <https://rrlc.org/winningthevote/biographfries/antoinette-brown-blackwell/>. Acesso em: 4 mar. 2020.

31. Hamlin, *From Eve to Evolution*, p. 102.

32. Antoinette Brown Blackwell, *The Sexes throughout Nature*. Nova York: G. P. Putnam's Sons, 1875, p. 234. Disponível em: <https://archive.org/details/cu31924031174372>.

33. Ibid., p. 144.

34. Ibid., p. 14.

35. Ibid., pp. 14-23. Blackwell escreveu: "Só uma mulher pode abordar o tema de um ponto de vista feminino; e não há ninguém que não seja principiante entre nós nessa classe de investigações. Por maiores que sejam as desvantagens em que somos colocadas, elas nunca serão reduzidas se ficarmos esperando".

36. Hamlin, *From Eve to Evolution*, pp. 67-9.

37. William McDougall, *An Introduction to Social Psychology*. Londres: Metheun, 1926, p. 20. Disponível em: <http://archive.org/details/b29815940>.

38. William James, *The Principles of Psychology*. Nova York: Dover Publications, 1950. v. 2, pp. 439-40. Disponível em: <http://archive.org/details/principlesofpsyc00will>.

39. McDougall, *Introduction to Social Psychology*, pp. 56-8.

40. Ibid., pp. 232-3.

41. Ibid., p. 58.

42. Leta S. Hollingworth, "Social Devices for Impelling Women to Bear and Rear Children". *American Journal of Sociology*, v. 22, n. 1, pp. 19-29, 1916.

43. Leta S. Hollingworth, *The Psychology of Subnormal Children*. Nova York: Macmillan, 1920, pp. 236-8. Disponível em: <http://archive.org/details/psychologysubno01hollgoog>.

44. *Achievements in Public Health, 1900-1999: Healthier Mothers and Babies*, Morbidity and Mortality Weekly Report (Division of Reproductive

Health, National Center for Chronic Disease Preventions and Health Promotion, Centers for Disease Control and Prevention, 1º out. 1999). Disponível em: <https://www.cdc.gov/mmwr/preview/mmwrhtml/mm4838a2.htm>.

45. Hrdy, *Mother Nature*, p. 22.
46. Ibid., p. 535.
47. Mark S. Blumberg, "Development Evolving: The Origins and Meanings of Instinct". *WIREs Cognitive Science*, v. 8, n. 1-2, art. e1371, jan. 2017. Disponível em: <https://doi.org/10.1002/wcs.1371>.
48. Thurer, *Myths of Motherhood*, p. 236.
49. Vicedo, *Nature and Nurture of Love*, pp. 37-42.
50. Ibid., p. 90.
51. Kirsten Swinth, *Feminism's Forgotten Fight: The Unfinished Struggle for Work and Family*. Cambridge: Harvard University Press, 2018.
52. Marga Vicedo, "The Social Nature of the Mother's Tie to Her Child: John Bowlsby's Theory of Attachment in Post-War America". *British Journal for the History of Science*, v. 44, n. 3, pp. 401-26, set. 2011. Disponível em: <https://doi.org /10.1017/S0007087411000318>; Evelyn S. Ringold, "Bringing Up Baby in Britain". *The New York Times*, 13 jun. 1965. Disponível em: <htpp://timesmachine.nytimes.com/timesmachine/1965/06/13/106993810.html>.
53. Jack Rosenthal, "President Vetoes Child Care Plan as Irresponsible". *The New York Times*, 10 dez. 1971. Disponível em: <https://www.nytimes.com/1971/12/10/archives/president-vetoes-child-care-plan-as-irresponsible-he-terms-bill.html>.
54. "Klobuchar, Duckworth, Colleagues Introduce 'Marshall Plan for Moms' Resolution to Support Mothers in American Workforce", us Senator Amy Klobuchar, press release, 3 mar. 2021. Disponível em: <https://www.klobuchar.senate.gov/public/index.cfm/2021/3/klobuchar-duckworth-colleagues-introduce-marshall-plan-for-moms-resolution-to-support-mothers-in-the-american-workforce>; Betsy Z. Russell, "Governor: 'We'll Try Again' on Early Childhood Learning". *Idaho Press*, 3 mar. 2021. Disponível em: <https://www.idahopress.com/news/local/governor-well-try-again-on-early-childhood-learning/article_fc643fd6-48bf-5041-bc92-58ee2ce49ab2.html>.
55. Brigid Schulte, "The Secret to Happy, Healthy Homes? Universal Childcare". Fast Company, 29 abr. 2021. Disponível em: <https://www.fastcompany.com/90625892/the-secret-to-happy-healthy-homes-universal-child care>.
56. The White House, "President Biden Announces the Build Back Better Framework", News Release, 28 out. 2021. Disponível em: <https://www.white

house.gov/briefing-room-statements-releases/2021/10/28/president-biden-announces-the-build-back-better-framework>.

57. Jill Filipovic escreveu sobre o uso crescente do controle da natalidade e do aborto no século XIX: "Com essas coisas também veio, por fim, uma reação conservadora religiosa, liderada em grande medida por homens, demonizando a contracepção e o aborto, com frequência com o argumento de que é natural para a mulher deleitar-se por ser mãe — portanto, é completamente antinatural limitar o número de vezes em que ela pode tornar-se mãe". Jill Filipovic, *The H-Spot: The Feminist Pursue of Happiness*. Nova York: Bold Type Books, 2017, p. 19. Stephanie Coontz citou exemplos de mulheres hospitalizadas como "esquizofrênicas" por não se ajustarem à vida doméstica. Elas e mulheres que haviam procurado o aborto recebiam tratamentos com choques elétricos, "sob o pressuposto de que não desejar um bebê era indicador de um perigoso transtorno emocional". Coontz, *The Way We Never Were*, p. 32.

58. Thurer, *Myths of Motherhood*, pp. 258-61.

59. Mikky Kendall, *Hood Feminism: Notes From the Women That a Movement Forgot*. Nova York: Viking, 2020. [Ed. bras.: *Feminismo na periferia: Comentários das mulheres que o movimento feminista esqueceu*. Trad. de Camila Javanauskas. Santo André: Rua do Sabão, 2022.]

60. Mia Birdsong, *How We Show Up: Reclaiming Family, Friendship, and Community*. Nova York: Hachette Go, 2020, p. 3.

61. Claire Cain Miller e Alisha Haridasani Gupta, "Why 'Supermom' Gets Star Billing on Résumés for Public Office". *The New York Times*, 14 out. 2020. Disponível em: <https://www.nytimes.com/2020/10/14/upshot/barrett-harris-motherhood-politics.html?action=click&%20module=Top%20Stories&pgtype=Homepage>

62. Lyz Lenz, "The Power — And Threat — Of Mothers Like Amy Coney Barrett". *Glamour*, 14 out. 2020. Disponível em: <https://www.com/glamour.com/story/threat-of-mothers-like-amy-coney-barrett>.

63. Andrea Hsu, "Even the Most Successful Women Pay a Big Price". NPR, 20 out. 2020. Disponível em: <https://www.npr.org/2020/10/20/924566058/even-the-most-successful-women-are-sidelining-cereers-for-family-in-pandemic>; Amanda Taub, "Pandemic Will 'Take Our Women 10 Years Back in the workplace". *The New York Times*, 26 set. 2020. Disponível em: <https://www.nytimes.com/2020/09/26/world/covid-women-childcare-equality.html>.

64. Sarah Kliff, "A Stunning Chart Shows the True Cause of the Gender Wage Gap". *Vox*, 19 fev. 2018. Disponível em: <https://www.vox.com/2018/2/19/17018380/gender-wage-gap-childcare-penality>.

65. Shelley J. Correll, "Minimizing the Motherhood Penalty: What Works,

What Doesn't and Why?". *Gender & Work: Challenging Conventional Wisdom*, simpósio de pesquisa, Harvard Business School. Boston, 2013. Disponível em: <https://www.hbs.edu/faculty/conferences/2013-w50-research-symposium/Documents/correll.pdf>; Claire Cain Miller, "The Motherhood Penalty vs. the Fatherhood Bonus". *The New York Times*, 6 set. 2014. Disponível em: <https://www.nytimes.com/2014/09/07/upshot/a-child-helps-your-career-if-youre-a-man.html>.

66. Ouça Niles falar mais sobre essa questão no podcast *Natal*, episódio 2, "Roots of the Black Birthing Class". Disponível em: <https://www.natalstories.com/two>.

67. Roosa Tikkanen, Munira Z. Gunja, Molly FitzGerald e Laurie Zephyrin, "Maternal Mortality and Maternity Care in the United States Compared to 10 Other Developed Countries". Commonwealth Fund, 18 nov. 2020. Disponível em: <https://doi.org/10.26099/411v-9255>; Donna Hoyert e Arialdi Miniño, *Maternal Mortality in the United States: Changes in Coding, Publication, and Data Release, 2018*. Hyattsville: US Dept. of Health and Human Services, Centers for Disease Control and Prevention, National Center for Health Statistics, 30 jan. 2020; Nina Martin, "The New U.S. Maternal Mortality Rate Fails to Capture Many Deaths". ProPublica, 13 fev. 2020. Disponível em: <https://www.propublica.org/article/the-new-us-maternal-mortality-rate-fails-to-capture-many-deaths?token=lZnPrh6oVJEnMzcTH1Jr59Ibe3K8XZC>.

68. Nina Martin e Renee Montagne, "Nothing Protects Black Women from Dying in Pregnancy and Childbirth". ProPublica, 7 dez. 2017. Disponível em: <https://www.propublica.org/article/nothing-protects-black-women-from-dying-in-pregnancy-and-childbirth?token=LxlGpDTGeNkRVdBYbX0b8KqR5dJhsIu>.

69. "Nursing and Midwifery". Organização Mundial de Saúde (OMS), 9 jan. 2020. Disponível em: <https://www.who.int/news-room/fact-sheets/detail/nursing-and-midwifery>; WHO | The Case for Midwifery". OMS. Disponível em: <http://www.who.int/maternalchildadolescent/topics/quality-of-care/midwifery/case-for-midwifery/en/>. Acesso em: 18 out. 2020; Jane Sandall, Hora Soltani, Simon Gates, Andrew Shennan e Declan Devane, "Midwife-Led Continuity Models of Care Versus Other Models of Care for Childbearing Women". *Cochrane Database of Systematic Reviews*, n. 4, 2016. Disponível em: <https://doi.org/10.1002/14651858.CD004667.pub5>.

70. Judith M. Orvos, "Acog Releases New Study on Ob/Gyn Workforce: Trends Similar to Those Seen in Previous Studies Expected to Continue". *Contemporary OB/GYN*, v. 62, n. 7, pp. 50-3, jul. 2017.

71. Tikkanen et al., "Maternal Mortality and Maternity Care". Disponível em: <https://doi.org/10.26099/411v-9255>.

72. Emily Eckert, "It's Past Time to Provide Continuous Medicaid Coverage for One Year Postpartum". *Health Affairs*, 6 fev. 2020. Disponível em: <https://www.healthaffairs.org/do/10.1377/hblog20200203.639479/full/>. Os proponentes estavam otimistas em 2021 com a possibilidade de que, no governo Biden e usando cláusulas do American Rescue Plan, mais estados escolheriam expandir o Medicaid para dar cobertura às mães por até um ano após o parto. Shefali Luthra, "How the Covid Stimulus Bill Could Help Fight Pregnancy-Related Deaths". *The 19th*, 15 mar. 2021. Disponível em: <https://19thnews.org/2021/03/how-the-covid-stimulus-bill-could-help-fight-pregnancy-related-deaths>.

73. "Acog Committee Opinion No. 736: Optimizing Postpartum Care". *Obstetrics & Gynecology*, v. 131, n. 5, 2018, e140-e150.

74. Matthew Stone, "Maine Has Sliced the Ranks of Nurses Who Prevent Outbreaks, Help Drug-Affected Babies". *Bangor Daily News*, 9 ago. 2016. Disponível em: <https://bangordailynews.com/2016/08/09/news/bangor/maine-has-sliced-the-ranks-of-nurses-who-prevent-outbreaks-help-drug-affected-babies/>.

75. Hollie McNish, *Nobody Told Me: Poetry and Parenthood*. Londres: Blackfriars, 2018.

76. Ali Wong, *Hard Knock Wife*. Netflix, 2018. Disponível em: <https://www.netflix.com/title/80186940>.

77. *Frida Mom | Oscars Ad Rejected*. Frida Mom. Vídeo do YouTube, postado em 5 fev. 2020. Disponível em: <https://youtube.com/watch?v=3GePXGfRP04&feature=emb_title>.

78. Hannah Seligson, "This Is the TV Ad the Oscars Didn't Allow on Air". *The New York Times*, 19 fev. 2020. Disponível em: <https://www.nytimes.com/2020/02/19/us/postpartum-ad-oscars-frida.html>.

79. "Scientists Find Clue to 'Maternal Instinct'". Louisiana State University press release, EurekAlert!, 25 jul. 2019. Disponível em: <https://www.eurekalert.org/pub_releases/2019-07/lsu-sfc072519.php>.

80. Tom W. J. Schulpen, "The Glass Ceiling: A Biological Phenomenon". *Medical Hypothesis*, n. 106, pp. 41-3, set. 2017. Disponível em: <https://doi.org/10.1016/j.mehy.2017.07.002>.

81. Hrdy, *Mother Nature*, p. 27.

82. Jeanne Altmann, *Baboon Mothers and Infants*. Chicago: University of Chicago Press, 1980, pp. 1-7.

83. Barbara B. Smuts, *Sex and Friendship in Baboons*. Nova York: Routledge, 2017. p. 7. Disponível em: <https://doi.org.10.4324/9781315129204>.

84. Hrdy, *Mother Nature*, p. xvi.

85. Sarah Blaffer Hrdy, "Empathy, Polyandry, and the Myth of the Coy Female". In: Ruth Bleier (Org.) *Feminist Approaches to Science*. Nova York: Pergamon, 1986, pp. 119-46.

86. Hrdy, *Mother Nature*, p. 29.

87. Élisabeth Badinter, *The Conflict: How Modern Motherhood Undermines the Status of Women*. Nova York: Metropolitan Books, 2012, pp. 4-5.

88. Escrevi a Badinter pedindo uma entrevista para este livro; queria saber se a ciência emergente da maternidade havia mudado de alguma forma seu modo de pensar e se ela vê lugar para essa ciência em um arcabouço feminista. Badinter não quis ser entrevistada, explicou que seu enfoque não é a neurociência e que não tem conhecimentos especializados nessa área. Mas escreveu: "Sim, acho que pode haver lugar para a neurobiologia no estudo da maternidade, embora a meu ver ele venha em segundo lugar, atrás do fator social. Seja como for, há trabalho a ser feito. Não tenha medo da reação das feministas. O estudo científico jamais deve sujeitar-se a ideologias". (Traduzido para o inglês por Paula DeFilippo.)

89. Badinter, *Conflict*, pp. 54-5.

90. Id. "La fêmme n'est pas un chimpanzé", entrevista a Anne Crignon e Sophie des Déserts. *L'Obs*, 12 fev. 2010. Trad. de Paula DeFilippo. Disponível em: <https://bibliobs.nouvelobs.com/essais/20100212.BIB0270/la-femme-n-039-est-pas-un-chimpanze.html>.

3. ATENÇÃO, POR FAVOR [pp. 83-127]

1. Eberhard Fuchs e Gabriele Flügge, "Adult Neuroplasticity: More Than 40 Years of Research". In: Sjoukje Kuipers, Clive R. Bramham, Heather A. Cameron, Carlos P. Fitzsimons, Aniko Korosi e Paul J. Lucassen (Orgs.), "Environmental Control of Adult Neurogenesis: From Hippocampal Homeostasis to Behavior". Ed. esp. *Neural Plasticity*, e541870, 4 maio 2014. Disponível em: <https://doi.org/10.1155/2014/541870>.

2. Ou 100 bilhões ou 128 bilhões de neurônios, dependendo da estimativa em que nos baseamos. Frederico A. C. Azevedo, Ludmila R. B. Carvalho, Lea T. Grinberg, José Marcelo Farfel, Renata E. L. Ferretti, Renata E. P. Leite, Wilson Jacob Filho, Roberto Lent e SuzanaHerculano-Houzel, "Equal Numbers of Neuronal and Nonneuronal Cells Make the Human Brain an Isometrically

Scaled-Up Primate Brain". *Journal of Comparative Neurology*, v. 513, n. 5, pp. 532-41, 2009. Disponível em: <https://doi.org/10.1002/cne.21974>.

3. Lisa Feldman Barrett, *Seven and a Half Lessons About the Brain*. Boston: Houghton Mifflin Harcourt, 2020. p. 31.

4. Ibid., p. 37.

5. Paul J. Lucassen, Carlos P. Fitzsimons, Evgenia Salta e Mirjana Maletic-Savatic, "Adult Neurogenesis, Humanafter All (Again): Classic, Optimized, and Future Approaches". In: Michael Drew e Jason Snyder (Orgs.), "SI: Functions of Adult Hippocampal Neurogenesis". Ed. esp. *Behavioural Brain Research*, n. 381, art. e112458, 2 mar. 2020. Disponível em: <https://doi.org/10.1016/j.bbr.2019.112458>.

6. Barrett, *Seven and a Half Lessons*, pp. 34-9.

7. Nicholas P. Deems e Benedetta Leuner, "Pregnancy, Postpartum and Parity: Resilience and Vulnerability in Brain Healthand Disease". *Frontiers in Neuroendocrinology*, n. 57, art. 100820, 1º abr. 2020. Disponível em: <https://doi.org/10.1016/j.yfrne.2020.100820>; J. S. Rosenblatt, "Psychobiology of Maternal Behavior: Contribution to the Clinical Understanding of Maternal Behavior among Humans". *Acta Paediatrica*, v. 83, n.S397, pp. 3-8, jun. 1994. Disponível em: <https://doi.org/10.1111/j.1651-2227.1994.tb13259.x>; Johannes Kohl, Anita E. Autry e Catherine Dulac, "The Neurobiologyof Parenting: A Neural Circuit Perspective". *BioEssays*, v. 39, n. 1, pp. 1-11, jan. 2017. Disponível em: <https://doi.org/10.1002/bies.201600159>.

8. "Estrogen and Progesterone", Your Guide to Pregnancy Hormones, What to Expect. Disponível em: <https://www.whattoexpect.com/pregnancy/pregnancy-health/pregnancy-hormones/estrogen-progesterone>. Acesso em: 1º dez. 2020; "HPL, Relaxin, and Oxytocin", Your Guide to Pregnancy Hormones, What to Expect. Disponível em: <https://www.whattoexpect.com/pregnancy/pregnancy-health/pregnancy-hormones/hpl.aspx>. Acesso em: 1º dez. 2020.

9. Joseph S. Lonstein, Frédéric Lévy e Alison S. Fleming, "Common and Divergent Psychobiological Mechanisms Underlying Maternal Behaviors in Non-Human and Human Mammals". *Hormones and Behavior*, n. 73, pp. 156-85, jul. 2015. Disponível em: <https://doi.org/10.1016/j.yhbeh.2015.06.011>.

10. Ibid. Disponível em: <https://doi.org/10.1016/j.yhbeh.2015.06.011>.

11. Lonstein, Lévy e Fleming, "Common and Divergent Psychobiological Mechanisms Underlying Maternal Behaviors".

12. Mariana Pereira e Annabel Ferreira, "Neuroanatomical and Neurochemical Basis of Parenting: Dynamic Coordination of Motivational, Affective and Cognitive Processes". In: Alison S. Fleming, Frederic Lévy e Joe S. Lonstein (Orgs.), "Parental Care". Ed. esp. *Hormones and Behavior*, n. 77, pp. 72-85, jan.

2016. Disponível em: <https://doi.org/10.1016/j.yhbeh.2015.08.005>; Johannes Kohl e Catherine Dulac, "Neural Control of Parental Behaviors". In: Kay Tye e Nao Uchida (Orgs.), "Neurobiology of Behavior". Ed. esp., *Current Opinion in Neurobiology*, n. 49, pp. 116-22, abr. 2018. Disponível em: <https://doi.org/10.1016/j.conb.2018.02.002>.

13. Aya Dudin, Patrick O. McGowan, Ruiyong Wu, Alison S. Fleming e Ming Li, "Psychobiology of Maternal Behavior in Nonhuman Mammals". In: Marc Bornstein (Org.), *Handbook of Parenting*. Nova York: Routledge, 2019. pp. 30-77. 3. ed. Disponível em: <https://doi.org/10.4324/9780429401459-2>.

14. Zheng Wu, Anita E. Autry, Joseph E. Bergan, Mitsuko Watabe-Uchida e Catherine G. Dulac, "Galanin Neurons in the Medial Preoptic Area Govern Parental Behaviour". *Nature*, v. 509, n. 7500, pp. 325-30, maio 2014. Disponível em: <https://doi.org/10.1038/nature13307>; Catherine Dulac, Lauren A. O'Connell e Zheng Wu, "Neural Control of Maternal and Paternal Behaviors". *Science*, v. 345, n. 6198, pp. 765-70, 15 ago. 2014. Disponível em: <https://doi.org/10.1126/science.1253291>.

15. Gareth Leng e Mike Ludwig, "Neurotransmitters and Peptides: Whispered Secrets and Public Announcements". *Journal of Physiology*, v. 586, n. 23, dez. 2008, pp. 5625-32. Disponível em: <https://doi.org/10.1113/jphysiol.2008.159103>.

16. Kohl e Dulac, "Neural Control of Parental Behaviors". Disponível em: <https://doi.org/10.1016/j.conb.2018.02.002>.

17. Johannes Kohl, Benedicte M. Babayan, Nimrod D. Rubinstein, Anita E. Autry, Brenda Marin-Rodriguez, Vikrant Kapoor, Kazunari Miyamishi et al., "Functional Circuit Architecture Underlying Parental Behaviour". *Nature*, v. 556, n. 7701, pp. 326-31, abr. 2018. Disponível em: <https://doi.org/10.1038/s41586-018-0027-0>.

18. "Breakthrough Prize-Winners of the 2021 Breakthrough Prizes in Life Sciences, Fundamental Physics and Mathematics Announced". Disponível em: <https://breakthroughprize.org/News/60> Acesso em: 2 out. 2021; "Yuri Milner | Breakthrough Foundation". Disponível em: <https://breakthroughprize.org/Yuri_Milner>. Acesso em: 2 out. 2021.

19. Kohl et al., "Functional Circuit Architecture Underlying Parental Behaviour". Disponível em: <https://doi.org/10.1038/s41586-018-0027-0>.

20. Lonstein, Lévy e Fleming, "Common and Divergent Psychobiological Mechanisms Underlying Maternal Behaviors". Disponível em: <https://doi.org/10.1016/j.yhbeh.2015.06.011>.

21. Como esse estudo estava em andamento na época em que fui ao laboratório, os pesquisadores não me permitiram entrevistar essa mãe, mencionar

seu nome ou identificar detalhes aqui, em atenção ao protocolo do Institutional Review Board.

22. Hrdy, *Mother Nature*, pp. 303-4.

23. Sandra Newman, "The Roots of Infanticide Run Deep, and Begin With Poverty". *Aeon*, 27 nov. 2017. Disponível em: <https://aeon.co/essays/the-roots-of-infanticide-run-deep-and-begin-with-poverty>.

24. Sarah B. Hrdy, "Variable Postpartum Responsiveness among Humans and Other Primates with 'Cooperative Breeding': A Comparative and Evolutionary Perspective". In: Alison S. Fleming, Frederic Lévy e Joe S. Lonstein (Orgs.), "Parental Care". *Hormones and Behavior*, n. 77, pp. 272-83, jan. 2016. Disponível em: <https://doi.org/10.1016/j.yhbeh.2015.10.016>.

25. Hrdy, *Mother Nature*, p. 174.

26. Kay Mordecai Robson e R. Kumar, "Delayed Onset of Maternal Affection after Childbirth". *British Journal of Psychiatry*, v. 136, n. 4, pp. 347-53, abr. 1980. Disponível em: <https://doi.org/10.1192/bjp.136.4.347>.

27. Aurélie Athan e Lisa Miller, "Spiritual Awakening through the Motherhood Journey". *Journal of the Association for Research on Mothering*, v. 7, n. 1, pp. 17-31, 1º jan. 2005. Disponível em: <https://jarm.journals.yorku.ca/index.php/jarm/article/view/4951>.

28. Rozsika Parker, *Mother Love/Mother Hate: The Power of Maternal Ambivalence*. Nova York: Basic Books, 1995. Disponível em: <http://archive.org/details/motherlovemother00park>.

29. Melissa Benn, "Deep Maternal Alienation". *Guardian*, 27 out. 2006. Disponível em: <http://www.theguardian.com/lifeandstyle/2006/oct/28/familyandrelationships.family2>.

30. D. W. Winnicott, "Hate in the Counter-Transference". *Journal of Psychotherapy Practice and Research*, v. 3, n. 4, pp. 348-56, outono 1994. Publicado originalmente em *International Journal of Psycho-Analysis*, n. 30, pp. 69--74, 1949.

31. Mayra L. Almanza-Sepúlveda, Aya Dudin, Kathleen E. Wonch, Meir Steiner, David R. Feinberg, Alison S. Fleming e Geoffrey B. Hall, "Exploring the Morphological and Emotional Correlates of Infant Cuteness". *Infant Behavior and Development*, n. 53 pp. 90-100, nov 2018. Disponível em: <https://doi.org/10.1016/j.infbeh.2018.08.001>; Morten L. Kringelbach, Eloise A. Stark, Catherine Alexander, Marc H. Bornstein e Alan Stein, "On Cuteness: Unlocking the Parental Brain and Beyond". *Trends in Cognitive Sciences*, v. 20, n. 7, pp. 545-58, jul. 2016. Disponível em: <https://doi.org/10.1016/j.tics.2016.05.003>.

32. Christine E. Parsons, Katherine S. Young, Nina Kumari, Alan Stein e Morten L. Kringelbach, "The Motivational Salience of Infant Faces Is Similar for

Men and Women". *PLoS ONE*, v. 6, n. 5, art. e20632, 31 maio 2011. Disponível em: <https://doi.org/10.1371/journal.pone.0020632>.

33. Morten L. Kringelbach, Annukka Lehtonen, Sarah Squire, Allison G. Harvey, Michelle G. Craske, Ian E. Holliday, AlexanderL. Green et al., "A Specific and Rapid Neural Signature for ParentalInstinct". *PLoS ONE*, v. 3, n. 2, art. e1664, 27 fev. 2008. Disponível em: <https://doi.org/10.1371/journal.pone.0001664>.

34. Marsha Kaitz, A. Good, A. M. Rokem e Arthur Eidelman, "Mothers' and Fathers' Recognition of Their Newborns' Photographs during the Postpartum Period". *Journal of Developmental and Behavioral Pediatrics*, v. 9, n. 4, pp. 223, 6 ago. 1988. Disponível em: <https://doi.org/10.1097/00004703-198808000-00008>; M. Kaitz, A. Good, A. M. Rokem e A. I. Eidelman, "Mothers' Recognition of Their Newborns by Olfactory Cues". *Developmental Psychobiology*, v. 20, n. 6, pp. 587-91, nov. 1987. Disponível em: <https://doi.org/10.1002/dev.420200604>; James A. Green e Gwene E. Gustafson, "Individual Recognition of Human Infants on the Basis of Cries Alone". *Developmental Psychobiology*, v. 16, n. 6, pp. 485-93, nov. 1983. Disponível em: <https://doi.org/10.1002/dev.420160604>.

35. Estudos que comparam pais com pessoas sem filhos são especialmente complicados, pois os indivíduos sem filhos diferem muito entre si. Alguns têm grande experiência em cuidar de irmãos ou de outros bebês em sua vida, ou podem até ser cuidadores profissionais de bebês. Pode haver fatores muito diferentes que moldam o cérebro de alguém que escolheu não ter filhos e de alguém que está se empenhando intensamente em ter um filho mas ainda não conseguiu engravidar. Há também os potenciais fatores hormonais e experienciais que afetam alguém cuja gravidez, por razões diversas, não foi levada a termo. Muitos pesquisadores usam alunos de graduação como uma fonte de participantes em potencial de estudos, porém eles não são necessariamente os melhores candidatos para serem comparados com adultos entrando em uma fase da vida que inclui filhos. Vários pesquisadores, incluindo Helena Rutherford, relataram dificuldades para definir um grupo de estudos com pessoas sem filhos e depois fazer o controle de uma variedade enorme de fatores.

36. Erika Barba-Müller, Sinéad Craddock, Susanna Carmona e Elseline Hoekzema, "Brain Plasticity in Pregnancy and the Postpartum Period: Links to Maternal Caregiving and Mental Health". *Archives of Women's Mental Health*, v. 22, n. 2, pp. 289-99, abr. 2019. Disponível em: <https://doi.org/10.1007/s00737-018-0889-z>; Caitlin Post e Benedetta Leuner, "The Maternal Reward System in Postpartum Depression". *Archives of Women's Mental Health*, v. 22, n. 3, pp. 417--29, jun. 2019. Disponível em: <https://doi.org/10.1007/s00737-018-0926-y>; Pereira e Ferreira, "Neuroanatomical and Neurochemical Basis of Parenting". Disponível em: <https://doi.org/10.1016/j.yhbeh.2015.08.005>.

37. Michael Numan e Thomas R. Insel, *The Neurobiology of Parental Behavior*. Nova York: Springer, 2003, pp. 320-1.

38. Lonstein, Lévy e Fleming, "Common and Divergent Psychobiological Mechanisms Underlying Maternal Behaviors". Disponível em: <https://doi.org/10.1016/j.yhbeh.2015.06.011>; Shir Atzil, Alexandra Touroutoglou, Tali Rudy, Stephanie Salcedo, Ruth Feldman, Jacob M. Hooker, Bradford C. Dickerson, Ciprian Catana e Lisa Feldman Barrett, "Dopamine in the Medial Amygdala Network Mediates Human Bonding". *Proceedings of the National Academy of Sciences*, v. 114, n. 9, pp. 2361-6, 28 fev. 2017. Disponível em: <https://doi.org/10.1073/pnas.1612233114>.

39. John D. Salamone e Mercè Correa, "The Mysterious Motivational Functions of Mesolimbic Dopamine". *Neuron*, v. 76, n. 3, pp. 470-85, 8 nov. 2012. Disponível em: <https://doi.org/10.1016/j.neuron.2012.10.021>.

40. Veronica M. Afonso, Waqqas M. Shams, Daniel Jin e Alison S. Fleming, "Distal Pup Cues Evoke Dopamine Responses in Hormonally Primed Rats in the Absence of Pup Experience or Ongoing Maternal Behavior". *Journal of Neuroscience*, v. 33, n. 6, pp. 2305-12, 6 fev. 2013. Disponível em: <https://doi.org/10.1523/JNEUROSCI.2081-12.2013>; Daniel E. Olazábal, Mariana Pereira, Daniella Agrati, Annabel Ferreira, Alison S. Fleming, Gabriela González-Mariscal, Frederic Lévy et al., "New Theoretical and Experimental Approaches on Maternal Motivation in Mammals". *Neuroscience & Biobehavioral Reviews*, v. 37, n. 8, pp. 1860-74, set. 2013. Disponível em: <https://doi.org/10.1016/j.neubiorev.2013.04.003>.

41. Ruth Feldman e Marian J. Bakermans-Kranenburg, "Oxytocin: A Parenting Hormone". In: Marinus H. van IJzendoorn e Marian J. Bakermans-Kranenburg (Orgs.), "Parenting". Ed. esp. *Current Opinion in Psychology*, n. 15, pp. 13-8, 1º jun. 2017. Disponível em: <https://doi.org/10.1016/j.copsyc.2017.02.011>.

42. Dara K. Shahrokh, Tie-Yuan Zhang, Josie Diorio, Alain Gratton e Michael J. Meaney, "Oxytocin-Dopamine Interactions Mediate Variations in Maternal Behavior in theRat". *Endocrinology*, v. 151, n. 5, pp. 2276-86, maio 2010. Disponível em: <https://doi.org/10.1210/en.2009-1271>.

43. James E. Swain, Esra Tasgin, Linda C. Mayes, Ruth Feldman, R. Todd Constable e James F. Leckman, "Maternal Brain Response to Own Baby-Cry Is Affected by Cesarean Section Delivery". *Journal of Child Psychology and Psychiatry*, v. 49, n. 10, pp. 1042-52, out. 2008. Disponível em: <https://doi.org/10.1111/j.1469-7610.2008.01963.x>; Post e Leuner, "Maternal Reward System". Disponível em: <https://doi.org/10.1007/s00737-018-0926-y>.

44. Salamone e Correa, "Motivational Functions of Mesolimbic Dopamine". Disponível em: <https://doi.org/10.1016/j.neuron.2012.10.021>.

45. Erika Barba-Müller et al., "Brain Plasticity in Pregnancy and the Postpartum Period". Disponível em: <https://doi.org/10.1007/s00737-018-0889-z>; William W. Seeley, "The Salience Network: A Neural System for Perceiving and Responding to Homeostatic Demands". *Journal of Neuroscience*, v. 39, n. 50, pp. 9878-82, 11 dez. 2019. Disponível em: <https://doi.org/10.1523/JNEUROSCI.1138-17.2019>; Vinod Menon and Lucina Q. Uddin, "Saliency, Switching, Attention and Control: A Network Model of InsulaFunction". *Brain Structure and Function*, v. 214, n. 5-6, pp. 655-7, jun. 2010. Disponível em: <https://doi.org/10.1007/s00429-010-0262-0>.

46. Erich Seifritz, Fabrizio Esposito, John G. Neuhoff, Andreas Lüthi, Henrietta Mustovic, Gerhard Dammann, Ulrich von Bardeleben et al., "Differential Sex-Independent Amygdala Response to Infant Crying and Laughing in Parents versus Nonparents". *Biological Psychiatry*, v. 54, n. 12, pp. 1367-75, 15 dez. 2003. Disponível em: <https://doi.org/10.1016/S0006-3223(03)00697-8>.

47. Alexander J. Dufford, Andrew Erhart e Pilyoung Kim, "Maternal Brain Resting-State Connectivity in the Postpartum Period". In: "Papers from the Parental Brain 2018 Meeting, Toronto, Canada, July 2018". Ed. esp. *Journal of Neuroendocrinology*, v. 31, n. 9, art. e12737, set. 2019. Disponível em: <https://doi.org/10.1111/jne.12737>.

48. Seeley, "Salience Network". Disponível em: <https://doi.org/10.1523/JNEUROSCI.1138-17.2019>; Robert A. McCutcheon, Matthew M. Nour, Tarik Dahoun, Sameer Jauhar, Fiona Pepper, Paul Expert, Mattia Veronese et al., "Mesolimbic Dopamine Function Is Related to Salience Network Connectivity: An Integrative Positron Emission Tomography and Magnetic Resonance Study". *Biological Psychiatry*, v. 85, n. 5, pp. 368-78, 1º mar. 2019. Disponível em: <https://doi.org/10.1016/j.biopsych.2018.09.010>.

49. Christine E. Parsons, Katherine S. Young, Alan Stein e Morten L. Kringelbach, "Intuitive Parenting: Understanding the Neural Mechanisms of Parents' Adaptive Responses to Infants". In: Marinus H. van IJzendoorn e Marian J. Bakermans-Kranenburg (Orgs.), "Parenting". Ed. esp. *Current Opinion in Psychology*, n. 15, pp. 40-4, 1º jun. 2017. Disponível em: <https://doi.org/10.1016/j.copsyc.2017.02.010>.

50. Amanda J. Nguyen, Elisabeth Hoyer, Purva Rajhans, Lane Strathearn e Sohye Kim, "A TumultuousTransition to Motherhood: Altered Brain and Hormonal Responses in Mothers with Postpartum Depression". In: Jodi L. Pawluski, Frances A. Champagne e Oliver J. Bosch (Orgs.), "Papers from the Parental Brain 2018 Meeting, Toronto, Canada, July 2018". Ed. esp. *Journal of Neuroendocri-*

nology, v. 31, n. 9, art. e12794, set. 2019. Disponível em: <https://doi.org/10.1111/jne.12794>; Post e Leuner, "Maternal Reward System". Disponível em: <https://doi.org/10.1007/s00737-018-0926-y>.

51. Eyal Abraham, Talma Hendler, Irit Shapira-Lichter, Yaniv Kanat--Maymon, Orna Zagoory-Sharon e Ruth Feldman, "Father's Brain Is Sensitive to Childcare Experiences". *Proceedings of the National Academy of Sciences*, v. 111, n. 27, pp. 9792-7, 8 jul. 2014. Disponível em: <https://doi.org/10.1073/pnas.1402569111>.

52. Chelsea Conaboy, "A New Mother Learns to Breastfeed". *Press Herald*, 7 maio 2015. Disponível em: <https://www.pressherald.com/2015/05/06/a-new-mother-learns-to-breastfeed/>.

53. Pilyoung Kim, Lane Strathearn e James E. Swain, "The Maternal Brain and Its Plasticity in Humans". In: Alison S. Fleming, Frederic Lévy e Joe S. Lonstein (Orgs.), "Parental Care". Ed. esp. *Hormones and Behavior*, n. 77, pp. 113--23, jan. 2016. Disponível em: <https://doi.org/10.1016/j.yhbeh.2015.08.001>. A conclusão de que as mães que tiveram parto vaginal e as que foram submetidas a cesariana apresentaram respostas neurais similares no quarto mês pós-parto foi publicada no artigo acima, que é um apanhado de trabalhos sobre o tema, mas não em um artigo separado submetido a revisão por pares.

54. Pilyoung Kim, Ruth Feldman, Linda C. Mayes, Virginia Eicher, Nancy Thompson, James F. Leckman e James E. Swain, "Breastfeeding, Brain Activation to Own Infant Cry, and Maternal Sensitivity". *Journal of Child Psychology and Psychiatry*, v. 52, n. 8, pp. 907-15, ago. 2011. Disponível em: <https://doi.org/10.1111/j.1469-7610.2011.02406.x>.

55. Elseline Hoekzema, Christian K. Tamnes, Puck Berns, Erika Barba--Müller, Cristina Pozzobon, Marisol Picado, Florencio Lucco et al., "Becoming a Mother Entails Anatomical Changes in the Ventral Striatum of the Human Brain That Facilitate Its Responsiveness to Offspring Cues". *Psychoneuroendocrinology*, n. 112, p. 104507, fev. 2020. Disponível em: <https://doi.org/10.1016/j.psyneuen.2019.104507>.

56. Shankar Vedantam, "Creatures of Habit", 30 dez. 2019. In: *Hidden Brain*, podcast, MP3audio, (49 min 40 s). Disponível em: <https://podcasts.apple.com/us/podcast/creatures-of-habit/id1028908750?i=1000461145219>; Wendy Wood, *Good Habits, Bad Habits: The Science of Making Positive Changes That Stick*. Ed. il. Nova York: Farrar, Straus and Giroux, 2019, p. 163. [Ed. bras.: *Bons hábitos, maus hábitos: Um método científico para promover mudanças positivas e duradouras*. Trad. de Claudio Carina. Rio de Janeiro: Sextante, 2021.]

57. Olazábal et al., "New Theoretical and Experimental Approaches on

Maternal Motivation in Mammals". Disponível em: <https://doi.org/10.1016/j.neubiorev.2013.04.003>

58. W. E. Wilsoncroft, "Babies by Bar-Press: Maternal Behavior in the Rat". *Behavior Research Methods & Instrumentation*, v. 1, n. 6, pp. 229-30, jan. 1968. Disponível em: <https://doi.org/10.3758/BF03208105>.

59. Anna Lee, Sharon Clancy e Alison S. Fleming, "Mother Rats Bar-Press for Pups: Effects of Lesions of the MPOA and Limbic Sites on Maternal Behavior and Operant Responding for Pup-Reinforcement". *Behavioural Brain Research*, v. 100, n. 1-2, pp. 15-31, abr. 1999. Disponível em: <https://doi.org/10.1016/S0166-4328(98)00109-0>.

60. Liz Tenety, "Chelsea Clinton on Motherhood, Public Health, and Advice for Families during Coronavirus". *The Motherly Podcast*, 16 mar. 2020, podcast, MP3audio (40 min 23s). Produzido por Jennifer Bassett. Disponível em: <https://www.mother.ly/podcast/Season-3/chelsea-clinton>.

61. Lesley Caldwell e Helen Taylor Robinson (Orgs.). *The Collected Works of D. W. Winnicott*, v. 5, *1955-1959*. Nova York: Oxford University Press, 2017, pp. 183-8.

62. J. F. Leckman, L. C. Mayes, R. Feldman, D. W. Evans, R. A. King e D. J. Cohen, "Early Parental Preoccupations and Behaviors and Their Possible Relationship to the Symptoms of Obsessive-Compulsive Disorder". *Acta Psychiatrica Scandinavica*, v. 100, n. S396, pp. 1-26, fev. 1999. Disponível em: <https://doi.org/10.1111/j.1600-0447.1999.tb10951.x>.

63. Dufford, Erhart e Kim, "Maternal Brain Resting-State Connectivity in the Postpartum Period". Disponível em: <https://doi.org/10.1111/jne.12737>.

64. Leckman et al., "Early Parental Preoccupations". Disponível em: <https://doi.org/10.1111/j.1600-0447.1999.tb10951.x>.

65. Chelsea Conaboy, "New Mothers, Don't Fear: You Were Made for Times Like This". *Boston Sunday Globe,* 10 maio 2020. Disponível em: <https://www.bostonglobe.com/2020/05/08/opinion/new-mothers-dont-fear-you-were-made-times-like-this/>.

66. Pilyoung Kim, Linda Mayes, Ruth Feldman, James F. Leckman e James E. Swain, "Early Postpartum Parental Preoccupation and Positive Parenting Thoughts: Relationship with Parent-Infant Interaction". *Infant Mental Health Journal*, v. 34, n. 2, pp. 104-16, mar./abr. 2013. Disponível em: <https://doi.org/10.1002/imhj.21359>; Leckman et al., "Early Parental Preoccupations". Disponível em: <https://doi.org/10.1111/j.1600-0447.1999.tb10951.x>.

67. James E. Swain, P. Kim, J. Spicer, S. S. Ho, C. J. Dayton, A. Elmadih e K. M. Abel, "Approaching the Biology of Human Parental Attachment: Brain Imaging, Oxytocin and Coordinated Assessments of Mothers and Fathers". In:

"Oxytocin in Human Social Behavior and Psychopathology". *Brain Research*, ed. esp., n. 1580, pp. 78-101, 11 set. 2014. Disponível em: <https://doi.org/10.1016/j.brainres.2014.03.007>; Katherine S. Young, Christine E. Parsons, Alan Stein, Peter Vuust, Michelle G. Craske e Morten L. Kringelbach, "The Neural Basis of Responsive Caregiving Behaviour: Investigating Temporal Dynamics within the Parental Brain". *Behavioural Brain Research*, n. 325, parte B, pp. 105-16, 15 maio 2017. Disponível em: <https://doi.org/10.1016/j.bbr.2016.09.012>.

68. M. Pereira e J. I. Morrell, "Functional Mapping of the Neural Circuitry of Rat Maternal Motivation: Effects of Site-Specific Transient Neural Inactivation". In: "The Parental Brain". *Journal of Neuroendocrinology*, ed. esp., v. 23, n. 11, pp. 1020-35, nov. 2011. Disponível em: <https://doi.org/10.1111/j.1365-2826.2011.02 200.x>.

69. Madison Bunderson, David Diaz, Angela Maupin, Nicole Landi, Marc N. Potenza, Linda C. Mayes e Helena J. V. Rutherford, "Prior Reproductive Experience Modulates Neural Responses to Infant Faces across the Postpartum Period". *Social Neuroscience*, v. 15, n. 6, pp. 650-4, nov. 2020. Disponível em: <https://doi.org/10.1080/17470919.2020.1847729>; Angela N. Maupin, Helena J. V. Rutherford, Nicole Landi, Marc N. Potenza e Linda C. Mayes, "Investigating the Association between Parity and the Maternal Neural Response to Infant Cues". *Social Neuroscience*, v. 14, n. 2, pp. 214-25, abr. 2019. Disponível em: <https://doi.org/10.1080/17470919.2017.1422276>.

70. Erika Barba-Müller et al., "Brain Plasticity in Pregnancy and the Post-partum Period". Disponível em: <https://doi.org/10.1007/s00737-018-0889-z>.

71. Mary Oliver, *Upstream: Selected Essays*. Nova York: Penguin Press, 2016, p. 8.

4. O BEBÊ E EU, LIGAÇÃO DIRETA [pp. 128-69]

1. Elizabeth pediu-me que não usasse seu nome completo nem o de Claire, para proteger sua privacidade.

2. Lesley Caldwell e Helen Taylor Robinson (Orgs.), *The Collected Works of D. W. Winnicott*, v. 5, 1955-1959. Nova York: Oxford University Press, 2017, pp. 183-8.

3. R. Montirosso, F. Arrigoni, E. Casini, A. Nordio, P. De Carli, F. Di Salle, S. Moriconi, M. Re, G. Reni e R. Borgatti, "Greater Brain Response to Emotional Expressions of Their Own Children in Mothers of Preterm Infants: An fMRI Study". *Journal of Perinatology*, v. 37, n. 6, pp. 716-22, jun. 2017. Disponível em: <https://doi.org/10.1038/jp.2017.2>.

4. Ellen Leibenluft, M. Ida Gobbini, Tara Harrison e James V. Haxby, "Mothers' Neural Activation in Response to Pictures of Their Children and Other Children". *Biological Psychiatry*, v. 56, n. 4, pp. 225-32, 15 ago. 2004. Disponível em: <https://doi.org/10.1016/j.biopsych.2004.05.017>; Paola Venuti, Andrea Caria, Gianluca Esposito, Nicola De Pisapia, Marc H. Bornstein e Simona de Falco, "Differential Brain Responses to Cries of Infants with Autistic Disorder and Typical Development: An fMRI Study". *Research in Developmental Disabilities*, v. 33, n. 6, pp. 2255-64, 13 nov. 2012. Disponível em: <https://doi.org/10.1016/j.ridd.2012.06.011>.

5. Karel O'Brien, Kate Robson, Marianne Bracht, Melinda Cruz, Kei Lui, Ruben Alvaro, Orlando da Silva et al., "Effectiveness of Family Integrated Care in Neonatal Intensive Care Units on Infant and Parent Outcomes: A Multicentre, Multinational, Cluster-Randomised Controlled Trial". *Lancet: Child & Adolescent Health*, v. 2, n. 4, pp. 245-54, abr. 2018. Disponível em: <https://doi.org/10.1016/S2352-4642(18)30039-7>.

6. Peter Sterling e Joseph Eyer, "Allostasis: A New Paradigm to Explain Arousal Pathology". In: Shirley Fisher e James Reason (Orgs.), *Handbook of Life Stress, Cognition and Health*. Nova York: John Wiley and Sons, 1988, pp. 629-49; Jay Schulkin e Peter Sterling, "Allostasis: A Brain-Centered, Predictive Mode of Physiological Regulation". *Trends in Neurosciences*, v. 42, n. 10, pp. 740-52, out. 2019. Disponível em: <https://doi.org/10.1016/j.tins.2019.07.010>.

7. Peter Sterling, *What Is Health? Allostasis and the Evolution of Human Design*. Cambridge: MIT Press, 2020, p. x.

8. Peter Sterling, "Allostasis: A Model of Predictive Regulation". In: Bruce McEwen e Achim Peters (Orgs.), "Allostasis and Allostatic Load". *Physiology & Behavior*, ed. esp., v. 106, n. 1, pp. 5-15, 12 abr. 2012. Disponível em: <https://doi.org/10.1016/j.physbeh.2011.06.004>.

9. Bruce S. McEwen e John C. Wingfield, "What Is in a Name? Integrating Homeostasis, Allostasis and Stress". *Hormones and Behavior*, v. 57, n. 2, pp. 105--11, fev. 2010. Disponível em: <https://doi.org/10.1016/j.yhbeh.2009.09.011>.

10. Bruce S. McEwen e John C. Wingfield, "The Concept of Allostasis in Biology and Biomedicine". *Hormones and Behavior*, v. 43, n. 1, pp. 2-15, jan. 2003. Disponível em: <https://doi.org/10.1016/s0018-506x(02)00024-7>.

11. Sterling, "Allostasis: A Model of Predictive Regulation". Disponível em: <https://doi.org/10.1016/j.physbeh.2011.06.004>.

12. Lisa Feldman Berrett, *Seven and a Half Lessons About the Brain*. Boston: Houghton Mifflin Harcourt, 2020, pp. 8-10.

13. Lisa Feldman Barrett e W. Kyle Simmons, "Interoceptive Predictions

in the Brain". *Nature Reviews Neuroscience*, v. 16, n. 7, pp. 419-29, jul. 2015. Disponível em: <https://doi.org/10.1038/nrn3950>; Karen S. Quigley, Scott Kanoski, Warren M. Grill, Lisa Feldman Barrett e Manos Tsakiris, "Functions of Interoception: From Energy Regulation to Experience of the Self". In: "The Neuroscience of Interoception". *Trends in Neurosciences*, ed. esp., v. 44, n. 1, pp. 29-38, 1º jan. 2021. Disponível em: <https://doi.org/10.1016/j.tins.2020.09.008>.

14. A. D. Craig, "How Do You Feel? Interoception: The Sense of the Physiological Condition of the Body". *Nature Reviews Neuroscience*, v. 3, n. 8, pp. 655-66, ago. 2002. Disponível em: <https://doi.org/10.1038/nrn894>.

15. Ian R. Kleckner, Jiahe Zhang, Alexandra Touroutoglou, Lorena Chanes, Chenjie Xia, W. Kyle Simmons, Karen S. Quigley, Bradford C. Dickerson e Lisa Feldman Barrett, "Evidence for a Large-Scale Brain System Supporting Allostasis and Interoception in Humans". *Nature Human Behaviour*, v. 1, n. 5, pp. 1-14, 24 abr. 2017. Disponível em: <https://doi.org/10.1038/s41562-017-0069>.

16. Debra A. Gusnard, Erbil Akbudak, Gordon L. Shulman e Marcus E. Raichle, "Medial Prefrontal Cortex and Self-Referential Mental Activity: Relation to a Default Mode of Brain Function". *Proceedings of the National Academy of Sciences*, v. 98, n. 7, pp. 4259-64, 27 mar. 2001. Disponível em: <https://doi.org/10.1073/pnas.071043098>; Randy L. Buckner, Jessica R. Andrews-Hanna e Daniel L. Schacter, "The Brain's Default Network: Anatomy, Function, and Relevance to Disease". *Annals of the New York Academy of Sciences*, v. 1124, n. 1, pp. 1-38, mar. 2008. Disponível em: <https://doi.org/10.1196/annals.1440.011>.

17. Os parâmetros anatômicos exatos da rede-padrão não são nada claros, mas seu papel como uma rede cerebral em larga escala essencial para o funcionamento do cérebro é menos obscuro. Mais informações em Felicity Callard e Daniel S. Margulies, "What We Talk about When We Talk about the Default Mode Network". *Frontiers in Human Neuroscience*, n. 8, 25 ago. 2014. Disponível em: <https://doi.org/10.3389/fnhum.2014.00619>; Chunliang Feng, Simon B. Eickhoff, Ting Li, Li Wang, Benjamin Becker, Julia A. Camilleri, Sébastien Hétu e Yi Luo, "Common Brain Networks Underlying Human Social Interactions: Evidence from Large-Scale Neuroimaging Meta-Analysis". *Neuroscience & Biobehavioral Reviews*, n. 26, pp. 289-303, jul. 2021. Disponível em: <https://doi.org/10.1016/j.neubiorev.2021.03.025>.

18. Michael D. Greicius, Ben Krasnow, Allan L. Reiss e Vinod Menon, "Functional Connectivity in the Resting Brain: A Network Analysis of the Default Mode Hypothesis". *Proceedings of the National Academy of Sciences*, v. 100, n. 1, pp. 253-8, 7 jan 2003. Disponível em: <https://doi.org/10.1073/pnas.0135058100>; Buckner, Andrews-Hanna e Schacter, "Brain's Default Network". Disponível em: <https://doi.org/10.1196/annals.1440.011>.

19. Buckner, Andrews-Hanna e Schacter, "Brain's Default Network". Disponível em: <https://doi.org/10.1196/annals.1440.011>.

20. Jin-Xia Zheng, Lili Ge, Huiyou Chen, Xindao Yin, Yu-ChenChen e Wei-WeiTang, "Disruption within Brain Default Mode Network in Postpartum Women without Depression". *Medicine*, v. 99, n. 18, maio 2020. Disponível em: <https://doi.org/10.1097/MD.0000000000020045>; Alison E. Hipwell, Chaohui Guo, Mary L. Phillips, James E. Swain e Eydie L. Moses-Kolko, "Right Frontoinsular Cortex and Subcortical Activity to Infant Cry Is Associated with Maternal Mental State Talk". *Journal of Neuroscience*, v. 35, n. 37, pp. 12725-32, 16 set. 2015. Disponível em: <https://doi.org/10.1523/JNEUROSCI.1286-15.2015>; Paola Rigo, Gianluca Esposito, Marc H. Bornstein, Nicola De Pasapia, Corinna Manzardo e Paola Venuti, "Brain Processes in Mothers and Nulliparous Women in Response to Cry in Different Situational Contexts: A Default Mode Network Study". *Parenting*, v. 19, n. 1-2, pp. 69-85, 1º fev. 2019. Disponível em: <https://doi.org/10.1080/15295192.2019.1555430>.

21. Amanda J. Nguyen, Elisabeth Hoyer, Purva Rajhans, Lane Strathearn e Sohye Kim, "A Tumultuous Transition to Motherhood: Altered Brain and Hormonal Responses in Mothers with Postpartum Depression". In: Jodi L. Pawluski, Frances A. Champagne e Oliver J. Bosch (Orgs.), "Papers from the Parental Brain 2018 Meeting, Toronto, Canada, July 2018". *Journal of Neuroendocrinology*. Ed. esp., v. 31, n. 9, art. e12794, set. 2019. Disponível em: <https://doi.org/10.1111/jne.12794>; Henry W. Chase, Eydie L. Moses-Kolko, Carlos Zevallos, Katherine L. Wisner e Mary L. Phillips, "Disrupted Posterior Cingulate-Amygdala Connectivity in Postpartum Depressed Women as Measured with Resting BOLD fMRI". *Social Cognitive and Affective Neuroscience*, v. 9, n. 8, pp. 1069-75, ago. 2014. Disponível em: <https://doi.org/10.1093/scan/nst083>.

22. Elseline Hoekzema, Erika Barba-Müller, Cristina Pozzobon, Marisol Picado, Florencio Lucco, David García-García, Juan Carlos Soliva et al., "Pregnancy Leads to Long-Lasting Changes in Human Brain Structure". *Nature Neuroscience*, v. 20, n. 2, pp. 287-96, 2017. Disponível em: <https://doi.org/10.1038/nn.4458>; Magdalena Martínez-García, María Paternina-Die, Erika Barba-Müller, Daniel Martín de Blas, Laura Beumala, Romina Cortizo, Cristina Pozzobon et al., "Do Pregnancy-Induced Brain Changes Reverse? The Brain of a Mother Six Years after Parturition". *Brain Sciences*, v. 11, n. 2, 28 jan. 2021. Disponível em: <https://doi.org/10.3390/brainsci11020168>.

23. Eyal Abraham e Ruth Feldman, "The Neurobiology of Human Allomaternal Care; Implications for Fathering, Coparenting, and Children's Social Development". In: Stacy Rosenbaum e Lee T. Gettler (Orgs.), "Evolutionary Perspectives on Non-Maternal Care in Mammals: Physiology, Behavior, and

Developmental Effects". Ed. esp. *Physiology & Behavior*, n. 193, parte A, pp. 25-34, 1º set. 2018. Disponível em: <https://doi.org/10.1016/j.physbeh.2017.12.034>.

24. Jennifer S. Mascaro, Patrick D. Hackett e James K. Rilling, "Differential Neural Responses to Child and Sexual Stimuli in Human Fathers and Non--Father and Their Hormonal Correlates". *Psychoneuroendocrinology*, n. 46, pp. 153-63, ago. 2014. Disponível em: <https://doi.org/10.1016/j.psyneuen.2014.04.014>.

25. Disha Sasan, Phillip G. D. Ward, Meredith Nash, Edwina R. Orchard, Michael J. Farrell, Jakob Hohwy e Sharna D. Jamadar, "'Phantom Kicks': Women's Subjective Experience of Fetal Kicks after the Postpartum Period". *Journal of Women's Health*, v. 30, n. 1, pp. 36-44, jan. 2021. Disponível em: <https://doi.org/10.1089/jwh.2019.8191>.

26. Kiarash Khosrotehrani, Kirby L. Johnson, Joseph Lau, Alain Dupuy, Dong Hyun Cha e Diana W.Bianchi, "The Influence of Fetal Loss on the Presence of Fetal Cell Microchimerism: A Systematic Review". *Arthritis & Rheumatology*, v. 48, n. 11, pp. 3237-41, nov. 2003. Disponível em: <https://doi.org/10.1002/art.11324>; Amy M. Boddy, Angelo Fortunato, Melissa Wilson Sayres e Athena Aktipis, "Fetal Microchimerism and Maternal Health: A Review and Evolutionary Analysis of Cooperation and Conflict beyond the Womb". *BioEssays*, v. 37, n. 10, pp. 1106-18, out. 2015. Disponível em: <https://doi.org/10.1002/bies.201500059>.

27. Diane Goldenberg, Narcis Marshall, Sofia Cardenas e Darby Saxbe, "The Development of the Social Brain within a Family Context". In: Jean Decety (Org.), *The Social Brain: A Developmental Perspective*. Cambridge: MIT Press, 2020, pp. 107-24.

28. Shir Atzil, Wei Gao, Isaac Fradkin e Lisa Feldman Barrett, "Growing a Social Brain". *Nature Human Behaviour*, v. 2, n. 9, pp. 624-36, set. 2018. Disponível em: <https://doi.org/10.1038/s41562-018-0384-6>.

29. Michael Numan e Larry J. Young, "Neural Mechanisms of Mother--Infant Bonding and Pair Bonding: Similarities, Differences, and Broader Implications". In: Alison S. Fleming, Frederic Lévy e Joe S. Lonstein (Orgs.), "Parental Care". *Hormones and Behavior*, ed. esp., v. 77, pp. 98-112, jan 2016. Disponível em: <https://doi.org/10.1016/j.yhbeh.2015.05.015>.

30. Ruth Feldman, "Bio-Behavioral Synchrony: A Model for Integrating Biological and Microsocial Behavioral Processes in the Study of Parenting". *Parenting*, v. 12, n. 2-3, pp. 154-64, 14 jun. 2012. Disponível em: <https://doi.org/10.1080/15295192.2012.683342>.

31. Ortal Shimon-Raz, Roy Salomon, Miki Bloch, Gabi Aisenberg Romano, Yaara Yeshurun, Adi Ulmer Yaniv, Orna Zagoory-Sharon e Ruth Feldman,

"Mother Brain Is Wired for Social Moments". *eLife*, n. 10, art. e59436, 2021. Disponível em: <https://doi.org/10.7554/eLife.59436>.

32. Ruth Feldman, "The Neurobiology of Human Attachments". *Trends in Cognitive Sciences*, v. 21, n. 2, pp. 80-99, fev. 2017. Disponível em: <https://doi.org/10.1016/j.tics.2016.11.007>.

33. Ruth Feldman, "The Adaptive Human Parental Brain: Implications for Children's Social Development". *Trends in Neurosciences*, v. 38, n. 6, pp. 387-99, jun. 2015. Disponível em: <https://doi.org/10.1016/j.tins.2015.04.004>.

34. Atzil et al., "Growing a Social Brain". Disponível em: <https://doi.org/10.1038/s41562-018-0384-6>.

35. Shir Atzil, Alexandra Touroutoglou, Tali Rudy, Stephanie Salcedo, Ruth Feldman, Jacob M. Hooker, Bradford C. Dickerson, Ciprian Catana e Lisa Feldman Barrett, "Dopamine in the Medial Amygdala Network Mediates Human Bonding". *Proceedings of the National Academy of Sciences*, v. 114, n. 9, pp. 2361--6, 28 fev. 2017. Disponível em: <https://doi.org/10.1073/pnas.1612233114>.

36. Daniel S. Quintana, Jaroslav Rokicki, Dennis van der Meer, Dag Alnæs, Tobias Kaufmann, Aldo Córdova-Palomera, Ingrid Dieset, Ole A. Andreassen e Lars T. Westlye, "Oxytocin Pathway Gene Networks in the Human Brain". *Nature Communications*, v. 10, n. 1, p. 668, 8 fev. 2019. Disponível em: <https://doi.org/10.1038/s41467-019-08503-8>; Benjamin Jurek e Inga D. Neumann, "The Oxytocin Receptor: From Intracellular Signaling to Behavior". *Physiological Reviews*, v. 98, n. 3, pp. 1805–908, jul. 2018. Disponível em: <https://doi.org/10.1152/physrev.00031.2017>; e M. L. Boccia, P. Petrusz, K. Suzuki, L. Marson e C. A. Pedersen, "Immunohistochemical Localization of Oxytocin Receptors in Human Brain". *Neuroscience*, v. 253, pp. 155-64, 3 dez. 2003. Disponível em: <https://doi.org/10.1016/j.neuroscience.2013.08.048>.

37. Atzil et al., "Dopamine Mediates Human Bonding". Disponível em: <https://doi.org/10.1073/pnas.1612233114>; Ruth Feldman e Marian J. Bakermans-Kranenburg, "Oxytocin: A Parenting Hormone". In: Marinus H. van IJzendoorn e Marian J. Bakermans-Kranenburg (Orgs.), "Parenting". *Current Opinion in Psychology*. Ed. esp., n. 15, pp. 13-8, 1º jun. 2017. Disponível em: <https://doi.org/10.1016/j.copsyc.2017.02.011>.

38. Quintana et al., "Oxytocin Pathway Gene Networks". Disponível em: <https://doi.org/10.1038/s41467-019-08503-8>; Brian Resnick, "Oxytocin, the So-Called 'Hug Hormone,' Is Way More Sophisticated Than We Thought". *Vox*, 13 fev. 2019. Disponível em: <https://www.vox.com/science-and-health/2019/2/13/18221876/oxytocin-morality-valentines>.

39. C. F. Ferris, K. B. Foote, H. M. Meltser, M. G. Plenby, K. L. Smith e T. R. Insel, "Oxytocin in the Amygdala Facilitates Maternal Aggression". *Annals of*

the New York Academy of Sciences, v. 652, n. 1, pp. 456-7, jun. 1992. Disponível em: <https://doi.org/10.1111/j.1749-6632.1992.tb34382.x>.

40. Daniel S. Quintana e Adam J. Guastella, "An Allostatic Theory of Oxytocin". *Trends in Cognitive Sciences*, v. 24, n. 7, pp. 515-28, 1º jul. 2020. Disponível em: <https://doi.org/10.1016/j.tics.2020.03.008>.

41. Carla Márquez, Humberto Nicolini, Michael J. Crowley e Rodolfo Solís-Vivanco, "Early Processing (N170) of Infant Faces in Mothers of Children with Autism Spectrum Disorder and Its Association with Maternal Sensitivity". *Autism Research*, v. 12, n. 5, pp. 744-58, maio 2019. Disponível em: <https://doi.org/10.1002/aur.2102>.

42. Esse trabalho baseia-se em um estudo publicado de Pereira e Annabel Ferreira, que pesquisou como ratas mães ajustam seu comportamento a filhotes necessitados. Mariana Pereira e Anabel Ferreira, "Demanding Pups Improve Maternal Behavioral Impairments in Sensitized and Haloperidol-Treated Lactating Female Rats". *Behavioural Brain Research*, v. 175, n. 1, pp. 139-48, 25 nov. 2006. Disponível em: <https://doi.org/10.1016/j.bbr.2006.08.013>.

43. Jonathan Levy, Kaisu Lankinen, Maria Hakonen e Ruth Feldman, "The Integration of Social and Neural Synchrony: A Case for Ecologically Valid Research Using MEG Neuroimaging". *Social Cognitive and Affective Neuroscience*, v. 16, n. 1-2, pp. 143-52, fev. 2021. Disponível em: <https://doi.org/10.1093/scan/nsaa061>; Riitta Hari, Linda Henriksson, Sanna Malinen e Lauri Parkkonen, "Centrality of Social Interaction in Human Brain Function". *Neuron*, v. 88, n. 1, pp. 181-93, 7 out. 2015. Disponível em: <https://doi.org/10.1016/j.neuron.2015.09.022>.

44. John Maubray, *The Female Physician*. Londres: James Holland, 1724, p. 75. Disponível em: <http://archive.org/details/femalephysicianc00maub>.

45. Charles J. Bayer, *Maternal Impressions: A Study of Child Life before and after Birth, and Their Effect upon Individual Life and Character*. Winona: Jones & Kroeger, 1897, pp. 13, 138-9, 147, 194-5, 251. Disponível em: <http://archive.org/details/maternalimpressi00bayeiala>.

46. Mais informações sobre a trajetória moderna dessa velha ideia podem ser encontradas em Lyz Lenz, *Belabored: A Vindication of the Rights of Pregnant Women*. Nova York: Bold Type Books, 2020.

47. W. T. Councilman, "Remarks on Maternal Impressions". *Boston Medical and Surgical Journal*, v. 136, n. 2, pp. 32-4, 14 jan. 1897. Disponível em: <https://doi.org/10.1056/NEJM189701141360203>.

48. Sarah S. Richardson, *The Maternal Imprint: The Contested Science of Maternal-Fetal Effects*. Chicago: University of Chicago Press, 2021, p. 85.

49. Donna Bassin, Margaret Honey e Meryle Mahrer Kaplan (Orgs.), *Representations of Motherhood*. New Haven: Yale University Press, 1994, p. 5.

50. Como citado em Erica Burman, *Deconstructing Developmental Psychology*, 2. ed. Londres: Routledge, 2008, pp. 16-7.

51. Marjorie Lorch e Paula Hellal, "Darwin's 'Natural Science of Babies'". *Journal of the History of the Neurosciences*, v. 19, n. 2, pp. 140-57, abr. 2010. Disponível em: <https://doi.org/10.1080/09647040903504823>.

52. Sarah Menkedick, *Ordinary Insanity: Fear and the Silent Crisis of Motherhood in America*. Nova York: Pantheon, 2020, p. 199.

53. Rima D. Apple, *Perfect Motherhood: Science and Childrearing in America*. New Brunswick: Rutgers University Press, 2006, pp. 6, 37-9, 53-4.

54. John B. Watson, *Psychological Care of Infant e Child*. Londres: W. W. Norton, 1928, pp. 69-77.

55. B. R. Hergenhahn e Tracy Henley, *An Introduction to the History of Psychology*. 7. ed. Belmont: Wadsworth Cengage Learning, 2014, p. 392.

56. Robert Coughlan, "How to Survive Parenthood". *Life*, 26 jun. 1950.

57. Apple, *Perfect Motherhood*, p. 134.

58. Thurer, *The Myths of Motherhood*, pp. 258-61.

59. Talvez a mais notável seja esta matéria de capa: Kate Pickert, "The Man Who Remade Motherhood". *Time*, 21 maio 2012. Disponível em: <http://content.time.com/time/subscriber/article/0,33009,2114427,00.html>.

60. William Sears e Martha Sears, *The Attachment Parenting Book: A Commonsense Guide to Understanding and Nurturing Your Baby*. Boston: Little, Brown, 2001, p. 4.

61. Shir Atzil, Talma Hendler e Ruth Feldman, "Specifying the Neurobiological Basis of Human Attachment: Brain, Hormones, and Behavior in Synchronous and Intrusive Mothers". *Neuropsychopharmacology*, v. 36, n. 13, pp. 2603-15, dez. 2011. Disponível em: <https://doi.org/10.1038/npp.2011.172>.

62. Ewa A. Miendlarzewska e Wiebke J. Trost, "How Musical Training Affects Cognitive Development: Rhythm, Reward and Other Modulating Variables". *Frontiers in Neuroscience*, n. 7, jan. 2014. Disponível em: <https://doi.org/10.3389/fnins.2013.00279>.

63. Christine E. Parsons, Katherine S. Young, Mikkel V. Petersen, Else-Marie Jegindoe Elmholdt, Peter Vuust, Alan Stein e Morten L. Kringelbach, "Duration of Motherhood Has Incremental Effects on Mothers' Neural Processing of Infant Vocal Cues: A Neuroimaging Study of Women". *Scientific Reports*, v. 7, n. 1, p. 1727, 11 maio 2017. Disponível em: <https://doi.org/10.1038/s41598-017-01776-3>.

64. Katherine S. Young, C. E. Parsons, A. Stein e M. L. Kringelbach,

"Interpreting Infant Vocal Distress: The Ameliorative Effect of Musical Training in Depression". *Emotion*, v. 12, n. 6, pp. 1200-5, 2012. Disponível em: <https://doi.org/10.1037/a0028705>.

65. I'm With Her, "Toy Heart / Marry Me / Jerusalem", apresentado em *Live from Here*, 15 jun. 2019, vídeo do YouTube, 9min51, postado em 16 jun. 2019, por *Live from Here*. Disponível em: <https://www.youtube.com/watch?v=qbEfKLsMSc>.

66. Maurice Sendak, *Where the Wild Things Are*. Reimp. Nova York: HarperCollins, 1984. [Ed. bras.: *Onde vivem os monstros*. Trad. de Heloisa Jahn. São Paulo: Companhia das Letras, 2023.]

5. ÁRVORE GENEALÓGICA IMEMORIAL [pp. 170-207]

1. Sarah Blaffer Hrdy, *Mothers and Others: The Evolutionary Origins of Mutual Understanding*. Cambridge: Belknap Press, 2009, pp. 92-3.

2. Ibid., p. 140.

3. Kristen Hawkes, "The Centrality of Ancestral Grandmothering in Human Evolution". *Integrative and Comparative Biology*, v. 60, n. 3, pp. 765-81, 1º set. 2020. Disponível em: <https://doi.org/10.1093/icb/icaa029>.

4. Hrdy, *Mothers and Others*.

5. Edward O. Wilson, *Sociobiology: The New Synthesis*. Cambridge: Belknap Press, 1974, p. 349.

6. Eyal Abraham, Talma Hendler, Irit Shapira-Lichter, Yaniv Kanat--Maymon, Orna Zagoory-Sharon e Ruth Feldman, "Father's Brain Is Sensitive to Childcare Experiences". *Proceedings of the National Academy of Sciences*, v. 111, n. 27, pp. 9792-7, 8 jul. 2014. Disponível em: <https://doi.org/10.1073/pnas.1402569111>; E. R. Glasper, W. M. Kenkel, J. Bick e J. K. Rilling, "More Than Just Mothers: The Neurobiological and Neuroendocrine Underpinnings of Allomaternal Caregiving". In: Susanne Brummelte e Benedetta Leuner (Orgs.), "Parental Brain". *Frontiers in Neuroendocrinology*. Ed. esp., n. 53, art. 100741, abr. 2019. Disponível em: <https://doi.org/10.1016/j.yfrne.2019.02.005>.

7. Citado em Marion Thomas, "Are Women Naturally Devoted Mothers? Fabre, Perrier, and Giard on Maternal Instinct in France under the Third Republic". *Journal of the History of the Behavioral Sciences*, v. 50, n. 3, pp. 280--301, jun. 2014. Disponível em: <https://doi.org/10.002/jhbs.21666>.

8. Vicedo, *The Nature and Nurture of Love*, pp. 67-8.

9. Konrad Z. Lorenz, "The Companion in the Bird's World". *Auk*, v. 54, n. 3, pp. 245-73, jul. 1937. Disponível em: <https://doi.org/10.2307/4078077>.

10. John Bowlby, *Attachment and Loss*, v. 1, *Attachment*, 2. ed. Nova York: Basic Books, 1982, p. 184.
11. Hrdy, *Mothers and Others*, p. 84.
12. Bowlby, *Attachment and Loss*, v. 1, *Attachment*, p. 199.
13. Hrdy, *Mothers and Others*, pp. 85-92.
14. Peter Jordan, "The Ethnohistory and Anthropology of 'Modern' Hunter-Gatherers". In: Vicki Cummings, Peter Jordan e Marek Zvelebil (Orgs.), *The Oxford Handbook of the Archaeology and Anthropology of Hunter-Gatherers*. Oxford: Oxford University Press, 2014. Disponível em: <https://doi.org/10.1093/oxfordhb/9780199551224.013.030>; Carol R. Ember, "Hunter-Gatherers (Foragers)". In: C. R. Ember (Org.), *Explaining Human Culture*. Human Relations Area Files, modificado pela última vez em 1º jun. 2020. Disponível em: <http://hraf.yale.edu/ehc/summaries/hunter-gatherers>.
15. Hrdy, *Mothers and Others*, pp. 73-5.
16. Ibid., p. 73.
17. Kristen Hawkes, James O'Connell e Nicholas Blurton Jones, "Hunter-Gatherer Studies and Human Evolution: A Very Selective Review". In: "Centennial Anniversary Issue of AJPA". *American Journal of Physical Anthropology*. Ed. esp., v. 165, n. 4, pp. 777-800, abr. 2018. Disponível em: <https://doi.org/10.1002/ajpa.23403>.
18. Hawkes, O'Connell e Blurton Jones, "Hunter-Gatherer Studies and Human Evolution". Disponível em: <https://doi.org/10.1002/ajpa.23403>.
19. Kristen Hawkes, James F. O'Connell e Nicholas Blurton Jones, "Hardworking Hadza Grandmothers". In: V. Standen e R. A. Foley (Orgs.), *Comparative Socioecology: The Behavioural Ecology of Humans and Other Mammals*. Oxford: Blackwell Scientific Publications, 1989, pp. 341-66; Hawkes, O'Connell e Blurton Jones, "Hunter-Gatherer Studies and Human Evolution". Disponível em: <https://doi.org/10.1002/ajpa.23403>.
20. Ibid.
21. Hrdy, *Mothers and Others*, p. 101.
22. Hawkes, "Ancestral Grandmothering". Disponível em: <https://doi.org/10.1093/icb/icaa029>.
23. Rebecca Sear e Ruth Mace, "Who Keeps Children Alive? A Review of the Effects of Kin on Child Survival". *Evolution and Human Behavior*, v. 29, n. 1, pp. 1-18, jan. 2008. Disponível em: <https://doi.org/10.1016/j.evolhumbehav.2007.10.001>.
24. Simon N. Chapman, Jenni E. Pettay, Virpi Lummaa e Mirkka Lahdenperä, "Limits to Fitness Benefits of Prolonged Post-Reproductive Lifespan

in Women". *Current Biology*, v. 29, n. 4, pp. 645-50, e3, 18 fev. 2019. Disponível em: <https://doi.org/10.1016/j.cub.2018.12.052>.

25. Sacha C. Engelhardt, Patrick Bergeron, Alain Gagnon, Lisa Dillon e Fanie Pelletier, "Using Geographic Distance as a Potential Proxy for Help in the Assessment of the Grandmother Hypothesis". *Current Biology*, v. 29, n. 4, pp. 651--6, e3, 18 fev. 2019. Disponível em: <https://doi.org/10.1016/j.cub.2019.01.02>.

26. Lee T. Gettler, "Direct Male Care and Hominin Evolution: Why Male--Child Interaction Is More Than a Nice Social Idea". *American Anthropologist*, v. 112, n. 1, pp. 7-21, mar. 2010. Disponível em: <https://doi.org/10.1111/j.1548-1433.2009.01193.x>; Kim Hill e A. Magdalena Hurtado, "Cooperative Breeding in South American Hunter-Gatherers". *Proceedings of the Royal Society B: Biological Sciences*, v. 276, n. 1674, pp. 3863-70, 7 nov. 2009. Disponível em: <https://doi.org/10.1098/rspb.2009.1061>; Hillard Kaplan, Kim Hill, Jane Lancaster e A. Magdalena Hurtado, "A Theory of Human Life History Evolution: Diet, Intelligence, and Longevity". *Evolutionary Anthropology*, v. 9, n. 4, pp. 156-85, 2000. Disponível em: <https://doi.org/10.1002/1520-6505(2000)9:4<156::AID-EVAN5>3.0.CO;2-7>. Um obstáculo de longa data à hipótese da avó foi a crença de que as mães humanas ancestrais não permaneciam próximas de suas mães quando adultas porque se mudavam para outro grupo a fim de acasalar-se. No entanto, essa ideia baseava-se — quem diria? — em pressupostos incorretos sobre o comportamento das mulheres em comunidades de caçadores-coletores modernos e em registros incompletos do comportamento de grandes primatas não humanos, os quais na realidade permanecem às vezes com seu grupo matrilinear. Ver Hrdy, *Mothers and Others*, pp. 239-47.

27. Stephanie Coontz, *The Way We Never Were*.

28. Hrdy, *Mothers and Others*, pp. 119-21.

29. Hawkes, "Ancestral Grandmothering". Disponível em: <https://doi.org/10.1093/icb/icaa029>; Kristen Hawkes e Barbara L. Finlay, "Mammalian Brain Development and Our Grandmothering Life History". In: Stacy Rosenbaum e Lee T. Gettler (Orgs.), "Evolutionary Perspectives on Non-Maternal Care in Mammals: Physiology, Behavior, and Developmental Effects". *Physiology & Behavior*. Ed. esp., n. 193, parte A, pp. 55-68, 1º set. 2018. Disponível em: <https://doi.org/10.1016/j.physbeh.2018.01.013>.

30. Hrdy, *Mothers and Others*, p. 121.

31. Elseline Hoekzema, Erika Barba-Müller, Cristina Pozzobon, Marisol Picado, Florencio Lucco, David García-García, Juan Carlos Soliva et al., "Pregnancy Leads to Long-Lasting Changes in Human Brain Structure". *Nature Neuroscience*, v. 20, n. 2, pp. 287-96, 2017. Disponível em: <https://doi.org/10.1038/nn.4458>.

32. Elseline Hoekzema, Christian K. Tamnes, Puck Berns, Erika Barba-Müller, Cristina Pozzobon, Marisol Picado, Florencio Lucco et al., "Becoming a Mother Entails Anatomical Changes in the Ventral Striatum of the Human Brain That Facilitate Its Responsiveness to Offspring Cues". *Psychoneuroendocrinology*, n. 112, art. 104507, fev. 2020. Disponível em: <https://doi.org/10.1016/j.psyneuen.2019.104507>.

33. María Paternina-Die, Magdalena Martínez-García, Clara Pretus, Elseline Hoekzema, Erika Barba-Müller, Daniel Martín de Blas, Cristina Pozzobon et al., "The Paternal Transition Entails Neuroanatomic Adaptations That Are Associated with the Father's Brain Response to His Infant Cues". *Cerebral Cortex Communications*, v. 1, n. 1, 2020. Disponível em: <https://doi.org/10.1093/texcom/tgaa082>.

34. Magdalena Martínez-García, María Paternina-Die, Erika Barba-Müller, Daniel Martín de Blas, Laura Beumala, Romina Cortizo, Cristina Pozzobon et al., "Do Pregnancy-Induced Brain Changes Reverse? The Brain of a Mother Six Years after Parturition". *Brain Sciences*, v. 11, n. 2, 28 jan. 2021. Disponível em: <https://doi.org/10.3390/brainsci11020168>.

35. Pilyoung Kim, J. F. Leckman, L. C. Mayes, R. Feldman, X. Wang e J. E. Swain, "The Plasticity of Human Maternal Brain: Longitudinal Changes in Brain Anatomy during the Early Postpartum Period". *Behavioral Neuroscience*, v. 124, n. 5, pp. 695-700, out. 2010. Disponível em: <https://doi.org/10.1037/a0020884>.

36. Eileen Luders, Florian Kurth, Malin Gingnell, Jonas Engman, Eu-Leong Yong, Inger S. Poromaa e Christian Gaser, "From Baby Brain to Mommy Brain: Widespread Gray Matter Gain after Giving Birth". *Cortex*, v. 126, pp. 334-42, maio 2020. Disponível em: <https://doi.org/10.1016/j.cortex.2019.12.029>.

37. Erika Barba-Müller, Sinéad Craddock, Susanna Carmona e Elseline Hoekzema, "Brain Plasticity in Pregnancy and the Postpartum Period: Links to Maternal Caregiving and Mental Health". *Archives of Women's Mental Health*, v. 22, n. 2, pp. 289-99, abr. 2019. Disponível em: <https://doi.org/10.1007/s00737-018-0889-z>; Pilyoung Kim, Alexander J. Dufford e Rebekah C. Tribble, "Cortical Thickness Variation of the Maternal Brain in the First 6 Months Postpartum: Associations with Parental Self-Efficacy". *Brain Structure & Function*, v. 223, n. 7, pp. 3267-77, set. 2018. Disponível em: <https://doi.org/10.1007/s00429-018-1688-z>.

38. Benedetta Leuner e Sara Sabihi, "The Birth of New Neurons in the Maternal Brain: Hormonal Regulation and Functional Implications". *Frontiers in Neuroendocrinology*, n. 41, pp. 99-113, abr. 2016. Disponível em: <https://doi.org/10.1016/j.yfrne.2016.02.004>; Rand S. Eid, Jessica A. Chaiton, Stephanie E. Lieblich, Tamara S. Bodnar, Joanne Weinberg e Liisa A. M. Galea, "Early and

Late Effects of Maternal Experience on Hippocampal Neurogenesis, Microglia, and the Circulating Cytokine Milieu". *Neurobiology of Aging*, n. 78, pp. 1-17, jun. 2019. Disponível em: <https://doi.org/10.1016/j.neurobiolaging.2019.01.021>.

39. Susanna Carmona, Magdalena Martínez-García, María Paternina-Die, Erika Barba-Müller, Lara M. Wierenga, Yasser Alemán-Gómez, Clara Pretus et al., "Pregnancy and Adolescence Entail Similar Neuroanatomical Adaptations: A Comparative Analysis of Cerebral Morphometric Changes". *Human Brain Mapping*, v. 40, n. 7, pp. 2143-52, 20 jan. 2019. Disponível em: <https://doi.org/10.1002/hbm.24513>.

40. Michal Schnaider Beeri, Michael Rapp, James Schmeidler, Abraham Reichenberg, Dushyant P. Purohit, Daniel P. Perl, Hillel T. Grossman, Isak Prohovnik, Vahram Haroutunian e Jeremy M. Silverman, "Number of Children Is Associated with Neuropathology of Alzheimer's Disease in Women". *Neurobiology of Aging*, v. 30, n. 8, pp. 1184-91, ago. 2009. Disponível em: <https://doi.org/10.1016/j.neurobiolaging.2007.11.011>.

41. Ann-Marie G. de Lange, Tobias Kaufmann, Dennis van der Meer, Luigi A. Maglanoc, Dag Alnæs, Torgeir Moberget, Gwenaëlle Douaud, Ole A. Andreassen e Lars T. Westlye, "Population-Based Neuroimaging Reveals Traces of Childbirth in the Maternal Brain". *Proceedings of the National Academy of Sciences*, v. 116, n. 44, pp. 22341-46, 29 out. 2019. Disponível em: <https://doi.org/10.1073/pnas.1910666116>; Ann-Marie G. de Lange, Claudia Barth, Tobias Kaufmann, Melis Anatürk, Sana Suri, Klaus P. Ebmeier e Lars T. Westlye, "The Maternal Brain: Region-Specific Patterns of Brain Aging Are Traceable Decades after Childbirth". *Human Brain Mapping*, v. 41, n. 16, pp. 4718-29, 7 ago. 2020. Disponível em: <https://doi.org/10.1002/hbm.25152>.

42. Irene Voldsbekk, Claudia Barth, Ivan I. Maximov, Tobias Kaufmann, Dani Beck, Genevieve Richard, Torgeir Moberget, Lars T. Westlye e Ann-Marie de Lange, "A History of Previous Childbirths Is Linked to Women's White Matter Brain Age in Midlife and Older Age". *Human Brain Mapping*, v. 42, n. 13, pp. 4372-86, set. 2021. Disponível em: <https://doi.org/10.1002/hbm.25553>.

43. Kaida Ning, Lu Zhao, Meredith Franklin, Will Matloff, Ishaan Batta, Nibal Arzouni, Fengzhu Sun e Arthur W. Toga, "Parity Is Associated with Cognitive Function and Brain Age in Both Females and Males". *Scientific Reports*, v. 10, n. 1, p. 6100, 8 abr. 2020. Disponível em: <https://doi.org/10.1038/s41598-020-63014-7>.

44. De Lange et al., "Maternal Brain". Disponível em: <https://doi.org/10.1002/hbm.25152>; Claudia Barth e Ann-Marie G. de Lange, "Towards an Understanding of Women's Brain Aging: The Immunology of Pregnancy and Menopause". In: Liisa Galea, Emily Jacobs e Ann-Marie de Lange (Orgs.), "Beyond Sex Dif-

ferences: A Spotlight on Women's Brain Health". *Frontiers in Neuroendocrinology*. Ed. esp., n. 58, art. 100850, jul. 2020. Disponível em: <https://doi.org/10.1016/j.yfrne.2020.100850>.

45. Edwina R. Orchard, Phillip G. D. Ward, Francesco Sforazzini, Elsdon Storey, Gary F. Egan e Sharna D. Jamadar, "Relationship between Parenthood and Cortical Thickness in Late Adulthood". *PLoS ONE*, v. 15, n. 7, art. e0236031, 28 jul. 2020. Disponível em: <https://doi.org/10.1371/journal.pone.0236031>.

46. Edwina R. Orchard, Phillip G. D. Ward, Sidhant Chopra, Elsdon Storey, Gary F. Egan e Sharna D. Jamadar, "Neuroprotective Effects of Motherhood on Brain Function in Late Life: A Resting-State fMRI Study". *Cerebral Cortex*, v. 31, n. 2, pp. 1270-83, fev. 2021. Disponível em: <https://doi.org/10.1093/cercor/bhaa293>

47. Barry S. Hewlett, *Intimate Fathers: The Nature and Context of Aka Pygmy Paternal Infant Care*. Ann Arbor: University of Michigan Press, 1992, pp. 126, 168; Hrdy, *Mothers and Others*.

48. Pilyoung Kim, Paola Rigo, Linda C. Mayes, Ruth Feldman, James F. Leckman e James E. Swain, "Neural Plasticity in Fathers of Human Infants". *Social Neuroscience*, v. 9, n. 5, pp. 522-35, out. 2014. Disponível em: <https://doi.org/10.1080/17470919.2014.933713>.

49. Ning et al., "Parity Is Associated with Cognitive Function". Disponível em: <https://doi.org/10.1038/s41598-020-63014-7>.

50. Marian C. Diamond, Ruth E. Johnson e Carol Ingham, "Brain Plasticity Induced by Environment and Pregnancy". *International Journal of Neuroscience*, v. 2, n. 4-5, pp. 171-8, 1971. Disponível em: <https://doi.org/10.3109/00207457109146999>.

51. Orchard et al., "Neuroprotective Effects of Motherhood". Disponível em: <https://doi.org/10.1093/cercor/bhaa293>.

52. Paula Duarte-Guterman, Benedetta Leuner e Liisa A. M. Galea, "The Long and Short Term Effects of Motherhood on the Brain". In: Susanne Brummelte e Benedetta Leuner (Orgs.), "Parental Brain". *Frontiers in Neuroendocrinology*. Ed. esp., n. 53, art. 100740, 1º abr. 2019. Disponível em: <https://doi.org/10.1016/j.yfrne.2019.02.004>; Roksana Karim, Ha Dang, Victor W. Henderson, Howard N. Hodis, Jan St. John, Robert D. Brinton e Wendy J. Mack, "Effect of Reproductive History and Exogenous Hormone Use on Cognitive Function in Mid-and Late Life". *Journal of the American Geriatrics Society*, v. 64, n. 12, pp. 2448-56, dez. 2016. Disponível em: <https://doi.org/10.1111/jgs.14658>; Michelle Heys, Chaoqiang Jiang, Kar Keung Cheng, Weisen Zhang, Shiu Lun Au Yeung, Tai Hing Lam, Gabriel M. Leung e C. Mary Schooling, "Life Long Endogenous Estrogen Exposure and Later Adulthood Cognitive Function in a Population

of Naturally Postmenopausal Women from Southern China: The Guangzhou Biobank Cohort Study". *Psychoneuroendocrinology*, v. 36, n. 6, pp. 864-73, jul. 2011. Disponível em: <https://doi.org/10.1016/j.psyneuen.2010.11.009>.

53. Beeri et al., "Number of Children Is Associated with Alzheimer's Disease". Disponível em: <https://doi.org/10.1016/j.neurobiolaging.2007.11.011>; Hyesue Jang, Jong Bin Bae, Efthimios Dardiotis, Nikolaos Scarmeas, Peminder S. Sachdev, Darren M. Lipnicki, Ji Won Han et al., "Differential Effects of Completed and Incomplete Pregnancies on the Risk of Alzheimer Disease". *Neurology*, v. 91, n. 7, art. e643-51, 14 ago. 2018. Disponível em: <https://doi.org/10.1212/WNL.0000000000006000>.

54. Molly Fox, Carlo Berzuini e Leslie A. Knapp, "Cumulative Estrogen Exposure, Number of Menstrual Cycles, and Alzheimer's Risk in a Cohort of British Women". *Psychoneuroendocrinology*, v. 38, n. 12, pp. 2973-82, dez. 2013. Disponível em: <https://doi.org/10.1016/j.psyneuen.2013.08.005>.

55. Ver resenhas: Duarte-Guterman, Leuner e Galea, "Effects of Motherhood on the Brain". Disponível em: <https://doi.org/10.1016/j.yfrne.2019.02.004>; Nicholas P. Deems e Benedetta Leuner, "Pregnancy, Postpartum and Parity: Resilience and Vulnerability in Brain Health and Disease". *Frontiers in Neuroendocrinology*, n. 57, pp. 100820, abr. 2020. Disponível em: <https://doi.org/10.1016/j.yfrne.2020.100820>.

56. Liisa A. M. Galea, Wansu Qiu e Paula Duarte-Guterman, "Beyond Sex Differences: Short and Long-Term Implications of Motherhood on Women's Health". In: Susan Howlett e Stephen Goodwin (Orgs.), "Sex Differences". *Current Opinion in Physiology*. Ed. esp., n. 6, pp. 82-8, dez. 2018. Disponível em: <https://doi.org/10.1016/j.cophys.2018.06.003>; Eid et al., op. cit. Disponível em: <https://doiorg/10.1016/j.neurobiolaging.2019.01.021>.

57. James K. Rilling, Amber Gonzalez e Minwoo Lee, "The Neural Correlates of Grandmaternal Caregiving". *Proceedings of the Royal Society B*, v. 288, n. 1963, art. 20211997, 24 nov. 2021. Disponível em: <https://doi.org/10.1098/rspb.2021.1997>.

58. Wilson, *Sociobiology*, p. 349.

59. Michael Griesser, Szymon M. Drobniak, Shinichi Nakagawa e Carlos A. Botero, "Family Living Sets the Stage for Cooperative Breeding and Ecological Resilience in Birds". *PLoS Biology*, v. 15, n. 6: art. e2000483, jun. 2017. Disponível em: <https://doi.org/10.1371/journal.pbio.2000483>; Judith M. Burkart, Carel van Schaik e Michael Griesser, "Looking for Unity in Diversity: Human Cooperative Childcare in Comparative Perspective". *Proceedings of the Royal Society B: Biological Sciences*, v. 284, n. 1869, art. 20171184, 20 dez. 2017. Disponível em: <https://doi.org/10.1098/rspb.2017.1184>; Dieter Lukas e Tim Clutton-Brock,

"Cooperative Breeding and Monogamy in Mammalian Societies". *Proceedings of the Royal Society B: Biological Sciences*, v. 279, n. 1736, pp. 2151-6, 7 jun. 2012. Disponível em: <https://doi.org/10.1098/rspb.2011.2468>.

60. Griesser et al., "Family Living Sets the Stage". Disponível em: <https://doi.org/10.1371/journal.pbio.2000483>.

61. Lisa Horn, Thomas Bugnyar, Michael Griesser, Marietta Hengl, Ei-IchiIzawa, Tim Oortwijn, Christiane Rössler et al., "Sex-Specific Effects of Cooperative Breeding and Colonial Nesting on Prosociality in Corvids". *eLife*, n. 9, art. e58139, 20 out. 2020. Disponível em: <https://doi.org/10.7554/eLife.58139>.

62. "About Crows", Mass Audubon. Acesso em: 22 jun. 2021. Disponível em: <https://www.massaudubon.org/learn/nature-wildlife/birds/crows/about>.

63. Jessica Grose, "America's Mothers Are in Crisis". *The New York Times*, 4 fev. 2021. Disponível em: <https://www.nytimes.com/2021/02/04/parenting/working-moms-mental-health-coronavirus.html>.

64. Mike DeBonis, "'Lefty Social Engineering': GOP Launches Cultural Attack on Biden's Plan for Day Care, Education and Employee Leave". *Washington Post*, 30 abr. 2021. Disponível em: <https://www.washingtonpost.com/politics/lefty-social-engineering-gop-launches-cultural-attack-on-bidens-plan-for-day care-education-and-employee-leave/2021/04/30/38983b6e-a9bc-11eb-8c1a 56f0cb4ff3b5story.html>; Mical Raz, "The Secret to Passing Biden's Child Care Plan? Convincing People It Helps All Kids". *Washington Post*, 17 maio 2021. Disponível em: <https://www.washingtonpost.com/outlook/2021/05/17/secret-passing-bidens-child-care-plan-explaining-how-it-helps-all-kids/>.

6. PROPENSOS A CUIDAR [pp. 208-46]

1. Tali Kimchi, Jennings Xu e Catherine Dulac, "A Functional Circuit Underlying Male Sexual Behaviour in the Female Mouse Brain". *Nature*, v. 448, n. 7157, pp. 1009-14, ago. 2007. Disponível em: <https://doi.org/10.1038/nature06089>; Zheng Wu, Anita E. Autry, Joseph E. Bergan, Mitsuko Watabe--Uchida e Catherine G. Dulac, "Galanin Neurons in the Medial Preoptic Area Govern Parental Behaviour". *Nature*, v. 509, n. 7500, pp. 325-30, maio 2014. Disponível em: <https://doi.org/10.1038/nature13307>.

2. Michael J. Baum, "Sexual Differentiation of Pheromone Processing: Links to Male-Typical Mating Behavior and Partner Preference". In: Kim Wallen (Org.), "50th Anniversary of the Publication of Phoenix, Goy, Gerall & Young 1959: Organizational Effects of Hormones". *Hormones and Behavior*. Ed. esp.,

v. 55, n. 5, pp. 579-88, maio 2009. Disponível em: <https://doi.org/10.1016/j.yhbeh.2009.02.008>.

3. Uma boa análise sobre a história da ciência da diferenciação sexual no cérebro encontra-se em Margaret M. McCarthy e Arthur P. Arnold, "Reframing Sexual Differentiation of the Brain". *Nature Neuroscience*, v. 14, n. 6, pp. 677--83, jun. 2011. Disponível em: <https://doi.org/10.1038/nn.2834>. É interessante observar que boa parte dos primeiros trabalhos sobre o cérebro parental também questionava a ideia de circuitos separados para cada sexo.

4. Rebecca M. Shansky e Anne Z. Murphy, "Considering Sex as a Biological Variable Will Require a Global Shift in Science Culture". *Nature Neuroscience*, v. 24, n. 4, pp. 457-64, abr. 2021. Disponível em: <https://doi.org/10.1038/s41593-021-00806-8>; Rebecca M. Shansky, "Are Hormones a 'Female Problem' for Animal Research?". *Science*, v. 364, n. 6443, pp. 825--6, 31 maio 2019. Disponível em: <https://doi.org/10.1126/science.aaw7570>; Ann-Marie G. de Lange, Emily G. Jacobs e Liisa A. M. Galea, "The Scientific Body of Knowledge: Whose Body Does It Serve? A Spotlight on Women's Brain Health". In: Liisa A. M. Galea, Emily G. Jacobs e Ann-Marie G. de Lange (Orgs.), "Beyond Sex Differences: A Spotlight on Women's Brain Health". *Frontiers in Neuroendocrinology*. Ed. esp., n. 60, art. 100898, jan. 2021. Disponível em: <https://doi.org/10.1016/j.yfrne.2020.100898>; Liisa A. M. Galea, "Chasing Red Herrings and Wild Geese: Sex Differences versus Sex Dimorphism". *Frontiers in Neuroendocrinology*, n. 63, art. 100940, out. 2021. Disponível em: <https://doi.org/10.1016/j.yfrne.2021.100940>.

5. Larry Cahill, "Equal ≠ the Same: Sex Differences in the Human Brain". *Cerebrum* (blog), Dana Foundation, 1º abr. 2014. Disponível em: <https://www.dana.org/article/equal-≠-the-same-sex-differences-in-the-human-brain/>; Cordelia Fine, Daphna Joel, Rebecca Jordan-Young, Anelis Kaiser e Gina Rippon, "Reaction to 'Equal ≠ the Same: Sex Differences in the Human Brain'". *Cerebrum* (blog), Dana Foundation, 15 dez. 2014. Disponível em: <https://dana.org/article/reaction-to-equal-≠-the-same-sex-differences-in-the-human-brain/>.

6. Piotr Sorokowski et al., "Sex Differences in Human Olfaction: A Meta--Analysis". *Frontiers in Psychology*, v. 10, p. 242, 13 fev. 2019. Disponível em: <https://doi.org/10.3389/fpsyg.2019.00242>.

7. Catherine S. Woolley, "His and Hers: Sex Differences in the Brain". *Cerebrum* (blog), Dana Foundation, 15 jan. 2021. Disponível em: <https://dana.org/article/cerebrum-sex-differences-in-the-brain/>.

8. Johannes Kohl, Anita E. Autry e Catherine Dulac, "The Neurobiology

of Parenting: A Neural Circuit Perspective". *BioEssays*, v. 39, n. 1, pp. 1-11, jan. 2017. Disponível em: <https://doi.org/10.1002/bies.201600159>.

9. Jay S. Rosenblatt, Senator Hazelwood e Jekeisa Poole, "Maternal Behavior in Male Rats: Effects of Medial Preoptic Area Lesions and Presence of Maternal Aggression". *Hormones and Behavior*, v. 30, n. 3, pp. 201-15, set. 1996. Disponível em: <https://doi.org/10.1006/hbeh.1996.0025>.

10. Catherine Dulac, Lauren A. O'Connell e Zheng Wu, "Neural Control of Maternal and Paternal Behaviors". *Science*, v. 345, n. 6198, pp. 765-70, 15 ago. 2014. Disponível em: <https://doi.org/10.1126/science.1253291>.

11. James K. Rilling e Jennifer S. Mascaro, "The Neurobiology of Fatherhood". In: Marinus H. van IJzendoorn e Marian J. Bakermans-Kranenburg (Orgs.), "Parenting". *Current Opinion in Psychology*, ed. esp., n. 15, pp. 26-32, 1º jun. 2017. Disponível em <https://doi.org/10.1016/j.copsyc.2017.02.013>.

12. Hrdy, *Mothers and Others*, pp. 161-2.

13. Ariel Ramchandani, "She Got Pregnant. His Body Changed Too". *Atlantic*, 3 jun. 2021. Disponível em <https://www.theatlantic.com/family/archive/2021/06/when-men-get-pregnancy-symptoms-couvade-syndrome/619083/>.

14. Marian J. Bakermans-Kranenburg, Anna Lotz, Kim Alyousefi-vanDijk e Marinus van IJzendoorn, "Birth of a Father: Fathering in the First 1,000 Days". *Child Development Perspectives*, v. 13, n. 4, pp. 247-53, dez. 2019. Disponível em: <https://doi.org/10.1111/cdep.12347>; Hrdy, *Mothers and Others*, p. 98.

15. Anne E. Storey, Carolyn J. Walsh, Roma L. Quinton e Katherine E. Wynne-Edwards, "Hormonal Correlates of Paternal Responsiveness in New and Expectant Fathers". *Evolution and Human Behavior*, v. 21, n. 2, pp. 79-95, mar. 2000. Disponível em: <https://doi.org/10.1016/S1090-5138(99)00042-2>.

16. Anne E. Storey, Hayley Alloway e Carolyn J. Walsh, "Dads: Progress in Understanding the Neuroendocrine Basis of Human Fathering Behavior". In: Cheryl McCormick (Org.), "50th Anniversary of Hormones and Behavior: Past Accomplishments and Future Directions in Behavioral Neuroendocrinology". *Hormones and Behavior*. Ed. esp., n. 119, art. 104660, mar. 2020. Disponível em: <https://doi.org/10.1016/j.yhbeh.2019.104660>.

17. Nicholas M. Grebe et al., "Pair-Bonding, Fatherhood, and the Role of Testosterone: A Meta-Analytic Review". *Neuroscience & Biobehavioral Reviews*, n. 98, pp. 221-33, mar. 2019. Disponível em: <https://doi.org/10.1016/j.neubiorev.2019.01.010>.

18. Lee T. Gettler, Thomas W. McDade, Alan B. Feranil e Christopher W. Kuzawa, "Longitudinal Evidence That Fatherhood Decreases Testosterone in Human Males". *Proceedings of the National Academy of Sciences*, v. 108, n.

39, pp. 16194-9, 27 set. 2011. Disponível em: <https://doi.org/10.1073/pnas.1105403108>.

19. Darby E. Saxbe, Robin S. Edelstein, Hannah M. Lyden, Britney M. Wardecker, William J. Chopik e Amy C. Moors, "Fathers' Decline in Testosterone and Synchrony with Partner Testosterone during Pregnancy Predicts Greater Postpartum Relationship Investment". *Hormones and Behavior*, n. 90, pp. 39-47, abr. 2017. Disponível em: <https://doi.org/10.1016/j.yhbeh.2016.07.005>.

20. Darby E. Saxbe, Emma K. Adam, Christine Dunkel Schetter, Christine M. Guardino, Clarissa Simon, Chelsea O. McKinney e Madeleine U. Shalowitz, "Cortisol Covariation within Parents of Young Children: Moderation by Relationship Aggression". *Psychoneuroendocrinology*, n. 62, pp. 121-8, dez. 2015. Disponível em: <https://doi.org/10.1016/j.psyneuen.2015.08.006>

21. Nicholas M. Grebe, Ruth E. Sarafin, Chance R. Strenth e Samuele Zilioli, "Pair-Bonding, Fatherhood, and the Role of Testosterone: A Meta-Analytic Review". *Neuroscience & Biobehavioral Reviews*, n. 98, pp. 221-33, mar. 2019. Disponível em: <https://doi.org/10.1016/j.neubiorev.2019.01.010>.

22. Willemijn M. Meijer, Marinus H. van IJzendoorn e Marian J. Bakermans-Kranenburg, "Challenging the Challenge Hypothesis on Testosterone in Fathers: Limited Meta-Analytic Support". *Psychoneuroendocrinology*, n. 110, art. 104435, dez. 2019. Disponível em: <https://doi.org/10.1016/j.psyneuen.2019.104435>.

23. Uma análise mais completa dos mitos culturais associados à testosterona e um argumento refutando que a testosterona seja um motor de comportamentos tipicamente masculinos encontram-se em Cordelia Fine, *Testosterone Rex: Myths of Sex, Science, and Society*. Nova York: W. W. Norton, 2017; Carole Hooven, *T: The Story of Testosterone, the Hormone That Dominates and Divides Us*. Nova York: Henry Holt, 2021.

24. Janet Shibley Hyde, R. S. Bigler, D. Joel, C. C. Tate e S. M. van Anders, "The Future of Sex and Gender in Psychology: Five Challenges to the Gender Binary". *American Psychologist*, v. 74, n. 2, pp. 171-93, mar. 2019. Disponível em: <https://doi.org/10.1037/amp0000307>.

25. Hyde et al., "Future of Sex and Gender in Psychology". Disponível em: <https://doi.org/10.1037/amp0000307>. Ver Figura 2 em Paola Sapienza, Luigi Zingales e Dario Maestripieri, "Gender Differences in Financial Risk Aversion and Career Choices Are Affected by Testosterone". *Proceedings of the National Academy of Sciences*, v. 106, n. 36, pp. 15268-73, 8 set. 2009. Disponível em: <https://doi.org/10.1073/pnas.0907352106>.

26. Hooven, *T: The Story of Testosterone*, p. 122.

27. David J. Handelsman, Angelica L. Hirschberg e Stephane Bermon, "Circulating Testosterone as the Hormonal Basis of Sex Differences in Athletic

Performance". *Endocrine Reviews*, v. 39, n. 5, pp. 803-29, out. 2018. Disponível em: <https://doi.org/10.1210/er.2018-00020>.

28. Anthony C. Hackney, "Hypogonadism in Exercising Males: Dysfunction or Adaptive-Regulatory Adjustment?". *Frontiers in Endocrinology*, v. 11, n. 11, 31 jan. 2020. Disponível em: <https://doi.org/10.3389/fendo.2020.00011>.

29. Grebe et al., "Pair-Bonding, Fatherhood, and the Role of Testosterone". Disponível em: <https://doi.org/10.1016/j.neubiorev.2019.01.010>.

30. Sari M. van Anders, Jeffrey Steiger e Katherine L. Goldey, "Effects of Gendered Behavior on Testosterone in Women and Men". *Proceedings of the National Academy of Sciences*, v. 112, n. 45, pp. 13805-10, 10 nov. 2015. Disponível em: <https://doi.org/10.1073/pnas.1509591112>.

31. Hyde et al., "Future of Sex and Gender in Psychology". Disponível em: <https://doi.org/10.1037/amp0000307>; Sari M. van Anders, Katherine L. Goldey e Patty X. Kuo, "The Steroid/PeptideTheory of Social Bonds: Integrating Testosterone and Peptide Responses for Classifying Social Behavioral Contexts". *Psychoneuroendocrinology*, v. 36, n. 9, pp. 1265-75, out. 2011. Disponível em: <https://doi.org/10.1016/j.psyneuen.2011.06.001>.

32. Van Anders, Goldey e Kuo, "Steroid/Peptide Theory of Social Bonds". Disponível em: <https://doi.org/10.1016/j.psyneuen.2011.06.001>; Alison S. Fleming, Carl Corter, Joy Stallings e Meir Steiner, "Testosterone and Prolactin Are Associated with Emotional Responses to Infant Cries in New Fathers". *Hormones and Behavior*, v. 42, n. 4, pp. 399-413, dez. 2002. Disponível em: <https://doi.org/10.1006/hbeh.2002.1840>; Storey, Alloway and Walsh, "Dads". Disponível em: <ttps://doi.org/10.1016/j.yhbeh.2019.104660>.

33. Van Anders, Goldey e Kuo, "Steroid/Peptide Theory of Social Bonds". Disponível em: <https://doi.org/10.1016/j.psyneuen.2011.06.001>.

34. Robin S. Edelstein, Britney M. Wardecker, William J. Chopik, Amy C. Moors, Emily L. Shipman e Natalie J. Lin, "Prenatal Hormones in First-Time Expectant Parents: Longitudinal Changes and Within-Couple Correlations". *American Journal of Human Biology*, v. 27, n. 3, pp. 317-25, maio/jun. 2015. Disponível em: <https://doi.org/10.1002/ajhb.22670>.

35. Emily S. Barrett, Van Tran, Sally Thurston, Grazyna Jasienska, Anne-Sofie Furberg, Peter T. Ellison e Inger Thune, "Marriage and Motherhood Are Associated with Lower Testosterone Concentrations in Women". *Hormones and Behavior*, v. 63, n. 1, pp. 72-9, jan. 2013. Disponível em: <https://doi.org/10.1016/j.yhbeh.2012.10.012>; Christopher Kuzawa, Lee T. Gettler, Yuan-yen Huang e Thomas W. McDade, "Mothers Have Lower Testosterone Than Non-Mothers: Evidence from the Philippines". *Hormones and Behavior*, v. 57, n. 4-5, pp. 441-7, abr. 2010. Disponível em: <https://doi.org/10.1016/j.yhbeh.2010.01.014>.

36. Florencia Torche e Tamkinat Rauf, "The Transition to Fatherhood and the Health of Men". *Journal of Marriage and Family*, v. 83, n. 2, pp. 446-65, abr. 2021. Disponível em: <https://doi.org/10.1111/jomf.12732>; Craig F. Garfield, Elizabeth Clark-Kauffman e Matthew M. Davis, "Fatherhood as a Component of Men's Health". *JAMA*, v. 296, n. 19, pp. 2365-8, 15 nov. 2006. Disponível em: <https://doi.org/10.1001/jama.296.19.2365>; Lee T. Gettler, Thomas W. McDade, Alan B. Feranil e Christopher W. Kuzawa, "Longitudinal Evidence That Fatherhood Decreases Testosterone". Disponível em: <https://doi.org/10.1073/pnas.1105403108>.

37. Darby Saxbe, Maya Rossin-Slater e Diane Goldenberg, "The Transition to Parenthood as a Critical Window for Adult Health". *American Psychologist*, v. 73, n. 9, pp. 1190-200, dez. 2018. Disponível em: <https://doi.org/10.1037/amp0000376>.

38. Darby E. Saxbe, Christine Dunkel Schetter, Clarissa D. Simon, Emma K. Adam e Madeleine U. Shalowitz, "High Paternal Testosterone May Protect against Postpartum Depressive Symptoms in Fathers, but Confer Risk to Mothers and Children". *Hormones and Behavior*, n. 95, pp. 103-12, dez. 2018. Disponível em: <https://doi.org/10.1016/j.yhbeh.2017.07.014>.

39. Jonathan R. Scarff, "Postpartum Depression in Men". *Innovations in Clinical Neuroscience*, v. 16, n. 5-6, pp. 11-4, 1º maio 2019.

40. Jennifer S. Mascaro, Patrick D. Hackett e James K. Rilling, "Differential Neural Responses to Child and Sexual Stimuli in Human Fathers and Non-Fathers and Their Hormonal Correlates". *Psychoneuroendocrinology*, n. 46, pp. 153-63, ago. 2014. Disponível em: <https://doi.org/10.1016/j.psyneuen.2014.04.014>.

41. Storey, Alloway e Walsh, "Dads". Disponível em: <https://doi.org/10.1016/j.yhbeh.2019.104660>.

42. Mascaro, Hackett e Rilling, "Differential Neural Responses to Child and Sexual Stimuli". Disponível em: <https://doi.org/10.1016/j.psyneuen.2014.04.014>.

43. Jennifer S. Mascaro, K. E. Rentscher, P. D. Hackett, M. R. Mehl e J. K. Rilling, "Child Gender Influences Paternal Behavior, Language, and Brain Function". *Behavioral Neuroscience*, v. 131, n. 3, pp. 262-73, jun. 2017. Disponível em: <https://doi.org/10.1037/bne0000199>.

44. Ting Li, Marilyn Horta, Jennifer S. Mascaro, Kelly Bijanki, Luc H. Arnal, Melissa Adams, Ronald G. Barr e James K. Rilling, "Explaining Individual Variation in Paternal Brain Responses to Infant Cries". In: Stacy Rosenbaum e Lee T. Gettler (Orgs.), "Evolutionary Perspectives on Non-Maternal Care in Mammals: Physiology, Behavior, and Developmental Effects". *Physiology &*

Behavior. Ed. esp., n. 193, parte A, pp. 43-54, 1º set. 2018. Disponível em: <https://doi.org/10.1016/j.physbeh.2017.12.033>.

45. James K. Rilling, Lynnet Richey, Elissar Andari e Stephan Hamann, "The Neural Correlates of Paternal Consoling Behavior and Frustration in Response to Infant Crying". *Developmental Psychobiology*, v. 63, n. 5, pp. 1370--83, jul. 2021. Disponível em: <https://doi.org/10.1002/dev.22092>.

46. James K. Rilling, "The Neural and Hormonal Bases of Human Parental Care". *Neuropsychologia*, v. 51, n. 4, pp. 731-47, mar. 2013. Disponível em: <https://doi.org/10.1016/j.neuropsychologia.2012.12.017>.

47. Pilyoung Kim, Paola Rigo, Linda C. Mayes, Ruth Feldman, James F. Leckman e James E. Swain, "Neural Plasticity in Fathers of Human Infants". *Social Neuroscience*, v. 9, n. 5, pp. 522-35, out. 2014. Disponível em: <https://doi.org/10.1080/17470919.2014.933713>; María Paternina-Die, Magdalena Martínez--García, Clara Pretus, Elseline Hoekzema, Erika Barba-Müller, Daniel Martín de Blas, Cristina Pozzobon et al., "The Paternal Transition Entails Neuroanatomic Adaptations That Are Associated with the Father's Brain Response to His Infant Cues". *Cerebral Cortex Communications*, v. 1, n. 1, 4 nov. 2020. Disponível em: <https://doi.org/10.1093/texcom/tgaa082>; Françoise Diaz-Rojas, Michiko Matsunaga, Yukari Tanaka, Takefumi Kikusui, Kazutaka Mogi, Miho Nagasawa, Kohei Asano, Nobuhito Abe e Masako Myowa, "Development of the Paternal Brain in Expectant Fathers during Early Pregnancy". *NeuroImage*, n. 225, p. 117527, 15 jan. 2021. Disponível em: <https://doi.org/10.1016/j.neuroimage.2020.117527>.

48. Damion J. Grasso, Jason S. Moser, Mary Dozier e Robert Simons, "ERP Correlates of Attention Allocation in Mothers Processing Faces of Their Children". *Biological Psychology*, v. 81, n. 2, pp. 95-102, maio 2009. Disponível em: <https://doi.org/10.1016/j.biopsycho.2009.03.001>.

49. Johanna Bick, Mary Dozier, Kristin Bernard, Damion Grasso e Robert Simons, "Foster Mother-Infant Bonding: Associations between Foster Mothers' Oxytocin Production, Electrophysiological Brain Activity, Feelings of Commitment, and Caregiving Quality". *Child Development*, v. 84, n. 3, pp. 826--40, maio/jun. 2013. Disponível em: <https://doi.org/10.1111/cdev.12008>.

50. Eyal Abraham, Talma Hendler, Irit Shapira-Lichter, Yaniv Kanat--Maymon, Orna Zagoory-Sharon e Ruth Feldman, "Father's Brain Is Sensitive to Childcare Experiences". *Proceedings of the National Academy of Sciences*, v. 111, n. 27, pp. 9792-7, 8 jul. 2014. Disponível em: <https://doi.org/10.1073/pnas.1402569111>.

51. Ibid.

52. Kristi Chin, William J. Chopik, Britney M. Wardecker, Onawa P.

LaBelle, Amy C. Moors e Robin S. Edelstein, "Longitudinal Associations between Prenatal Testosterone and Postpartum Outcomes in a Sample of First-Time Expectant Lesbian Couples". *Hormones and Behavior*, n. 125, art. 104810. Disponível em: <https://doi.org/10.1016/j.yhbeh.2020.104810>.

53. Thomas Page McBee, "What I Saw in My First 10 Years on Testosterone". *The New York Times*, 25 jun. 2021. Disponível em: <https://www.nytimes.com/2021/06/25/opinion/transgender-transition-testosterone.html>.

54. Benjamin Fearnow, "Biden Admin Replaces 'Mothers' with 'Birthing People' in Maternal Health Guidance". *Newsweek*, 7 jun. 2021. Disponível em: <https://www.newsweek.com/biden-admin-replaces-mothers-birthing-people-maternal-health-guidance-1598343>; John Kass, "Why Are We Calling Mothers 'Birthing Persons'?". *Baltimore Sun*, 21 jun. 2021. Disponível em: <https://www.baltimoresun.com/opinion/op-ed/bs-ed-op-0621-katz-birthing-mothers-20210621-4lvc7jtpnrd37ci24oikwattc4-story.html>; Rosie Kinchen, "Antenatal Guru Milli Hill Dropped by Charity after Insisting: It's 'Women,' Not 'Birthing People'". *Sunday Times*, 11 jul. 2021. Disponível em: <https://www.thetimesco.uk/article/antenatal-guru-milli-hill-dropped-by-charity-after-insisting-its-women-not-birthing-people-ncl88m8gx>.

55. Christi Carras, "'The Mandalorian' Star Pedro Pascal Channeled Han Solo and Clint Eastwood for Disney+". *Los Angeles Times*, 26 ago. 2019. Disponível em: <https://www.latimes.com/entertainment-arts/tv/story/2019-08-26/mandalorian-pedro-pascal-star-wars-disney-plus>.

7. COMECE ONDE VOCÊ ESTÁ [pp. 247-301]

1. O artigo a seguir traz uma boa representação desse espectro na Figura 1, embora eu não esteja convencida de que "estresse perinatal" seja um estado afetivo separado. A meu ver, o estresse parece ser uma parte inata da transição para a parentalidade que tem efeitos variáveis ao longo do contínuo de experiências dos pais. Sofia Rallis, Helen Skouteris, Marita McCabe e Jeannette Milgrom, "The Transition to Motherhood: Towards a Broader Understanding of Perinatal Distress". *Women and Birth*, v. 27, n. 1, pp. 68-71, mar. 2014. Disponível em: <https://doi.org/1016/j.wombi.2013.12.004>.

2. Essa é uma estatística muito usada, mas quem passar algum tempo examinando dados sobre prevalência e incidência notará que variam bastante de um estudo para outro, com diferentes critérios relacionados a gravidade e estrutura temporal e grandes diferenças dependendo da população estudada, seu acesso a serviços de saúde e talvez o grau de estigma associado a sintomas

relatados. A maioria dos estudos investiga principalmente sintomas depressivos. A análise de 2014 por O'Hara e Wisner, indicada a seguir, talvez seja a que traz a noção mais importante: "Todas essas análises críticas e estudos empíricos concluem que a depressão é comum durante a gravidez e após o parto em países desenvolvidos e em desenvolvimento". Michael W. O'Hara e Katherine L. Wisner, "Perinatal Mental Illness: Definition, Description and Aetiology". In: Michael W. O'Hara, Katherine L. Wisner e Gerald F. Joseph Jr. (Orgs.), "Perinatal Mental Health: Guidance for the Obstetrician-Gynaecologist". *Best Practice & Research Clinical Obstetrics & Gynaecology*. Ed. esp., v. 28, n. 1, pp. 3-12, jan. 2014. Disponível em: <https://doi.org/10.1016/j.bpobgyn.2013.09.002>; Dara Lee Luca, Caroline Margiotta, Colleen Staatz, Eleanor Garlow, Anna Christensen e Kara Zivin, "Financial Toll of Untreated Perinatal Mood and Anxiety Disorders among 2017 Births in the United States". *American Journal of Public Health*, v. 110, n. 6, pp. 888-96, jun. 2020. Disponível em: <https://doi.org/10.2105/AJPH.2020.305619>; Jean Ko, Karilynn M. Rockhill, Van T. Tong, Brian Morrow e Sherry L. Farr, "Trends in Postpartum Depressive Symptoms — 27 States, 2004, 2008, and 2012". *Morbidity and Mortality Weekly Report*, v. 66, n. 6, pp. 153-8, 17 fev. 2017. Disponível em: <https://doi.org/10.15585/mmwr.mm6606a1>; Louise M. Howard, Emma Molyneaux, Cindy-Lee Dennis, Tamsen Rochat, Alan Stein e Jeannette Milgrom, "Non-Psychotic Mental Disordersi n the Perinatal Period". *Lancet*, v. 384, n. 9956, pp. 1775-88, 15 nov. 2014. Disponível em: <https://doi.org/10.1016/S0140-6736(14)61276-9>.

3. Ferris Jabr, "The Newest Edition of Psychiatry's 'Bible,' the DSM-5, Is Complete". *Scientific American*, 28 jan. 2013. Disponível em: <https://www.scientificamerican.com/article/dsm-5-update/>.

4. Samantha Meltzer-Brody e Stephen J. Kanes, "Allopregnanolone in Postpartum Depression: Role in Pathophysiology and Treatment". In: Graziano Pinna (Org.), "Allopregnanolone Role in the Neurobiology of Stress and Mood Disorders". *Neurobiology of Stress*. Ed. esp., n. 12, p. 100212, 3 fev. 2020. Disponível em: <https://doi.org/10.1016/j.ynstr.2020.100212>.

5. J. A. Kountanis, M. Muzik, T. Chang, E. Langen, R. Cassidy, G. A. Mashour e M. E. Bauer, "Relationship between Postpartum Mood Disorder and Birth Experience: A Prospective Observational Study". *International Journal of Obstetric Anesthesia*, n. 44, pp. 90-9, 1º nov. 2020. Disponível em: <https://doi.org/10.1016/j.ijoa.2020.07.008>.

6. Liisa A. M. Galea e Vibe G. Frokjaer, "Perinatal Depression: Embracing Variability toward Better Treatment and Outcomes". *Neuron*, v. 102, n. 1, pp. 13--6, 3 abr. 2019. Disponível em: <https://doi.org/10.1016/j.neuron.2019.02.023>.

7. Elizabeth O'Connor, Caitlyn A. Senger, Michelle L. Henninger, Erin

Coppola e Bradley N. Gaynes, "Interventions to Prevent Perinatal Depression: Evidence Report and Systematic Review for the US Preventive Services Task Force". *JAMA*, v. 321, n. 6, pp. 588-601, 12 fev. 2019. Disponível em: <https://doi.org/10.1001/jama.2018.20865>.

8. Katherine L. Wisner, Dorothy K. Y. Sit, Mary C. McShea, David M. Rizzo, Rebecca A. Zoretich, Carolyn L. Hughes, Heather F. Eng et al., "Onset Timing, Thoughts of Self-Harm, and Diagnoses in Postpartum Women with Screen-Positive Depression Findings". *JAMA Psychiatry*, v. 70, n. 5, pp. 490-8, maio 2013. Disponível em: <https://doi.org/10.1001/jamapsychiatry.2013.87>.

9. Alan Stein, Rebecca M. Pearson, Sherryl H. Goodman, Elizabeth Rapa, Atif Rahman, Meaghan McCallum, Louise M. Howard e Carmine M. Pariante, "Effects of Perinatal Mental Disorders on the Fetus and Child". *Lancet*, v. 384, n. 9956, pp. 1800-19, 15 nov. 2014. Disponível em: <https://doi.org/10.1016/S0140-6736(14)61277-0>.

10. Jacquelyn Campbell, Sabrina Matoff-Stepp, Martha L. Velez, Helen Hunter Cox e Kathryn Laughon, "Pregnancy-Associated Deaths from Homicide, Suicide, and Drug Overdose: Review of Research and the Intersection with Intimate Partner Violence". In: "Maternal Mortality and Morbidity". *Journal of Women's Health*. Ed. esp., v. 30, n. 2, pp. 236-44, fev. 2021. Disponível em: <https://doi.org/10.1089/jwh.2020.8875>; V. Lindahl, J. L. Pearson e L. Colpe, "Prevalence of Suicidality during Pregnancy and the Postpartum". *Archives of Women's Mental Health*, v. 8, n. 2, pp. 77-87, 11 maio 2005. Disponível em: <https://doi.org/10.1007/s00737-005-0080-1>; Lindsay K. Admon, Vanessa K. Dalton, Giselle E. Kolenic, Susan L. Ettner, Anca Tilea, Rebecca L. Haffajee, Rebecca M. Brownlee et al., "Trends in Suicidality 1 Year before and after Birth among Commercially Insured Childbearing Individuals in the United States, 2006-2017". *JAMA Psychiatry*, v. 78, n. 2, pp. 171-6, 18 nov. 2020. Disponível em: <https://doi.org/10.1001/jamapsychiatry.2020.3550>; Susan Bodnar-Deren, Kimberly Klipstein, Madeleine Fersh, Eyal Shemesh e Elizabeth A. Howell, "Suicidal Ideation during the Postpartum Period". *Journal of Women's Health*, v. 25, n. 12, pp. 1219-24, 1º dez. 2016. Disponível em: <https://doi.org/10.1089/jwh.2015.5346>.

11. Darby Saxbe, Maya Rossin-Slater e Diane Goldenberg, "The Transition to Parenthood as a Critical Window for Adult Health". *American Psychologist*, v. 73, n. 9, pp. 1190-200, dez. 2018. Disponível em: <https://doi.org/10.1037/amp0000376>.

12. Wisner et al., "Onset Timing, Thoughts of Self-Harm, and Diagnoses". Disponível em: <https://doi.org/10.1001/jamapsychiatry.2013.87>.

13. A. Josefsson e G. Sydsjö, "A Follow-Up Study of Postpartum Depressed

Women: Recurrent Maternal Depressive Symptoms and Child Behavior after Four Years". *Archives of Women's Mental Health*, v. 10, n. 4, pp. 141-5, ago. 2007. Disponível em: <https://doi.org/10.1007/s00737-007-0185-9>.

14. Jennifer Hahn-Holbrook, Taylor Cornwell-Hinrichs e Itzel Anaya, "Economic and Health Predictors of National Postpartum Depression Prevalence: A Systematic Review, Meta-Analysis, and Meta-Regression of 291 Studies from 56 Countries". *Frontiers in Psychiatry*, n. 8, p. 248, fev. 2018. Disponível em: <https://doi.org/10.3389/fpsyt.2017.00248>.

15. Postpartum Depression: Action Towards Causes and Treatment (Pact) Consortium, "Heterogeneity of Postpartum Depression: A Latent Class Analysis". *Lancet Psychiatry*, v. 2, n. 1, pp. 59-67, jan. 2015. Disponível em: <https://doi.org/10.1016/S2215-0366(14)00055-8>; Karen T. Putnam, Marsha Wilcox, Emma Robertson-Blackmore, Katherine Sharkey, Veerle Bergink, Trine Munk--Olsen, Kristina M. Deligiannidis et al., "Clinical Phenotypes of Perinatal Depression and Time of Symptom Onset: Analysis of Data from an International Consortium". *Lancet Psychiatry*, v. 4, n. 6, pp. 477-85, jun. 2017. Disponível em: <https://doi.org/10.1016/S2215-0366(17)30136-0>.

16. Amanda J. Nguyen, Elisabeth Hoyer, Purva Rajhans, Lane Strathearn e Sohye Kim, "A Tumultuous Transition to Motherhood: Altered Brain and Hormonal Responses in Mothers with Postpartum Depression". In: Jodi L. Pawluski, Frances A. Champagne e Oliver J. Bosch (Orgs.), "Papers from the Parental Brain 2018 Meeting, Toronto, Canada, July 2018". *Journal of Neuroendocrinology*. Ed. esp., v. 31, n. 9, art. e12794, set. 2019. Disponível em: <https://doi.org/10.1111/jne.12794>.

17. E. L. Moses-Kolko, M. S. Horner, M. L. Phillips, A. E. Hipwell e J. E. Swain, "In Search of Neural Endophenotypes of Postpartum Psychopathology and Disrupted Maternal Caregiving". In: "Reviews from the 5th Parental Brain Conference, Regensburg, Germany, 11th-14th of July 2013". *Journal of Neuroendocrinology*, v. 26, n. 10, pp. 665-84, 2014. Disponível em: <https://doi.org/10.1111/jne.12183>.

18. Aya Dudin, Kathleen E. Wonch, Andrew D. Davis, Meir Steiner, Alison S. Fleming e Geoffrey B. Hall, "Amygdala and Affective Responses to Infant Pictures: Comparing Depressed and Non-Depressed Mothers and Non--Mothers". In: "Papers from the Parental Brain 2018 Meeting, Toronto, Canada, July 2018". *Journal of Neuroendocrinology*. Ed. esp., v. 31, n. 9, art. e12790, set. 2019. Disponível em: <https://doi.org/10.1111/jne.12790>; Kathleen E. Wonch, Cynthia B. de Medeiros, Jennifer A. Barrett, Aya Dudin, William A. Cunningham, Geoffrey B. Hall, Meir Steiner e Alison S. Fleming, "Postpartum Depression and Brain Response to Infants: Differential Amygdala Response and

Connectivity". *Social Neuroscience*, v. 11, n. 6, pp. 600-17, dez. 2016. Disponível em: <https://doi.org/10.1080/17470919.2015.1131193>.

19. Jodi L. Pawluski, James E. Swain e Joseph S. Lonstein, "Neurobiology of Peripartum Mental Illness". In: Dick F. Swaab, Ruud M. Bujis, Felix Kreier, Paul J. Lucassen e Ahmad Salehi (Orgs.), *Handbook of Clinical Neurology*, v. 182, *The Human Hypothalamus: Neuropsychiatric Disorders*. Amsterdam: Elsevier, 2021, pp. 63-82. Disponível em: <https://doi.org/10.1016/B978-0-12-819973-2.00005-8>; Nguyen et al., "Tumultuous Transition to Motherhood". Disponível em: <https://doi.org/10.1111/jne.12794>.

20. Chaohui Guo, Eydie Moses-Kolko, Mary Phillips, James E. Swain e Alison E. Hipwell, "Severity of Anxiety Moderates the Association between Neural Circuits and Maternal Behaviors in the Postpartum Period". *Cognitive, Affective, & Behavioral Neuroscience*, v. 18, n. 3, pp. 426-36, jun. 2018. Disponível em: <https://doi.org/10.3758/s13415-017-0516-x>.

21. Pawluski, Swain e Lonstein, "Neurobiology of Peripartum Mental Illness". Disponível em: <https://doi.org/10.1016/B978-0-12-819973-2.00005-8>; James E. Swain, S. Shaun Ho, Helen Fox, David Garry e Susanne Brummelte, "Effects of Opioids on the Parental Brain in Health and Disease". *Frontiers in Neuroendocrinology*, v. 54, p. 100766, jul. 2019. Disponível em: <https://doi.org/10.1016/j.yfrne.2019.100766>; Zheng Wu, Anita E. Autry, Joseph E. Bergan, Mitsuko Watabe-Uchida e Catherine G. Dulac, "Galanin Neurons in the Medial Preoptic Area Govern Parental Behaviour". *Nature*, v. 509, n. 7500, pp. 325-30, maio 2014. Disponível em: <https://doi.org/10.1038/nature13307>.

22. Pilyoung Kim, "How Stress Can Influence Brain Adaptations to Motherhood". *Frontiers in Neuroendocrinology*, v. 60, p. 100875, jan. 2021. Disponível em: <https://doi.org/10.1016/j.yfrne.2020.100875>; Mayra L. Almanza-Sepulveda, Alison S. Fleming e Wibke Jonas, "Mothering Revisited: A Role for Cortisol?". In: Cheryl McCormick (Org.), "50th Anniversary of Hormones and Behavior: Past Accomplishments and Future Directions in Behavioral Neuroendocrinology". *Hormones and Behavior*. Ed. esp., n. 121, p. 104679, 1º maio 2020. Disponível em: <https://doi.org/10.1016/j.yhbeh.2020.104679>; Molly J. Dickens, Jodi L. Pawluski e L. Michael Romero, "Moving Forward from covid-19: Bridging Knowledge Gaps in Maternal Health with a New Conceptual Model". *Frontiers in Global Women's Health*, n. 1, p. 586697, 2020. Disponível em: <https://doi.org/10.3389/fgwh.2020.586697>.

23. Bruce S. McEwen, "What Is the Confusion with Cortisol?". *Chronic Stress*, n. 3, fev. 2019. Disponível em: <https://doi.org/10.1177/2470547019833647>.

24. McEwen, "What Is the Confusion with Cortisol?". Disponível em:

<https://doi.org/10.1177/2470547019833647>; Almanza-Sepulveda, Fleming e Jonas, "Mothering Revisited". Disponível em: <https://doi.org/10.1016/j.yhbeh.2020.104679>.

25. Christopher Pittenger e Ronald S. Duman, "Stress, Depression, and Neuroplasticity: A Convergence of Mechanisms". *Neuropsychopharmacology*, n. 33, pp. 88-109, jan. 2008. Disponível em: <https://doi.org/10.1038/sj.npp.1301574>; Bruce S. McEwen e Peter J. Gianaros, "Stress-and Allostasis-Induced Brain Plasticity". *Annual Review of Medicine*, n. 62, pp. 431-45, fev. 2011. Disponível em: <https://doi.org/10.1146/annurev-med-052209-100430>.

26. Randi Hutter Epstein, "Bruce McEwen, 81, Is Dead; Found Stress Can Alter the Brain". *The New York Times*, 10 fev. 2020. Disponível em: <https://www.nytimes.com/2020/02/10/science/bruce-s-mcewen-dead.html>; Matthew N. Hill, Ilia N. Karatsoreos, E. Ron de Kloet, Sonia Lupien e Catherine S. Woolley, "In Memory of Bruce McEwen: A Gentle Giant of Neuroscience". *Nature Neuroscience*, v. 23, n. 4, pp. 473-4, abr. 2020. Disponível em: <https://doi.org/10.1038/s41593-020-0613-y>.

27. Bruce S. McEwen, "Protective and Damaging Effects of Stress Mediators". *New England Journal of Medicine*, v. 338, n. 3, pp. 171-9, 15 jan. 1998. Disponível em: <https://doi.org/10.1056/NEJM199801153380307>.

28. McEwen, "What Is the Confusion with Cortisol?". Disponível em: <https://doi.org/10.1177/2470547019833647>; McEwen e Gianaros, "Stress-and Allostasis-Induced Brain Plasticity". Disponível em: <https://doi.org/10.1146/annurev-med-052209-100430>.

29. Caroline Jung, Jui T. Ho, David J. Torpy, Anne Rogers, Matt Doogue, John G. Lewis, Raymond J. Czajko e Warrick J. Inder, "A Longitudinal Study of Plasma and Urinary Cortisol in Pregnancy and Postpartum". *Journal of Clinical Endocrinology & Metabolism*, v. 96, n. 5, pp. 1533-40, 1º maio 2011. Disponível em: <https://doi.org/10.1210/jc.2010-2395>.

30. Elizabeth C. Braithwaite, Susannah E. Murphy e Paul G. Ramchandani, "Effects of Prenatal Depressive Symptoms on Maternal and Infant Cortisol Reactivity". *Archives of Women's Mental Health*, v. 19, n. 4, pp. 581-90, ago. 2016. Disponível em: <https://doi.org/10.1007/s00737-016-0611-y>; Almanza-Sepulveda, Fleming e Jonas, "Mothering Revisited". Disponível em: <https://doi.org/10.1016/j.yhbeh.2020.104679>; Molly J. Dickens e Jodi L. Pawluski, "The HPA Axis during the Perinatal Period: Implications for Perinatal Depression". *Endocrinology*, v. 159, n. 11, pp. 3737-46, nov. 2018. Disponível em: <https://doi.org/10.1210/en.2018-00677>.

31. Alison S. Fleming, Meir Steiner e Carl Corter, "Cortisol, Hedonics, and Maternal Responsiveness in Human Mothers". *Hormones and Behavior*, v. 32, n. 2,

pp. 85-98, out. 1997. Disponível em: <https://doi.org/10.1006/hbeh.1997.1407>; Alison S. Fleming, Meir Steiner e Veanne Anderson, "Hormonal and Attitudinal Correlates of Maternal Behaviour during the Early Postpartum Period in First--Time Mothers". *Journal of Reproductive and Infant Psychology*, v. 5, n. 4, pp. 193-205, 1987. Disponível em: <https://doi.org/10.1080/02646838708403495>; Joy Stallings, Alison S. Fleming, Carl Corter, Carol Worthman e Meir Steiner, "The Effects of Infant Cries and Odors on Sympathy, Cortisol, and Autonomic Responses in New Mothers and Nonpostpartum Women". *Parenting*, v. 1, n. 1-2, pp. 71-100, 2001. Disponível em: <https://doi.org/10.1080/15295192.2001.9681 212>; Almanza-Sepulveda, Fleming e Jonas, "Mothering Revisited". Disponível em: <https://doi.org/10.1016/j.yhbeh.2020.104679>.

32. Alison S. Fleming, Carl Corter, Joy Stallings e Meir Steiner, "Testosterone and Prolactin Are Associated with Emotional Responses to Infant Cries in New Fathers". *Hormones and Behavior*, v. 42, n. 4, pp. 399-413, dez. 2002. Disponível em: <https://doi.org/10.1006/hbeh.2002.1840>.

33. M. Dean Graham, Stephanie L. Rees, Meir Steiner e Alison S. Fleming, "The Effects of Adrenalectomy and Corticosterone Replacement on Maternal Memory in Postpartum Rats". *Hormones and Behavior*, v. 49, n. 3, pp. 353-61, mar. 2006. Disponível em: <https://doi.org/10.1016/j.yhbeh.2005.08.014>.

34. Andrea Gonzalez, Jennifer M. Jenkins, Meir Steiner e Alison S. Fleming, "Maternal Early Life Experiences and Parenting: The Mediating Role of Cortisol and Executive Function". *Journal of the American Academy of Child & Adolescent Psychiatry*, v. 51, n. 7, pp. 673-82, 1º jul. 2012. Disponível em: <https://doi.org/10.1016/j.jaac.2012.04.003>.

35. Almanza-Sepulveda, Fleming e Jonas, "Mothering Revisited". Disponível em: <https://doi.org/10.1016/j.yhbeh.2020.104679>.

36. Ibid.

37. Sunaina Seth, Andrew J. Lewis e Megan Galbally, "Perinatal Maternal Depression and Cortisol Function in Pregnancy and the Postpartum Period: A Systematic Literature Review". *BMC Pregnancy and Childbirth*, v. 16, n. 1, p. 124, 31 maio 2016. Disponível em: <https://doi.org/10.1186/s12884-016-0915-y>.

38. Meltzer-Brody e Kanes, "Allopregnanolone in Postpartum Depression". Disponível em: <https://doi.org/10.1016/j.ynstr.2020.100212>; Jennifer L. Payne e Jamie Maguire, "Pathophysiological Mechanisms Implicated in Postpartum Depression". *Frontiers in Neuroendocrinology*, n. 52, pp. 165-80, jan. 2019. Disponível em: <https://doi.org/10.1016/j.yfrne.2018.12.001>; Jami Maguire e Istvan Mody, "GABAAR Plasticity during Pregnancy: Relevance to Postpartum Depression". *Neuron*, v. 59, n. 2, pp. 207-13, 31 jul. 2008. Disponível em: <https://doi.org/10.1016/j.neuron.2008.06.019>; Pawluski, Swain e Lonstein, "Neurobiology

of Peripartum Mental Illness". Disponível em: <https://doi.org/10.1016/B978-0-12-819973-2.00005-8>.

39. Maguire e Mody, "GABAA Plasticity during Pregnancy". Disponível em: <https://doi.org/10.1016/j.neuron.2008.06.019>; Istvan Mody e Jamie Maguire, "The Reciprocal Regulation of Stress Hormones and GABAA Receptors". *Frontiers in Cellular Neuroscience*, n. 6, p. 4, 30 jan. 2012. Disponível em: <https://doi.org/10.3389/fncel.2012.00004>; Jamie Maguire e Istvan Mody, "Behavioral Deficits in Juveniles Mediated by Maternal Stress Hormones in Mice". In: Laura Musazzi e Jordan Marrocco (Orgs.), "The Many Faces of Stress: Implications for Neuropsychiatric Disorders". *Neural Plasticity*. Ed. esp., p. 2762518, 2016. Disponível em: <https://doi.org/10.1155/2016/2762518>.

40. Miki Bloch, Peter J. Schmidt, Merry Danaceau, Jean Murphy, Lynnette Nieman e David R. Rubinow, "Effects of Gonadal Steroids in Women with a History of Postpartum Depression". *American Journal of Psychiatry*, v. 157, n. 6, pp. 924-30, 1º jun. 2000. Disponível em: <https://doi.org/10.1176/appi.ajp.157.6.924>; Susanne Brummelte e Liisa A. M. Galea, "Postpartum Depression: Etiology, Treatment and Consequences for Maternal Care". In: Alison S. Fleming, Frederic Lévy e Joe S. Lonstein (Orgs.), "Parental Care". *Hormones and Behavior*. Ed. esp., n. 77, pp. 153-66, jan. 2016. Disponível em: <https://doi.org/10.1016/j.yhbeh.2015.08.008>.

41. Jodi L. Pawluski, Elseline Hoekzema, Benedetta Leuner e Joseph S. Lonstein, "Less Can Be More: Fine Tuning the Maternal Brain". *Neuroscience & Biobehavioral Reviews*, 2021. Disponível em: <https://doi.org/10.1016/j.neubiorev.2021.11.045>.

42. Fleming, Steiner e Anderson, "Hormonal and Attitudinal Correlates of Maternal Behaviour". Disponível em: <https://doi.org/10.1080/02646838708403495>.

43. A. M. Lomanowska, M. Boivin, C. Hertzman e A. S. Fleming, "Parenting Begets Parenting: A Neurobiological Perspective on Early Adversity and the Transmission of Parenting Styles across Generations". In: Susanne Brummelte (Org.), "Early Adversity and Brain Development". *Neuroscience*. Ed. esp., n. 342, pp. 120-39, 7 fev. 2017. Disponível em: <https://doi.org/10.1016/j.neuroscience.2015.09.029>; Joseph S. Lonstein, Frédéric Lévy e Alison S. Fleming, "Common and Divergent Psychobiological Mechanisms Underlying Maternal Behaviors in Non-Human and Human Mammals". *Hormones and Behavior*, n. 73, pp. 156-85, jul. 2015. Disponível em: <https://doi.org/10.1016/j.yhbeh.2015.06.011>.

44. Almanza-Sepulveda, Fleming e Jonas, "Mothering Revisited". Disponível em: <https://doi.org/10.1016/j.yhbeh.2020.104679>.

45. Em anos mais normais, as mães faziam uma refeição juntas no começo de cada seção e levavam seus filhos, que ficavam gratuitamente aos cuidados de babás. Às vezes essa disposição trazia oportunidades de praticar em tempo real como lidar com os bebês em momentos estressantes.

46. Alison S. Fleming e Gary W. Kraemer, "Molecular and Genetic Bases of Mammalian Maternal Behavior". *Gender and the Genome*, n. 3, pp. 1-14, fev. 2019; Ian C. G. Weaver, Nadia Cervoni, Frances A. Champagne, Ana C. D'Alessio, Shakti Sharma, Jonathan R. Seckl, Sergiy Dymov, Moshe Szyf e Michael J. Meaney, "Epigenetic Programming by Maternal Behavior". *Nature Neuroscience*, v. 7, n. 8, pp. 847-54, ago. 2004. Disponível em: <https://doi.org/10.1038/nn1276>.

47. Gonzalez et al., "Maternal Early Life Experiences and Parenting". Disponível em: <https://doi.org/10.1016/j.jaac.2012.04.003>.

48. Michelle R. Van Tieghem e Nim Tottenham, "Neurobiological Programming of Early Life Stress: Functional Development of Amygdala — Prefrontal Circuitry and Vulnerability for Stress-Related Psychopathology". In: Eric Vermetten, Dewleen G. Baker e Victoria B. Risbrough (Orgs.), *Current Topics in Behavioral Neurosciences*, v. 38, *Behavioral Neurobiology of PTSD*. Cham, Suíça: Springer, 2018, pp. 117-36. Disponível em: <https://link.springer.com/chapter/10.1007/7854_2016_42>.

49. Kim, "How Stress Can Influence Brain Adaptations to Motherhood". Disponível em: <https://doi.org/10.1016/j.yfrne.2020.100875>; Pilyoung Kim, James F. Leckman, Linda C. Mayes, Michal-Ann Newman, Ruth Feldman e James E. Swain, "Perceived Quality of Maternal Care in Childhood and Structure and Function of Mothers' Brain". *Developmental Science*, v. 13, n. 4, pp. 662--73, jul. 2010. Disponível em: <https://doi.org/10.1111/j.1467-7687.2009.00923.x>; Aviva K. Olsavsky, Joel Stoddard, Andrew Erhart, Rebekah Tribble e Pilyoung Kim, "Neural Processing of Infant and Adult Face Emotion and Maternal Exposure to Childhood Maltreatment". *Social Cognitive and Affective Neuroscience*, v. 14, n. 9, pp. 997-1008, set. 2019. Disponível em: <https://doi.org/10.1093/scan/nsz069>.

50. Emilia L. Mielke, Corinne Neukel, Katja Bertsch, Corinna Reck, Eva Möhler e Sabine C. Herpertz, "Maternal Sensitivity and the Empathic Brain: Influences of Early Life Maltreatment". *Journal of Psychiatric Research*, n. 77, pp. 59-66, jun. 2016. Disponível em: <https://doi.org/10.1016/j.jpsychires.2016.02.013>.

51. Pilyoung Kim, Rebekah Tribble, Aviva K. Olsavsky, Alexander J. Dufford, Andrew Erhart, Melissa Hansen, Leah Grande e Daniel M. Gonzalez, "Associations between Stress Exposure and New Mothers' Brain Responses to

Infant Cry Sounds". *NeuroImage*, n. 223, p. 117360, dez. 2020. Disponível em: <https://doi.org/10.1016/j.neuroimage.2020.117360>.

52. Van Tieghem e Tottenham, "Neurobiological Programming of Early Life Stress". Disponível em: <https://doi.org/10.1007/7854201642>.

53. Kim, "How Stress Can Influence Brain Adaptations to Motherhood". Disponível em: <https://doi.org/10.1016/j.yfrne.2020.100875>.

54. Helena J. V. Rutherford, Sohye Kim, Sarah W. Yip, Marc N. Potenza, Linda C. Mayes e Lane Strathearn, "Parenting and Addictions: Current Insights from Human Neuroscience". *Current Addiction Reports*, n. 8, pp. 380-8, set. 2021. Disponível em: <https://doi.org/10.1007/s40429-021-00384-6>.

55. Helena J. V. Rutherford e Linda C. Mayes, "Parenting Stress: A Novel Mechanism of Addiction Vulnerability". In: Roger Sorensen, Da-Yu Wu, Karen Sirocco, Cora Lee Wetherington e Rita Valentino (Orgs.), "Stress and Substance Abuse throughout Development". *Neurobiology of Stress*. Ed. esp., n. 11, p. 100172, 1º nov. 2019. Disponível em: <https://doi.org/10.1016/j.ynstr.2019.100172>.

56. Karen Milligan, Tamara Meixner, Monique Tremblay, Lesley A. Tarasoff, Amelia Usher, Ainsley Smith, Alison Niccols e Karen A. Urbanoski, "Parenting Interventions for Mothers with Problematic Substance Use: A Systematic Review of Research and Community Practice". *Child Maltreatment*, v. 25, n. 3, pp. 247-62, ago. 2020. Disponível em: <https://doi.org/10.1177/1077559519873047>; Allison L. West, Sarah Dauber, Laina Gagliardi, Leeya Correll, Alexandra Cirillo Lilli e Jane Daniels, "Systematic Review of Community-and Home-Based Interventions to Support Parenting and Reduce Risk of Child Maltreatment among Families with Substance-Exposed Newborns". *Child Maltreatment*, v. 25, n. 2, pp. 137-51, maio 2020. Disponível em: <https://doi.org/10.1177/1077559519866272>.

57. Amanda F. Lowell, Elizabeth Peacock-Chambers, Amanda Zayde, Cindy L. DeCoste, Thomas J. McMahon e Nancy E. Suchman, "Mothering from the Inside Out: Addressing the Intersection of Addiction, Adversity, and Attachment with Evidence-Based Parenting Intervention". *Current Addiction Reports*, pp. 605-15, 15 jul. 2021. Disponível em: <https://doi.org/10.1007/s40429-021-00389-1>; Nancy E. Suchman, Cindy L. DeCoste, Thomas J. McMahon, Rachel Dalton, Linda C. Mayes e Jessica Borelli, "Mothering from the Inside Out: Results of a Second Randomized Clinical Trial Testing a Mentalization--Based Intervention for Mothers in Addiction Treatment". In: Glenn I. Roisman e Dante Cicchetti (Orgs.), "Attachment in the Context of Atypical Caregiving: Harnessing Insights from a Developmental Psychopathology Perspective". *Development and Psychopathology*. Ed. esp., v. 29, n. 2, pp. 617-36, maio 2017. Disponível em: <https://doi.org/10.1017/S0954579417000220>.

58. Rachel N. Lipari e Struther L. Van Horn, "Children Living with Parents

Who Have a Substance Use Disorder". *The CBHSQ Report*. Rockville: Substance Abuse and Mental Health Services Administration, 24 ago. 2017. Disponível em: <http://www.ncbi.nlm.nih.gov/books/NBK464590/>.

59. Alex F. Peahl, Vanessa K. Dalton, John R. Montgomery, Yen-Ling Lai, Hsou Mei Hu e Jennifer F. Waljee, "Rates of New Persistent Opioid Use after Vaginal or Cesarean Birth among US Women". *JAMA Network Open*, v. 2, n. 7, art. e197863, 26 jul. 2019. Disponível em: <https://doi.org/10.1001/jamanetworkopen.2019.7863>.

60. Marjo Susanna Flykt, Saara Salo e Marjukka Pajulo, "'A Window of Opportunity': Parenting and Addiction in the Context of Pregnancy". *Current Addiction Reports*, n. 8, pp. 578-94, dez. 2021. Disponível em: <https://doi.org/10.1007/s40429-021-00394-4>. Estudos com roedores corroboram essa ideia. Mariana Pereira e Joan Morrell realizaram numerosos estudos que envolvem dar a ratos habituados a cocaína uma escolha entre droga e filhotes. No início do pós-parto, as ratas mães escolhem os filhotes ou ambientes relacionados a filhotes. Esse efeito diminui no pós-parto. M. Pereira e J. I. Morrell, "Functional Mapping of the Neural Circuitry of Rat Maternal Motivation: Effects of Site-Specific Transient Neural Inactivation". In: "The Parental Brain". *Journal of Neuroendocrinology*. Ed. esp., v. 23, n. 11, pp. 1020-35, nov. 2011. Disponível em: <https://doi.org/10.1111/j.1365-2826.2011.02200.x>.

61. Katherine Rosenblum, Jamie Lawler, Emily Alfafara, Nicole Miller, Melisa Schuster e Maria Muzik, "Improving Maternal Representations in High-Risk Mothers: A Randomized, Controlled Trial of the Mom Power Parenting Intervention". *Child Psychiatry & Human Development*, v. 49, n. 3, pp. 372-84, jun. 2018. Disponível em: <https://doi.org/10.1007/s10578-017-0757-5>.

62. James E. Swain, S. Shaun Ho, Katherine L. Rosenblum, Diana Morelen, Carolyn J. Dayton e Maria Muzik, "Parent-Child Intervention Decreases Stress and Increases Maternal Brain Activity and Connectivity during Own Baby-Cry: An Exploratory Study". In: Glenn I. Roisman e Dante Cicchetti (Orgs.), "Attachment in the Context of Atypical Caregiving: Harnessing Insights from a Developmental Psychopathology Perspective". *Development and Psychopathology*, v. 29, n. 2, pp. 535-53, maio 2017. Disponível em: <https://doi.org/10.1017/S0954579417000165>; S. Shaun Ho, Maria Muzik, Katherine L. Rosenblum, Diana Morelen, Yoshio Nakamura e James E. Swain, "Potential Neural Mediators of Mom Power Parenting Intervention Effects on Maternal Intersubjectivity and Stress Resilience". *Frontiers in Psychiatry*, v. 11, p. 569924, 8 dez. 2020. Disponível em: <https://doi.org/10.3389/fpsyt.2020.568824>.

63. Fleming e Kraemer, "Molecular and Genetic Bases of Mammalian Maternal Behavior". Disponível em: <https://doi.org/10.1177/2470289719827306>;

Viara R. Mileva-Seitz, Marian J. Bakermans-Kranenburg e Marinus H. van IJzendoorn, "Genetic Mechanisms of Parenting". In: Alison S. Fleming, Frederic Lévy e Joe S. Lonstein, "Parental Care". *Hormones and Behavior*. Ed. esp., n. 77, pp. 211-23, jan. 2016. Disponível em: <https://doi.org/10.1016/j.yhbeh.2015.06.003>.

64. W. Jonas, V. Mileva-Seitz, A. W. Girard, R. Bisceglia, J. L. Kennedy, M. Sokolowski, M. J. Meaney, A. S. Fleming e M. Steiner, "Genetic Variation in Oxytocin rs2740210 and Early Adversity Associated with Postpartum Depression and Breastfeeding Duration". *Genes, Brain and Behavior*, v. 12, n. 7, pp. 681-94, out. 2013. Disponível em: <https://doi.org/10.1111/gbb.12069>.

65. Divya Mehta, Carina Quast, Peter A. Fasching, Anna Seifert, Franziska Voigt, Matthias W. Beckmann, Florian Faschingbauer et al., "The 5-HTTLPR Polymorphism Modulates the Influence on Environmental Stressors on Peripartum Depression Symptoms". *Journal of Affective Disorders*, v. 136, n. 3, pp. 1192-7, fev. 2012. Disponível em: <https://doi.org/10.1016/j.jad.2011.11.042>.

66. Viara Mileva-Seitz, Meir Steiner, Leslie Atkinson, Michael J. Meaney, Robert Levitan, James L. Kennedy, Marla B. Sokolowski e Alison S. Fleming, "Interaction between Oxytocin Genotypes and Early Experience Predicts Quality of Mothering and Postpartum Mood". *PLoS ONE*, v. 8, n. 4, art. e61443, 18 abr. 2013. Disponível em: <https://doi.org/10.1371/journal.pone.0061443>.

67. Abigail Tucker, *Mom Genes: Inside the New Science of Our Ancient Maternal Instinct*. Nova York: Gallery Books, 2021, p. 145.

68. Sohye Kim, Peter Fonagy, Jon Allen e Lane Strathearn, "Mothers' Unresolved Trauma Blunts Amygdala Response to Infant Distress". *Social Neuroscience*, v. 9, n. 4, pp. 352-63, 2014. Disponível em: <https://doi.org/10.1080/17470919.2014.896287>.

69. Sarah S. Richardson, *The Maternal Imprint: The Contested Science of Maternal-Fetal Effects*. Chicago: University of Chicago Press, 2021, p. 8.

70. Ibid., pp. 160, 215-22.

71. Ibid., p. 24.

72. Albert L. Siu and the US Preventive Services Task Force, "Screening for Depression in Adults: US Preventive Services Task Force Recommendation Statement". *JAMA*, v. 315, n. 4, pp. 380-7, 26 jan. 2016. Disponível em: <https://doi.org/10.1001/jama.2015.18392>.

73. "Preventative Services Coverage", Centers for Disease Control and Prevention. Disponível em: <https://www.cdc.gov/nchhstp/highqualitycare/preventiveservices/index.html>. Acesso em: 3 out. 2021. Cabe notar que os doze estados que não expandiram a cobertura do Medicaid sob o Affordable Care

Act não são obrigados a cobrir serviços preventivos que receberam notas A ou B da força-tarefa, mas são oferecidos incentivos financeiros para que façam isso.

74. US Preventive Services Task Force, "Interventions to Prevent Perinatal Depression: US Preventive Services Task Force Recommendation Statement". *JAMA*, v. 321, n. 6, pp. 580-7, 12 fev. 2019. Disponível em: <https://doi.org/10.1001/jama.2019.0007>.

75. Pesquisadores testaram algumas ferramentas de triagem, entre elas um esquema formulado por Meltzer-Brodyand e colegas em Chapel Hill baseado na literatura sobre experiências adversas na infância para calcular fatores de risco psicossociais cumulativos para pessoas grávidas. Yasmin V. Barrios, Joanna Maselko, Stephanie M. Engel, Brian W. Pence, Andrew F. Olshan, Samantha Meltzer-Brody, Nancy Dole e John M. Thorp, "The Relationship of Cumulative Psychosocial Adversity with Antepartum Depression and Anxiety". *Depression and Anxiety*, v. 38, n. 10, pp. 1034-45, out. 2021. Disponível em: <https://doi.org/10.1002/da.23206>.

76. Kaia Hubbard, "Many States Face Shortage of Mental Health Providers". US *News & World Report*, 10 jun. 2021. Disponível em: <https://www.usnews.com/news/best-states/articles/2021-06-10/northeastern-states-have-fewest-mental-health-provider-shortages>.

77. "State Health Facts: Births Financed by Medicaid". Kaiser Family Foundation, 17 dez. 2021. Disponível em: <https://www.kff.org/medicaid/state-indicator/births-financed-by-medicaid/>.

78. Gus A. Mayopoulos, Tsachi Ein-Dor, Gabriella A. Dishy, Rasvitha Nandru, Sabrina J. Chan, Lauren E. Hanley, Anjali J. Kaimal e Sharon Dekel, "Covid-19 Is Associated with Traumatic Childbirth and Subsequent Mother-Infant Bonding Problems". *Journal of Affective Disorders*, n. 282, pp. 122-5, 1º mar. 2021. Disponível em: <https://doi.org/10.1016/j.jad.2020.12.101>; Elizabeth L. Adams, Danyel Smith, Laura J. Caccavale e Melanie K. Bean, "Parents Are Stressed! Patterns of Parent Stress across covid-19". *Frontiers in Psychiatry*, n. 12, p. 626456, abr. 2021. Disponível em: <https://doi.org/10.3389/fpsyt.2021.626456>.

79. Lauren M. Osborne, Mary C. Kimmel e Pamela J. Surkan, "The Crisis of Perinatal Mental Health in the Age of Covid-19". *Maternal and Child Health Journal*, n. 25, pp. 349-52, mar. 2021. Disponível em: <https://doi.org/10.1007/s10995-020-03114-y>.

80. Stephen Kanes, Helen Colquhoun, Handan Gunduz-Bruce, Shane Raines, Ryan Arnold, Amy Schacterle, James Doherty et al., "Brexanolone (SAGE-547 Injection) in Post-Partum Depression: A Randomised Controlled Trial". *Lancet*, v. 390, n. 10093, pp. 480-9, 29 jul. 2017. Disponível em: <https://

doi.org/10.1016/S0140-6736(17)31264-3>; Samantha Meltzer-Brody, Helen Colquhoun, Robert Riesenberg, C. Neill Epperson, Kristina M. Deligiannidis, David R. Rubinow, Haihong Li et al., "Brexanolone Injection in Post-Partum Depression: Two Multicentre, Double-Blind, Randomised, Placebo-Controlled, Phase 3 Trials". *Lancet*, v. 392, n. 10152, pp. 1058-70, 22 set. 2018. Disponível em: <https://doi.org/10.1016/S0140-6736(18)31551-4>.

81. Sage Therapeutics, Inc., *Form 10-Q*, para o período encerrado em 30 de junho de 2021 (registrado em 3 de agosto de 2021), US Securities and Exchange Commission; Adam Feuerstein, "Biotech in the Time of Coronavirus: The Return of Biotech Mergers, Acquisitions, and Deals". Stat, 13 abr. 2020. Disponível em: <https://www.statnews.com/2020/04/13/biotech-in-the-time-of-coronavirus-the-return-of-mergers-acquisitions-and-deals/>.

82. Matthew Herper e Adam Feuerstein, "Sage's New Antidepressant Faces Major Setback in New Study". Stat, 5 dez. 2019. Disponível em: <https://www.statnews.com/2019/12/05/sages-new-antidepressant-faces-major-setback-in-new-study/>; Kristina M. Deligiannidis, Samantha Meltzer-Brody, Handan Gunduz-Bruce, James Doherty, Jeffrey Jonas, Sigui Li, Abdul J. Sankoh et al., "Effect of Zuranolone vs Placebo in Postpartum Depression". *JAMA Psychiatry*, v. 78, n. 9, pp. 951-9, 3 jun. 2021. Disponível em: <https://doi.org/10.1001/jamapsychiatry.2021.1559>.

83. Jodi L. Pawluski, Ming Li e Joseph S. Lonstein, "Serotonin and Motherhood: From Molecules to Mood". In: Susanne Brummelte e Benedetta Leuner (Orgs.), "Parental Brain". *Frontiers in Neuroendocrinology*. Ed. esp., n. 53, p. 100742, abr. 2019. Disponível em: <https://doi.org/10.1016/j.yfrne.2019.03.001>.

84. Joseph S. Lonstein, "The Dynamic Serotonin System of the Maternal Brain". *Archives of Women's Mental Health*, v. 22, n. 2, pp. 237-43, abr. 2019. Disponível em: <https://doi.org/10.1007/s00737-018-0887-1>.

85. Lonstein, "Dynamic Serotonin System of the Maternal Brain". Disponível em: <https://doi.org/10.1007/s00737-018-0887-1>.

86. Jodi L. Pawluski, Rafaella Paravatou, Alan Even, Gael Cobraiville, Marianne Fillet, Nikolaos Kokras, Christina Dalla e Thierry D. Charlier, "Effect of Sertraline on Central Serotonin and Hippocampal Plasticity in Pregnant and Non-Pregnant Rats". *Neuropharmacology*, n. 166, p. 107950, abr. 2020. Disponível em: <https://doi.org/10.1016/j.neuropharm.2020.107950>.

87. Pawluski, Li e Lonstein, "Serotonin and Motherhood". Disponível em: <https://doi.org/10.1016/j.yfrne.2019.03.001>.

88. Jennifer Valeska Elli Brown, Claire A. Wilson, Karyn Ayre, Lindsay Robertson, Emily South, Emma Molyneaux, Kylee Trevillion, Louise M. Howard

e Hind Khalifeh, "Antidepressant Treatment for Postnatal Depression". *Cochrane Database of Systematic Reviews*, n. 2, fev. 2021. Disponível em: <https://doi.org/10.1002/14651858.CD013560.pub2>.

89. Martha Hostetter e Sarah Klein, "Restoring Access to Maternity Care in Rural America". *Transforming Care*. Commonwealth Fund, 30 set. 2021. Disponível em: <https://doi.org/10.26099/CYCC-FF50>; Peiyin Hung, Carrie E. Henning-Smith, Michelle M. Casey e Katy B. Kozhimannil, "Access to Obstetric Services in Rural Counties Still Declining, with 9 Percent Losing Services, 2004--14". *Health Affairs*, v. 36, n. 9, pp. 1663-71, set. 2017. Disponível em: <https://doi.org/10.1377/hlthaff.2017.0338>.

90. Kim, "How Stress Can Influence Brain Adaptations to Motherhood". Disponível em: <https://doi.org/10.1016/j.yfrne.2020.100875>; Nora Ellmann, *Community-Based Doulas and Midwives: Key to Addressing the U.S. Maternal Health Crisis*. Center for American Progress, abr. 2020. Disponível em: <https://www.americanprogress.org/article/community-based-doulas-midwives/>; David L. Olds, Harriet Kitzman, Elizabeth Anson, Joyce A. Smith, Michael D. Knudtson, Ted Miller, Robert Cole, Christian Hopfer e Gabriella Conti, "Prenatal and Infancy Nurse Home Visiting Effects on Mothers: 18-YearFollow-Up of a Randomized Trial". *Pediatrics*, v. 144, n. 6, art. e20 183 889, dez. 2019. Disponível em: <https://doi.org/10.1542/peds.2018-3889>.

91. Sarah Menkedick, *Ordinary Insanity: Fear and the Silent Crisis of Motherhood in America*. Nova York: Pantheon, 2020, p. 354.

92. Hillary Frank, "Ina May's Guide, Completely Revised and Updated". *The Longest Shortest Time*, 10 dez. 2019. Disponível em: <https://longestshortesttime.com/episode-218-ina-mays-guide-completely-revised-and-updated/>.

93. Ina May Gaskin, *Ina May's Guide to Childbirth*, ed. rev. e atual. Nova York: Bantam, 2003, rev. 2019. Notavelmente, essa versão ainda traz na capa uma grande citação de Christiane Northrup, famosa médica da saúde feminina que perdeu sua reputação por disseminar informações erradas sobre pandemia e vacinas. Colin Woodard, "Instagram Blocks Account of Celebrity Maine Doctor Who Spreads Vaccine Disinformation". *Press Herald*, 30 abr. 2021. Disponível em: <https://www.pressherald.com/2021/04/30/instagram-blocks-account-of-celebrity-maine-doctor-who-spreads-vaccine-disinformation/>.

94. Gaskin, *Ina May's Guide to Childbirth*, p. 293.

95. Sharon Dekel, Caren Stuebe e Gabriella Dishy, "Childbirth Induced Posttraumatic Stress Syndrome: A Systematic Review of Prevalence and Risk Factors". *Frontiers in Psychology*, n. 8, p. 560, 11 abr. 2017. Disponível em: <https://doi.org/10.3389/fpsyg.2017.00560>.

96. Sharon Dekel, Tsachi Ein-Dor, Zohar Berman, Ida S. Barsoumian, Sonika Agarwal e Roger K. Pitman, "Delivery Mode Is Associated with Maternal Mental Health Following Childbirth". *Archives of Women's Mental Health*, v. 22, n. 6, pp. 817-24, dez. 2019. Disponível em: <https://doi.org/10.1007/s00737-019-00968-2>.

97. Sabrina J. Chan, Tsachi Ein-Dor, Philip A. Mayopoulos, Michelle M. Mesa, Ryan M. Sunda, Brenna F. McCarthy, Anjali J. Kaimal e Sharon Dekel, "Risk Factors for Developing Posttraumatic Stress Disorder Following Childbirth". *Psychiatry Research*, n. 290, p. 113090, ago. 2020. Disponível em: <https://doi.org/10.1016/j.psychres.2020.113090>.

98. Freya Thiel e Sharon Dekel, "Peritraumatic Dissociation in Childbirth--Evoked Posttraumatic Stress and Postpartum Mental Health". *Archives of Women's Mental Health*, v. 23, n. 2, pp. 189-97, abr. 2020. Disponível em: <https://doi.org/10.1007/s00737-019-00978-0>.

99. Zohar Berman, Freya Thiel, Anjali J. Kaimal e Sharon Dekel, "Association of Sexual Assault History with Traumatic Childbirth and Subsequent PTSD". *Archives of Women's Mental Health*, v. 24, pp. 767-71, out. 2021. Disponível em: <https://doi.org/10.1007/s00737-021-01129-0>.

100. Chan et al., "Risk Factors for Developing Posttraumatic Stress Disorder Following Childbirth". Disponível em: <https://doi.org/10.1016/j.psychres.2020.113090>.

101. Sharon Dekel, Tsachi Ein-Dor, Gabriella A. Dishy e Philip A. Mayopoulos, "Beyond Postpartum Depression: Posttraumatic Stress-Depressive Response Following Childbirth". *Archives of Women's Mental Health*, v. 23, n. 4, pp. 557-64, ago. 2020. Disponível em: <https://doi.org/10.1007/s00737-019-01006-x>.

102. Neven Henigsberg, Petra Kalember, Zrnka Kovačić Petrović e Ana Šečić, "Neuroimaging Research in Posttraumatic Stress Disorder — Focus on Amygdala, Hippocampus and Prefrontal Cortex". In: Nela Pivac (Org.), "Theranostic Approach to PTSD". *Progress in Neuro-Psychopharmacology and Biological Psychiatry*. Ed. esp., n. 90, pp. 37-42, 2 mar. 2019. Disponível em: <https://doi.org/10.1016/j.pnpbp.2018.11.003>; Konstantinos Bromis, Maria Calem, Antje A. T. S. Reinders, Steven C. R. Williams e Matthew J. Kempton, "Meta-Analysis of 89 Structural MRI Studies in Posttraumatic Stress Disorder and Comparison with Major Depressive Disorder". *American Journal of Psychiatry*, v. 175, n. 10, pp. 989-98, out. 2018. Disponível em: <https://doi.org/10.1176/appi.ajp.2018.17111199>.

103. Zohar Berman, Freya Thiel, Gabriella A. Dishy, Sabrina J. Chan e Sharon Dekel, "Maternal Psychological Growth Following Childbirth". *Archives*

of Women's Mental Health, v. 24, n. 2, pp. 313-20, 1º abr. 2021. Disponível em: <https://doi.org/10.1007/s00737-020-01053-9>

104. Gus A. Mayopoulos, Tsachi ein-Dor, Kevin G. Li, Sabrina J. Chan e Sharon Dekel, "Covid-19 Positivity Associated With Traumatic Stress Response to Childbirth and No Visitors and Infant Separation in the Hospital". *Scientific Reports*, n. 11, p. 1535, 29 jun. 2021. Disponível em: <https://doi.org/10.1038/s41598-021-92985-4>. Esse estudo nos dá um quadro gritante do que foi a situação das mulheres que deram à luz durante a primeira onda da pandemia e testaram positivo para o vírus. Muitas delas não tiveram a presença de pessoas que pudessem dar apoio emocional durante o parto. Sua probabilidade de serem separadas do bebê após o nascimento foi maior. Elas relataram mais dor durante o parto e condições piores para os bebês, muitos dos quais necessitaram de cuidados na UTI neonatal. Todos esses fatores sem dúvida contribuíram para sua condição psicológica mais complicada.

105. Ananya S. Iyengar, Tsachi Ein-Dor, Emily X. Zhang, Sabrina J. Chan, Anjali J. Kaimal e Sharon Dekel, "Racial and Ethnic Disparities in Maternal Mental Health during Covid-19". *MedRxiv*, 2 dez. 2021. Disponível em: <https://doi.org/10.1101/2021.11.30.21265428>.

106. Saraswathi Vedam, Kathrin Stoll, Tanya Khemet Taiwo, Nicholas Rubashkin, Melissa Cheyney, Nan Strauss, Monica McLemore et al., "The Giving Voice to Mothers Study: Inequity and Mistreatment during Pregnancy and Childbirth in the United States". *Reproductive Health*, n. 16, p. 77, 11 jun. 2019. Disponível em: <https://doi.org/10.1186/s12978-019-0729-2>.

107. *Birthing While Black: Examining America's Black Maternal Health Crisis, Before the House Oversight and Reform Committee*, 117º Congr., 2021. Depoimento de Cori Bush, congressista do Missouri.

8. NO ESPELHO [pp. 302-32]

1. Sian Cain, "Lucy Ellmann: 'We Need to Raise the Level of Discourse'". *Guardian*, 7 dez. 2019. Disponível em: <https://www.theguardian.com/books/2019/dec/07/lucy-ellmann-ducks-newburyport-interview>.

2. Matthew Brett e Sallie Baxendale, "Motherhood and Memory: A Review". *Psychoneuroendocrinology*, v. 26, n. 4, pp. 339-62, maio 2001. Disponível em: <https://doi.org/10.1016/S0306-4530(01)00003-8>.

3. Charles M. Poser, Marilyn R. Kassirer e Janis M. Peyser, "Benign Encephalopathy of Pregnancy: Preliminary Clinical Observations". *Acta Neurologica*

Scandinavica, v. 73, n. 1, pp. 39-43, jan. 1986. Disponível em: <https://doi.org/10.1111/j.1600-0404.1986.tb03239.x>.

4. Marla V. Anderson e Mel D. Rutherford, "Cognitive Reorganization during Pregnancy and the Postpartum Period: An Evolutionary Perspective". *Evolutionary Psychology*, v. 10, n. 4, pp. 659-87, out. 2012. Disponível em: <https://doi.org/10.1177/147470491201000402>.

5. Dustin M. Logan, Kyle R. Hill, Rochelle Jones, Julianne Holt-Lunstad e Michael J. Larson, "How Do Memory and Attention Change with Pregnancy and Childbirth? A Controlled Longitudinal Examination of Neuropsychological Functioning in Pregnant and Postpartum Women". *Journal of Clinical and Experimental Neuropsychology*, v. 36, n. 5, pp. 528-39, maio 2014. Disponível em: <https://doi.org/10.1080/13803395.2014.912614>.

6. Anderson e Rutherford, "Cognitive Reorganization during Pregnancy and the Postpartum Period". Disponível em: <https://doi.org/10.1177/1474704 91201000402>.

7. Sasha J. Davies, Jarrad A. G. Lum, Helen Skouteris, Linda K. Byrne e Melissa J. Hayden, "Cognitive Impairment during Pregnancy: A Meta-Analysis". *Medical Journal of Australia*, v. 208, n. 1, pp. 35-40, jan. 2018. Disponível em: <https://doi.org/10.5694/mja17.00131>.

8. Elizabeth Hampson, Shauna-Dae Phillips, Sarah J. Duff-Canning, Kelly L. Evans, Mia Merrill, Julia K. Pinsonneault, Wolfgang Sadée, Claudio N. Soares e Meir Steiner, "Working Memory in Pregnant Women: Relation to Estrogen and Antepartum Depression". In: Victoria Luine e Maya Frankfurt (Orgs.), "Estradiol and Cognition: Molecules to Mind". *Hormones and Behavior*. Ed. esp., n. 74, pp. 218-27, ago. 2015. Disponível em: <https://doi.org/10.1016/j.yhbeh.2015.07.006>.

9. Claire M. Vanston e Neil V. Watson, "Selective and Persistent Effect of Foetal Sex on Cognition in Pregnant Women". *NeuroReport*, v. 16, n. 7, pp. 779-82, 12 maio 2005. Disponível em: <https://doi.org/10.1097/00001756-200505120-00024>.

10. Laura M. Glynn, "Increasing Parity Is Associated with Cumulative Effects on Memory". *Journal of Women's Health*, v. 21, n. 10, pp. 1038-45, out. 2012. Disponível em: <https://doi.org/10.1089/jwh.2011.3206>.

11. Jin-Xia Zheng, Lili Ge, Huiyou Chen, Xindao Yin, Yu-Chen Chene Wei-WeiTang, "Disruption within Brain Default Mode Network in Postpartum Women without Depression". *Medicine*, v. 99, n. 18, art. e20045, maio 2020. Disponível em: <https://doi.org/10.1097/MD.0000000000020045>.

12. Elseline Hoekzema, Erika Barba-Müller, Cristina Pozzobon, Marisol Picado, Florencio Lucco, David García-García, Juan Carlos Soliva et al., "Preg-

nancy Leads to Long-Lasting Changes in Human Brain Structure". *Nature Neuroscience*, v. 20, n. 2, pp. 287-96, 2017. Disponível em: <https://doi.org/10.1038/nn.4458>.

13. Liisa A. M. Galea, Brandi K. Ormerod, Sharadh Sampath, Xanthoula Kostaras, Donald M. Wilkie e Maria T. Phelps, "Spatial Working Memory and Hippocampal Size across Pregnancy in Rats". *Hormones and Behavior*, v. 37, n. 1, fev. 2000, pp. 86-95. Disponível em: <https://doi.org/10.1006/hbeh.1999.1560>.

14. Pawluski, Hoekzema, Leuner e Lonstein, "Less Can Be More: Fine Tuning the Maternal Brain". Disponível em: <https://doi.org/10.1016/j.neubiorev.2021.11.045>; Jodi L. Pawluski, Kelly G. Lambert e Craig H. Kinsley, "Neuroplasticity in the Maternal Hippocampus: Relation to Cognition and Effects of Repeated Stress". In: Alison S. Fleming, Frederic Lévy e Joe S. Lonstein (Orgs.), "Parental Care". *Hormones and Behavior*. Ed. esp., n. 77, pp. 86-97, jan. 2016. Disponível em: <https://doi.org/10.1016/j.yhbeh.2015.06.004>; J. L. Pawluski, A. Valença, A. I. M. Santos, J. P. Costa-Nunes, H. W. M. Steinbusch e T. Strekalova, "Pregnancy or Stress Decrease Complexity of CA3 Pyramidal Neurons in the Hippocampus of Adult Female Rats". *Neuroscience*, n. 227, pp. 201-10, 27 dez. 2012. Disponível em: <https://doi.org/10.1016/j.neuroscience.2012.09.059>.

15. Paula Duarte-Guterman, Benedetta Leuner e Liisa A. M. Galea, "The Long and Short Term Effects of Motherhood on the Brain". In: Susanne Brummelte e Benedetta Leuner (Orgs.), "Parental Brain". *Frontiers in Neuroendocrinology*. Ed. esp., n. 53, p. 100740, abr. 2019. Disponível em: <https://doi.org/10.1016/j.yfrne.2019.02.004>.

16. Erica R. Glasper, Molly M. Hyer, Jhansi Katakam, Robyn Harper, Cyrus Ameri e Thomas Wolz, "Fatherhood Contributes to Increased Hippocampal Spine Density and Anxiety Regulation in California Mice". *Brain and Behavior*, v. 6, n. 1, art. e00416, jan. 2016. Disponível em: <https://doi.org/10.1002/brb3.416>; Erica R. Glasper, Yevgenia Kozorovitskiy, Ashley Pavlic e Elizabeth Gould, "Paternal Experience Suppresses Adult Neurogenesis without Altering Hippocampal Function in *Peromyscus Californicus*". *Journal of Comparative Neurology*, v. 519, n. 11, pp. 2271-81, 1º ago. 2011. Disponível em: <https://doi.org/10.1002/cne.22628>.

17. Pawluski, Lambert e Kinsley, "Neuroplasticity in the Maternal Hippocampus". Disponível em: <https://doi.org/10.1016/j.yhbeh.2015.06.004>.

18. Rand S. Eid, Jessica A. Chaiton, Stephanie E. Lieblich, Tamara S. Bodnar, Joanne Weinberg e Liisa A. M. Galea, "Early and Late Effects of Maternal Experience on Hippocampal Neurogenesis, Microglia, and the Circulating Cytokine Milieu". *Neurobiology of Aging*, n. 78, pp. 1-17, jun. 2019. Disponível em: <https://doi.org/10.1016/j.neurobiolaging.2019.01.021>; Duarte-Guterman,

Leuner e Galea, "Effects of Motherhood on the Brain". Disponível em: <https://doi.org/10.1016/j.yfrne.2019.02.004>.

19. Lisa Y. Maeng e Tracey J. Shors, "Once a Mother, Always a Mother: Maternal Experience Protects Females from the Negative Effects of Stress on Learning". *Behavioral Neuroscience*, v. 126, n. 1, pp. 137-41, fev. 2012. Disponível em: <https://doi.org/10.1037/a0026707>.

20. Jessica D. Gatewood, Melissa D. Morgan, Mollie Eaton, Ilan M. McNamara, Lillian F. Stevens, Abbe H. Macbeth, Elizabeth A. A. Meyer et al., "Motherhood Mitigates Aging-Related Decrements in Learning and Memory and Positively Affects Brain Aging in the Rat". *Brain Research Bulletin*, v. 66, n. 2, pp. 91-8, 30 jul. 2005. Disponível em: <https://doi.org/10.1016/j.brainresbull.2005.03.016>; Pawluski, Lambert e Kinsley, "Neuroplasticity in the Maternal Hippocampus". Disponível em: <https://doi.org/10.1016/j.yhbeh.2015.06.004>.

21. Pawluski, Lambert e Kinsley, "Neuroplasticity in the Maternal Hippocampus". Disponível em: <https://doi.org/10.1016/j.yhbeh.2015.06.004>.

22. Mayra L. Almanza-Sepulveda, Elsie Chico, Andrea Gonzalez, Geoffrey B. Hall, Meir Steiner e Alison S. Fleming, "Executive Function in Teen and Adult Women: Association with Maternal Status and Early Adversity". *Developmental Psychobiology*, v. 60, n. 7, pp. 849-61, nov. 2018. Disponível em: <https://doi.org/10.1002/dev.21766>.

23. Bridget Callaghan, Clare McCormack, Nim Tottenham e Catherine Monk, "Evidence for Cognitive Plasticity during Pregnancy via Enhanced Learning and Memory". *Memory*, pp. 1-18, 5 jan. 2022. Disponível em: <https://doi.org/10.1080/09658211.2021.2019280>.

24. Todd C. Frankel, "Safety Agency Bans Range of Unregulated Baby Sleep Products Tied to at Least 90 Deaths". *Washington Post*, 2 jun. 2021. Disponível em: <https://www.washingtonpost.com/business/2021/06/02/cpsc-bans-inclined-sleepers>.

25. Harvey R. Colten e Bruce M. Altevogt (Orgs.), "Extent and Health Consequences of Chronic Sleep Loss and Sleep Disorders". In: *Sleep Disorders and Sleep Deprivation: An Unmet Public Health Problem*. Washington: National Academies Press, 2006. Disponível em: <https://www.ncbi.nlm.nih.gov/books/NBK19961/>.

26. Adam J. Krause, Eti Ben Simon, Bryce A. Mander, Stephanie M. Greer, Jared M. Saletin, Andrea N. Goldstein-Piekarski e Matthew P. Walker, "The Sleep-Deprived Human Brain". *Nature Reviews Neuroscience*, v. 18, n. 7, pp. 404--18, 18 maio 2017. Disponível em: <https://doi.org/10.1038/nrn.2017.55>.

27. Krause et al., "Sleep-Deprived Human Brain". Disponível em: <https://doi.org/10.1038/nrn.2017.55>.

28. David Richter, Michael D. Krämer, Nicole K. Y. Tang, Hawley E. Montgomery-Downs e Sakari Lemola, "Long-Term Effects of Pregnancy and Childbirth on Sleep Satisfaction and Duration of First-Time and Experienced Mothers and Fathers". *Sleep*, v. 42, n. 4, abr. 2019. Disponível em: <https://doi.org/10.1093/sleep/zsz015>.

29. Katherine Ellison, *The Mommy Brain: How Motherhood Makes Us Smarter*. Nova York: Basic Books, 2005, p. 22.

30. Sue Bhati e Kathy Richards, "A Systematic Review of the Relationship between Postpartum Sleep Disturbance and Postpartum Depression". *Journal of Obstetric, Gynecologic & Neonatal Nursing*, v. 44, n. 3, pp. 350-7, maio-jun. 2015. Disponível em: <https://doi.org/10.1111/1552-6909.12562>.

31. Eliza M. Park, Samantha Meltzer-Brody e Robert Stickgold, "Poor Sleep Maintenance and Subjective Sleep Quality Are Associated with Postpartum Maternal Depression Symptom Severity". *Archives of Women's Mental Health*, v. 16, n. 6, pp. 539-47, dez. 2013. Disponível em: <https://doi.org/10.1007/s00737-013-0356-9>.

32. Hawley E. Montgomery-Downs, Salvatore P. Insana, Megan M. Clegg--Kraynok e Laura M. Mancini, "Normative Longitudinal Maternal Sleep: The First 4 Postpartum Months". *American Journal of Obstetrics and Gynecology*, v. 203, n. 5, p. 465.e1-465.e7, nov. 2010. Disponível em: <https://doi.org/10.1016/j.ajog.2010.06.057>.

33. Lily K. Gordon, Katherine A. Mason, Emily Mepham e Katherine M. Sharkey, "A Mixed Methods Study of Perinatal Sleep and Breastfeeding Outcomes in Women at Risk for Postpartum Depression". *Sleep Health*, v. 7, n. 3, pp. 353-61, jun. 2021. Disponível em: <https://doi.org/10.1016/j.sleh.2021.01.004>; Jessica L. Obeysekare, Zachary L. Cohen, Meredith E. Coles, Teri B. Pearlstein, Carmen Monzon, E. Ellen Flynn e Katherine M. Sharkey, "Delayed Sleep Timing and Circadian Rhythms in Pregnancy and Transdiagnostic Symptoms Associated with Postpartum Depression". *Translational Psychiatry*, v. 10, n. 14, 21 jan. 2020. Disponível em: <https://doi.org/10.1038/s41398-020-0683-3>.

34. Shir Atzil, Talma Hendler, Orna Zagoory-Sharon, Yonatan Winetraub e Ruth Feldman, "Synchrony and Specificity in the Maternal and the Paternal Brain: Relations to Oxytocin and Vasopressin". *Journal of the American Academy of Child & Adolescent Psychiatry*, v. 51, n. 8, pp. 798-811, 1º ago. 2012. Disponível em: <https://doi.org/10.1016/j.jaac.2012.06.008>.

35. Eyal Abraham, Gadi Gilam, Yaniv Kanat-Maymon, Yael Jacob, Orna Zagoory-Sharon, Talma Hendler e Ruth Feldman, "The Human Coparental

Bond Implicates Distinct Corticostriatal Pathways: Longitudinal Impact on Family Formation and Child Well-Being". *Neuropsychopharmacology*, v. 42, n. 12, pp. 2301-13, nov. 2017. Disponível em: <https://doi.org/10.1038/npp.2017.71>.

36. Elizabeth Redcay e Leonhard Schilbach, "Using Second-Person Neuroscience to Elucidate the Mechanisms of Social Interaction". *Nature Reviews Neuroscience*, v. 20, n. 8, pp. 495-505, ago. 2019. Disponível em: <https://doi.org/10.1038/s41583-019-0179-4>; Mattia Gallotti e Chris D. Frith, "Social Cognition in the We-Mode". *Trends in Cognitive Sciences*, v. 17, n. 4, pp. 160-5, abr. 2013. Disponível em: <https://doi.org/10.1016/j.tics.2013.02.002>.

37. Id., "Using Second-Person Neuroscience to Elucidate the Mechanisms of Social Interaction". Disponível em: <https://doi.org/10.1038/s41583-019-0179-4>.

38. Atiqah Azhari, Mengyu Lim, Andrea Bizzego, Giulio Gabrieli, Marc H. Bornstein e Gianluca Esposito, "Physical Presence of Spouse Enhances Brain-to-Brain Synchrony in Co-Parenting Couples". *Scientific Reports*, v. 10, n. 1, p. 7569, 5 maio 2020. Disponível em: <https://doi.org/10.1038/s41598-020-63596-2>.

39. Shir Atzil, Talma Hendler e Ruth Feldman, "The Brain Basis of Social Synchrony". *Social Cognitive and Affective Neuroscience*, v. 9, n. 8, pp. 1193-202, ago. 2014. Disponível em: <https://doi.org/10.1093/scan/nst105>.

40. Morten L. Kringelbach, Eloise A. Stark, Catherine Alexander, Marc H. Bornstein e Alan Stein, "On Cuteness: Unlocking the Parental Brain and Beyond". *Trends in Cognitive Sciences*, v. 20, n. 7, pp. 545-58, jul. 2016. Disponível em: <https://doi.org/10.1016/j.tics.2016.05.003>.

41. Kringelbach et al., "On Cuteness". Disponível em: <https://doi.org/10.1016/j.tics.2016.05.003>.

42. Michael Gilead e Nira Liberman, "We Take Care of Our Own: Caregiving Salience Increases Out-Group Bias in Response to Out-GroupThreat". *Psychological Science*, v. 25, n. 7, pp. 1380-7, jul 2014. Disponível em: <https://doi.org/10.1177/0956797614531439>.

43. Ruth Feldman, "The Neurobiology of Mammalian Parenting and the Biosocial Context of Human Caregiving". In: Alison S. Fleming, Frederic Lévy e Joe S. Lonstein (Orgs.), "Parental Care". *Hormones and Behavior*, n. 77, pp. 3-17, jan. 2016. Disponível em: <https://doi.org/10.1016/j.yhbeh.2015.10.001>.

44. Marian C. Diamond, Ruth E. Johnson e Carol Ingham, "Brain Plasticity Induced by Environment and Pregnancy". *International Journal of Neuroscience*, v. 2, n. 4-5, pp. 171-8, 1971. Disponível em: <https://doi.org/10.3109/00207457109146999>.

45. Alison Gopnik, *The Philosophical Baby: What Children's Minds Tell Us*

about Truth, Love, and the Meaning of Life. Nova York: Picador USA, 2010. [Ed. port.: *O bebé filósofo: O que as mentes das crianças nos dizem sobre a verdade, o amor e o sentido da vida*. Trad. Pedro Vidal. Lisboa: Círculo de Leitores, 2010.]

46. Marianna Graziosi e David Yaden, "Interpersonal Awe: Exploring the Social Domain of Awe Elicitors". *Journal of Positive Psychology*, v. 16, n. 2, pp. 263--71, 2021. Disponível em: <https://doi.org/10.1080/17439760.2019.1689422>.

47. Alice Chirico, Vlad Petre Glaveanu, Pietro Cipresso, Giuseppe Riva e Andrea Gaggioli, "Awe Enhances Creative Thinking: An Experimental Study". *Creativity Research Journal*, v. 30, n. 2, pp. 123-31, abr. 2018. Disponível em: <https://doi.org/10.1080/10400419.2018.1446491>.

48. Molly Dickens, "Baby's First Race: An Interview with Olympian Alysia Montaño". Preg U, 26 jun. 2017. Disponível em: <https://preg-u.bloomlife.com/interview-with-alysia-montano-ce0dcbc6f286>.

49. Alysia Montaño (vídeo de Max Cantor, Taige Jensen e Lindsay Crouse), "Nike Told Me to Dream Crazy, Until I Wanted a Baby". *The New York Times*, 12 maio 2019. Disponível em: <https://www.nytimes.com/2019/05/12/opinion/nike-maternity-leave.html>.

50. Allyson Felix (vídeo de Lindsay Crouse, Taige Jensen e Max Cantor), "Allyson Felix: My Own Nike Pregnancy Story". *The New York Times*, 22 maio 2019. Disponível em: <https://www.nytimes.com/2019/05/22/opinion/allyson-felix-pregnancy-nike.html>.

51. Katherine Goldstein, "Where Are the Mothers?". *Nieman Reports*, 26 jul. 2017. Disponível em: <https://niemanreports.org/articles/whereare-the-mothers/>.

52. Dave Sheinin, Bonnie Berkowitz e Rick Maese, "They Are Olympians. They Are Mothers. And They No Longer Have to Choose". *Washington Post*, 20 jul. 2021. Disponível em: <https://www.washingtonpost.com/sports/olympics/interactive/2021/olympics-mothers/>.

9. ENTRE NÓS [pp. 333-68]

1. Contei essa história pela primeira vez para a edição dominical do *Boston Globe*. Ver Chelsea Conaboy, "Motherhood Brings the Most Dramatic Changes of a Woman's Life". *Globe Magazine, Boston Globe*, 17 jul. 2018. Disponível em: <https://www.bostonglobe.com/magazine/2018/07/17/pregnant-women-care-ignores-one-most-profound-changes-new-mom-aces/CF5wyP0b5EGCcZ8fzLUWbP/story.html>.

2. Louisa May Alcott, *Little Women: or Meg, Jo, Beth, and Amy*. Boston:

Little, Brown, 1916, p. 92. [Ed. bras.: *Mulherzinhas*. Trad. de Julia Romeu. São Paulo: Companhia das Letras, 2020.]

3. Sandra Blakeslee, "Dr. T. Berry Brazelton, Who Explored Babies' Mental Growth, Dies at 99". *The New York Times*, 14 mar. 2018. Disponível em: <https://www.nytimes.com/2018/03/14/obituaries/dr-t-berry-brazelton-dies.html>.

4. Amy O'Connor, "'Pregnancy Brain' or Forgetfulness During Pregnancy", What to Expect, 2 out. 2020. Disponível em: <https://www.whattoexpect.com/pregnancy/symptoms-and-olutions/forgetfulness.aspx>.

5. Orli Dahan, "The Birthing Brain: A Lacuna in Neuroscience. *Brain and Cognition*, n. 150, p. 105722, jun. 2021. Disponível em: <https://doi.org/10.1016/j.bandc.2021.105722>.

6. Timothy G. Dinan e John F. Cryan, "Microbes, Immunity, and Behavior: Psychoneuroimmunology Meets the Microbiome". *Neuropsychopharmacology*, v. 42, n. 1, pp. 178-92, jan. 2017. Disponível em: <https://doi.org/10.1038/npp.2016.103>.

7. Nusiebeh Redpath, Hannah S. Rackers e Mary C. Kimmel, "The Relationship between Perinatal Mental Health and Stress: A Review of the Microbiome". *Current Psychiatry Reports*, v. 21, n. 3, p. 18, 2 mar. 2019. Disponível em: <https://doi.org/10.1007/s11920-019-0998-z>.

8. Omry Koren, Julia K. Goodrich, Tyler C. Cullender, Aymé Spor, Kirsi Laitinen, Helene Kling Bäckhed, Antonio Gonzalez et al., "Host Remodeling of the Gut Microbiome and Metabolic Changes during Pregnancy". *Cell*, v. 150, n. 3, pp. 470-80, 3 ago. 2012. Disponível em: <https://doi.org/10.1016/j.cell.2012.07.008>; Hannah S. Rackers, Stephanie Thomas, Kelsey Williamson, Rachael Posey e Mary C. Kimmel, "Emerging Literature in the Microbiota-Brain Axis e Perinatal Mood and Anxiety Disorders". *Psychoneuroendocrinology*, n. 95, pp. 86-96, set. 2018. Disponível em: <https://doi.org/10.1016/j.psyneuen.2018.05.020>.

9. *Encyclopedia Britannica Online*, s.v. "Chimera". Disponível em: <https://www.britannica.com/topic/Chimera-Greek-mythology>. Acesso em: 31 out. 2021

10. Diana W. Bianchi, Kiarash Khosrotehrani, Sing Sing Way, Tippi C. MacKenzie, Ingeborg Bajema e Keelin O'Donoghue, "Forever Connected: The Lifelong Biological Consequences of Fetomaternal and Maternofetal Microchimerism". *Clinical Chemistry*, v. 67, n. 2, pp. 351-62, fev. 2021. Disponível em: <https://doi.org/10.1093/clinchem/hvaa304>.

11. Jeremy M. Kinder, Ina A. Stelzer, Petra C. Arck e Sing Sing Way, "Immunological Implications of Pregnancy-Induced Microchimerism". *Nature Reviews Immunology*, v. 17, n. 8, pp. 483-94, ago. 2017. Disponível em: <https://doi.org/10.1038/nri.2017.38>.

12. Kinder et al., "Immunological Implications of Pregnancy-Induced Microchimerism". Disponível em: <https://doi.org/10.1038/nri.2017.38>.

13. Bianchi et al., "Forever Connected". Disponível em: <https://doi.org/10.1093/clinchem/hvaa304>.

14. Amy M. Boddy, Angelo Fortunato, Melissa Wilson Sayres e Athena Aktipis, "Fetal Microchimerism and Maternal Health: A Review and Evolutionary Analysis of Cooperation and Conflict beyond the Womb". *BioEssays*, v. 37, n. 10, pp. 1106-18, out. 2015. Disponível em: <https://doi.org/10.1002/bies.201500059>.

15. William F. N. Chan, Cécile Gurnot, Thomas J. Montine, Joshua A. Sonnen, Katherine A. Guthrie e J. Lee Nelson, "Male Microchimerism in the Human Female Brain". *PLoS ONE*, v. 7, n. 9, art. e45592, 26 set. 2012. Disponível em: <https://doi.org/10.1371/journal.pone.0045592>.

16. Liisa A. M. Galea, Wansu Qiu e Paula Duarte-Guterman, "Beyond Sex Differences: Short and Long-Term Implications of Motherhood on Women's Health". In: Susan Howlett e Stephen Goodwin (Orgs.), "Sex Differences". *Current Opinion in Physiology*. Ed. esp. n. 6, pp. 82-8, dez. 2018. Disponível em: <https://www.sciencedirect.com/science/article/pii/S2468867318300865>.

17. "Gender Studies in Product Development: Historical Overview", US Food and Drug Administration, 16 fev. 2018. Disponível em: <https://www.fda.gov/science-research/womens-health-research/gender-studies-product-development-historical-overview>; Londa Schiebinger, "Women's Health and Clinical Trials". *Journal of Clinical Investigation*, v. 112, n. 7, pp. 973-7, out. 2003. Disponível em: <https://doi.org/10.1172/JCI19993>.

18. Anna C. Mastroianni, Ruth Faden e Daniel Federman (Orgs.), *Women and Health Research*, v. 1, *Ethical and Legal Issues of Including Women in Clinical Studies*. Washington: National Academies Press, 1994.

19. Rowena J. Dolor, Chiara Melloni, Ranee Chatterjee, Nancy M. Allen LaPointe, Judson B. Williams Jr., Remy R. Coeytaux, Amanda J. McBroom et al., *Treatment Strategies for Women with Coronary Artery Disease, in Comparative Effectiveness Review*. Agency for Healthcare Research and Quality, ago. 2012. Disponível em: <https://www.ncbi.nlm.nih.gov/books/NBK100775/>.

20. Matthew E. Arnegard, Lori A. Whitten, Chyren Hunter e Janine Austin Clayton, "Sex as a Biological Variable: A 5-Year Progress Report and Call to Action". In: "Incorporating Sex and Gender throughout Scientific Endeavors: Update and Call to Action". *Journal of Women's Health*, v. 29, n. 6, pp. 858-64, jun. 2020. Disponível em: <https://doi.org/10.1089/jwh.2019.8247>.

21. "Sex and Gender Analysis Policies of Major Granting Agencies". *Gendered Innovations*. Disponível em: <https://www.genderedinnovations.se/page/en-US/72/Major_Granting_Agencies>. Acesso em: 2 nov. 2021.

22. Rebecca K. Rechlin, Tallinn F. L. Splinter, Travis E. Hodges, Arianne Y. Albert e Liisa A. M. Galea, "Harnessing the Power of Sex Differences: What a Difference Ten Years Did Not Make". *BioRxiv*, 4 nov. 2021. Disponível em: <https://doi.org/10.1101/2021.06.30.450396>.

23. Nicole C. Woitowich, Annaliese Beery e Teresa Woodruff, "A 10-Year Follow-Up Study of Sex Inclusion in the Biological Sciences". *eLife*, n. 9, art. e56344, 9 jun. 2020. Disponível em: <https://doi.org/10.7554/eLife.56344>; Jenna Haverfield e Cara Tannenbaum, "A 10-Year Longitudinal Evaluation of Science Policy Interventions to Promote Sex and Gender in Health Research". *Health Research Policy and Systems*, n. 19, p. 94, 15 jun. 2021. Disponível em: <https://doi.org/10.1186/s12961-021-00741-x>.

24. Ansley Waters, Society for Women's Health Research Alzheimer's Disease Network, e Melissa H.Laitner, "Biological Sex Differences in Alzheimer's Preclinical Research: A Call to Action". *Alzheimer's & Dementia: Translational Research & Clinical Interventions*, v. 7, n. 1, art. e12111, 14 fev. 2021. Disponível em: <https://doi.org/10.1002/trc2.12111>.

25. "Basic HHS Policy for Protection of Human Research Subjects". *Code of Federal Regulations*, title 45, part 46, effective July 14, 2009. Rockville: Office for Human Research Protections. Disponível em: <https://www.hhs.gov/ohrp/regulations-and-policy/regulations/regulatory-text/index.html>; Carolyn Y. Johnson, "Long Overlooked by Science, Pregnancy Is Finally Getting Attention It Deserves". *Washington Post*, 6 mar. 2019. Disponível em: <https://www.washingtonpost.com/national/health-science/long-overlooked-by-science-pregnancy-is-finally-getting-attention-it-deserves/2019/03/06/a29ae9bc-3556-11e9-af5b-b51b7ff322e9story.html>.

26. Center for Drug Evaluation and Research, "Pregnant Women: Scientific and Ethical Considerations for Inclusion in Clinical Trials". Draft Guidance Document, docket FDA-2018-D-1201. US Food and Drug Administration, abr. 2018. Disponível em: <https://www.fda.gov/regulatory-information/search-fda-guidance-documents/pregnant-women-scientific-and-ethical-considerations-inclusion-clinical-trials>.

27. Força-Tarefa para Pesquisas Específicas para Mulheres Grávidas e Lactantes, *Report to Secretary, Health and Human Services*, Congresso, set. 2018. Disponível em: <https://www.nichd.nih.gov/sites/default/files/2018-09/PRGLACReport.pdf>.

28. Johnson, "Pregnancy Is Finally Getting Attention". Disponível em: <https://www.washingtonpost.com/national/health-science/long-overlooked-by-science-pregnancy-is-finally-getting-attention-it-deserves/2019/03/06/

a29ae9bc-3556-11e9-af5b-b51b7ff322e9story.html?utm_term=.362cb58e9639>.

29. Gladys M. Martinez, Kimberly Daniels e Isaedmarie Febo-Vazquez, "Fertility of Men and Women Aged 15-44 in the United States: National Survey of Family Growth, 2011-2015". In: *National Health Statistics Reports*, n. 113. Hyattsville: National Center for Health Statistics, 2018, pp. 1-17.

30. Bianchi et al., "Forever Connected". Disponível em: <https://doi.org/10.1093/clinchem/hvaa304>.

31. Ibid.

32. Victoria C. Musey, Delwood C. Collins, Paul I. Musey, D. Martino-Saltzman e John R. K. Preedy, "Long-Term Effect of a First Pregnancy on the Secretion of Prolactin". *New England Journal of Medicine*, v. 316, n. 5, pp. 229-34, 29 jan. 1987. Disponível em: <https://doi.org/10.1056/NEJM198701293160501>; Caitlin M. Taylor et al., "Applying a Women's Health Lens to the Study of the Aging Brain". *Frontiers in Human Neuroscience*, n. 13, p. 224, 2019. Disponível em: <https://doi.org/10.3389/fnhum.2019.00224>.

33. Paula Duarte-Guterman, Benedetta Leuner e Liisa A. M. Galea, "The Long and Short Term Effects of Motherhood on the Brain". In: Susanne Brummelte e Benedetta Leuner (Orgs.), "Parental Brain". *Frontiers in Neuroendocrinology*. Ed. esp., n. 53, p. 100740, abr. 2019. Disponível em: <https://doi.org/10.1016/j.yfrne.2019.02.004>; Nicholas P. Deems e Benedetta Leuner, "Pregnancy, Postpartum and Parity: Resilience and Vulnerability in Brain Health and Disease". *Frontiers in Neuroendocrinology*, n. 57, p. 100820, abr. 2020. Disponível em: <https://doi.org/10.1016/j.yfrne.2020.100820>.

34. Samantha Tang e Bronwyn M. Graham, "Hormonal, Reproductive, and Behavioural Predictors of Fear Extinction Recall in Female Rats". *Hormones and Behavior*, n. 121, maio 2020. Disponível em: <https://doi.org/10.1016/j.yhbeh.2020.104693>.

35. Tang e Graham, "Predictors of Fear Extinction Recall in Female Rats". Disponível em: <https://doi.org/10.1016/j.yhbeh.2020.104693>; J. S. Milligan-Saville e B. M. Graham, "Mothers Do It Differently: Reproductive Experience Alters Fear Extinction in Female Rats and Women". *Translational Psychiatry*, v. 6, n. 10, art. e928, out. 2016. Disponível em: <https://doi.org/10.1038/tp.2016.193>.

36. Claire Cain Miller, "The World 'Has Found a Way to Do This': The U.S. Lags on Paid Leave". *The New York Times*, 25 out. 2021. Disponível em: <https://www.nytimes.com/2021/10/25/upshot/paid-leave-democrats.html>.

37. Mona L. Siegel, "The Forgotten Origins of Paid Family Leave". *The New York Times*, 29 nov. 2019. Disponível em: <https://www.nytimes.com/2019/11/29/opinion/mothers-paid-family-leave.html>.

38. Isabel V. Sawhill, Richard V. Reeves e Sarah Nzau, "Paid Leave as Fuel for Economic Growth". Middle Class Memos, Brookings Institution, 27 jun. 2019. Disponível em: <https://www.brookings.edu/blog/up-front/2019/06/27/paid-leave-as-fuel-for-economic-growth/>; Alexandra Boyle Stanczyk, "Does Paid Family Leave Improve Household Economic Security Following a Birth? Evidence from California". *Social Service Review*, v. 93, n. 2, pp. 262-304, jun. 2019. Disponível em: <https://doi.org/10.1086/703138>; *Paid Family and Medical Leave: Good for Business, fact sheet*. Washington: National Partnership for Women & Families, set. 2018. Disponível em: <https://www.nationalpartnership.org/our-work/resources/economic-justice/paid-leave/paid-leave-good-for-business.pdf>; "Evaluation of the California Paid Family Leave Program", *executive summary*. San Francisco: Bay Area Council Economic Institute, 19 jun. 2020. Disponível em: <http://www.bayareaeconomy.org/report/evaluation-of-the-california-paid-family-leave-program/>.

39. Jenna Stearns, "The Effects of Paid Maternity Leave: Evidence from Temporary Disability Insurance". *Journal of Health Economics*, n. 43, pp. 85-102, set. 2015. Disponível em: <https://doi.org/10.1016/j.jhealeco.2015.04.005>.

40. Shirlee Lichtman-Sadot e Neryvia PillayBell, "Child Health in Elementary School Following California's Paid Family Leave Program". *Journal of Policy Analysis and Management*, v. 36, n. 4, pp. 790-827, 2017. Disponível em: <https://doi.org/10.1002/pam.22012>.

41. Maureen Sayres Van Niel, Richa Bhatia, Nicholas S. Riano, Ludmila de Faria, Lisa Catapano-Friedman, Simha Ravven, Barbara Weissman et al., "The Impact of Paid Maternity Leave on the Mental and Physical Health of Mothers and Children: A Review of the Literature and Policy Implications". *Harvard Review of Psychiatry*, v. 28, n. 2, pp. 113-26, abr. 2020. Disponível em: <https://doi.org/10.1097/HRP.0000000000000246>.

42. Van Niel et al., "Impact of Paid Maternity Leave". Disponível em: <https://doi.org/10.1097/HRP.0000000000000246>.

43. "Infant and Toddler Nutrition: Recommendations and Benefits". Centers for Disease Control and Prevention, 9 jul 2021. Disponível em: <https://www.cdc.gov/nutrition/infantandtoddlernutrition/breastfeeding/recommendations-benefits.html>.

44. Van Niel et al., "Impact of Paid Maternity Leave". Disponível em: <https://doi.org/10.1097/HRP.0000000000000246>.

45. Mauricio Avendano, Lisa F. Berkman, Agar Brugiavini e Giacomo Pasini, "The Long-Run Effect of Maternity Leave Benefits on Mental Health: Evidence from European Countries". *Social Science & Medicine*, n. 132, pp. 45-53, maio 2015. Disponível em: <https://doi.org/10.1016/j.socscimed.2015.02.037>.

46. Joia Crear-Perry, "Paid Maternity Leave Saves Lives". *Bloomberg Opinion*, 24 jun. 2021. Disponível em: <https://www.bloomberg.com/opinion/articles/2021-06-24/paid-maternity-leave-would-help-relieve-america-s-maternal-mortality-crisis>.

47. Danielle Kurtzleben, "Lots of Other Countries Mandate Paid Leave. Why Not the U.S.?". NPR, 15 jul. 2015. Disponível em: <https://www.npr.org/sections/itsallpolitics/2015/07/15/422957640/lots-of-other-countries-mandate-paid-leave-why-not-the-us>.

48. Matt Walsh (@MattWalshBlog), "In terms of bonding with dad, the most important time is a little later in the child's life. Dads will do much more bonding in toddlers years than in early infancy. Infants are focuse almost entirely on mommy. It's biological. Not sure why this point is upsetting people". Twitter, 15 out. 2021. Disponível em: <https://twitter.com/MattWalshBlog/status/1449068469627105281>; Matt Walsh (@MattWalshBlog), "You can also still bond with your child while working. I'm very well bonded with all four of my kids and I had no paternity leave for any of them". Twitter, 15 out. 2021. Disponível em: <https://twitter.com/MattWalshBlog/status/1449029551359725586>.

49. Sofia I. Cardenas, Michaele Francesco Corbisiero, Alyssa R. Morris e Darby E. Saxbe, "Associations between Paid Paternity Leave and Parental Mental Health across the Transition to Parenthood: Evidence from a Repeated-Measure Study of First-Time Parents in California". *Journal of Child and Family Studies*, n. 30, pp. 3080-94, dez. 2021. Disponível em: <https://doi.org/10.1007/s10826-021-02139-3>.

50. Eva Diniz, Tânia Brandão, Lígia Monteiro e Manuela Veríssimo, "Father Involvement during Early Childhood: A Systematic Review of the Literature". *Journal of Family Theory & Review*, v. 13, n. 1, pp. 77-99, mar. 2021. Disponível em: <https://doi.org/10.1111/jftr.12410>; Jeffrey Rosenberg e W. Bradford Wilcox, "The Importance of Fathers in the Healthy Development of Children". Washington: U.S. Department of Health and Human Services, Children's Bureau, 2006. Disponível em: <https://www.childwelfare.gov/pubs/usermanuals/fatherhood/>.

51. Nancy Folbre, *The Rise and Decline of Patriarchal Systems: An Intersectional Political Economy*. Nova York: Verso, 2021, pp. 34-47.

52. Gretchen Livingston e Kim Parker, "8 Facts about American Dads". *Pew Research Center* (blog), 12 jun. 2019. Disponível em: <https://www.pewresearch.org/fact-tank/2019/06/12/fathers-day-facts/>.

53. John Bowlby, *Attachment and Loss*, v. 2, *Separation: Anxiety and Anger*. Nova York: Basic Books, 1973, p. 73.

54. Thomas S. Weisner, "Sibling Interdependence and Child Caretaking:

A Cross-Cultural View". In: Michael E. Lamb e Brian Sutton-Smith (Orgs.), *Sibling Relationship: Their Nature and Significance across the Lifespan*. Hillsdale: Psychology Press, 1982, pp. 205-25.

55. Marc H. Bornstein, Diane L. Putnick, Paola Rigo, Gianluca Esposito, James E. Swain, Joan T. D. Suwalsky, Xueyun Su et al., "Neurobiology of Culturally Common Maternal Responses to Infant Cry". *Proceedings of the National Academy of Sciences*, v. 114, n. 45, pp. E9465-73, 7 nov. 2017. Disponível em: <https://doi.org/10.1073/pnas.1712022114>.

56. Sara Ruddick, *Maternal Thinking: Toward a Politics of Peace*. Boston: Beacon Press, 1995, pp. 9-11, 18, 69-72, 119-23.

57. Ibid., p. 121.

58. Ibid., pp. xii, 70.

59. Ibid., p. 123.

60. Dana Raphael, "Matrescence, Becoming a Mother, a 'New/Old' Rite de Passage". In: Dana Raphael (Org.), *Being Female: Reproduction, Power, and Change*. Chicago: Aldine, 1975, pp. 65-71. Disponível em: <http://archive.org/details/beingfemalerepro0000inte>.

61. Aurelie Athan e Lisa Miller, "Motherhood as Opportunity to Learn Spiritual Values: Experiences and Insights of New Mothers". *Journal of Prenatal and Perinatal Psychology and Health*, v. 27, n. 4, pp. 220-53, 2013.

62. Aurélie Athan e Lisa Miller, "Spiritual Awakening through the Motherhood Journey". *Journal of the Association for Research on Mothering*, v. 7, n. 1, pp. 17-31, jan. 2005. Disponível em: <https://jarm.journals.yorku.ca/index.php/jarm/article/view/4951>.

63. Aurélie M. Athan, "Reproductive Identity: An Emerging Concept". *American Psychologist*, v. 75, n. 4, pp. 445-56, 2020. Disponível em: <https://doi.org/10.1037/amp0000623>.

64. "Jochebed". *Art-Journal*, v. 35, n. 12, p. 304, jan. 1873.

65. Lilian Whiting, *Italy: The Magic Land*. Boston: Little, Brown, 1910, p. 121.

Índice remissivo

!Kung, povo, 177, 179

abolição, 57
aborto, 69
Abraham, Eyal, 235-6
abusos na infância, 269-70, 275
ACES (experiências adversas na infância), 281
Aché, coletores, 179
ácido gama-aminobutírico (Gaba), 264-5, 285, 287
Affordable Care Act, 283
afiliação social, 148, 163, 173
agressão, 90, 151, 221, 225-8, 259, 269, 294, 324; *ver também* comportamento agressivo
Ainsworth, Mary, 355-6
aleitamento materno, 22, 35, 37, 40, 43, 48, 69, 76, 89, 102, 112, 124, 129, 132, 149, 151, 201, 209, 215, 248, 284, 312-3, 362; atividade cerebral e, 109; base fisiológica do, 28; criação com apego e, 161; experiência de, 76, 109; hormônios e, 26; licença remunerada e, 349-50; pensando sobre, 160, 243; representado como fonte de poder feminino, 52; volta da preferência pelo, 335
alheamento, 248, 279
alimento: coleta de, 180-2; partilha de, 178-9
aloparentalidade, 172, 176-7, 184-5, 202, 204, 236, 357
alopregnanolona, 264-5, 285-6
alostase, 136-8, 140, 147-8, 152, 164-5, 261, 323
Altmann, Jeanne, 79
Altmann, Stuart, 79
altruísmo, 146, 319; "compulsório", 353
Alzheimer, doença de, 194-5, 201, 298, 310, 343, 345
amamentação *ver* aleitamento materno

ambivalência, 34, 184-5; pós-parto, 98
American College of Obstetricians and Gynecologists, 75, 284
amígdala, 103, 105, 114, 122, 166, 195, 235-7, 257-8, 269, 286, 295, 315; conectividade funcional e, 108-9; conectividade em rede da, 149-50; conectividade da, no estado de repouso, 106-7; detectora de saliência, 138; efeito do estresse na, 261; medial, 92, 149-50; rede de saliência, 105
amiloide, proteína precursora do, 310
"andaime neural", 145-6
Anderson, Kim, 54
Anderson, Marla, 306
animais, estudos com, 88-93, 149, 153-4, 219, 263, 345-8, 355; déficits de memória em, 309-10; e a inclusão de fêmeas, 211, 343; literatura basilar sobre, 12; *ver também autores específicos*
"anjo da casa", 58, 70
ansiedade, transtornos de, 22, 108, 114-21, 251, 253, 255, 261, 278, 348; pós-parto, 21; *ver também humor, transtornos de, pós-parto*
apego, 33, 175, 189-90, 229, 279; alostase no, 164; "criação com", 67, 81, 160-1; *imprinting* e, 175; teoria do, 355-8
Apple, Rima, 158-9
área pré-óptica medial (MPOA), 89-92, 103, 114, 123, 153-4, 212-4
área tegmental ventral, 92, 103-4
assincronia, 164
assistência materna, serviços de, 74-5, 289
assistência médica, 71, 285, 300, 341;

racismo e machismo no sistema de saúde e, 72
atenção, 25, 83, 127, 130-1, 148-9, 164, 171-2, 185, 218, 234-5, 259, 304, 361, 365; "amor atento" e, 361; capacidade de, 311-2; "hora dourada" e, 292; "motivada", 235; processamento da, 123
Athan, Aurélie, 98, 364-6
Athleta, 331
atividade neural, 23, 86, 89, 105, 109, 122, 146, 162, 189, 235, 257, 269, 275
atletas, 224, 328-9, 331-2
Atzil, Shir, 147-52, 163-5, 169, 319, 321-2
aves, 31, 67, 148, 167, 205-6, 219
avós, 178-88, 201-4; "hipótese da avó", 179-82, 184-6, 201-2
axônios, 85, 193

"baby blues", 24, 250; *ver também depressão pós-parto*
Badinter, Élisabeth, 81-2
baleias, 204
Barba-Müller, Erika, 188
Barrett, Amy Coney, 71
Barrett, Lisa Feldman, 86, 138, 147
Bayer, C. J., 156-7, 159-60
Beach Jr., Frank A., 30
bebês: dependência dos, em outros adultos, 172; desenvolvimento cerebral dos, 146; exposição dos pais aos, 40; informações sensoriais recebidas dos, 89, 101-2, 107-8, 110, 125, 154, 317-21; mamíferos, 171; natimortos, 77, 277-8, 294; pais moldados pelos, 127-31; prematuros, 128-36, 152; recém-nascidos,

30-1, 146, 219-20; regulação dos, 164; rostos de, 102, 152, 189
Bianchi, Diana W., 345
Bick, Johanna, 235
Biden, Joseph, 69
Birdsong, Mia, 70, 290
Blackwell, Antoinette Brown, 61-2, 64, 66, 80, 365
Bloomlife, 328
Blumenthal, Steven, 124
"boa mãe", ideal da, 70
bons pais, definição de, 233, 239
Boot Camp for New Dads, 214
Bornstein, Marc, 323
Bowlby, John, 67-8, 160, 175-7, 355
Brazelton, T. Berry, 23, 333-7
brexanolona, 250
Buchanan, Pat, 69
Build Back Better [Reconstruir Melhor], 69, 348
Bunderson, Madison, 94-5
Burke Harris, Nadine, 281
Bush, Cori, 298
Buttigieg, Pete, 352

caça, 178-9, 181-3, 207; sociedades de caçadores-coletores, 176-7, 181-2
cães selvagens, 204
Cahill, Larry, 210-1
cama compartilhada, 161
característica preditiva, 136-44, 150
Carlile, Brandi, 144
Carmona, Susanna, 188
castores, 204
categorização, pesquisa e, 232
catolicismo, 52-3
causalidade, consequências para o filho, 280-1
"causalidade críptica", 280
células fetais, 145, 339-41, 344

células-tronco neurais, 191
Centro de Controle e Prevenção de Doenças dos Estados Unidos, 252
cerebelo, 107
cérebro: adolescente, 44, 192; arquitetura do, 86; conexão do intestino com o, 339; desenvolvimento infantil e, 146; diminuição do volume do, 308; envelhecimento e, 195-6, 199; estresse e, 259-64; formação de vínculos pelo, 154-5; natureza transacional do, 154; rede de regiões cerebrais, 140-1, 143-4; sistema de circuitos relacionado ao, 85-6; substância cinzenta no, 23, 84, 125, 142, 188-90, 192, 198; *ver também* cérebro parental
cérebro materno: "adquirido através do cuidado", 14; flexibilidade do, 44, 153-4; MPOA e, 213; mudanças na arquitetura do, 84-127; neurociência do, 334-68; similaridade com o cérebro adolescente, 192; substância cinzenta no, 23; textos sobre, 23; *ver também* cérebro parental
cérebro parental, 11-3, 247-301; característica preditiva do, 136-44; conectividade e, 106; distinto para cada sexo, 208-46; em várias espécies, 93; gênero e, 208-46; história do, 94; humano, 11-3; interações mãe-filho e, 154-5, (*ver também* paternidade); muda com o passar do tempo, 102; mudanças no, 25-6, 46; mudanças no, durante o pós-parto, 25-8, 40, 83-127, 187-96, 303, 358-9, 365; neurociência do, 79-82, 85, 87-8, 333-68; plasticidade do, 25, 85-8, 105, 185; responsivo, 109; se desenvolve por

451

meio da experiência, 246; sinais do bebê e, 317-21; sono e, 312-7
cérebro, imageamento do, 25, 84, 93-4, 102-3, 123, 132-3, 149-51, 188-202, 275, 280, 319-21; depressão pós-parto e, 256; estudos da neurociência que avaliam duas pessoas através do, 320-1; pais LGBTQIA+ e, 234, 236-7; privação do sono e, 316; vício e, 271
cesarianas, 76, 105, 109, 128, 274, 291-4, 296, 299-300, 341, 362
chave e fechadura, metáfora da, 32
choro do bebê, 161; amígdalas ativadas pelo, 106; respostas ao, 124-5; respostas neurais de mães ao, 166; "sirene biológica", 101
Clinton, Chelsea, 115
Close, Francis, 59
cognição social, 131-2, 143, 188-9, 249, 361
colaboração social, 325
"como criar seu bebê", indústria do, 160
competição, 218, 225, 325
comportamento: agressivo, 214; intrusivo, 162-3
comportamento materno, 145; como característica humana básica, 39-40; em mamíferos, 30; hormônios e, 37; inclinações do, 208-46
comportamento parental, 10-2, 37-8; flexibilidade do, 105; mudanças no, 27; *ver também* comportamento materno
Comprehensive Child Development Act [Projeto de Lei para o Desenvolvimento Infantil Completo], 68
comprometimento, 218, 220, 229, 237--8, 361
comunidade, cuidado e, 357, 363-5

conectividade em estado de repouso, 142
conexão, 21, 43, 128, 169, 320, 325; amígdala e, 108-9; como característica fundamental, 14; na rede de saliência, 107; ocitocina e, 88
confiança, 146
Congresso dos Estados Unidos, 55, 329, 342
Coontz, Stephanie, 56, 58
cooperação, 146, 218; *ver também* comunidade, cuidado e
corregulação entre pais e bebês, 146
córtex, 103; cingulado posterior, 141-2, 149; frontal medial, 142; orbitofrontal medial, 101, 107, 166; pré-frontal medial, 123, 125, 132, 138, 141, 149, 198, 286, 295, 319, 321; pré-frontal lateral, 198; pré-frontal ventromedial, 319; somatossensorial, 202-3
corticosterona, 261, 263
cortisol, 218, 221, 230, 259-66, 280, 298, 316
corvídeos, 206
couvade, síndrome de, 217
covid-19, pandemia de, 20-1, 120, 198, 206; cuidado de crianças durante a, 69; disparidades salariais entre gêneros e, 72; expansão da telemedicina e, 284-5; parto durante a, 296-7
Craig, A. D., 140
Crear-Perry, Joia, 351, 360
criação de filhos: apoio na, 172; como ato cooperativo, 326; *ver também* aloparentalidade; comunidade, cuidado e
crianças, cuidado de, 34, 67-8, 207; alto custo do, 69-70; durante a

pandemia de covid-19, 69; universal, 68
cristianismo, 52-4, 60
"cuidado e contato contínuos", modelo de, 175, 178
Cuidado Integrado com a Família, 133
cuidado materno, transmissão intergeracional do, 278-9
cuidado paterno, 216-7: testosterona e, 221-8; variabilidade e flexibilidade do, 236
cuidado, sistema de circuitos relacionado ao, 25, 79, 89-90, 232; atenção no, 311; rede global de cuidados parentais, 236; sexo e gênero no, 208-46; sinais do bebê e, 317-8, 320-1; universal, 40
cuidadores: intrusões na díade mãe-bebê, 162-3; não gestacionais, 172, (*ver também* aloparentalidade); relacionamento entre, 324; *ver também* cuidar, capacidade de
cuidados aloparentais, 204
cuidados parentais, rede global de, 172, 236
cuidar (ato/capacidade de), 325; compulsão por, 96; e comunidade, 357; e *gatekeeping*, 215-6; hierarquia do, 70; homens e o, 222-9; hormônios e o, 263-4; medidas do, 271; poder do ato de, 324; reorientação do cérebro na direção do, 89-90; se aproximam e pegam a cria para, 359; secundário, 236-7, 357; *ver também* cuidado, sistema de circuitos relacionado ao; empatia
culpa, 21, 74, 98, 117, 156, 160, 248, 295, 300, 335

Dahan, Orli, 338
Darwin, Charles: e o desenvolvimento infantil, 157; sobre a seleção natural, 63-4; sobre a seleção sexual, 80; sobre a natureza humana, 325; sobre mães/maternidade, 49, 56, 79; teoria da evolução de, 50, 325
darwinismo social, 60
Davis, Angela, 55
de Lange, Ann-Marie G., 194-5
Dekel, Sharon, 293-8
depressão, 274, 314, 334-5; aconselhamento para mulheres em risco de, 283; durante a gravidez, 252; fatores de risco da, 283; problemas de memória e, 306; risco de parto prematuro e, 253; tratamento de, 285, 287, 289; triagem para detectar, 281, 335
depressão perinatal, 252, 283, 289
depressão pós-parto, 12, 14, 73, 108, 115-21, 142, 154, 164-5, 247-8, 250-6, 258-9, 266, 275, 282, 285-8, 290, 294, 301, 315-6, 334, 350; causalidade e, 275-9; como estado de abstinência, 265; consequências da, 253, 257; designação genérica da, 251; explicação típica da, 250; impacto negativo da, 253; níveis de testosterona e, 228; pais e, 228; prevalência de, 254-5; prevenção da, 289; privação de sono e, 316-7; sintomas de, 251, 253; subtipos de, 256; tecnologia de imageamento do cérebro e, 257; tratamentos para, 256, 266-7, 285-9; triagem para detectar a, 252, 283, 335; *ver também* humor, transtornos de, pós-parto
desafio, hipótese do, 219, 222

453

desenvolvimento, fatores ambientais e genéticos do, 33-4
desenvolvimento infantil: área de, 157; longevidade e, 185; maternidade e, 156-8; participação dos pais e, 229
desregulação, 260-1
díade mãe-bebê, 131, 162, 243, 356
Dickens, Molly, 290, 328-30, 332
dietilestilbestrol (DES), 342
direitos reprodutivos, 29
direitos trabalhistas, 59
doenças autoimunes, 344
dopamina, 103-5, 107, 111, 138, 140, 149-50, 288, 314
doulas, 20, 289
drogas, tratamento para dependência de, 272-3
Dudin, Aya, 257, 259, 266
Dufford, Alex, 107
Dulac, Catherine, 90-2, 208-9, 212-4

Edelstein, Robin, 237
Edidin, Mia, 120
educação, 64; na primeira infância, 348
efeito "dose", 196
"efeito mãe", 182
efeito placebo, 287-9
eletroencefalograma (EEG), 123, 234
Elizabeth, 128-30, 132, 135
Ellison, Katherine, 316
Ellman, Lucy, 303
emoção, regulação da, 12, 125, 269, 319, 361
empatia, 146, 202, 231, 269-70, 319, 323, 325, 361
ensaios clínicos, inclusão de mulheres em idade fértil nos, 342
entrosamento, 128-69

Erdei, Carmina, 133-5
escravidão, 55, 57, 61
esferas, separação das, 56
esporte, discriminação de grávidas pela indústria do, 328-9
esquecimento, 303-5, 307, 312, 328, 337
estado reprodutivo, 11
"estimulação vaginocervical", 105
estímulos, inundação de, 27
estradiol, 87, 209, 218, 223, 265, 346
estresse, 20, 40, 79, 97, 121, 134, 137-8, 193, 221, 227-8, 248-9, 251-2, 259-62, 264-6, 268-73, 275-6, 284, 286, 289-90, 293-4, 296-7, 310-1, 316, 321, 328, 330, 339, 349, 351, 364; administração do, 163, 270, 275, 298; cérebro e, 259-65; hormônios do, 259-65, *ver também hormônios específicos*
estriado, 189, 319; ventral, 189
estrogênio, 78, 87, 91-2, 200-1, 230, 262, 288, 345
"estruturação materna", 107
estruturas corticais, 105, 200
estudos/pesquisas, 27-8, 355; inclusão de fêmeas em, 342-3
Eva, 52-3, 60
evolução, 181; cristianismo e, 60-1; "hipótese da avó" e, 179-86, 201; seleção natural e, 181-6; sistema de motivação materna e, 146; teoria da, 50, 60-5; *ver também primeiros humanos*
Êxodo (Bíblia), 367
experiência, 197
expressões faciais, 102, 132, 153, 189, 231
Eyer, Joseph, 136-7

FDA (Food and Drug Administration), 251, 342, 344
Feldman, Ruth, 118-9, 146-7, 235, 321
Felix, Allyson, 329, 331-2
feministas, 50; acadêmicas, 30, 41, 160, 303, 353, 361-2; darwinistas, 61-6, 80-1; hostis à biologia, 353; segunda onda, 68
fertilidade, 52, 57, 330
filhos subsequentes, 122, 124, 197, 200, 247-8
filhos, cuidados com, 145; aconselhamento sobre, 23, 87, 157, 159-62, 272, 281-2, 337; ajuste neurobiológico para, 108; base fisiológica dos, 269; biologia da parentalidade nos, 241-5; como processo plástico, 164; como um contínuo, 232-3; como uma habilidade, 245-6; comparados ao treinamento musical, 166, 168; crescimento da capacidade para, 29; diferenças de gênero e, 241-2; diferenças entre os sexos e, 241-2; prazer dos, 126; sociedade e, 29; vício e, 272-4
Finlay, Barbara, 185
Fleming, Alison, 279; estudos de, sobre cortisol, 266; estudos de, sobre dopamina, 104; sobre a importância da experiência, 42; sobre o comportamento materno, 41, 88, 104, 266; sobre ligações mãe-bebê, 88, 114, 282
fNIRS (espectroscopia funcional em infravermelho próximo), 320
fofura, 32-3, 100-1, 245, 323-4
Folbre, Nancy, 353-5
Food and Drug Administration (FDA) ver FDA (Food and Drug Administration)

Força-Tarefa de Serviços Preventivos dos Estados Unidos, 283-4, 335, 342
Frank, Hillary, 291
Frida, 77-8
função cognitiva, 29; efeitos da gravidez na, 305, 311, 327; história reprodutiva e, 195-6, 199-200, 304; pais e, 307
função executiva na fase inicial da maternidade, 27-8
funcionamento reflexivo, 273, 275

galanina, 90-1, 212-3
Galea, Liisa, 307, 309, 341, 343
Gaskin, Ina May, 291-2
gatekeeping, 216, 239
gatos, 35-6
gênero: disparidade de remuneração entre os, 72; fronteiras de, 59-60, 211; linguagem excessivamente centrada no, 244; sistema de circuitos relacionado ao cuidado e, 208-46; teoria da evolução e, 60-5; testosterona e, 223-9
gênero, normas de, 59-60, 68; estereótipos e, 71; história das, 52-9; instinto materno e, 69-70; mudança das, 29; neurociência e, 354; parentalidade e, 225
genética, 35, 276-80; análise de genoma e, 256; depressão pós-parto e, 275-9; expressão, 35; materna, 276-9
genótipo, 201
gestação: diabetes gestacional, 73-4; fronteira entre o eu e o outro durante a, 145
Gettler, Lee, 219, 229
giro frontal médio caudal, 231
giro temporal superior, 198

glicocorticoides, 288
Goldenberg, Diane, 227
Goldey, Katherine, 226
Goldin, Claudia, 57
Gopnik, Alison, 327
gorilas, 175
Goucher, Kara, 329
Graham, Bronwyn, 346-7
"grande multiparidade", 201
Grasso, Damion, 235
gravidez, 9-10, 14, 25; Alzheimer e, 201; atividade Gaba e, 264; como fase importante do desenvolvimento, 44; como tempestade para o cérebro, 87; fronteira entre o eu e o outro durante a, 145; hormônios durante a, 26, 197, 346; maus-tratos durante a, e o parto, 297; medo e, 334-8; microbioma e, 339; mudanças no cérebro e, 187-97; pais e, 217-20; perda da memória e, 27-8; reorganização neural da, 126; sob perspectiva patológica, 74; vício e, 274
Guastella, Adam, 152
Gumbs, Alexis Pauline, 14

hábito, formação de, 110-1, 145
Hadza, povo, 177, 179-80
Hamlin, Kimberly, 60-1, 63
Hawkes, Kristen, 172, 179-80, 182-5, 203-4
Hendler, Talma, 321
heteronormatividade, 69-70
Hewlett, Barry, 198
hipocampo, 103, 190-1, 195, 212, 260-1, 288, 295, 308-9, 314
hipotálamo, 149, 213, 260, 264
"hipótese da avó", 180, 182, 185, 202

história reprodutiva afeta a função cognitiva, 310
Hoekzema, Elseline, 187-8, 190-3, 202, 308
Hollingworth, Leta, 64-5
homens com filhos, 13, 173, 214; arquitetura cerebral de, 39-40, 197; como cuidadores primários, 109, 242; contribuições de, 179, 183; cuidadores, 221-8; depressão pós-parto e, 228; desenvolvimento infantil e, 229; estudos de imageamento do cérebro de, 143, 189, 198-9; expectativas sobre, 233; experiência de, 197; gravidez e, 218-20; homossexuais, 237-8; hormônios e, 229-34, 243; ocitocina e, 230; participação de, 228-9, 354; plasticidade cerebral de, 198; sincronia e, 220; recém-nascidos, 218, 220; sintomas similares aos da gravidez em, 217-20; testosterona em, 230; *ver também* cuidado paterno; pais; parentalidade
homeostase, 136-7
hooks, bell, 361
"hora dourada", 292
hormônios, 11, 40-1, 88-9, 92-3, 104, 108, 110, 127, 144, 151-2, 163, 191-3, 197, 200, 210-1, 216, 218, 220-2, 225-7, 230-4, 238, 243, 248, 251, 259, 261, 263-6, 288, 315, 319, 330, 339, 342, 345-6; comportamento materno e, 37; do estresse, 259-64; e flutuações hormonais, 87, 211; gravidez e, 346; MPOA e, 89-90; pais e, 218-34; 243; parto e, 24, 26; *ver também hormônios específicos*

hospitais e maternidade, 72-3, 75, 133, 214
HPA, eixo, 260, 263-6, 268, 289, 339
Hrdy, Sarah Blaffer, 180; sobre aloparentalidade, 176, 184; sobre criação, 97; sobre estudos de Bowlby, 175; sobre estudos do povo !Kung, 177-8; sobre feminismo darwinista, 66; sobre pais, 217; teoria evolutiva e, 79-81
humanos, estudos com, 93, 103; dificuldades nos, 92-3; fêmeas desconsideradas nos, 211; informações autorrelatadas nos, 93; *ver também autores específicos*
humor, transtornos de, pós-parto, 11, 14, 21-5, 108, 114-22, 126, 154, 164, 247-301; não reconhecidos no *DSM*, 252; prevenção de, 289; tratamentos para, 285-90

I'm With Her, trio folk, 167
iluminação, 364-5
Iluminismo, 56
"impressões maternas", teoria das, 156
imprinting, 31-3, 67, 175
infanticídio, 80, 97
"inibição recíproca", 259
inibidores seletivos da recaptação de serotonina (ISRS), 287-9
instinto, 34, 63-7; definição de, 31-3; herdado, 31, 33; metáfora da chave e da fechadura e, 32; teoria do, 31, 40; visão lorenziana do, 32, 41; *ver também* instinto materno
instinto materno, 17-47, 157; como ferramenta de controle social, 81; construção do, 48-82; falácia do, 29, 42, 249; fantasma do, 76; identidade feminina e, 30; influência

do, 66-7; papéis de gênero e, 69-70; poder do, 61
Instituto Nacional da Saúde Infantil e Desenvolvimento Humano, 233-4, 345
Institutos Nacionais de Saúde (NIH) *ver* NIH (Institutos Nacionais de Saúde)
ínsula, 202, 270
interocepção, 140, 144, 315

Jacobsen, Eric, 167
James, William, 63-4
Jarosz, Sarah, 167-8
Johnson & Johnson, 9
Johnson, Carolyn Y., 344
Jones, Nicholas Blurton, 179
Joquebede, 366-7

Keller, Heidi, 355
Kendall, Mikki, 70
Kerber, Linda, 60
Kim, Pilyoung, 190, 270
Kimmel, Mary, 285
Kindchenschema, 100-1, 323
Kringelbach, Morten, 323-4
Kuo, Patty, 226
Kurdi, Abdullah, 323-4
Kurdi, Alan, 323-4
Kurtzleben, Danielle, 351
Kuzawa, Christopher, 219

Laboratório de Personalidade, Relacionamentos e Hormônios da Universidade de Michigan, 237-8
lactação, 39, 109, 144, 243, 331; *ver também* aleitamento materno
langures, 80
Leckman, James, 118, 120-1
Lehrman, Daniel, 36-7, 41
Lenz, Lyz, 71

457

LePage, Paul, 75
lésbicas, 237
Lévy, Frédéric, 88
LGBTQIA+, pais, 10, 13, 70, 172-3, 234-42, 270
licença remunerada, 68, 72, 134, 207, 228, 246, 326; desigualdade de acesso a políticas de, 228, 348-9; impedimentos políticos para melhorar a, 68, 207, 348-52; importância da, 229, 245, 289, 318, 349-50; "Plano Marshall para as mães" e, 68
licença-maternidade *ver* licença remunerada
licença-paternidade *ver* licença remunerada
linguagem inclusiva, 13, 244-5
Lois, Cristina, 298-301
longevidade, 180-1, 183, 185, 202
Lonstein, Joseph, 88
Lorde, Audre, 361
Lorenz, Konrad, 31-4, 36, 38, 41-2, 67, 82, 100, 175
Lost Mothers (Martin), 73
Lowell, Amanda, 273-4

mães: adolescentes, 311; amizade entre, 322; animais, 35-9, 103-4, 174-6, 204-5, 346-7, 355, 358, (*ver também animais específicos*); avaliação de, 159-60; culpadas por problemas no desenvolvimento dos filhos, 156-7, 160; de mais de um filho, 123-4, 196-7, 200, 247; de meninas, 306; relacionam-se com outros adultos, 321, 323
Maguire, Jamie, 265, 286
Maine Boys to Men, 214, 239
Manchin, Joe, 348

Manual diagnóstico e estatístico de transtornos mentais (*DSM*), 252
máquina, aprendizado de, 194
Martin, Nina, 73
masculinidade, 70, 118, 222-6
maternação: como prática que sustenta a vida, 14; como prática alterada por especialistas em saúde, 158
maternidade, 51-4; carreira e, 34, 329-30; ciência e, 26, 28-9; como fase do desenvolvimento, 9-11, 28-9, 365; comunidade e, 326, 363-5; custos da, 180-1; desenvolvimento infantil e, 155-7; em mulheres negras, 20; em várias espécies, 30, (*ver também animais específicos*; mães); entre mulheres brancas, 53, 55-6; entre mulheres negras, 55; entre povos indígenas da América do Norte, 54-5; escravidão e, 55; evolução da, 81-2, 170-207; função executiva da, 28; idealização da, 48-50, 71; leva a um despertar espiritual, 98; luto e, 290; mitos e fábulas sobre, 17-47; modelo moral para, 53; "psicologia distintiva" nas fêmeas e, 174; reverência pela, 65; tornar-se mãe como, 9-11, 14, 28-9
matrescência, 364
Mattu, Ayesha, 362-4
Maubray, John, 156
Mayes, Linda, 358-9
McBee, Thomas Page, 242
McCabe, Meredith, 186-7, 203
McCloskey, Alyssa, 247-9, 266-8, 274
McDougall, William, 64
McEwen, Bruce, 261, 298
McNish, Hollie, 76

Medicaid (programa de saúde social), 75, 281, 283-4
medicamentos antidepressivos, 28, 129, 261, 287, 313
medo: extinção do, 345-8; na gravidez, 345-8
Meltzer-Brody, Samantha, 250-2, 255-6, 285
"memória materna", 263
memória, perda de, 27-8, 202; 302-32
Menkedick, Sarah, 158, 290
menopausa, 181, 185, 204
mentalização, 141-3, 149, 236, 270, 273-5, 319, 322; *ver também* "teoria da mente"
mesencéfalo, 103, 107, 190
microbioma, 339
microquimerismo, 145, 340-1, 344
Mileva-Seitz, Viara, 279
Miller, Claire Cain, 349
Miller, Lisa, 98
Milner, Julia, 91
Milner, Yuri, 91
modelos animais, 88-9, 103-4, 191, 199, 211
modelos preditivos, 150
Mody, Istvan, 265
Moisés, 366-7
Mom Genes Fight PPD [Genes Maternos Combatem Depressão Pós-Parto], 256
Mom Power (programa de apoio), 266-7, 274-5
"*mommy brain*", 28, 51, 186, 194, 303-4
MomsRising, 326
Montaño, Alysia, 328-9
Morrell, Joan, 123
mortalidade materna, taxas de, 65, 73-4
motivação, 25, 171, 185, 195, 203, 226, 231-6, 246, 249, 258, 269, 274, 319, 338, 361; respostas "apetitivas" e "consumatórias", 112; sistema de, materna, 103-6, 108, 111-2, 114, 146, 151, 185; *ver também* recompensa, sistema de
mulheres: direitos trabalhistas das, 59; em casa, 57, 59, 68; na força de trabalho, 55, 57-9, 185, 349; teoria da evolução e direitos das, 61; testosterona e, 223-9; *ver também* licença remunerada; mães; maternidade
mulheres negras: mortalidade de, 73, 298; na força de trabalho, 57-8; no parto, 73-4; racismo e, 55, 298; múltiplas gestações e, 310
Muzik, Maria, 274-6

natalidade, controle da, 64-5, 69, 97
National Birth Equity Collaborative, 351
National Science Foundation, 233
naturalistas, 174
neurociência, 79, 94, 145-6, 163, 211, 222, 224, 229, 246, 257, 272, 319-20, 325, 327, 336, 338, 343, 361
neuroesteroide, 264
neurogênese, 86, 190, 202, 308-9
neurônios, 85-6, 88, 90-1, 106, 191, 212-3, 308-9, 341
neuropeptídeos, 90, 104, 150, 226, 230
neuroplasticidade, 188, 211, 234, 260-1, 274, 339
neurotransmissores, 88, 90, 92, 103, 264, 287; *ver também neurotransmissores específicos*
Newmann, Sandra, 97
Nichols-Chestnut, Logan, 239-41

459

NIH (Institutos Nacionais de Saúde), 234, 330, 342
Nike, discriminação de grávidas pela, 329
Niles, Mimi, 48-9, 72-5
Nixon, Richard M., 69
N-metil-D-aspartato (NMDA), receptor, 347
normas patriarcais, 58-9, 337
Norton, Donna, 326
nucleus accumbens, 95, 103, 107, 138, 149, 151, 189, 195
Numan, Michael, 145

O'Connell, James, 179
O'Connell, Lauren, 214
O'Donovan, Aoife, 167-8
objetivos sociais, 226-7
ocitocina, 78, 87-8, 104-5, 146, 152, 226, 230-1, 235, 266, 275, 288; alostase e, 152; característica preditiva da, 152; confundida com "hormônio do amor", 151; em mães de criação, 235; no parto, 109; nos pais, 230; papel central da, no aprendizado e comportamento, 152; periférica, 150; vista como "hormônio do amor", 222
Oliver, Mary, 127
"orçamento do corpo", 138, 145
Orchard, Winnie, 143, 196-7, 200
órgão vomeronasal, 208
Osborne, Lauren, 285
Oscar (premiação), 19, 77
Otto, Hiltrud, 355
Owolabi Mitchell, Alice, 20, 43

pais: adotivos, 164, 172-3, 210, 235, 238; apoio aos, 29; autorregulação dos, 125; como o "córtex pré--frontal externo" do filho, 125; de criação, 234-5; do mesmo sexo, 10, 70, 173, 237-8; moldados pelo bebê, 127-30; não binários, 10, 13, 70, 173, 235-6, 238-9; não gestacionais, 40, 51, 109, 216, 237-8; neurobiologia do cérebro de, 23-4; políticas públicas e, 29; transgêneros, 13, 70, 240, 242, 270
parentalidade, 9, 213-6, 354-5; apoio na fase inicial da, 289; benefícios da, 327-8; benefícios da, relacionados à idade, 310; como fase de desenvolvimento, 46, 366; como tornar-se mãe ou pai, 10, 14; complexidade ambiental do início da, 27; custos da, 99; disparidades na saúde e fase inicial da, 227-8; e Alzheimer, 201; esquecimento e início da, 303-4, 308; "estado mental alterado" na transição para a, 121; estudos sobre, 27, 355; formação de hábito na fase inicial da, 111-2; função cognitiva e, 311; homens transgênero e, 240; hormônios e, 218-34; importância da biologia nos primeiros tempos de, 42; informações para os primeiros tempos de, 337-8; mudanças comportamentais e fase inicial da, 26-7; mudanças hormonais depois da fase inicial da, 41; natural, 160; normas de gênero e, 225; perturbação na fase inicial, 111-2; respostas neurais alteradas pela, 230; social e biológica, 222; testosterona e, 218-28; transformadora, 364-5; transição para a, 10, 82, 250-1, 254
Parker, Rozsika, 98

Parsons, Christine, 317
parteiras, 48-9, 74-5, 156, 244, 289, 291, 351
parto, 72-3, 144: como experiência inerentemente traumática, 293-7, 299-300; como rito de passagem, 362; como tempestade para o cérebro, 87; convulsão hormonal da fase do, 45; durante a pandemia de covid-19, 296-7; efeito de mudanças no cérebro parental no, 338-9; incerteza do, 292-3; mecanismos do, 87; mudanças hormonais do pós, 24-5; "natural", 291, 298; ocitocina no, 105, 109; perspectiva patológica do, 73-4; racismo e, 72-4; TEPT e, 72, 293-7; trauma físico do, 76; vaginal e cesariana, 105, 109
Pawluski, Jodi, 43-6, 288-9, 370
"pensamento materno", teoria do, 360-1
Pereira, Mariana, 112, 114, 123, 153-4
Perinatal Support Washington, 120
pessoas que dão à luz, 73-5, 98, 121, 216, 244, 251-2, 255, 266, 283, 294
placenta, 87, 145, 262
"Plano Marshall para as mães", 68
pobreza, 97, 137-8, 162, 270, 281
"ponto de inflexão" para disparidades na saúde, período perinatal como, 228
pós-parto, 14; abordagem holística e contínua de assistência, 75; como rito de passagem, 362; mudanças no cérebro da mãe no, 40; perda de memória no, 27-8; reorganização neural da gravidez e do, 126; Postpartum Support International (site de apoio), 14
pré-cúneo, 141-2, 189, 202
pré-eclâmpsia, 73, 340
"preocupação materna primária", 117, 131, 360
primatas, 80-2, 146, 171-2, 176-8, 180, 185, 219; babuínos, 79-80, 175; chimpanzés, 175-6, 178; colobinos, 176; macacos, 80, 171, 176, 204, 218; micos, 176; orangotangos, 176; sauás, 176
primeiros humanos, 172, 175, 178-85, 203-4
progesterona, 87-8, 92, 223, 265, 288, 346
prolactina, 87-8, 218, 226, 243, 288, 345
psicanalistas, 30, 67, 98, 117, 131, 362
psiquiatria, 152, 252, 343; de precisão, 256
puberdade, 44-5, 223-4

Quintana, Daniel, 152

raça e maternidade, 54-6, 58, 71
racismo: parto e, 72, 74; sistêmico, 70-3, 137, 270, 350, 360
Ramchandani, Ariel, 217
Randall, Heidi, 239
Raphael, Dana, 364
recém-nascidos *ver* bebês
reciprocidade, 56, 99, 325
recompensa, sistema de, 103-4, 138, 195, 230-1, 314
rede-padrão, 140-4, 147, 198, 308
redes sociais, 76-8, 281-2
regulação, 105, 107, 122, 138, 140, 163-4, 232, 249, 258, 264-5, 269-70, 272, 321, 353
relaxina, 87
reprodução cooperativa, 204, 218; *ver também* aloparentalidade

461

responsividade, 88, 103, 105, 108, 171, 258, 266, 268
respostas sociais, 25
Revolução Industrial, 56
Rich, Adrienne, 361
Richardson, Sarah, 280
Rilling, James, 229-33
RMf (ressonância magnética funcional), 13, 25, 84, 94-5, 102, 148-9, 202, 236, 279
Roberts, Jake, 214-5, 238-9
roedores: camundongos, 78, 89-92, 204, 208-9, 212-3, 309, 341, 343; ratos, 30, 36-8, 41-2, 88-9, 92-3, 103, 108, 153, 188, 199, 214, 261, 263, 280, 346
Rosenblatt, Jay S., 30; como "pai dos estudos sobre maternação", 39; no Instituto de Comportamento Animal da Universidade Rutgers, 36; sobre o comportamento materno adaptativo em felinos, 35-6; sobre o cuidado e a natureza humana, 325; sobre a experiência da parentalidade, 37-41; sobre o papel da MPOA, 214
Rossin-Slater, Maya, 227
Ruddick, Sara, 14, 361
Rutherford, Helena, 95-6, 99, 102, 119, 123, 125-6, 271-2
Rutherford, Mel, 306

Sage Therapeutics, 250, 286
saguis, 176, 178, 219
"salário família", 59
saliência, 236, 261, 270; detecção de, 138, 149; "detector de", 106; rede de, 103, 105, 107-8, 140, 147
Sapolsky, Robert, 316

Saxbe, Darby, 220-1, 227-9, 233-4, 243, 245-6, 325
Schmidt, Peter, 11-3
Schneirla, T. C., 34-5, 42
Schuman, Nancy, 273
Sears, Martha, 67, 160-1
Sears, William, 160-1
seguro-saúde, 329-30, 350
Sendak, Maurice, 169
serotonina, 276, 287-8
sertralina, 288
sexos, diferenças entre os: latentes, 212; parentalidade e, 241-2; sistema de circuitos relacionado ao cuidado e, 208-46; testosterona e, 223
Shaun Ho, 275
sinais olfatórios, 89, 92
sinapses, 23, 86, 212, 264, 287
sincronia, 146, 149, 164, 167, 221, 322, 325
"sincronia biocomportamental", 146-7, 149-50, 164
sistema neuroendócrino, 209, 222-34; ver também hormônios
sistemas neurais, 186, 260
"situação estranha", experimento da, 356
situação financeira no ideal da "boa mãe", 71
Smuts, Barbara, 80
sobrevivência de crianças, 181-2
sobrevivência de parentes, 181
Sociedade para Pesquisas em Saúde da Mulher, 343
sono, 18, 43, 45, 77, 99, 117, 126, 132, 135, 138, 165, 188, 193, 293, 300, 307, 312-8
Spencer, Herbert, 61
Spock, Benjamin, 159

Stein, Alan, 323
Sterling, Peter, 136-8
Stevenson, Betsey, 207
substância cinzenta, 23, 84, 125, 142, 188-90, 192, 198, 269
suicídio, 254
sulco temporal superior, 109, 143, 236-7
Sully, James, 157
suricatos, 204
Surkan, Pamela, 285
Swain, James, 190, 275, 360

tálamo, 195
talidomida, 342
tarefa de atraso de incentivo monetário, 94-5
taxa de natalidade, 65, 206
telemedicina, 285
"teoria da mente", 141-2, 189, 231, 361
testosterona, 209, 218-28, 230-1, 242; depressão pós-parto e, 228; diferenças entre os sexos e, 223; gênero e, 229-30; lésbicas e, 237-8; masculinidade e, 222-9; mulheres e, 223-9; paternidade e, 218-30; poder e, 224
Thomas, Marion, 174
Thurer, Shari, 52, 56, 66, 160
tomografia por emissão de pósitrons (PET), 148
trabalho de parto *ver* parto
transtorno de estresse pós-traumático (TEPT), 293-7
transtorno obsessivo-compulsivo, 118, 228, 251
transtornos de humor e ansiedade perinatais, 108, 120-1, 251, 253-4; *ver também* depressão pós-parto
trauma, 28, 40, 76, 109, 134, 144, 249,
251, 269, 274, 279, 281, 294-6, 298, 300, 368; *ver também* transtorno de estresse pós-traumático (TEPT)
Tucker, Abigail, 279

Ulrich, Laurel Thatcher, 53-4
United States Children's Bureau, 157
Universidade McMaster, 257, 306

van Anders, Sari, 224-7
vasopressina, 226, 230
Vedantam, Shankar, 110
Vicedo, Marga, 32-3, 67, 175
vício, 96-7, 126, 271-4
Vincent, Emily, 18, 46-7, 312-3, 318
vínculo: formação de, 33, 152, 155, 161, 297; no nascimento, 161
Virgem Maria, 52-3, 64, 78

Walsh, Mat, 352
Watkins, Sara, 167-8
Watson, John B., 159
Weisner, Thomas, 356-7
Westervelt, Amy, 58-9
Wilson, E. O., 172, 204-5
Winnicott, Donald, 98-9, 117-8, 131, 360, 362
Wong, Ali, 76, 78
Wongdoody, 256
Wood, Wendy, 110-1
Woolley, Catherine, 212
World Athletics, 223

Young, Larry, 145

Zheng Wu, 214
Zoloft, 288
Zulresso, 250, 285-6

ESTA OBRA FOI COMPOSTA PELA SPRESS EM MINION E IMPRESSA EM OFSETE
PELA LIS GRÁFICA SOBRE PAPEL PÓLEN NATURAL DA SUZANO S.A.
PARA EDITORA SCHWARCZ EM JUNHO DE 2024

A marca FSC® é a garantia de que a madeira utilizada na fabricação do papel deste livro provém de florestas que foram gerenciadas de maneira ambientalmente correta, socialmente justa e economicamente viável, além de outras fontes de origem controlada.